KiWi
1941

Das Buch

Anfang 1933 luden die Nationalsozialisten Vertreter der Wirtschaft nach Berlin ein, um sie aufzufordern, für den bevorstehenden Wahlkampf Geld zu spenden. Die Eingeladenen waren erfolgreiche Industrielle und Banker; zu ihnen gehörten Günther Quandt, Friedrich Flick und August von Finck. Nach der Machtübernahme traten sie in die Partei ein und arbeiteten mit dem Regime zusammen. Sie verdienten an der Aufrüstung und bereicherten sich durch Einsatz von Zwangsarbeitern und Raub jüdischer Unternehmen in Deutschland und in den besetzten Gebieten Europas. Warum konnten sie nach dem Krieg nahezu unbehelligt weiterarbeiten? Wie gingen sie mit ihrer Verantwortung für das Unrecht um, dem sie einen Teil ihres Reichtums verdanken? Welche Entscheidungen haben es ihnen möglich gemacht, in den Jahrzehnten danach weiter zu expandieren? Was bedeutete das für die Bundesrepublik? Und wie gehen die Erben heute mit ihrer dunklen Familiengeschichte um?

David de Jong erzählt auf fesselnde Weise von einem Jahrhundert deutscher Geschichte – und von Dynastien, deren Entscheidungen viele Schicksale bestimmt haben und die bis heute den Alltag von Menschen in Deutschland und der Welt beeinflussen.

Der Autor

David de Jong, geboren 1986 in den Niederlanden, lebt als Journalist in Tel Aviv. Er studierte Politikwissenschaft an der Universität Amsterdam und Geschichte an der Columbia-Universität in New York und der London School of Economics. Seine Beiträge erschienen unter anderem in *Bloomberg Businessweek*, im *Wall Street Journal* und im *Het Financieele Dagblad*.

Die Übersetzer

Jörn Pinnow, geboren 1974, studierte Geschichte und Literaturwissenschaften in Tübingen, Brüssel und Berlin. Er übersetzt Sachbücher und Belletristik aus dem Englischen, Französischen und Niederländischen.

Michael Schickenberg, geboren 1975, übersetzt Sachbücher und Romane aus dem Englischen und Norwegischen. Er studierte Anglistik/Amerikanistik, Germanistik und Skandinavistik in Greifswald, den USA, Norwegen und Spanien.

DAVID DE JONG

BRAUNES ERBE

Die dunkle Geschichte der reichsten deutschen Unternehmerdynastien

Aus dem Englischen von Michael Schickenberg und Jörn Pinnow

Kiepenheuer & Witsch

MIX
Papier | Fördert gute Waldnutzung
FSC® C083411

5. Auflage 2025

Titel der Originalausgabe Nazi Billionaires

Aus dem Englischen von Michael Schickenberg und Jörn Pinnow

Covergestaltung KOSMOS – Visuelle Kommunikation, Münster
Covermotiv Harald Quandt mit Marta und Joseph Goebbels © akg-images
Vorsatz Stadtplan: © www.pharus-plan.de
Gestaltung Vorsatz und Karte Nachsatz: Christl Glatz/Guter Punkt, München
Gesetzt aus der Minion und der Bree
Satz Buch-Werkstatt GmbH, Bad Aibling
Druck und Bindung CPI books GmbH, Leck
ISBN 978-3-462-00670-4

Kontaktadresse nach EU-Produktsicherheitsverordnung:
produktsicherheit@kiwi-verlag.de

In liebevoller Erinnerung an meine Großeltern

Alice und Hans,
Hannie und John,

denn sie widerstanden, überlebten,
florierten und schenkten ihren Familien
das bestmögliche Leben

Räuber der Welt, durchspüren sie,
nachdem den alles Verwüstenden die Länder
ausgingen, nun auch das Meer – habgierig, wenn der
Feind reich, ruhmsüchtig, wenn er arm ist; […]
Stehlen, Morden, Rauben heißen sie
mit falscher Bezeichnung
»Herrschaft«, und wo sie Einöde schaffen,
nennen sie das »Frieden«.[1]

– Tacitus, *Agricola* –

Inhalt

Prolog: Das Treffen

Reglos verharren sie dort, wie vierundzwanzig Rechenmaschinen an den Toren zur Hölle.[2]

– Éric Vuillard, *Die Tagesordnung* –

Die Einladungen, übermittelt vier Tage zuvor per Telegramm, ließen keinen Zweifel. Die Hauptstadt rief. Am Montag, dem 20. Februar 1933 um 18 Uhr folgten rund zwei Dutzend der vermögendsten und einflussreichsten Geschäftsmänner NS-Deutschlands diesem Ruf und trafen, einige zu Fuß, andere chauffiert im Wagen, in der Berliner Residenz von Reichstagspräsident Hermann Göring ein. Unter ihnen waren Günther Quandt, ein Schwergewicht der Rüstungs- und Batterieindustrie mit Wurzeln in der Textilbranche; Friedrich Flick, ein Stahlbaron; August Baron von Finck, ein bayerischer Finanzmagnat; Kurt Schmitt, Generaldirektor des Versicherungsriesen Allianz; Manager des Chemiekonglomerats IG Farben und des Kaligiganten Wintershall; sowie Gustav Krupp von Bohlen und Halbach, der eingeheiratete Aufsichtsratsvorsitzende des Krupp'schen Stahlimperiums.[3]

Drei Wochen zuvor hatte Adolf Hitler die Macht im Land übernommen, nachdem Reichspräsident Paul von Hindenburg davon überzeugt worden war, Hitler zum Reichskanzler zu ernennen. Jetzt wollte der NSDAP-Vorsitzende vor der Versammlung aus Industriellen, Bankiers, Führungskräften und Konzernerben »Ausführungen über seine Politik machen« – jedenfalls hatte die Einladung diesen Eindruck vermittelt.[4] Die Anwesenden erhofften sich verbindliche Informationen zur Industriepolitik unter der neuen

Regierung. Die allerdings erhielten sie nicht. Hitler hatte seine eigenen Pläne für das Treffen – und für das Land.

Die Geschäftsmänner erschienen pünktlich in Görings Palais aus Sandstein am Südufer der Spree gleich neben dem Reichstag. Doch man ließ sie warten – etwas, das die ungeduldigen Industriegrößen weder gewohnt waren noch schätzten. Göring, in der Rolle des Gastgebers, begrüßte sie mit fünfzehnminütiger Verspätung. Ihn begleitete Walther Funk, der untersetzte und fast kahlköpfige Reichspressechef der Regierung Hitler. Der neue Kanzler ließ sich noch mehr Zeit und erschien in Begleitung von Otto Wagener, seinem wichtigsten Wirtschaftsberater.[5] Organisator des Treffens war der frühere Reichsbankpräsident Hjalmar Schacht. (Mit Funk, Schacht, Göring und Schmitt waren gleich vier von Hitlers zukünftigen Reichswirtschaftsministern anwesend.) Das Treffen stellte den Höhepunkt jahrelanger Vorarbeit durch NSDAP-Funktionäre dar – Jahre, in denen man Kontakte zu deutschen Wirtschaftsgrößen geknüpft hatte, um diese für die Sache des Nationalsozialismus zu begeistern.

Nachdem er den Anwesenden die Hand geschüttelt hatte, setzte Hitler zu einer neunzigminütigen frei gehaltenen Rede ohne Pause an. Aber statt wie angekündigt über seine zukünftigen politischen Pläne zu sprechen, erging sich Hitler in einer ausschweifenden Analyse der aktuellen politischen Situation. Das Jahr 1918 sei ein katastrophaler Wendepunkt der deutschen Geschichte gewesen, angefangen mit der Niederlage des Deutschen Reichs im Ersten Weltkrieg bis zur Revolution in Russland, die die Kommunisten an die Macht gebracht hatte. Nach Hitlers Ansicht war der Moment gekommen, das Ringen zwischen links und rechts ein für alle Mal zu entscheiden.[6]

Hitler stellte in Aussicht, dass die Männer, wenn sie ihn unterstützten, sich selbst, ihren Firmen und ihren Vermögen helfen würden. »Privatwirtschaft im Zeitalter der Demokratie ist nicht aufrechtzuhalten«, sagte der 43-jährige Kanzler, »sie ist nur denkbar, wenn das Volk eine tragende Idee von Autorität und Persönlichkeit besitzt. Alles, was in der Welt an Positivem, an Gutem und Wertvollen auf dem Gebiete der Wirtschaft und Kultur geschaffen worden ist, beruht ganz allein auf der Bedeutung der Persönlichkeit.«[7] Hitler sprach nicht über die Abschaffung der Gewerkschaften, Wiederaufrüstung, Krieg oder die Entfernung der Juden aus Deutschland. Aber er gab einen Ausblick auf das, was kommen würde: »Wir müssen erst die ganzen Machtmittel in die Hand bekommen, wenn wir die andere Seite ganz zu Boden werfen wollen.«[8]

Gegen Ende seiner Rede umriss Hitler, was passieren würde. In zwei Wochen schon, am 5. März 1933, werde das deutsche Volk mit seiner Stimmabgabe bei den Reichstagswahlen – »der letzten Wahl« in Hitlers Worten – über die Zukunft des Landes entscheiden. Die Demokratie werde fallen, auf die eine oder andere Weise. Der neue deutsche Kanzler beabsichtigte, sie vollständig aufzulösen und durch eine Diktatur zu ersetzen. »Sie mag ausfallen, wie sie will«, warnte er, »einen Rückfall gibt es nicht mehr [...]. Es gibt nur zwei Möglichkeiten, entweder ein Zurückdrängen des Gegners auf dem Boden der Verfassung [...], oder es wird ein Kampf mit anderen Waffen geführt werden, der vielleicht größere Opfer fordert.« Sollte die Wahl seine Partei nicht an die Macht bringen, so ließ er durchblicken, sei ein Bürgerkrieg zwischen rechten und linken Kräften unvermeidlich. Dann schloss er mit Pathos: »Hoffentlich erkennt also das deutsche Volk die Größe der Stunde, sie entscheidet über die nächsten 10, ja vielleicht 100 Jahre.«[9]

Der Rüstungs- und Stahlindustrielle Gustav Krupp von Bohlen und Halbach war als Primus inter Pares und Vorsitzender des Reichsverbandes der Deutschen Industrie zum Sprecher der anwesenden Wirtschaftsvertreter bestimmt worden. Der 62-Jährige hatte für das Treffen – seine erste Begegnung mit Hitler – ein ausführliches wirtschaftspolitisches Memorandum vorbereitet. Doch angesichts der Tatsache, dass der Reichskanzler soeben die Auflösung der deutschen Demokratie gefordert hatte, hielt er einen Dialog über langweilige politische Details für wenig passend. Stattdessen dankte er dem Kanzler demütig im Namen der versammelten Männer dafür, dass er ihnen »ein so klares Bild des Aufbaues seiner Gedankenwelt gegeben habe«. Krupp endete mit einigen gefälligen Bemerkungen über die Notwendigkeit einer schnellen innenpolitischen Stabilisierung und eines starken Staates, da nur so »Wirtschaft und Gewerbe zur Entwicklung und zur Blüte kommen könnten«.[10]

Im Anschluss an Krupps Ausführungen nahm der Kanzler weder Fragen entgegen noch klärte er die Anwesenden über den tatsächlichen Zweck des Treffens auf. Das überließ er dem Gastgeber Göring. Er selbst verließ die Versammlung.

Göring eröffnete das Thema mit einem allseits willkommen geheißenen Versprechen von Stabilität. Er versicherte den Größen aus Industrie und Finanzwelt, »dass mit der politischen Befriedigung auch die Wirtschaft zur Ruhe kommen werde«. Es werde keine wirtschaftspolitischen »Experimente« geben. Voraussetzung für ein wirtschaftsfreundliches Klima sei ein Sieg der neuen, von Hitler angeführten Koalition bei den kommenden Wahlen. Dann kam der Reichstagspräsident zum Kern der Sache: Die NSDAP benötige Geld für den Wahlkampf. Da man Steuergelder und staatliche Etats nicht für parteipolitische Zwecke einsetzen könne, sei es wünschenswert, wenn »andere nicht im politischen Kampf stehende Kreise wenigstens die nun mal erforderlichen finanziellen Opfer bringen« würden.[11]

In Görings abschließendem Appell hallten die Worte Hitlers nach: Das »erbetene Opfer« werde die Industrie angesichts der Tatsache, »dass die Wahl am 5. März die letzte sicherlich innerhalb 10 Jahren, voraussichtlich aber in 100 Jahren sei«, wohl schwerlich schmerzen.[12] Anschließend verließ Göring den Raum. Seine Gäste blieben sprachlos zurück.

Als Nächster wandte sich der Ökonom Hjalmar Schacht an die Gruppe. Im Gegensatz zu seinen beiden Vorrednern kam er direkt zur Sache und schlug die Einrichtung eines Wahlkampffonds in Höhe von drei Millionen Reichsmark (heute rund vierzehn Millionen Euro) vor, der auf die NSDAP und ihren nationalkonservativen Koalitionspartner, die Deutschnationale Volkspartei (DNVP), zu verteilen sei.[13] Auf die DNVP waren die Nationalsozialisten bis auf Weiteres noch angewiesen, um im Reichstag eine Mehrheit zu bilden. Das allerdings sollte sich bald ändern.

Die zu leistende Summe wurde auch gleich aufgeteilt. Eine Million Reichsmark sollte die Steinkohle- und Eisenindustrie des Ruhrgebiets aufbringen, während dem Kalibergbau und der Chemieindustrie jeweils 500.000 Reichsmark auferlegt wurden. Die noch fehlende Million wurde auf Braunkohle, Automobilindustrie, Maschinenbau und Elektrotechnik verteilt. Die Anwesenden einigten sich darauf, dass 75 Prozent des Geldes der NSDAP zufließen solle, den Rest erhielt ihr Koalitionspartner. Daraufhin äußerte Schacht den kürzesten und kostspieligsten Satz des Abends: »Und nun, meine Herren, an die Kasse!«[14]

Hitlers Einladung zur Erörterung wirtschaftspolitischer Fragen war in Wirklichkeit kaum mehr als ein Vorwand gewesen, um einen millionenschweren Parteifinanzierungsfonds aus der Taufe zu heben. Hitler und Göring hatten ein wichtiges Detail elegant verschwiegen: die desaströse Finanzlage der NSDAP. Die Partei war mit mehr als zwölf Millionen Reichsmark verschuldet, und die wenigen vorhandenen liquiden Mittel reichten bei Weitem nicht aus für eine landesweite Wahlkampagne.[15] Doch dieses Problem sollte bald der Vergangenheit angehören. In den darauffolgenden Tagen und Wochen ließen viele der Anwesenden durch ihre Firmen und Verbände große Summen auf ein Treuhandkonto überweisen, das Schacht bei der Privatbank Delbrück Schickler & Co. in Berlin eröffnet hatte. Die Wirtschaftskapitäne hatten offenbar keine Skrupel, den Niedergang ihrer Demokratie zu finanzieren. Die größten Spenden an die NS-Partei kamen vom Bergbauverein (600.000 Reichsmark) und von der IG Farben (400.000 Reichsmark).[16]

Am 21. Februar 1933, einen Tag nach dem Treffen, notierte der 35-jährige Joseph Goebbels, Gauleiter von Berlin und Reichspropagandaleiter, in sein Tagebuch: »Göring bringt die freudige Mitteilung, dass 3 Millionen für die Wahl bereit liegen. Tolle Sache! Ich alarmiere gleich die ganze Prop.Abtlg. Und eine Stunde später knattern die Maschinen. Jetzt werden wir einen Wahlkampf aufdrehen. Heute macht die Arbeit Spaß. Geld ist da.«[17] Goebbels beginnt den Eintrag mit einem Rückblick und beschreibt, wie sehr tags zuvor Finanzsorgen auf die Stimmung in der Berliner Parteizentrale gedrückt hätten. Vierundzwanzig Stunden später sah die Welt schon ganz anders aus.

Einleitung

Am 8. Mai 2019 betrat Verena Bahlsen, die 26-jährige Erbin des bekannten deutschen Keksherstellers, die Bühne der OMR-Konferenz über digitales Marketing in Hamburg, um eine live gestreamte Rede über nachhaltige Lebensmittelproduktion zu halten. Sie trug eine blaue Jeanslatzhose und einen schwarzen Rollkragenpullover, darüber einen schwarzen Blazer. Selbstsicher ergriff sie das Mikrofon. Nachdem sie einige Minuten gesprochen hatte, kam sie vom Thema ab und reagierte, wenn auch ohne namentliche Nennung, auf die kapitalismuskritische Rede des damaligen Jusovorsitzenden und heutigen SPD-Generalsekretärs Kevin Kühnert zur Möglichkeit der Verstaatlichung großer deutscher Unternehmen wie beispielsweise BMW, die dieser kurz zuvor auf derselben Konferenz gehalten hatte: »Ich bin Kapitalist«, erklärte Verena Bahlsen. »Mir gehört ein Viertel von Bahlsen, da freue ich mich auch drüber. Es soll mir auch weiterhin gehören. Ich will Geld verdienen und mir Segeljachten kaufen von meiner Dividende und so was.«[1]

Ihre improvisierten Bemerkungen zogen sofort wütende Kommentare in den sozialen Medien nach sich. Wie könne sie es wagen, so mit ihrem Reichtum zu prahlen, insbesondere da das Unternehmen ihrer Familie im Zweiten Weltkrieg nachgewiesenermaßen Zwangsarbeiter eingesetzt habe? Ein paar Tage später wischte Bahlsen die Kritik gegenüber *Bild* beiseite: »Das war vor meiner Zeit und wir haben die Zwangsarbeiter genauso bezahlt wie die Deutschen und sie gut behandelt.« Sie fügte hinzu: »Bahlsen hat sich nichts zuschulden kommen lassen.«[2]

Ein Skandal brach los. Verena Bahlsen hatte den vermutlich größten moralischen Fauxpas begangen, den man heutzutage in

Deutschland begehen kann: Ahnungslosigkeit über die NS-Zeit zu demonstrieren. Es war kein Geheimnis, dass ihr Familienkonzern – wie die meisten anderen deutschen Unternehmen auch – vom Zwangsarbeitersystem des ›Dritten Reichs‹ profitiert hatte, durch das Millionen von Menschen aus ihren Heimatländern in deutsche Fabriken gebracht und dort zur Arbeit gezwungen wurden, oft gegen erbärmliche Bezahlung und unter schrecklichen Bedingungen. Im Fall von Bahlsen handelte es sich um über siebenhundert Zwangsarbeiter, zumeist polnische und ukrainische Frauen, die man in die Hannoveraner Backwarenfabrik des Unternehmens deportiert hatte, wo sie unterbezahlt und misshandelt worden waren.[3] Bahlsens Kommentare sorgten weltweit für Schlagzeilen und wurden rasch von Historikern und Politikern aufgegriffen und verurteilt. Forderungen nach einem Boykott von Bahlsen-Produkten wurden laut.

Es dauerte nur wenige Tage, bis eine Kolonne schwarzer Mercedes-Limousinen vor Bahlsens Wohnung in Berlin-Prenzlauer Berg hielt, um die Firmenerbin samt Hausstand ins heimatliche Hannover zu holen. Anschließend entschuldigte sich Verena Bahlsen öffentlich durch ihr Unternehmen. Aber Journalisten des *Spiegel* ließen nun nicht mehr locker. Sie deckten auf, dass der Großvater und die Großonkel von Verena Bahlsen, also die Männer, die das Unternehmen Bahlsen im ›Dritten Reich‹ geleitet hatten, Mitglieder der NSDAP waren und außerdem die SS mit Geld unterstützten. Viele der nach Hannover deportierten ukrainischen Frauen waren Arbeiterinnen einer enteigneten Backwarenfabrik in Kiew, die Bahlsen übernommen hatte, wie die Reporter herausfanden.[4] Nach dem Krieg hatten die Bahlsens, wie Millionen anderer Deutscher auch, jede Zusammenarbeit mit den Nationalsozialisten abgestritten und waren ungestraft davongekommen.

Als die öffentliche Empörung zunahm, griff die Familie Bahlsen auf eine bewährte Methode zurück, um die Wogen zu glätten: Man teilte mit, einen namhaften deutschen Historiker mit der unabhängigen Durchleuchtung der Familien- und Konzernaktivitäten während der NS-Zeit beauftragt zu haben. Die Ergebnisse werde man nach Abschluss der Forschungsarbeiten in Form einer allgemein zugänglichen Studie veröffentlichen. Die Ankündigung zeigte Wirkung, und die Kontroverse schlief ein. Aber ich wusste, wie diese Geschichte weitergehen würde.

Einige Jahre zuvor, Ende November 2011, hatte ich bei *Bloomberg News* in einem neu gegründeten Team von Journalisten angefangen, das zu versteckten Vermögen, Milliardären und Familienunternehmen, die um ein Vielfaches größer als das der Bahlsens waren, recherchierte. Ich trat meine neue Stelle in New York nur wenige Tage nach der gewaltsamen Entfernung der Occupy-Wall-Street-Demonstranten aus dem Zuccotti Park im Herzen des Finanzdistrikts von Manhattan durch die New Yorker Polizei an. Nach der Finanzkrise der vergangenen Jahre waren die Spannungen zwischen dem einen Prozent und den restlichen 99 Prozent überall auf der Welt zu spüren. Obwohl ich eingestellt worden war, um über US-amerikanische Unternehmerdynastien wie die Kochs und die Waltons, die Gründer von Walmart, zu berichten, bat man mich, da ich Niederländer bin, schon bald, den deutschsprachigen Raum mit abzudecken.

Ich übernahm die zusätzliche Aufgabe widerwillig. Die brutale Besetzung meiner Heimat durch die Deutschen von Mai 1940 bis Mai 1945 hatte in den Generationen vor mir und im nationalen Bewusstsein meines Landes tiefe Narben hinterlassen. Damals hatten ›sie‹ unser Land besetzt und geplündert. Als Heranwachsender im Amsterdam der 1990er-Jahre erlebte ich im Frühjahr und Sommer jedes Jahr von Neuem die ›Invasion‹ der deutschen Urlauber an unseren Stränden. Außerdem – und das war noch schlimmer – schlugen ›sie‹ uns oft im Fußball (und tun es immer noch).

Meine eher augenzwinkernde Abneigung gegenüber den Deutschen wurde durch die Kriegserlebnisse meiner Familie allerdings deutlich verstärkt. 1941 versuchte mein Großvater mütterlicherseits, ein Protestant und damals noch unverheiratet, zusammen mit seinem besten Freund aus den besetzten Niederlanden zu fliehen und nach England zu segeln. Dort wollten sie sich der Royal Air Force anschließen, aber ihr Boot wurde vom Wind zurückgetrieben. Deutsche Soldaten nahmen sie fest, und sie wurden als politische Gegner verurteilt.[5] Mein Großvater verbrachte fast zwei Jahre in Haft und musste in einem Bochumer Stahlwerk Zwangsarbeit leisten. Er erkrankte dort an Tuberkulose und war zum Zeitpunkt seiner Entlassung völlig ausgezehrt und dem Tod nahe.

Die jüdischen Eltern meines Vaters wurden im Krieg getrennt. Meinem Großvater väterlicherseits gehörten mehrere Spitzen- und Strumpffabriken nahe der deutsch-niederländischen Grenze. Nachdem sein Unternehmen enteignet worden war, gelang es ihm, sich im Zentrum von Amsterdam zu verstecken. Meine Großmutter, eine gebürtige Schweizerin, versuchte 1942, mit meiner dreijährigen Tante und einem Begleiter in ihr Heimatland zu fliehen. Sie wurden an der französisch-schweizerischen Grenze von der Gestapo verhaftet. Einer der Beamten hatte Mitleid mit meiner Großmutter und ihrem kleinen Kind und ließ sie gehen. Sie schafften es über die Grenze in die Schweiz. Ihren Begleiter, einen bekannten Maler, ereilte ein traurigeres Schicksal. Er wurde mit dem Zug ins Vernichtungslager Sobibor im besetzten Polen deportiert und dort ermordet.[6]

Meine Großeltern hatten trotz des erlebten Leids während des Kriegs sehr viel Glück. Nach der Befreiung Europas wurde mein jüdischer Großvater mit seiner Frau und jungen Tochter wiedervereint, und er erhielt seine Fabriken zurück. Sein Vater allerdings war im Konzentrationslager Bergen-Belsen gestorben. Meine jüdischen Großeltern waren nie verbittert über den Verlust ihrer geliebten Menschen, die die Nationalsozialisten ermordet hatten. Ebenso wenig verbittert war mein Großvater mütterlicherseits über seine Zeit in deutscher Gefangenschaft. Bevor man ihm die Freiheit raubte, hatte er sich in ein Mädchen aus der Nachbarschaft verliebt. Er kurierte seine Tuberkulose in einem Schweizer Sanatorium aus; meine Großmutter saß die gesamte Zeit an seinem Bett. Kurz nach seiner Genesung heirateten sie.

Meine Eltern kamen wenige Jahre nach dem Krieg zur Welt. Alles in allem gelang es meinen Großeltern, sich selbst und ihren Kindern – und letzten Endes auch mir – ein gutes Leben aufzubauen.

Trotzdem übte mein Großvater mütterlicherseits auf subtile Weise ›Rache‹ an den Deutschen, indem er beständig Witze über sie machte. Als Kind war er für mich immer ein Held, ein stolzer niederländischer Patriot. Meine Großeltern lebten auf einem Hof in einem winzigen holländischen Dorf mit dreihundert Einwohnern, ganz in der Nähe der bei den Deutschen besonders beliebten Strände. »Da rollt die nächste Invasion heran«, witzelte er jedes Frühjahr. Er nahm mir das Versprechen ab, die Deutschen niemals ernst zu nehmen, weil sie sich selbst so ernst nahmen. Ich schwor ihm, es nie zu tun. »Humor ist die beste Rache«, sagte er.

Doch in meinem neuen journalistischen Aufgabengebiet bei *Bloomberg* lernte ich, die Deutschen sehr wohl ernst zu nehmen – besonders jene in der Großindustrie und im Finanzwesen. Im Sommer 2012 landete ich bei den Recherchen zu einer Auftragsstory auf einer zunächst unauffälligen Website. »Harald Quandt Holding« stand auf der Startseite dieses Unternehmens, das das betreute Vermögen seiner diversen Investmentfirmen mit achtzehn Milliarden Dollar bezifferte. Wie konnte ein unbekanntes deutsches Family-Office mit einer derart minimalistischen Website eine so unglaubliche Geldsumme verwalten?

Wie ich herausfand, stammte dieser Zweig der deutschen Unternehmerdynastie Quandt von einer gewissen Magda Goebbels ab, der inoffiziellen ›First Lady des Dritten Reichs‹ und Ehefrau von NS-Propagandaminister Joseph Goebbels. Magda Goebbels' Sohn Harald war das einzige ihrer sieben Kinder, das den Krieg überlebte. Harald, der aus Magdas erster Ehe mit dem Industriellen Günther Quandt stammte, wuchs zwar im Haushalt der Goebbels' auf, trat aber nie der NSDAP bei. Sein älterer Halbbruder

Herbert sollte fünfzehn Jahre nach dem Krieg den BMW-Konzern vor der Pleite retten. 2012 waren Herbert Quandts jüngste Erben immer noch die reichste Familie Deutschlands und verfügten über eine Fast-Mehrheitsbeteiligung an BMW, während den Erben von Harald Quandt ›nur‹ eine Holding in Bad Homburg gehörte.[7]

2007 beauftragten die Quandts, ganz ähnlich wie die Bahlsens, einen deutschen Geschichtsprofessor mit der Aufarbeitung der familiären NS-Historie. Die Entscheidung resultierte aus einer kritischen TV-Dokumentation, die die Verstrickungen der Dynastie in die Machenschaften des ›Dritten Reichs‹ beleuchtete und den Fokus besonders auf die massenhafte Produktion von Waffen, den Einsatz von Zwangsarbeitern und die Inbesitznahme von jüdischen Unternehmen legte. Zu jener Zeit hatten Günther und Herbert Quandt die involvierten Unternehmen der Familie geleitet.

Während meiner journalistischen Arbeit erstaunte mich die fortdauernde historische Intransparenz des reicheren Quandt-Zweigs, also jenes Familienteils, der BMW kontrolliert. Auch nach dem Erscheinen der von der Familie beauftragten Studie im Jahr 2011, die erklärtermaßen »Offenheit« zum Ziel hatte, änderte sich daran nichts.[8] Die Untersuchung brachte noch zahlreiche weitere brutale Verbrechen der Familienpatriarchen während der NS-Zeit ans Licht. Wie ich rasch herausfinden sollte, waren die Quandts kein Einzelfall. Auch viele andere deutsche Unternehmerdynastien hatten während des ›Dritten Reichs‹ floriert und verfügten bald nach dem Krieg über gigantische globale Vermögen, während sie sich zumeist schwertaten – oder schlicht versagten –, Licht in die dunklen Kapitel ihrer Familiengeschichten zu bringen.

Diese Geschichten sind bis heute außerhalb Deutschlands kaum erzählt worden. Unterdessen kontrollieren die jeweiligen Dynastien weiterhin Milliarden von Euros und Dollars. Einige der Erben besitzen keine Unternehmen mehr – sie verwalten und vermehren schlicht ihr ererbtes Vermögen. Viele andere wiederum besitzen bekannte Marken, deren Produkte rund um den Globus zu kaufen sind, angefangen bei den Autos, die wir fahren, über den

Kaffee und das Bier, das wir trinken, bis zu den Wohnungen, die wir mieten, den Grundstücken, auf denen wir leben, und den Hotels, in denen wir Zimmer für unsere Urlaube und Geschäftsreisen buchen. Meine Artikel konzentrierten sich in erster Linie auf das Geld dieser Familien. Schließlich schrieb ich für *Bloomberg*. Aber dieser Fokus ließ andere, drängende Fragen unbeantwortet. Wie waren die Patriarchen dieser Familien unter Hitler zu so viel mehr Macht und Geld gelangt? Warum ließ man fast alle von ihnen nach der Niederlage des ›Dritten Reichs‹ mehr oder weniger einfach so davonkommen? Und warum scheuen sich viele der Erben selbst heute noch, Jahrzehnte später, die Verbrechen ihrer Vorfahren anzuerkennen, wodurch sie einem Geschichtsbild Vorschub leisten, das diese Dinge im Halbdunkel belässt? Warum sind ihre Wohltätigkeitsstiftungen, Medienpreise und Firmensitze immer noch nach den Männern benannt, die mit den Nationalsozialisten kollaborierten?

Die Antworten auf diese Fragen, oder zumindest einen Teil davon, finden sich auf den folgenden Seiten – in den Entstehungsgeschichten einiger der reichsten deutschen Dynastien, die nach wie vor einen beträchtlichen Teil der Weltwirtschaft kontrollieren. Genauer gesagt: Die Antworten finden sich in den Geschichten der Gründer dieser Dynastien, die unbeschreibliche Vermögen und Macht anhäuften, indem sie Beihilfe zu den Gräueltaten des NS-Systems leisteten. Diese Männer, die meisten von ihnen im deutschen Kaiserreich geboren, stiegen in den unruhigen Jahren nach dem Ersten Weltkrieg in die deutsche Wirtschaftselite auf. Bis zum Beginn der NS-Zeit 1933 hatten sie sich als Großindustrielle, Bankiers, Nahrungsmittelproduzenten oder Automobilkonstrukteure etabliert. Einige begannen bereits, ihre Nachfolge zu regeln, und installierten ihre Söhne als designierte Erben in leitenden Positionen. In den Jahren vor dem Zweiten Weltkrieg und während des Kriegs kollaborierten sie mit dem Hitler-Regime und bereicherten sich durch Rüstungsaufträge, den Einsatz von Zwangs- und Sklavenarbeitern sowie die Übernahme von Unternehmen, jüdischen wie nichtjüdischen, in Deutschland und den besetzten Gebieten Europas.

Einige dieser Magnaten waren glühende Nationalsozialisten, die Hitlers Ideologie kritiklos übernahmen. Aber die meisten von ihnen waren vor allem kühl kalkulierende, skrupellose Opportunisten, die ihr Geschäft ausbauen wollten, egal um welchen Preis. Alle waren während des ›Dritten Reichs‹ Mitglied der NSDAP, der SS oder beider Organisationen. Das gilt für die dunkle Geschichte der Quandts, die heute BMW kontrollieren; der Flicks, den ehemaligen Eigentümern von Daimler-Benz; der von Fincks, einer Bankiersfamilie, die die Allianz und die Münchener Rück mitgründete; des Porsche-Piëch-Clans, der Volkswagen und Porsche kontrolliert; sowie der Familie Oetker, die über globale, auf Backzutaten, Fertiggerichten, Bier und Luxushotels gegründete Wirtschaftsimperien herrscht. Die jeweiligen Patriarchen der Familien legten den Grundstein für ihr »braunes Erbe«.

Dieses Buch schildert die NS-Verstrickung und die anschließenden Aufarbeitungsversuche derjenigen deutschen Unternehmerfamilien, die bis heute eine wichtige Rolle in der globalen Wirtschaft spielen. Aber es geht nicht nur um die Sünden deutscher Industrie- und Finanzmagnaten. In diesem Buch wird auch erzählt, wie es nach dem Krieg den alliierten Siegermächten zufiel, über das weitere Schicksal dieser NS-Profiteure zu entscheiden. Aus politischem Kalkül und aus Angst vor einem erstarkenden Kommunismus übergaben die Vereinigten Staaten und das Vereinigte Königreich die meisten dieser Männer bald stillschweigend an die junge Bundesrepublik, die die meisten der schuldigen Magnaten mit kaum mehr als dem sprichwörtlichen Klaps auf die Hand davonkommen ließ. In den darauffolgenden Jahrzehnten entwickelte sich im Westen des geteilten Deutschlands eine der wachstumsstärksten Ökonomien der Welt, die es denselben NS-Unternehmern ermöglichte, Milliardenvermögen anzuhäufen und in die Ränge der mächtigsten Unternehmer der Welt aufzusteigen. All das, während sie über ihren Anteil am größten Genozid der Geschichte entweder schwiegen oder schlichtweg logen.

Bis zum heutigen Tag haben sich nur einige wenige Erben dieser Männer ernsthaft bemüht, sich mit ihrer jeweiligen Familiengeschichte wirklich auseinanderzusetzen. Andere sperren sich nach wie vor dagegen, ohne nennenswerte negative Folgen. Für Verena Bahlsen hatten ihre Kommentare keinerlei berufliche Konsequenzen. Im Gegenteil: Kurze Zeit später wurde sie von ihrem Vater befördert. Mitte März 2020 kündigte die Bahlsen GmbH & Co. KG an, dass Verena und nicht eines ihrer drei Geschwister aktive Gesellschafterin werden und damit die nächste Generation im Familienunternehmen repräsentieren soll.[9]

Das Deutschland, das aus den Trümmern des Zweiten Weltkriegs hervorging, ist heute zu einer größtenteils toleranten, von Erinnerungskultur und Reue geprägten Gesellschaft herangereift, die ihre Mitglieder zur kritischen Auseinandersetzung mit den Fehlern der Vergangenheit anhält. Während viele der gegenwärtigen großen globalen Mächte von Diktatoren, Rechtspopulisten und Demagogen angeführt werden, ist Deutschland das moralische Rückgrat der westlichen Welt geblieben. Diese fragile Position verdankt das Land nicht zuletzt den fortwährenden öffentlichen Diskussionen über seine NS-Vergangenheit und die Massenverbrechen des Hitler-Regimes. In den letzten fünfzig Jahren hat die politische Führung Deutschlands zumeist nicht davor zurückgeschreckt, moralische Verantwortung zu übernehmen und die Sünden der Vergangenheit einzugestehen. Dennoch wird in jüngster Zeit auch in Deutschland die Entwicklung in eine andere Richtung sichtbar. Während die letzten Augenzeugen aus der Zeit des Nationalsozialismus nach und nach versterben und die Erinnerung an das ›Dritte Reich‹ verblasst, macht sich eine zunehmend in die Mitte der Gesellschaft drängende und immer schamloser agierende reaktionäre Rechte daran, die progressiven Ideale Nachkriegsdeutschlands zu zermürben.

In einer Zeit, in der Desinformation allgegenwärtig ist und sich Rechtsextremisten international auf dem Vormarsch befinden, sind historische Transparenz und Aufarbeitung umso wichtiger, wie die Beispiele aus den USA und England zeigen, wo Denkmäler von Südstaatengenerälen, Sklavenhändlern und Wegbereitern des Kolonialismus wie Christoph Kolumbus abgerissen und Hochschulinstitute, die den Namen rassistischer Präsidenten tragen, umbenannt werden. Trotzdem scheint der Trend zur kritischen Auseinandersetzung mit der Historie an vielen der legendären deutschen Unternehmerfiguren vorbeizugehen. Ihre Vermächtnisse bleiben auffällig unauffällig im Dunkeln. Dieses Buch möchte zumindest einen kleinen Beitrag dazu leisten, Licht in dieses Dunkel zu bringen.

Teil I

»Vollendeter Durchschnitt«

1.

Jahrzehntelang hatte die Familie Quandt von Krieg und Umwälzungen profitiert. Doch als der 37-jährige Textilmagnat Günther Quandt im Oktober 1918 mitten in der Grippepandemie nach Berlin zog, sah es so aus, als würden Krieg und Umwälzungen gerade sein Land zerstören. Quandt erlebte den Niedergang seines geliebten deutschen Kaiserreichs hautnah mit, als es den Ersten Weltkrieg und dazu Millionen von Männern in den Schützengräben verlor. Trotz der vernichtenden Niederlage des Reichs verdienten die Quandts Millionen am Krieg.[1] Die Tuchfabriken der Familie, die Quandt im ländlichen Brandenburg wenige Stunden nördlich der Hauptstadt leitete, hatten jede Woche Tausende von Uniformen für ihre treue kaiserliche Kundschaft produziert. Eine Welle junger deutscher Soldaten nach der anderen wurde an die Front und in die Gräben geschickt, und jeder von ihnen brauchte eine neue Uniform, um die zerfetzten Monturen der gefallenen Kameraden zu ersetzen. So ging es Woche für Woche, vier nicht enden wollende Jahre lang.

Deutschlands Verluste waren Quandts Gewinne. Als der Krieg vorbei war, hatte Quandt genug Geld verdient, dass er seinen Wohnsitz permanent nach Berlin verlegen konnte. Während des Kriegs war es ihm geglückt, den Militärdienst zu umgehen – zunächst, weil er für körperlich untauglich befunden worden war, später dann, weil er eine zentrale Rolle für die kaiserliche Kriegswirtschaft spielte. Von Berlin aus leitete er eine halbstaatliche Kriegsgesellschaft, die Heer und Marine mit Wolle versorgte. Parallel steuerte Quandt die Familienwerke mithilfe täglicher Anweisungen per Brief, während seine zwei jüngeren Brüder und sein Schwager an der Front kämpften. Als sie von dort heimkehrten, eröffnete ihnen Quandt, dass er nach Berlin ziehen und die Geschicke der Tuchfabriken von nun an aus der brodelnden Hauptstadt lenken werde. Gleichzeitig verfolgte er größere Pläne, wollte neue Geschäftsmöglichkeiten ausloten und in andere Branchen vorstoßen.

Quandt liebte Berlin. Er war am 28. Juli 1881 im ländlichen Pritzwalk zur Welt gekommen, etwa 130 Kilometer nordwestlich der Reichshauptstadt. Als Erstgeborener einer bekannten Tuchfabrikantenfamilie und somit designierter Nachfolger seines Vaters schickte man ihn mit fünfzehn für eine anständige Ausbildung nach Berlin, wo er bei seinem Englischlehrer wohnte. Das Deutsche Reich hatte sich um die Jahrhundertwende zu einer führenden Industrienation entwickelt und Berlin zu deren pochendem Herzen. In seiner Freizeit erkundete der junge Quandt die weitläufige und geschäftige Metropole und verfolgte den Bau der Hoch- und Untergrundbahn. Seine Schulzeit in Berlin beschrieb er später als »glückliche Jahre«.[2] Am liebsten hätte er nach der Schule Architektur studiert, aber das kam nicht infrage. Günther wurde nach Hause beordert, wo er von seinem kränkelnden Vater Emil, einem großen, stämmigen Mann mit üppigem Schnurrbart und den Werten eines stolzen preußischen Protestanten – Bescheidenheit, Gottesfurcht, Fleiß –, den Tuchhandel erlernen sollte.

1918 allerdings zog Quandt nicht allein nach Berlin. Seine Frau Antonie, genannt Toni, und die beiden Söhne Hellmut und Herbert begleiteten ihn. Quandt war seit zwölf Jahren mit Antonie verheiratet, Hellmut und Herbert waren zehn und acht Jahre alt. Antonie war Quandts große Liebe. Fast hätten seine Eltern die Ehe verhindert, weil sie Antonies Familie für neureich hielten.[3] Als sie versuchten, die Beziehung zu unterbinden, erwog Quandt ernsthaft, in die USA auszuwandern. Er hatte sogar schon die billigste Reiseroute – per Schiff nach Baltimore – in Erfahrung gebracht und geplant, sich Arbeit in Chicago zu suchen.[4] Doch Quandt blieb. Am Ende siegten Liebe und Beharrlichkeit, der elterliche Segen wurde gewährt.

Am 15. Oktober 1918, während der Herbstferien, reisten Antonie und die zwei Jungen nach Berlin, um Quandt und das neue Heim der Familie zu besuchen. Die vierköpfige Familie übernachtete im luxuriösen Hotel Fürstenhof am Potsdamer Platz. Quandt wollte seiner Frau und den Kindern unbedingt das neu erworbene große Haus zeigen, das 25 Kilometer südlich des Zentrums im grünen Vorort Neubabelsberg lag, einer Villenkolonie, in der viele Berliner Bankiers, Industrielle und betuchte Intellektuelle wohnten. Das Grundstück mit uraltem Baumbestand lag direkt am Griebnitzsee unweit vom Park Babelsberg und dem Babelsberger Schloss, der Sommerresidenz des Kaisers. Antonie hatte sich immer noch nicht ganz von der Operation nach Herberts komplizierter Geburt erholt. Sie hoffte, in dem neuen Haus ihre Kräfte zurückzugewinnen, besonders wegen der herrlichen Umgebung: dem See, dem Park und der von üppigen Platanen, Linden und Ahorn umsäumten Straße.[5] »Aber hier muss ich wieder ganz gesund werden«, sagte sie zu ihrem Mann, nachdem dieser sie und die zwei Jungen herumgeführt hatte.[6]

Es sollte anders kommen. Am Tag nach dem Besuch reisten Antonie und die Söhne zurück nach Pritzwalk. Abends erhielt Quandt einen Anruf von einem Angestellten: Toni sei mit leichten Grippesymptomen aus Berlin zurückgekehrt. Die Jungen habe man zu Verwandten gebracht, damit sie sich nicht infizierten. Wegen der Pandemie musste man auf Nummer sicher gehen – die Spanische Grippe war hoch ansteckend. Innerhalb von zwei Tagen weitete sich Antonies Grippe zu einer beidseitigen Lungenentzündung aus. In seiner Verzweiflung fuhr Quandt zu einem ihm bekannten Arzt, der ihm aber nicht sofort helfen konnte, da er bereits ein knappes Dutzend Patienten betreute, die an derselben Krankheit litten. Antonie starb in einer kalten Oktobernacht. Sie war erst 34. Die zarte Frau, die sich so sehr nach einem Neuanfang gesehnt hatte, hatte der zweiten Welle der Spanischen Grippe, die den Globus überrollte und Millionen von Toten zurückließ, nichts entgegenzusetzen.

Von einem Augenblick auf den anderen war Quandt zum Witwer geworden, allein in der hektischen Hauptstadt eines besiegten Reichs am Rande des Abgrunds. Und bald würden seine zwei jungen Söhne zu ihm kommen, die gerade ihre Mutter verloren hatten und nun weit mehr Zuwendung von ihm brauchten, als er ihnen jemals würde geben können. Quandt hatte wenig Zeit für sie. Er musste ein Imperium aufbauen. Nach Antonies Beerdigung an einem sonnigen Herbsttag in Pritzwalk stand Quandt an ihrem Grab und spürte, dass er etwas »Unwiederbringliches verloren« hatte. »Ich war der Meinung, der Mensch könne nur einmal im Leben wirkliche Liebe geben und empfangen«, schrieb er später.[7]

Doch schon sechs Monate später verliebte sich Günther Quandt neu. Die daraus entstehende Verbindung verfolgt die Quandts bis heute. Der Name der Angebeteten war Magda Friedländer, doch sie sollte bekannt werden als Magda Goebbels, die ›First Lady des Dritten Reichs‹.

2.

Am warmen Frühlingsabend des 21. April 1919 bestieg Günther Quandt in Berlin einen überfüllten Nachtzug. Es war Ostermontag, und er war im Begriff, mit zwei Geschäftspartnern zu einem Termin nach Kassel zu fahren. Kurz vor der Abfahrt des Zugs postierte eine Mutter ihre Tochter im Teenageralter, beladen mit Koffern und Kisten, vor dem Abteil der drei Geschäftsleute in der ersten Klasse. Sie hatte den gesamten Zug erfolglos nach einem freien Sitzplatz abgesucht. Ihre Anweisung zum Abschied: »Magda, hier bleibst du stehen.«[8] Quandt wartete zwei oder drei Minuten, bis er aufstand und dem Mädchen unaufdringlich einen Platz anbot. Es dauerte um einiges länger als drei Minuten und brauchte einige weitere Einladungen von Quandt, bis die schüchterne Magda schließlich die Abteiltür öffnete und sich zu dem deutlich älteren Männertrio setzte.

Nachdem Quandt ihr beim Verstauen der Sachen geholfen hatte, setzte sich Magda aufs weiche Plüschpolster. Als die beiden ins Gespräch kamen, stellte Quandt fest, wie außerordentlich attraktiv das Mädchen war. Später schrieb er dazu: »Inzwischen hatte ich entdeckt, dass ich da eine ausnehmend schöne Erscheinung hereingebeten hatte: hellblaue Augen, schönes, volles Blondhaar, ein gut geschnittenes regelmäßiges Gesicht, eine schlanke Gestalt.«[9] Magda war erst siebzehn, und damit zwanzig Jahre jünger als er und nur sechs Jahre älter als sein ältester Sohn Hellmut. Sie hatte Ostern bei ihrer Mutter und ihrem Stiefvater in Berlin verbracht und reiste nun zurück in ihr Mädchenpensionat in Goslar. Während der gesamten Zugfahrt unterhielten sich Quandt und Magda übers Reisen und die Berliner Theater. Er war hin und weg von ihr. Gegen ein Uhr morgens hielt der Zug am Goslarer Bahnhof. Quandt half ihr beim Ausstieg mit dem Gepäck und warf unauffällig einen Blick auf ihren Kofferanhänger, um die Adresse ihres Internats zu erfahren.

In Kassel angekommen, schickte er ihr einen Brief und fragte sie, ob er sie am folgenden Nachmittag im Pensionat besuchen dürfe. Er werde sich als Freund ihres Vaters ausgeben, um die Erlaubnis der Direktorin zu erhalten, sie auszuführen. Magda war einverstanden. Am nächsten Tag erschien Günther Quandt mit einem Strauß Rosen in der Schule – nicht für Magda, sondern um die Direktorin zu umgarnen, damit sie ihm erlaubte, mit Magda einen Spaziergang zu machen. Eine Phase des Umwerbens begann. Schon bei ihrer dritten Verabredung, als sie sich durch die herrliche Landschaft des Harzes chauffieren ließen, machte Quandt Magda auf der Rückbank seines Wagens einen Antrag. Überrumpelt bat sie ihn um drei Tage Bedenkzeit.[10] Die Ehen, die sie in ihren siebzehn Lebensjahren miterlebt hatte, waren alles andere als glücklich gewesen.

Magda war am 11. November 1901 als uneheliches Kind zur

Abb. 1: Günther Quandt

Welt gekommen. Ihre Eltern, der Ingenieur Oskar Ritschel und das Dienstmädchen Auguste Behrend, heirateten wenig später. Doch Magdas Mutter ließ sich von Ritschel scheiden, nachdem sie entdeckt hatte, dass er sie betrog. Sie heiratete wieder, diesmal Richard Friedländer, einen deutsch-jüdischen Kaufmann. Auch hier drohte mittlerweile die Scheidung. Magda war als Einzelkind in einem weltoffenen Haushalt der gehobenen Mittelschicht aufgewachsen und mit ihrer Mutter und ihrem Stiefvater zwischen Berlin und Brüssel, wo sie ein streng katholisches Nonneninternat besucht hatte, hin- und hergependelt. Der Stiefvater war in ihrem Leben nicht die einzige Verbindung zum Judentum. Als sie Quandt kennenlernte, hatte sie sich gerade von

Abb. 2: Magda Friedländer

ihrem Freund Chaim Arlosoroff getrennt. Arlosoroff war ein ehrgeiziger jüdischer Emigrant mit ukrainischen Wurzeln, der an der prestigeträchtigen Berliner Humboldt-Universität Ökonomie studierte. Doch Magda spürte, dass sie als Nichtjüdin niemals ganz zur jüdischen Gemeinschaft gehören würde.[11]

Nach dreitägigem Abwägen akzeptierte sie Quandts Heiratsantrag. Es verwunderte sie, dass sich dieser untersetzte ältere Mann, der mit seinen Zweireihern, gestärkten Hemdkragen und goldenen Manschettenknöpfen Reichtum und Macht ausstrahlte, so sehr für sie interessierte. Mit seinen stechend blauen Augen und dem runden Schädel mit schlecht überkämmter Glatze war der hochgewachsene Günther Quandt eine imposante

Erscheinung – wenn auch nicht unbedingt attraktiv. Aber romantische Gefühle waren kein Kriterium, wenn es um die Hochzeit mit einem zwei Jahrzehnte älteren Mann ging; Faszination und Ambition hingegen schon. Sie war beeindruckt von Quandt, der stets verschmitzt lächelte, als wüsste er mehr als alle anderen. Magda sehnte sich danach, das Pensionat zu verlassen und die Ehefrau eines finanzstarken und in der Geschäftswelt angesehenen Mannes zu werden. Sie träumte davon, einen großen Haushalt zu führen und Empfänge für Freunde und Geschäftspartner zu organisieren. Aber Quandt stellte noch zwei Bedingungen, bevor sie heirateten: Magda müsse den Katholizismus aufgeben und wieder zum Protestantismus konvertieren; und sie solle ihren ursprünglichen Familiennamen – Ritschel – wieder annehmen. Friedländer, der jüdische Nachname ihres Stiefvaters, kam für Quandt und seine konservative lutheranische Familie nicht infrage. Magda gehorchte pflichtbewusst. Zu ihrer Mutter sagte sie: »Die Religion ist mir gleichgültig, ich habe meinen Gott in meinem Herzen.«[12]

Günther Quandt und Magda Ritschel heirateten Anfang Januar 1921 in einem Kurhotel in Bad Godesberg am westlichen Rheinufer unweit von Bonn. Die Braut trug ein Kleid aus Brüsseler Spitze. Doch die Harmonie zwischen den beiden währte nicht lange. Der Altersunterschied zwischen den Frischvermählten und ihre charakterlichen Differenzen zeigten sich schon bald auf schmerzhafte Weise, als der Workaholic Quandt ihre zehntägige Hochzeitsreise nach Italien abrupt abbrach, um an einer »unaufschiebbaren Konferenz« teilzunehmen.[13] Aber auch schon vor diesem plötzlichen Ende war die Reise für Magda ernüchternd gewesen. Während sich das Paar in einer Mercedes-Limousine durchs ländliche Italien chauffieren ließ, musste Magda feststellen, dass ihr Gatte sich kaum für das ›echte‹ Italien interessierte. Wie sich ihre Mutter Auguste später erinnerte, ging Magda auf, dass »er ein durch und durch amusischer Mensch ist, ein reiner Praktiker, dem Schönheit und Kunst nicht viel besagen. Auch die Natur lässt ihn unberührt.

Als sie durch Umbrien fahren, durch die Landschaft von klassischer Schönheit […], erklärt Quandt seiner Frau die geologische Struktur des Bodens und berechnet dessen industrielle Auswertungsmöglichkeit.«[14] Trotzdem war die Reise kein völliger Reinfall. Am 1. November 1921, etwas mehr als neun Monate nach den Flitterwochen, wurde Magdas einziges Kind von Günther Quandt geboren, ein Sohn namens Harald.

Sie brachte das Kind im Krankenhaus allein zur Welt. Natürlich arbeitete ihr Mann. Zurück in Berlin, kannte er kein Privatleben. Für ihn existierte nur das Geschäft. Zu jedem Ausflug und Urlaub mit seiner Frau und seinen Söhnen gehörten Firmen- und Werkbesuche dazu. Er arbeitete zwölf Stunden täglich, setzte sich morgens um 7.30 Uhr an den Schreibtisch und kehrte um 19.30 Uhr zurück nach Hause, »müde und zerschlagen«, wie sich Magdas Mutter später erinnerte. »Sofort nach dem Abendessen setzte er sich in seinen Sessel, schlug die *Berliner Börsen-Zeitung* auf und – war drei Minuten später über der Zeitung eingeschlafen.« Quandt war ständig erschöpft. Er beklagte sich, dass er keine Zeit habe, Bücher zu lesen oder neue Ideen zu entwickeln. Das gesellschaftliche Leben interessierte ihn so gut wie gar nicht. Wenn das Ehepaar doch einmal Gäste hatte, diente dies geschäftlichen Zwecken; Festlichkeiten »wurde[n] nur arrangiert, wenn sie unumgänglich waren«.[15] Das schmerzte Magda. Veranstaltungen zu Hause waren die einzigen Anlässe, bei denen sie als Hausherrin und Gastgeberin im Mittelpunkt stand. Aber in der Welt ihres Gatten war kaum Platz fürs Eheleben. Magda blieb keine andere Wahl, als sich anzupassen.

3.

Anfang der 1920er-Jahre, als sich Günther Quandt und seine Frau bereits auseinanderlebten, versank der neue deutsche Nachkriegsstaat, die Weimarer Republik, zusehends im Chaos. Viele Wirtschaftsvertreter hielten sich auf Distanz zur volatilen Politik des Parlaments, in dem eine Verfassungskrise die nächste jagte. Auf der Suche nach Kapital und Profit wandte man sich stattdessen einem anderen Feld zu: dem Aktienmarkt.

Im Sommer 1922 beschleunigten sich Hyperinflation und Kapitalflucht aus Deutschland, befeuert durch das Attentat auf den deutschen Außenminister und jüdischen Industriellen Walter Rathenau und den drohenden Ausfall der enormen Reparationszahlungen, die Deutschland im Versailler Vertrag auferlegt worden waren. Nach der Ermordung Rathenaus in Berlin löste sich auch der letzte Rest Vertrauen in die deutsche Währung in Luft auf. Die Inflationsrate stieg um 1300 Prozent; die Reichsbank druckte Geldscheine mit einem Nennwert von einer Billion Mark. Nur die wenigen reichen Deutschen, die in materielle Güter wie Immobilien und Fabriken investiert hatten, profitierten von der Situation. Ihre Schulden waren auf einen Schlag getilgt. Der Großteil der deutschen Mittelschicht jedoch hatte sein Geld auf Sparkonten gelagert oder es in jetzt wertlose Kriegsanleihen gesteckt. Millionen Deutsche waren ruiniert.

Aktien dagegen rangierten irgendwo zwischen materiellen Werten und Barvermögen. Sie waren finanzielles Niemandsland, auf das sich nur die mutigsten Spekulanten vorwagten. Günther Quandt war einer von ihnen. Auf der Suche nach Diversifizierungsmöglichkeiten für das im Krieg verdiente Geld wandte er sich dem Devisen- und Aktienhandel zu. Als die Preise fielen, stießen viele Kleinanleger ihre Aktien ab. Zurück blieben die wenigen Unternehmen mit materiellen Vermögenswerten, die nun zu günstigen Preisen zugriffen. Es war der Traum eines jeden Spekulanten – wenn auch ein riskanter. Die instabile deutsche Währung ließ die Preise stark schwanken, und Anfänger am Aktienmarkt konnten sich leicht übernehmen, wenn sie gegen große Investoren wetteten, die hinter großen Aktienpaketen her waren und sich für ihre Spekulationen billiger Kredite bedienten.

Als Quandt im Herbst 1921 mit einer besonders riskanten Investition in ein Wollunternehmen 45 Millionen Mark verdiente, beauftragte er ein Dutzend Banken damit, Aktien von einem Dutzend unterschiedlicher Industrieunternehmen zu kaufen.[16] Eines davon war der riesige deutsche Kaliproduzent Wintershall. Obwohl er dort bereits im Grubenvorstand saß, mangelte es ihm an echtem Einfluss auf das Unternehmen. Das ließ ihm keine Ruhe. »Nirgends hatte ich etwas zu sagen«, erinnerte er sich später. Es war eine unbequeme und befremdliche Situation für den Textilmogul, der, während er die Familienwerke aus der Ferne lenkte, fest entschlossen war, sich in einer anderen Branche zu etablieren. Er war erst kürzlich vierzig geworden, und die Uhr tickte. Die Aussicht, mit seinem Vermögen lediglich ein Aktienspekulant in »der bösen Zeit der Inflation« zu sein, widere ihn an, schrieb er.[17] Aber für jemanden, der eine derartige Abneigung gegen Wertpapierspekulationen hegte, überwand er seine geäußerte Abscheu höchst erfolgreich. Auch nach seiner Einkaufstour am Aktienmarkt blieben ihm noch 35 Millionen Mark. Zeit, sich ein ganzes Unternehmen zu kaufen.

Im Frühjahr 1922 machte Quandt sein Übernahmeziel aus: die Berliner Accumulatoren-Fabrik AG (AFA), einen der größten Batterieproduzenten der Welt. Als Quandt die AFA ins Visier nahm, war die Elektrifizierung weltweit in vollem Gang. Auch zur Rüstungsindustrie pflegte das Unternehmen beste Verbindungen, hatte es doch im Ersten Weltkrieg deutsche U-Boote mit Batterien ausgestattet. Doch der reale Wert des Unternehmens spiegelte sich keineswegs im Aktienkurs wider. Die Anteile waren weit gestreut, und dem Unternehmen fehlte es an effizienten Schutzmechanismen gegen feindliche Übernahmen wie etwa Vorzugsaktien.

Für seine täglichen AFA-Aktienkäufe griff Quandt auf ein Netzwerk aus Tarnfirmen, Banken und Strohmännern, darunter Familienmitglieder, zurück, um keine Aufmerksamkeit zu erregen, anonym zu bleiben und zusätzliches Kapital zu akquirieren.[18] Im September 1922 jedoch musste er aus der Deckung treten, weil der Vorstand der AFA eine Kapitalerhöhung begleitet von der Ausgabe von Vorzugsaktien ankündigte. Zu diesem Zeitpunkt gehörte Quandt erst ein Viertel der AFA-Aktien. Die Mehrheit zu erlangen, wäre nach der Emission neuer Aktien nahezu unmöglich geworden.

Am Tag nach der Ankündigung saß Quandt in seinem Büro am Schreibtisch und las die *Berliner Börsen-Zeitung*, als er eine anonyme Anzeige entdeckte, die die AFA-Aktionäre dazu aufrief, gegen die Pläne des Vorstands zu stimmen. Er rief Walther Funk an, den Chefredakteur der Zeitung. Dieser kannte in der deutschen Wirtschaft jeden, der Rang und Namen hatte, und verriet Quandt, dass ein Mann namens Paul Hamel die Anzeige aufgegeben hatte. Quandt arrangierte noch für denselben Abend ein Treffen mit ihm.[19] Hamel war Partner bei der Privatbank Sponholz & Co. und spezialisiert auf Firmenübernahmen. Er und Quandt beschlossen, ihre Kräfte zu bündeln.

Nach einem Monat zäher Verhandlungen mit dem Vorstand der AFA siegten die ›Raubritter‹ schließlich. Die Ausgabe von Vorzugsaktien war passé, und Quandt erhielt vier Sitze im Aufsichtsrat. Währenddessen kaufte er weiter AFA-Aktien auf, finanziert mit dem Geld aus seinen Tuchfabriken. Im Juni 1923 übernahm Quandt, der nun mit seiner Gruppe rund 75 Prozent der AFA-Aktien kontrollierte, den Aufsichtsratsvorsitz.[20]

Die feindliche Übernahme der AFA war komplett. Quandt hatte die Kontrolle über ein weltbekanntes Unternehmen in einem neuen Industriezweig gewonnen. Seine Verwandlung vom

Textilhändler zum gewieften Spekulanten und weiter zum Industriemagnaten war rasant verlaufen. Außerdem hatte er, dank Funk, in Paul Hamel einen Geschäftspartner gefunden. Als im Januar 1925 ein AFA-Vorstandsmitglied starb, übernahm Quandt dessen Büro in der Firmenzentrale am Askanischen Platz 3. Diese lag neben dem Anhalter Bahnhof, im Herzen des Regierungs- und Geschäftsviertels, in direkter Nähe zu Macht und Geld. Dort saß Quandt nun in einer geräumigen holzgetäfelten Bürosuite mit hoher Decke an einem wuchtigen Doppelschreibtisch aus dunklem Holz und regierte sein wachsendes Firmenimperium.

Drei Jahre später eroberte Quandt ein zweites Unternehmen: die Deutschen Waffen- und Munitionsfabriken (DWM), die im Ersten Weltkrieg einer der wichtigsten Waffen- und Munitionslieferanten der kaiserlichen Armee gewesen waren. Die DWM-Tochtergesellschaften hatten die berühmten Mauser-Gewehre und Luger-Pistolen produziert, dazu Millionen von Patronen und Bauteile für Kampfflugzeuge. Quandt erschienen die DWM »wie ein kleiner Krupp«, wie er sie später in Anspielung auf den berüchtigten Stahlkonzern, Deutschlands größten Waffenproduzenten, fast liebevoll nannte.[21]

Aber um die einst mächtigen DWM war es schlecht bestellt, als Quandt und seine Partner sich im Sommer 1928 darauf stürzten. Das Berliner Unternehmen hatte infolge der deutschen Abrüstungsverpflichtungen seine Produktpalette anpassen müssen und stellte nun, neben weiteren harmlosen Dingen, nur noch Küchengeräte und Nähmaschinen her. Die einzigen Waffen, die die DWM noch bauen durften, waren Sport- und Jagdgewehre. Insolvenzgerüchte und ein rückständiges Management hatten dafür gesorgt, dass der Aktienkurs in den Keller gerauscht war.[22]

Der schlechte Zustand machte die DWM zu einem weitaus leichteren – und billigeren – Übernahmeziel als die AFA. Jahre später, nach dem Zweiten Weltkrieg, bemühte sich Quandt verzweifelt, in seinen Memoiren den Eindruck zu erwecken, sich nie intensiv in der Rüstungsindustrie engagiert zu haben. Paul Hamel sei es gewesen, der die Möglichkeit einer Expansion in die Waffenindustrie an ihn herangetragen habe. (Das Duo hatte sich für die DWM-Übernahme mit dem Stahlmagnaten Paul Rohde zum Trio erweitert.) Laut Quandt mobilisierte Hamel bei der folgenden Hauptversammlung sehr erfolgreich Investoren, so erfolgreich, dass der Vorstand im Juli 1928 geschlossen zurücktrat.[23] Allem späteren Revisionismus zum Trotz war es schließlich Günther Quandt, dem man den Aufsichtsratsvorsitz übertrug, hatte er sich doch einen Namen als tüchtiger Sanierer gemacht, der in jeder Industrie zurechtkam.

4.

Als die Ära der Hyperinflation gegen Ende 1923 ihren Höhepunkt und gleichzeitig ihr Ende erreichte, ließ sich der vierzigjährige Stahlmagnat Friedrich Flick mit seiner Frau Marie und den Söhnen gerade in Berlin nieder. Sie bezogen eine versteckt gelegene Villa in Grunewald, einem wohlhabenden Stadtteil im bewaldeten Westen der Stadt. Auch Flick hatte im Spekulationsrausch der Inflationsjahre enorme Profite eingefahren, was ihm jetzt gestattete, das Siegerland, seine ländliche Heimat südöstlich des Ruhrgebiets, zu verlassen und sich in der Hauptstadt anzusiedeln. Hier schritt Flick nun den gepflegten Kiesweg um seine neue Villa ab, kaute auf billigen Zigarren herum und plante seinen nächsten kühnen Zug.[24]

Im selben Jahr erwarb Flick ein stattliches Geschäftshaus in der Bellevuestraße 12, um von dort aus über sein wachsendes Industrieimperium zu herrschen.[25] Das Haus befand sich in ruhiger Lage, genau zwischen Tiergarten und Potsdamer Platz. Das quirlige Berliner Stadtzentrum lag nur einen Katzensprung, die Quandt'sche Zentrale am Askanischen Platz drei Minuten mit dem Auto ent-

Abb. 3: Friedrich Flick (1943)

fernt. Mit seiner hartnäckigen Entschlossenheit, listenreichen Skrupellosigkeit und einem Talent für Zahlen war Flick auf bestem Wege, in den Kreis der erfolg- und einflussreichsten deutschen Stahlbarone aufzusteigen. Aber er schien es selten zu genießen. In Flicks blauen Augen war nie ein Funke Freude zu sehen, Lächeln war ihm fremd. Seine gedrungene Statur, das hagere Gesicht, der konzentrierte Blick und das dichte, rasch ergrauende Haar verliehen ihm ein einschüchterndes und strenges Aussehen, das zu diesem Mann passte, der zum berüchtigtsten Industriellen des ›Dritten Reichs‹ werden sollte.

Flick, der zwei Jahre jünger war als Quandt, wurde am 10. Juli 1883 in Ernsdorf geboren, einem verschlafenen Dorf im florierenden Zentrum der kaiserlich-deutschen Industrie. Sein Vater, ein Holzhändler, besaß Beteiligungen an mehreren Erzgruben. Nach einer Lehre bei einem strauchelnden Siegerländer Stahlunternehmen studierte er Betriebswirtschaft und Ökonomie in Köln und trat anschließend mit nur 24 Jahren eine Stelle als Prokurist in seinem ehemaligen Lehrbetrieb an. Der Wechsel in den Vorstand einer anderen lokalen, finanziell ebenfalls angeschlagenen Stahlfirma folgte einige Jahre später. Der berufliche Aufstieg ermöglichte es Flick 1913, Marie Schuss zu heiraten, die Tochter eines angesehenen Siegener Stadtrats und Textilhändlers.[26] Das Paar hatte schon bald drei Söhne: Otto-Ernst, Rudolf und den Nachzügler Friedrich Karl. Die Dynastie Flick begann, Formen anzunehmen.

Flick verfügte über verblüffende Fähigkeiten, wenn es darum ging, sich Zahlen zu merken und Bilanzen zu analysieren. Nacheinander sanierte er die beiden schwächelnden Stahlfirmen, bis sich ihm mit Ausbruch des Weltkriegs die nächste große Chance bot: 1915 wurde er zum kaufmännischen Direktor der Charlottenhütte ernannt. Das finanziell solide Unternehmen war der größte Stahlproduzent im Siegerland, wenn auch klein im Vergleich zu den zahlreichen Konkurrenten im restlichen Reich. Flicks Vorstandskollegen ließen ihn gewähren, als er auf ausgedehnte Einkaufstour ging, wodurch sich das Bilanzergebnis im Laufe des Kriegs vervierfachte. Man profitierte gern von der steigenden Nachfrage nach Waffenstahl.

Die Rüstungsanstrengungen zogen in den letzten beiden Kriegsjahren stark an, was zur Folge hatte, dass die Preise für Stahl, Erz und Schrott explodierten. Flick nutzte die enormen Kriegsprofite der Charlottenhütte, um die Expansionsstrategie des Unternehmens zu finanzieren. Zeitgleich trieb er im Geheimen seine eigenen Pläne voran: Verdeckt kaufte Flick Anteile am Unternehmen, das keinen Mehrheitsaktionär hatte. Die schleichende Übernahme finanzierte er durch profitable Nebengeschäfte mit Schrott, Geld seines Vaters und der Mitgift seiner Frau. Darüber hinaus bewegte er Vorstand und Staat angesichts vermeintlich drohender

Übernahmen – teils realer, teils von ihm übertrieben dargestellter – gleich zweimal zur Ausgabe von Vorzugsaktien, sodass ihm niemand die avisierte Aktienmehrheit wegschnappen konnte.[27]

Nachdem er Anfang 1920 einen tatsächlichen Übernahmeversuch durch den legendären Ruhr-Stahlbaron August Thyssen abgewehrt und sich mit ihm geeinigt hatte, gelang ihm schließlich die Majorisierung der Charlottenhütte. Im Anschluss transformierte er die Firma zu seiner persönlichen Holding, um damit ein ständig wechselndes Konvolut aus Beteiligungen an Stahl-, Bergbau- und anderen Unternehmen der Schwerindustrie zu kontrollieren. Die Ankäufe erfolgten oft durch Strohmänner und -gesellschaften, mit denen Flick, ähnlich wie zur selben Zeit Günther Quandt, seine Identität und Absichten verschleierte. Durch das aggressive Tempo, mit dem Flick Aktien kaufte, verkaufte und tauschte, geriet er in scharfe Konkurrenz zu etablierten Industriegrößen wie Thyssen, Krupp und anderen, was sporadische Kooperationen allerdings nicht ausschloss.[28]

Nach seinem Pakt mit Thyssen willigte Flick ein, sich aus dem Ruhrgebiet herauszuhalten, und stellte sein großes Ziel damit vorerst zurück. Stattdessen begann er, in der Stahlwirtschaft in Oberschlesien mitzumischen, einer unsteten Region, die immer wieder zwischen deutscher und polnischer Herrschaft hin- und hergewechselt war. Diese Unbeständigkeit war die ideale Voraussetzung für günstige Firmenkäufe. Flick griff zu und zog damit zum ersten Mal die öffentliche Aufmerksamkeit auf sich. Ein Wirtschaftsjournalist des *Berliner Tageblatts*, der größten Zeitung der Hauptstadt, verfasste das erste Porträt über Flick. 1924 schrieb der Reporter über ihn:

> Da wurde auch er vom Geist der Zeit erfasst und fühlte sich gleichfalls berufen. Sprang mit beiden Füßen in den Kessel des Umschichtungsprozesses, tauchte ein paarmal tüchtig unter und kam als neuer schwerindustrieller Trustkönig wieder zum Vorschein [...]. Friedrich Flick – dessen Name die Öffentlich-

> keit nicht kennt, den aber die Montankollegen und Großbankdirektoren (die ihm nicht grün sind, weil er sie ausschaltet) als einen der Mächtigsten, Erfolgreichsten und Geschicktesten anerkennen müssen [...].[29]

Flick verabscheute jede Form von Berichterstattung über sich und schmierte fortan Journalisten, damit die Artikel, die sie über ihn schrieben, nicht erschienen.[30]

Durch seine Aktivitäten in Schlesien gelang es Flick schließlich, in jener Industrieregion Fuß zu fassen, die er am meisten begehrte: im Ruhrgebiet. In den Jahren 1923/24 tauschte er einen Großteil seiner oberschlesischen Beteiligungen gegen Aktien von Ruhr-Stahlunternehmen, die von einem Konkurrenten kontrolliert wurden. So gelangten auch Aktien des Montanunternehmens Gelsenkirchener Bergwerks-AG (kurz Gelsenberg genannt) in seinen Besitz. Es folgte Flicks bis dato kühnster Zug: 1926 gründete eine Gruppe von Ruhrindustriellen in Düsseldorf die Vereinigte Stahlwerke AG (VSt, auch Stahlverein genannt), ein Konglomerat, das die Stahlproduktion und -preise regulierte. Finanziert vor allem durch US-Kapital, wurde der Konzern zum zweitgrößten Stahlunternehmen der Welt, übertroffen nur noch von US Steel. Flick erhielt durch den erwähnten Aktientausch einen beträchtlichen Anteil an den VSt und brachte überdies viele seiner Unternehmen in den neuen Ruhrkonzern ein. Aber das reichte ihm noch nicht. Er wollte die komplette Kontrolle über die VSt. Als einige der VSt-Anteilseigner fusionierten und Gelsenberg zum größten Aktionär aufstieg, ergriff Flick die Gelegenheit. Er begann, weitere Gelsenberg-Aktien zu kaufen, um so zum Mehrheitseigner zu werden. Nach einer Reihe von Aktientauschen und -geschäften, vor allem mit einem ehemaligen Rivalen, ging sein Plan auf.[31] Flick hielt nun die Mehrheit an den VSt und somit die Kontrolle über einen der weltweit größten Industriekonzerne. 1929, mit nur 45 Jahren, war er faktisch zu Deutschlands mächtigstem Industriellen geworden.

5.

Auch Quandts Erfolg kannte in den späten 1920er-Jahren keine Grenzen. Obwohl seine Brüder zunehmend das Tagesgeschäft der brandenburgischen Tuchfabriken übernahmen, blieb er derjenige, der den Kurs des Familienunternehmens vorgab. Er war Großaktionär bei Wintershall, Deutschlands bedeutendstem Kaliunternehmen. Und, was am wichtigsten war, er hatte zwei Industriekonzerne an sich gebracht, die ihre Waren rund um den Globus vertrieben. Ein DWM-Manager sah Quandt zu einem neuen Glauben konvertiert: »Er gehört tatsächlich zu jenen Männern, deren Stärke nur im Glauben an die unbesiegbare Macht des Geldes liegt. Er wurde durch seine Erfolge hierin immer wieder von neuem bestärkt. Dieser Glaube verdichtete sich bei ihm zu einer Religion, die ja nicht unbedingt einen Gottesglauben zum Inhalt haben braucht.«[32]

Mit dem neuen Geld kamen die typisch neureichen Statussymbole. Seit Jahren schon hatte Günther Quandt nach einer angemessenen Zweitwohnung im Zentrum von Berlin gesucht, damit er nach einem langen Abend im Büro oder einem Theaterbesuch mit Magda nicht mehr bis nach Hause fahren musste. 1926 meldete sich eines Tages sein Makler bei ihm: Ein Unternehmer müsse auf der Stelle sein Stadthaus verkaufen, um den Bankrott abzuwenden. Quandt handelte den verzweifelten Mann herunter und kaufte das Haus im feinen Berliner Westend samt Ausstattung. Es war teuer eingerichtet, von Kunstwerken über Besteck bis zur letzten Weinflasche war noch alles da und intakt.[33] Es war weit prachtvoller ausgestattet als sein eigenes Haus, in dem in der Mitte des Wohnzimmers eine große Orgel prangte. Nach dem Kauf scherzte er gegenüber seiner Frau: »Da siehst du, wie unrecht du hast, wenn du immer sagst, man könne Kultur nicht kaufen. Ich habe sie gekauft!«[34]

Doch während sein Besitz stetig wuchs, zerfiel seine Familie erneut. Anfang Juli 1927 brach die Katastrophe über sie herein. Sein erstgeborener Sohn und Stammhalter Hellmut war soeben für einen längeren Aufenthalt nach Paris gereist, um seine Sprachkenntnisse zu verbessern, als er dort nach einer missglückten Blinddarmoperation starb. Er war erst neunzehn. Hellmuts letzte Worte waren an seinen Vater gerichtet: »Ich hätte dir doch so gern bei deiner großen Arbeit geholfen, mein lieber Vater.«[35]

Quandt war am Boden zerstört. Er schrieb: »Meinen lieben, guten Jungen hatte ich verloren, ihn, auf den ich immer so stolz war, für den ich alles aufgebaut hatte.«[36] Magda, die tagelang an Hellmuts Bett gesessen hatte, wühlte der Tod ihres Stiefsohns zutiefst auf. Hellmut war nur wenige Jahre jünger gewesen als sie, und die beiden hatten sich sehr nahegestanden – so nahe, dass manche romantische Gefühle zwischen den beiden vermutet hatten.[37] Hellmut wurde neben seiner Mutter auf dem Pritzwalker Friedhof beigesetzt, auf dem Quandt ein Mausoleum für die Familie hatte bauen lassen. »Alles, was ihm im Leben zu tragen bestimmt war, musste nun sein Bruder Herbert, der Siebzehnjährige, übernehmen«, schrieb Quandt.[38]

Doch der Zweitgeborene schien der Aufgabe kaum gewachsen. Herbert war ein schmächtiger, schüchterner Junge, introvertiert und launisch, das genaue Gegenteil seines begabten, gut aussehenden und empathischen älteren Bruders. Darüber hinaus litt er an einem angeborenen schweren Augenleiden, weshalb er ab dem zehnten Lebensjahr zu Hause unterrichtet werden musste. Da er nicht lesen durfte, war Herbert gezwungen, sich den Stoff durch mündliche Erklärungen seiner Privatlehrer einzuprägen.[39]

Herberts Arzt befand, dass der Junge nur einen manuellen Beruf in der Landwirtschaft ausüben könne. Quandt erwarb für seinen Sohn daraufhin das imposante Landgut Severin in Mecklenburg. Den Mittelpunkt des Guts bildete ein in den 1880er-Jahren im Stil der Neorenaissance erbautes Herrenhaus aus Backstein, das von gut tausend Hektar Acker- und Forstland umgeben war.

Die Felder, Weiden und Wälder erstreckten sich auf einem sanften Höhenrücken. Quandt ernannte seinen Ex-Schwager Walter Granzow zum Verwalter, und das Gut entwickelte sich rasch zu einem profitablen Landwirtschaftsbetrieb.[40] Doch bald schon sollte es dunkleren Zwecken dienen.

Hellmuts Tod beschleunigte den Zerfall von Quandts Ehe. Das Paar hatte von Anfang an nicht zueinandergepasst, und sollte Magda noch romantische Gefühle für ihren Mann gehegt haben, so verpufften diese endgültig nach dem Tod ihres Stiefsohns. Auf dem Sterbebett im Pariser Hospital in der Rue de Clichy bat Hellmut das ständig streitende Paar eindringlich: »Ihr müsst immer recht lieb sein zueinander.« Hellmuts Worte versetzten Quandt einen »Stich durchs Herz«, schrieb er. »Ich hatte das Gefühl, wenn Hellmut stirbt, geht unsere Ehe auseinander. Er war der starke Halt, der, unbewusst vielleicht, uns immer wieder zueinander geführt hatte.«[41]

Quandt sollte recht behalten, und er trug selbst die Schuld für seine Eheprobleme. Sechs Jahre lang hatte er seine Frau emotional, sozial und finanziell vernachlässigt. Er war geizig, hatte ihr ursprünglich ein Taschengeld zugeteilt, das nur ein Drittel dessen war, was die Hausmädchen verdienten.[42] Alle getätigten Haushaltsausgaben musste sie in einem Buch auflisten, und wenn sie es ihm vorlegte, blätterte er es Seite für Seite durch und schrieb schließlich mit roter Tinte hinein: »Gelesen und genehmigt, Günther Quandt«.[43] Ihr Leben bestand nur aus der Kinderbetreuung und Haushaltsführung mit fünf Angestellten in einem Berliner Vorort. Doch Magdas Herz schlug fürs Abenteuer, nicht für die Häuslichkeit. Sie war gebildet, sprach mehrere Sprachen, liebte die Kunst. Sie wollte mehr vom Leben, wollte ins Rampenlicht, doch ihre Hoffnung, durch die Ehe mit einem reichen Industriellen eine prominente gesellschaftliche Stellung im Berlin der wilden Zwanzigerjahre zu erlangen, wurde bitter enttäuscht.

Im Herbst 1927, einige Monate nach Hellmuts Tod, reiste das Paar in die USA. Quandt hoffte, damit seine Ehe neu zu beleben.

Er ließ sogar extra sein rotes Maybach-Cabrio über den Atlantik verschiffen. Aber trotz aller Bemühungen ließ sich auf ihren gemeinsamen Fahrten das Feuer zwischen ihnen nicht wieder entfachen. Stattdessen sprang der Funke woanders über: Ausgerechnet in Midtown Manhattan wurden Günther und Magda Quandt zum ersten Mal von einem Repräsentanten der NSDAP umgarnt. Es war Kurt Lüdecke, Parteimitglied der ersten Stunde und berüchtigter Frauenheld, der sich einstweilen in New York niedergelassen hatte, um wohlhabenden Amerikanern den nationalsozialistischen Traum zu verkaufen. Lüdeckes Hoffnung, bei Henry Ford, dem scharf antisemitischen Automobiltycoon aus Detroit, Spenden einzuwerben, hatte sich gerade zerschlagen. Aber vielleicht, dachte er, klappte es ja bei einem reichen Deutschen wie Quandt, mit dessen jüngerem Bruder er zufällig befreundet war.[44]

Die Quandts lernten Lüdecke im Plaza Hotel kennen, in dem sie während ihres Aufenthalts in New York wohnten. »Ich aß mit ihm und seiner reizenden jungen Frau zu Mittag«, schrieb Lüdecke in seinen Memoiren mit dem Titel *I Knew Hitler*. »Er war jetzt einer der reichsten Männer Deutschlands und eine typische ›Rechenmaschine‹, die nur ans internationale Geschäft und an nichts anderes denken konnte. Natürlich hatte ich ihn sofort als Spekulationsobjekt ins Auge gefasst – ich wollte ihn und sein Geld für unsere Sache gewinnen. Aber er zeigte sich skeptisch.«[45]

Da Quandt nicht anbiss, konzentrierte sich Lüdecke auf dessen Frau. Magda schien ihm »wesentlich offener und beeinflussbarer« zu sein:

> Ihre Augen glänzten, als ich ihr von Hitler und den nationalsozialistischen Heldentaten erzählte. Als ich mich auf dem Schiff, das sie zurück nach Deutschland bringen würde, von den beiden verabschiedete, war Frau Quandt zu meiner Verbündeten geworden. Sie versprach, die nationalsozialistischen Bücher zu lesen, die ich ihr gegeben hatte, und ihren Mann zu bearbeiten.

> Außerdem lud sie mich herzlich ein, sie und ihren Gatten in Berlin zu besuchen. Während meines Besuchs im Sommer 1930 wurden wir zu engen Freunden, und ich machte eine glühende Nationalsozialistin aus ihr.[46]

Bei reiner Freundschaft blieb es nicht. Lüdecke war nicht Magdas erste Affäre und sollte auch nicht ihre letzte sein. Nach der Rückkehr aus Amerika Anfang 1928 gewährte Quandt seiner Frau mehr Freiheiten und mehr Geld. Der von der laufenden DWM-Übernahme besessene Unternehmer erhöhte ihr Taschengeld und unterließ es fortan, ihre Kleidung zu bekritteln und ihre täglichen Pläne und Ausgaben zu kontrollieren. Endlich durfte Magda ihre Garderobe von guten Schneidereien anfertigen lassen und an Bällen auf herrschaftlichen Gütern teilnehmen. Glücklich war sie trotzdem nicht. Die Gefühle für ihren Mann waren erloschen. Wiederholt bat sie ihn um die Scheidung, aber er weigerte sich.[47]

Bei einem dieser Bälle lernte Magda einen jungen Studenten aus wohlhabender Familie kennen, und die beiden begannen eine Affäre. Sie hatte keine Skrupel, mit ihrem neuen Liebhaber zu verreisen. Aber es war nicht Magdas häufige Abwesenheit, sondern ihre veränderte Stimmung – strahlend statt schmollend –, die Quandt misstrauisch machte. Er ließ sie von einem Privatdetektiv beschatten, der ihm berichtete, sie und ihr Liebhaber seien in einem Hotel in Bad Godesberg abgestiegen, ebenjener Stadt am Rhein, in der sie geheiratet hatten. Von ihrem Mann damit konfrontiert, gestand sie alles.

Die Folgen waren einschneidend. Magda musste das Haus sofort verlassen, und ihr Mann leitete die Scheidung ein. Plötzlich fand sich die junge Magda in einer höchst unbequemen Position wieder: Die Unternehmergattin drohte von einem Tag auf den anderen zur mittellosen Frau zu werden. Da sie die Affäre zugegeben hatte, würde sie vor Gericht alles verlieren: ihre Ehe, ihren Sohn Harald, dazu jegliche Aussicht auf Alimente. Aber sie war nicht machtlos – auch sie hatte Dinge in petto, die sie gegen ihren Mann verwenden konnte. Jahre zuvor hatte sie in seinem Schreibtisch ein Bündel mit Liebesbriefen von einer anderen Frau entdeckt. Jetzt war sie bereit, diese einzusetzen, um Quandt zurück an den Verhandlungstisch zu zwingen.

Ihr Plan ging auf. Am 6. Juli 1929 wurde die Ehe von Günther und Magda Quandt am Berliner Landgericht III geschieden. Ihre Anwälte – die Herren Katz, Goldberg und andere – schlugen einen guten Deal für sie heraus. Magda musste zwar die Schuld für die Scheidung sowie die Gerichtskosten übernehmen, da sie »die Erfüllung der ehelichen Pflichten ohne Grund hartnäckig« verweigert habe, indem sie länger als ein Jahr nicht mit ihrem Mann geschlafen habe.[48] Aber der sparsame Günther Quandt musste fortan großzügig für seine Ex-Frau zahlen. Sie erhielt monatlichen Unterhalt in Höhe von knapp 4000 Reichsmark, weitere 20.000 Reichsmark im Krankheitsfall plus 50.000 Reichsmark für ein neues Zuhause. Außerdem wurde ihr das Sorgerecht für Harald zugesprochen, bis dieser vierzehn war. Dann würde er zu seinem Vater zurückkehren, um von diesem darauf vorbereitet zu werden, eines Tages die Hälfte des Quandt'schen Firmenimperiums zu übernehmen. Allerdings war an Magdas Sorgerecht eine Bedingung geknüpft: Sollte sie wieder heiraten, musste Harald sofort zu seinem Vater zurückkehren. Quandt wollte damit verhindern, dass sein Sohn unter den Einfluss einer anderen Vaterfigur geriet. Zusätzlich zum Sorgerecht gewährte Quandt Magda die uneingeschränkte Nutzung seines Gutes Severin.[49] Dies sollte weitreichende Konsequenzen für die beiden Ex-Eheleute und ihren Sohn haben.

Obwohl Quandt in seinen Memoiren dem Leben mit Magda Dutzende Seiten widmete, handelte er ihre Scheidung, die er für einvernehmlich hielt, in nur einem knappen Absatz ab: »Im Sommer 1929 hatte ich mich von Magda Ritschel getrennt […]. Seitdem verkehrten wir durchaus freundschaftlich miteinander.«[50] Quandt übernahm zunächst die Verantwortung für die gescheiterte Ehe, indem er alles seinem Arbeitspensum anlastete, sprach sich dann aber von jeder Schuld frei: »Bei all dieser Beanspruchung konnte ich mich um Magda nicht so kümmern, wie es nötig gewesen wäre und wie sie es verdient hätte. Ich habe mir deswegen häufig bittere Vorwürfe gemacht. Aber wie oft laden wir Menschen Schuld auf uns, ohne eigentlich schuldig zu sein.«[51] Trotz allem blieb Quandt seiner Ex-Frau gewogen: »Auch als unsere Wege sich trennten, habe ich immer in Verehrung an sie gedacht.«[52]

Nachdem die Scheidungspapiere unterzeichnet waren, schickte Quandt Magda einen Blumenstrauß und führte sie zum Abendessen ins Horcher aus, eines der exklusivsten Restaurants Berlins, das auch Görings Favorit war. Zunächst hätten die gelegentlichen Familientreffen nach der Scheidung »in größter Harmonie« stattgefunden, erklärte Quandts Sohn Herbert später.[53] Magda war nun eine freie Frau und gut versorgt. Sie mietete eine Sieben-Zimmer-Wohnung am Reichskanzlerplatz 2 im Berliner Westend, gleich um die Ecke von Quandts Stadthaus. Endlich konnte sie die Rolle der Gastgeberin spielen, die ihr Mann ihr nie erlaubt hatte. Sie musste sich zwar um ihren jungen Sohn kümmern, aber da sie sich ein Hausmädchen und eine Köchin leisten konnte, hatte sie mehr Freizeit, als sie zu füllen vermochte. Magda traf sich weiter mit dem jungen Studenten, sah ihre Zukunft aber an der Seite eines reiferen Mannes. An Interessenten mangelte es nicht, unter ihnen ein reicher Neffe des amerikanischen Präsidenten Herbert Hoover, dessen Antrag sie jedoch ablehnte. Magda war rastlos und suchte nach einem neuen Sinn im Leben. Bald schon fand sie ihn – in der aufstrebenden Partei der Nationalsozialisten und ihrem nach Hitler sprachgewaltigsten Vertreter: Dr. Joseph Paul Goebbels.

6.

Kurt Lüdecke führte die 28-jährige Magda Quandt im Sommer 1930 in die feineren Kreise der NS-Bewegung ein. Lüdecke formulierte es so: »Sie langweilte sich und konnte sich die Langeweile leisten, und so wurde sie zur aktiven Unterstützerin der NSDAP.«[54] Die wohlhabende Geschiedene kam über den Nordischen Ring, einen elitären Debattierklub in Berlin, schließlich zur Partei. Zu den Mitgliedern des Rings zählten viele ebenso gelangweilte und wohlhabende deutsche Adlige. Der Klub trat für eine ›Aufnordung‹ des deutschen Volkes ein, da man die ›nordische Rasse‹ als allen anderen überlegen ansah. Eines Abends klagte Magda »nach reichlichem Genuss von Alkohol« vor versammelter Gruppe, »dass ihr Leben sie anwidere und dass sie vor Langeweile sterben könne«. Ihr Tischnachbar, Prinz August Wilhelm (»Auwi«), ein Sohn des abgedankten Kaisers Wilhelm II., beugte sich darauf verschwörerisch lächelnd mit den Worten zu ihr: »Kommen Sie doch zu uns! Arbeiten Sie mit in der Partei.«[55]

Magda befolgte den Rat des Prinzen umgehend. An einem schwülheißen Abend Ende August 1930 besuchte sie eine NSDAP-Wahlkampfveranstaltung im Schöneberger Sportpalast, Berlins größter Versammlungsstätte. Hauptredner des Abends war Dr. Joseph Goebbels – »Herr Doktor«, da er an der Universität Heidelberg in Literatur promoviert hatte. Ehe er 1924 der noch jungen NS-Partei beigetreten war, hatte er sich erfolglos als Romanautor, Bühnenschreiber und Journalist versucht. Durch sein rhetorisches Geschick, seinen Hang zu bombastischen Worten und seine abgöttische Verehrung Hitlers war er in der Partei rasch aufgestiegen. 1926 hatte Hitler seinen treuen Freund zum Berliner Gauleiter befördert. Jetzt, vier Jahre später, stand der 32-jährige Goebbels auf der Karriereleiter noch ein paar Stufen weiter oben. Er saß nun im Reichstag, war NS-Propagandachef und somit Architekt der Wahlkampagne seiner Partei. Bis zur Wahl blieben noch zwei Wochen, und Goebbels lief gerade zur Höchstform auf.[56]

Goebbels hatte eine lange Nase, blasse Haut und eine hohe Stirn, das dunkelbraune Haar trug er nach hinten gekämmt. Lächeln sah man ihn nur selten. Sein immenser Schädel stand in seltsamem Gegensatz zu seinem kleinen dürren Körper, der nicht mehr als 1,65 Meter maß. Er hinkte aufgrund eines angeborenen Klumpfußes und trug schlecht sitzende Hemden und Anzüge. Warum sollte eine reiche, attraktive Frau, die einem Klub angehörte, der die Tugenden nordischer Überlegenheit predigte, diesem Mann Beachtung schenken? Und doch lauschte Magda an jenem Abend wie gebannt, als Goebbels sich an die Tausenden von Anwesenden wandte. Er hatte eine tiefe, dröhnende Stimme, die zwischen Traurigkeit und Sarkasmus schwankte, die höhnen konnte und auch mal kreischen. Er überzog seine Feinde mit einer Beleidigung nach der anderen: die Juden, die Kommunisten, selbst die Kapitalisten. Magdas Mutter beschrieb den Moment, als ihre Tochter Goebbels zum ersten Mal hörte, als eine fast erotische Erfahrung: »Magda war entflammt. Von diesem Mann fühlte sie sich als Frau angesprochen, nicht als Anhängerin der ›Partei‹, die sie kaum kannte. Diesen Mann, der einen von Sekunde zu Sekunde siedend heiß und klirrend kalt machen konnte, musste sie kennenlernen.«[57]

Einige Tage später, am 1. September 1930, trat Magda der NSDAP bei. Sie kaufte sich Hitlers *Mein Kampf* und las es von vorne bis hinten durch, außerdem studierte sie das Werk des NS-Ideologen Alfred Rosenberg, einem Rivalen von Goebbels. Nach einer kurzen Phase als NS-Frauenschaftsleiterin der Ortsgruppe Westend machte sich Magda auf die Suche nach einer anderen Aufgabe. Sie musste irgendwie in Goebbels' Nähe kommen. An einem grauen Tag Ende Oktober riskierte sie es. Sie fuhr ins Zentrum von Berlin, um dort der festungsgleichen NSDAP-Parteizentrale einen unangekündigten Besuch abzustatten. Sie bot ihre Dienste an, und nach dem Hinweis auf ihre Fremdsprachenkenntnisse empfing man sie mit offenen Armen. Drei Tage später trat sie eine Stelle als Sekretärin bei Goebbels' Stellvertreter an.[58]

Nach einigen Tagen im Büro, als Magda gerade eine Treppe hinunterging, kam ihr ein kleiner Mann im Trenchcoat entgegengeeilt. Es war Goebbels. Sie gingen auf der Treppe aneinander vorbei und sahen sich kurz an. Magda gab sich wie immer kühl und ging weiter, ohne sich umzudrehen. Goebbels dagegen wandte sich sofort an seinen Adjutanten und fragte: »Wer war denn das? Tolle Frau!«[59] Tags darauf wurde Magda in Goebbels' Büro gerufen. Dort eröffnete er ihr, dass er eine zuverlässige Person für die Erstellung eines Privatarchivs suche, und fragte sie, ob sie diese Aufgabe übernehmen wolle. Das Archiv solle Ausschnitte aus der deutschen und internationalen Presse über die NSDAP, Hitler und vor allem ihn selbst enthalten. Für Goebbels bedeuteten diese Informationen Macht. Gern nutzte er handverlesene Nachrichten für seine irreführenden Propagandakampagnen, außerdem verschafften ihm die Informationen einen Vorsprung, um die blutigen Palastintrigen innerhalb der Partei zu überleben und voranzukommen. Jeder Wettbewerbsvorteil zählte für ihn, denn er war kein gefeierter Luftwaffenveteran wie Hermann Göring oder Anführer der Schutzstaffel (SS) wie Heinrich Himmler. Goebbels konnte nur auf seine Schlauheit und seine devote Verehrung Hitlers bauen.

Magda nahm den Job an. Am 7. November 1930 erwähnte Goebbels sie zum ersten Mal in seinem Tagebuch: »Eine schöne Frau mit Namen Quandt macht mir ein neues Privatarchiv.«[60] Dass Magda zusehends in Goebbels' Bann und den der NS-Ideologie geriet, hatte Folgen für ihr Verhältnis zu Günther Quandt. Die früheren Eheleute hatten immer noch häufig Kontakt. Da Harald bei ihr lebte, waren Günther und Herbert Quandt oft in Magdas Wohnung am Reichskanzlerplatz zu Besuch. Sogar gemeinsame Familienreisen gab es noch. Weihnachten 1930 stand sie Quandt mit Harald in Florenz zur Seite, nachdem dieser sich die Hüfte verletzt hatte. Gemeinsam reisten die drei nach St. Moritz, wo Quandt sich in der Bergluft erholen sollte.

Doch Magda hatte sich verändert. Sie sprach über nichts anderes mehr als Politik. Schon nach ihrem ersten Besuch einer Wahlkampfveranstaltung hatte sie versucht, ihn für die NS-Sache zu gewinnen. »Dieser Bewegung müsse man sich unbedingt anschließen, es wäre die einzige Rettung vor dem Kommunismus, dem Deutschland mit seiner so schwierigen wirtschaftlichen Lage sonst entgegenginge«, erinnerte sich Quandt später.[61] Bei nachfolgenden Begegnungen mit ihr bemerkte er, »dass Magda immer eifriger eine Propagandistin für die neue Sache wurde und dass sie mit ganzem Herzen dabei war«. Anfangs glaubte Quandt noch, Magda leide nur an einer »Schwärmerei« für Goebbels' rednerische Begabung, aber als sie nicht aufgehört habe, ihre Botschaft zu wiederholen, habe er die Treffen schließlich reduziert.[62]

Während der besagten Weihnachtsreise ging Magda noch weiter und versuchte, Vater und Sohn regelrecht zu missionieren. Vor Gericht sagte Quandt später aus:

> Sie wurde die glühendste Verfechterin der nationalsozialistischen Ideen und versuchte, meinen Sohn und mich für die Partei zu bekehren. Wir sollten doch wenigstens Geld für diese Sache zur Verfügung stellen. Die Argumente schienen so wunderbar, und es war nicht leicht, dagegen anzugehen, und als wir aus unseren weiteren Unterhaltungen sahen, dass nur noch von der Partei gesprochen wurde und nicht mehr […] von schöngeistigen Dingen, beschlossen mein Sohn Herbert und ich, unsere Besuche bei ihr einzustellen.[63]

Nach ihrer Zeit in St. Moritz habe er es unterlassen, sie weiter zu besuchen.

Herbert bestätigte die Erinnerungen seines Vaters unter Eid. Trotz aller »Verehrung und Dankbarkeit«, die er für seine Stiefmutter empfinde, sei er so erschrocken über »diese Gesinnungsentwicklung und über den Fanatismus« gewesen, dass er keinen Sinn mehr darin gesehen habe, den Kontakt mit ihr zu pflegen, »da sie zu verbohrt war, um noch eines Besseren belehrt zu werden«.[64] Doch Günther und Herbert Quandt logen. Die Besuche gingen weiter, zudem zeigten Vater und Sohn weit mehr Interesse an faschistischem Gedankengut, als sie je zugeben würden.

7.

Auch wenn Günther Quandt in der Weimarer Republik gute Geschäfte gemacht hatte, war er kein Anhänger des neuen, liberaleren Deutschlands. Die Politik schien ihm unberechenbar, und auch wirtschaftlich ging es ständig auf und ab. Er vermisste die Zeit des strengeren Kaiserreichs. Dessen Untergang hatte der Unternehmer aus nächster Nähe miterlebt. Am 5. Oktober 1918, wenige Tage vor Antonies Tod, hatte er der Reichstagssitzung beigewohnt, in der der letzte Kanzler des Kaiserreichs den Friedensbedingungen von US-Präsident Woodrow Wilson zugestimmt und einen sofortigen Waffenstillstand erbeten hatte, um den Ersten Weltkrieg zu beenden. Es war Quandts erster und letzter Besuch im Reichstag. »Ein Bild des Unglücks ist meine ganze Erinnerung«, schrieb er später. »Unser Vaterland stand vor dem Chaos.«[65] Mit den Jahren entwickelte Quandt Interesse an autokratischen Herrschaftsformen. Während Magda dem Nordischen Ring beitrat, wurde er Mitglied der Gesellschaft zum Studium des Faschismus in Berlin.[66] Dieser Studien- und Debattierzirkel, in den man nur auf Einladung aufgenommen wurde, umfasste circa 200 Mitglieder und befasste sich eingehend mit dem Faschismus, wie ihn der italienische Diktator Benito Mussolini praktizierte. Die 1931 gegründete Gruppe hatte zum Ziel, Deutschlands zersplitterten rechten Rand ideologisch zu einen und zu untersuchen, inwiefern das System des Faschismus auch als Alternative zur Weimarer Republik funktionieren könnte.

Kopf und treibende Kraft der Gruppe war Waldemar Pabst, der fanatische Antikommunist, der 1919 die Ermordung von Rosa Luxemburg und Karl Liebknecht angeordnet hatte. Die reaktionäre Mitgliederschaft des elitären Klubs umfasste konservative Akademiker, die den italienischen Faschismus studierten, adlige Landbesitzer, die drei zukünftigen NSDAP-Wirtschaftsminister Hjalmar Schacht, Walther Funk und Hermann Göring, Quandts Geschäftspartner Paul Hamel und Paul Rohde sowie den Stahlunternehmer und frühen NSDAP-Unterstützer Fritz Thyssen.

Im Klub leitete Quandt eine Studiengruppe, die Empfehlungen zur Verringerung der Arbeitslosigkeit in Deutschland erarbeitete.[67] Der Klub organisierte Vortragsabende, Lesungen aus Pamphleten zum Faschismus sowie Diskussionsrunden über alternative Herrschaftsformen. Seine betuchten Mitglieder waren im Wesentlichen das faschistische Gegenstück zu den sogenannten Salonsozialisten. Das Interesse am Klub währte indes nur kurz, bot sich den Mitgliedern doch bald eine heimische Alternative zum italienischen System, unter deren Fahne sie sich vereinen konnten: der Nationalsozialismus.

Anfangs betrachtete die Wirtschaft Hitler und seine braunen Scharen als laute, ungehobelte, brutale Kerle in Uniform, ungebildete Schießbudenfiguren aus der verarmten Provinz, über die man nur lachen konnte. Dies änderte sich im Zuge der massiven globalen Krise am Aktienmarkt, die mit dem Kurssturz an der New Yorker Börse am 29. Oktober 1929 ihren Höhepunkt erreichte. Der Einbruch der Aktienkurse vernichtete zahlreiche Investoren und Unternehmen, von denen viele mit Krediten finanziert waren. Die Nachfrage nach Gütern und Dienstleistungen lag am Boden. Auch für Deutschland waren die Folgen der Weltwirtschaftskrise verheerend. Ende 1930 hatte der Aktienmarkt zwei Drittel an Wert eingebüßt, die Produktion hatte sich halbiert, und Millionen Deutsche waren arbeitslos.

Mitte September 1930 erhob eine Welle wirtschaftlicher und politischer Unzufriedenheit Hitler und seine Partei mit 6,4 Millionen Stimmen zur zweitstärksten Partei im Reichstag. Der von Goebbels inszenierte Wahlkampf, der Juden und Kommunisten für die Finanzkrise verantwortlich machte, war ein durchschlagender Erfolg. Im folgenden Winter unternahm Hitler erste Annäherungsversuche an die Großindustrie. Die ökonomische Malaise öffnete ihm Türen, denn viele Wirtschaftskapitäne befürchteten einen Umsturz von links, begünstigt durch die Instabilität des Finanzsystems. Bald schon sollten Quandt und andere deutsche Magnaten einen Anruf erhalten, der sie zu einem Besuch in Hitlers Ecksuite im Berliner Hotel Kaiserhof einlud.

8.

Am Morgen des 1. Februar 1931, einem Sonntag, besuchte Hitler in seiner Wahlheimat München Otto Wagener, seinen obersten Wirtschaftsberater. Der NSDAP-Vorsitzende wollte über Geld sprechen. Er und Wagener überlegten, wie an mehrere Millionen Reichsmark zu kommen sei, um damit die Sturmabteilung (SA) für den Fall zu bewaffnen, dass sich ein Putsch von links zu einem Bürgerkrieg ausweiten sollte. Sie kamen überein, die Geschäftswelt ins Visier zu nehmen, doch es gab ein Problem: Keiner von beiden verfügte über gute Kontakte dorthin. Das musste sich ändern, und zwar schnell. Umgehend wählte Wagener die Berliner Privatnummer von Walther Funk. Der Zeitungsmann war nur zu gern bereit, in Berlin Treffen mit Unternehmern und Finanziers für den NSDAP-Führer zu arrangieren, und empfahl, dass sich Hitler und seine Entourage im noblen Hotel Kaiserhof einrichten sollten. Funk ließ Wagener wissen, dass dieses Hotel der einzige geeignete Ort sei, wenn Hitler einen guten ersten Eindruck bei den Magnaten machen und eine echte Chance haben wolle, Geld von ihnen einzusammeln.[68] Das erste Grandhotel Berlins lag gegenüber der Reichskanzlei und gleich um die Ecke der Büros von Günther Quandt und Friedrich Flick. Funk werde die angemessenen Räumlichkeiten reservieren.

Am nächsten Morgen verließen Hitler und seine Mannschaft, darunter Wagener, München mit dem Auto. Die Fahrt nach Berlin dauerte bis zum nächsten Tag. Wagener empfahl Hitler, mit seinen Gesprächspartnern zuerst über wirtschaftliche Themen zu sprechen, um mit ihnen ›warm zu werden‹ und sie dann um Geld für die Bewaffnung der SA zu bitten. Am Dienstag, dem 3. Februar erreichten sie um 14 Uhr endlich das Hotel. Funk erwartete sie in der Lobby und zeigte ihnen die Zimmer, eine große Ecksuite im zweiten Stock. Hitler hatte ein eigenes Schlafzimmer mit privatem Bad. Alle anderen wurde gemeinsam einquartiert. Die Gäste würde man im prunkvoll eingerichteten Salon der Suite empfangen, von dem aus man den Park der Reichskanzlei überblickte. Funk hatte keine Zeit vergeudet. Bereits zwei Stunden später, um 16 Uhr, würde Hitlers erster Gesprächspartner eintreffen: August Baron von Finck.

Der 32-jährige Aristokrat und Bankier aus München war der reichste Mann Bayerns. Sein Vater hatte ihm ein Wirtschaftsimperium hinterlassen, das ihm die Kontrolle über Merck Finck & Co., eine der größten Privatbanken Deutschlands, sowie jeweils die größten Anteile an zwei globalen Versicherungsgiganten bescherte: Allianz und Münchener Rück.

August von Finck war ein hochgewachsener und majestätisch auftretender Mann mit kühlem Blick und vollem braunen Haar, das makellos nach hinten gekämmt war. Er war mit dem sprichwörtlichen goldenen Löffel im Mund zur Welt gekommen. Von Fincks Vater Wilhelm hatte die Allianz und Münchener Rück mit begründet. Allerdings waren Versicherungen nicht sein Hauptgeschäft. Wilhelm Finck war ein Finanzier, der seine eigene Bank aufgebaut hatte: Merck Finck & Co.[69] Sein Unternehmergeist kannte keine Grenzen. Er eröffnete Bierbrauereien, beteiligte sich am Ausbau des Eisenbahnnetzes, gründete gemeinsam mit dem Erfinder des Dieselmotors ein Unternehmen und war am Bau des ersten Wasserkraftwerks im Deutschen Reich beteiligt. Für seine Leistungen erhob man ihn 1911 in den Adelsstand: Aus Wilhelm Finck wurde Wilhelm Baron von Finck. Er erwarb Tausende Hektar Land und wurde zu einem der größten Landbesitzer Bayerns. Sein Erfolg war enorm, was auch deshalb bemerkenswert war, weil er als gläubiger Protestant in einem erzkatholischen Teil Bayerns lebte.

Doch dann starb 1916 Augusts älterer Bruder im Ersten Weltkrieg an der Front. Eine Katastrophe für den Vater, der beabsichtigt hatte, seinem ältesten Sohn die Bank sowie die Unternehmensbeteiligungen und Aufsichtsratssitze zu vererben, während August das Land und die landwirtschaftlichen Betriebe erhalten sollte. Mit achtzehn Jahren trat dieser am selben Tag in die Armee ein, an dem sein Bruder fiel. Er diente zwei Jahre in einer Versorgungseinheit auf dem Balkan und beschaffte Lebensmittel und Nachschub. Er wurde verletzt, jedoch nur am rechten Knie.

Nach dem Tod seines ältesten Sohnes entschied der trauernde Wilhelm von Finck, dass seine Bank nach seinem eigenen Ableben liquidiert werden sollte. Doch 1924 änderte er auf dem Sterbebett seinen Beschluss. In seinem Testament ernannte er August zu seinem Nachfolger als Partner bei Merck Finck, außerdem setzte er ihn als Erben all seiner Beteiligungen und Unternehmen, von der Versicherung bis zur Brauerei, sowie seiner riesigen Ländereien ein.

So übernahm August von Finck bereits im Alter von 25 Jahren rund zwei Dutzend Vorstands- und Aufsichtsratsposten, darunter zwei der wichtigsten Positionen der internationalen Finanzwelt: den Aufsichtsratsvorsitz bei der Allianz und der Münchener Rück – es war nun einmal keine Leistungsgesellschaft. Von seinem Vater erbte er auch den frommen protestantischen Glauben und die berüchtigte Sparsamkeit. Bald schon war der junge Erbe in seinem Umfeld als der reichste *und* geizigste Mann Bayerns bekannt. Aufgrund seines Geizes galt er als kalt und distanziert. In den Niedergangsjahren der Weimarer Republik hatte sich der erzkonservative August von Finck in die reaktionären Aristokratensalons von München zurückgezogen und somit das Gleiche wie die gelangweilte und desinteressierte Magda Quandt in Berlin getan. Jetzt aber war für ihn die Zeit gekommen, die abgeschottete Rechtsaußenclique hinter sich zu lassen. Auch in ihm erwachte ein nie gekannter Tatendrang, auch er war bereit, Teil einer neuen und radikalen ›Bewegung‹ zu werden.

An jenem Dienstagnachmittag Anfang Februar 1931 war August von Finck zusammen mit Kurt Schmitt, dem opportunistischen und bestens vernetzten Generaldirektor der Allianz, zum ersten Mal mit Hitler verabredet. Die Zentrale des Versicherungskonzerns lag gleich gegenüber dem Hotel Kaiserhof. Um 16 Uhr betraten die beiden Männer die Suite. Walther Funk führte sie in den Salon, in dem Hitler sie schon erwartete. In der darauffolgenden halben Stunde führte dieser seinen Gästen ausführlich den Albtraum eines jeden Kapitalisten vor Augen, indem er »das Schreckgespenst arbeitsloser Massen, die sich in einer linken Revolte erhoben, heraufbeschwor«.[70] Von Finck und Schmitt stimmten Hitlers Ansicht zu. Die beiden waren unzufrieden mit der politischen Situation, in der es illusorisch schien, die Millionen neuer Arbeitsplätze zu schaffen, die das Land brauchte. Sie ließen Hitler wissen, dass sie »unbedingt über lang oder kurz mit Unruhen und einem großen Ruck nach links rechneten«.[71] Nach der Unterhaltung begleitete Funk die beiden hinaus und kehrte kurz darauf mit großen Neuigkeiten zurück: Von Finck und Schmitt hätten zugesagt, über die Allianz fünf Millionen Reichsmark für die Bewaffnung der SA zur Verfügung zu stellen, sollte es zum Putsch und womöglich zum Bürgerkrieg kommen.

Hitler war sprachlos. Nachdem Funk gegangen war, wunderte sich Hitler gegenüber Wagener darüber, »was die Großwirtschaft für eine Macht besitzt«.[72] Es war, als hätte sich ihm die Finanzmacht des Kapitalismus in jenem Moment zum ersten Mal offenbart. Doch sein Berater warnte ihn vor den Geschäftsleuten: »Sie wollen Geld verdienen, Geld, dreckiges Geld – dabei wissen sie nicht einmal, dass sie damit einem teuflischen Phantom nachjagen.«[73]

Hitler kümmerte das nicht. Und schon bald würde er Zusagen über weitere Millionen erhalten. Für den nächsten Morgen hatte Funk Günther Quandt in den Kaiserhof eingeladen.

9.

So trafen am Mittwoch, dem 4. Februar 1931 die Ex-Eheleute Günther und Magda Quandt getrennt und ohne voneinander zu wissen, zum ersten Mal und am selben Ort mit Hitler zusammen. Am Morgen unterhielten sich Günther Quandt und zwei Wintershall-Manager mit Hitler in dessen Hotelsuite. Als die drei gingen, hatte sich der zusagte Betrag für die Bewaffnung der SA auf dreizehn Millionen Reichsmark erhöht. (Das Fundraising endete am nächsten Nachmittag beim Stand von 25 Millionen, nachdem Funk vier weitere Industrielle in die Suite geleitet hatte.[74] Am Ende musste keiner zahlen, da der linke Putsch ausblieb.) Quandt zeigte sich von dem acht Jahre jüngeren Hitler eher unbeeindruckt. »Ich kann nicht sagen, dass Hitler auf mich einen bedeutenden oder nichtssagenden, einen sympathischen oder abstoßenden Eindruck gemacht hat. Er erschien mir als vollendeter Durchschnitt«, schrieb der Industriemagnat später.[75]

Quandt verließ den Kaiserhof gegen Mittag. Um 16 Uhr betrat einer von Hitlers Leibwächtern die Suite, um mitzuteilen, dass vor der Tür ein Junge warte, der mit dem NSDAP-Chef zu sprechen wünsche. Hitler wies den Leibwächter an, den Jungen hereinzulassen. Ein schlanker, hübscher und keck wirkender Neunjähriger betrat den Raum. Er trug eine blaue Uniform, einen Dolch am

Gürtel und ein Schiffchen auf dem blonden Schopf. Es war Harald Quandt, Günther Quandts jüngster Sohn. Seine Mutter Magda hatte ihn aus der Lobby nach oben geschickt, ohne Ankündigung. Harald salutierte vor den Anwesenden mit dem Hitlergruß und stellte sich vor: »Der jüngste Hitler-Junge Deutschlands meldet sich bei seinem Führer!«

Hitler fragte den Jungen amüsiert nach seinem Namen und Alter, dann wollte er wissen: »Wer hat dir denn diese schöne Uniform gemacht?«

»Meine Mutter«, antwortete Harald.

»Wie fühlst du dich denn in dieser Uniform?«

»Doppelt so stark!«[76]

Hitler bat den Jungen, ihn bald wieder zu besuchen und seiner Mutter – jener mysteriösen Frau, die in der Lobby Tee trank – Grüße zu bestellen. Einige Minuten nachdem Harald gegangen war, erschien Goebbels. Die Romanze zwischen ihm und Magda entwickelte sich, aber zunächst langsam. Goebbels musste erst eine andere Beziehung beenden. Aber ihm drohte Konkurrenz im Wettbewerb um Magda, und das durch einen Mann, den er wie keinen zweiten verehrte: Hitler höchstpersönlich.

Goebbels hatte für den Fünf-Uhr-Tee für Hitler und seine Leute in der Lobby einen Ecktisch reserviert. Hitler, der nichts von der aufkeimenden Liebe zwischen Magda Quandt und Goebbels wusste, bat diesen, Mutter und Sohn doch zu ihnen an den Tisch einzuladen. Goebbels gehorchte und verließ die Suite. Wenige Augenblicke später traf Hermann Göring ein. Als Hitler ihn informierte, sie würden »eine Frau Quandt« zum Tee treffen, rief Göring: »Ach […], die Pompadour von Goebbels!«[77]

Otto Wageners Augenzeugenbericht des Treffens hätte einer Liebesschmonzette entstammen können:

> Frau Quandt machte schon auf den ersten Blick einen vorzüglichen Eindruck, der im Laufe der Unterhaltung nur noch gewann. Sie war […] gut, aber nicht übertrieben angezogen, in

ihren Bewegungen ruhig, bestimmt, selbstbewusst, in ihrem Lächeln gewinnend, ich möchte fast sagen: bezaubernd. Ich merkte, welchen Gefallen Hitler an ihrer harmlosen Lebhaftigkeit hatte. Und ich merkte auch, wie sie mit ihren großen Augen am Blick von Hitler hing. Und wenn die Unterhaltung in eine Verlegenheitsstockung kam, dann bildete immer der junge Harald den Katalysator, der die Verbindung wieder herstellte.[78]

Wagener musste seinen Chef von Magda Quandt loseisen, damit er sich für die Oper umzog. Trotzdem bestand für den Wirtschaftsberater »kein Zweifel, dass sich ein engeres Band der Freundschaft und der Verehrung zwischen Hitler und Frau Quandt zu knüpfen begonnen hatte«.[79] Hitler war erschüttert, als er später am Abend erfuhr, dass Goebbels bereits einen Schlüssel zu Magda Quandts Wohnung besaß. Aber die frisch Verliebten mussten ihre Liebe erst noch vollziehen.

Dies geschah zehn Tage später am Valentinstag 1931. »Abends kommt Magda Quandt. Und bleibt sehr lange. Und blüht auf in einer berückenden blonden Süßigkeit. Wie bist Du meine Königin! (1) […] Heute gehe ich fast wie im Traum«, schrieb Goebbels in sein Tagebuch.[80] Den März hindurch notierte er in Klammern, wenn sie miteinander schliefen: »Magda […]. Spät geht sie heim. (2.3.)«[81] Fünf Tage später: »Magda, die liebe […]. Noch etwas Erziehung an mir und an ihr, dann passen wir fabelhaft zusammen. (4.5.)«[82] Dann wieder eine Woche später, am 22. März: »Magda […] scheucht mir alle Sorgen weg. Ich liebe sie sehr (6.7.).«[83] Die letzte (Sex-)Tagebuchziffer in Klammern fiel mit ihrem ersten Streit und nachfolgendem Versöhnungssex zusammen. Am 26. März waren die beiden offensichtlich ein Paar: »Viel Arbeit bis abends erledigt. Dann kam Magda, es gab Liebe, Krach und wieder Liebe (8.9.). Sie ist ein fabelhaftes Kind. Ich darf mich nur nicht in sie fangen. Aber dafür ist ja doch die Arbeit zu groß und massiv.«[84]

Auch Magdas Sohn tauchte nun in Goebbels' Tagebuch auf. »Nachmittags kam Magda mit ihrem Jungen Harald. Er ist 9 Jahre

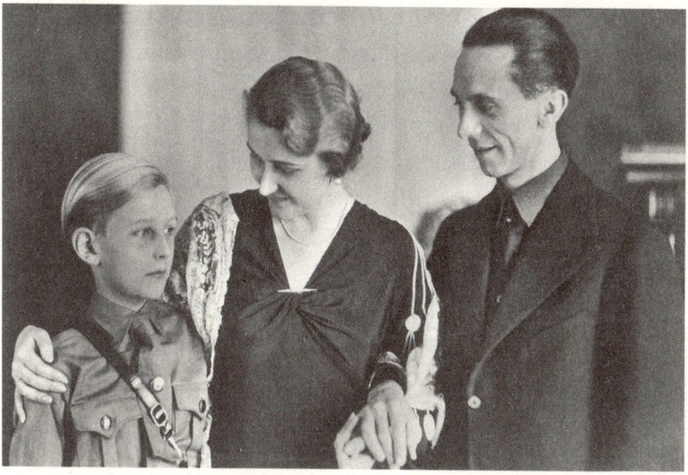

Abb. 4: Der junge Harald Quandt mit seiner Mutter Magda und Joseph Goebbels (1931)

alt und ein lieblicher Junge. Ganz blond und etwas frech. Aber ich mag das gerne«, hielt er am 12. März 1931 fest.[85] Er war sofort von Harald angetan, der voll und ganz dem ›arischen‹ Ideal zu entsprechen schien: groß für sein Alter, mit großen blauen Augen und langen hellblonden Haaren. Er war hübsch und hatte zarte Züge. In zahllosen Tagebucheinträgen schwärmte Goebbels, wie »süß« Harald sei. Schon bald begann er, ihn zur Schule zu bringen, und schrieb, dass er »noch einen brauchbaren Jungen aus ihm machen« werde.[86]

Und Goebbels war nicht der Einzige, der in Harald vernarrt war. Hitler liebte ihn »abgöttisch«.[87] Mitte Oktober 1931, kurz vor Haralds zehntem Geburtstag, benutzten die beiden Männer den Jungen zum ersten Mal für ihre Propaganda und nahmen ihn zu einem zweitägigen SA-Aufmarsch in Braunschweig mit. Beeindruckt von Haralds Uniformauftritt im Hotel Kaiserhof, hatte Hitler die Mitglieder sämtlicher Parteiorganisationen angewiesen, ihre Uniformen in der Öffentlichkeit jederzeit zu tragen. Mehr als 100.000 Menschen, darunter Zehntausende SA- und SS-Männer, nahmen an der Veranstaltung teil, dem größten paramilitärischen Marsch, den die Weimarer Republik je gesehen hatte. In seinem Tagebuch beschrieb Goebbels den Auftritt des Jungen in Braunschweig folgendermaßen: »Harald sieht in seiner neuen S. A. Uniform zu süß aus. Seine langen gelben Stiefel. Er ist nun ganz Mann. Wir fahren mit Chef zusammen ab [...]. Fackelzug! Harald steht neben Chef im Auto. Er ist ganz Mann. Ovationen der Tausende. Ein Rausch der Begeisterung. Chef ist ganz weg vor Freude. Er nimmt Harald auf den Arm. Der süße Junge war den ganzen Tag tapfer neben mir.«[88]

Magda verhielt sich derweil wie ein Groupie und folgte Goebbels auf seinen Arbeitsreisen quer durch Deutschland. Immer wieder überraschte ihn die reiche Ex-Gattin Quandts – sie wartete in seinem Hotelzimmer auf ihn oder tauchte plötzlich in der Stadt auf, in der er sich gerade für eine Rede oder Parteiveranstaltung aufhielt. Magda verwöhnte Goebbels, der wenig Geld hatte, überhäufte ihn mit Blumen und führte ihn in den Berliner Zoo aus.[89] Anders als ihr Ex-Mann ließ der hochrangige NS-Funktionär Magda an seinem Leben teilhaben. Goebbels war dankbar für ihre Unterstützung. »Sie stand mir in den schweren Tagen treu zur Seite: Ich werde ihr das nie vergessen«, schrieb er im April 1931.[90] Goebbels konnte jedoch auch besitzergreifend und eifersüchtig sein. »Kleiner Krach mit Magda, die abends um 8h ihren gesch. Mann zu Hause empfängt. Das ist so unvorsichtig und macht Geschwätz. Sie hat jetzt alle Brücken dahin abgebrochen und gehört nur mir«, notierte er Ende Juni 1931.[91]

Quandts Großzügigkeit gegenüber seiner Ex-Frau sollte eine entscheidende Rolle dabei spielen, die Beziehung zwischen Magda und Goebbels zu stärken. Von Anfang an hatte Magda Quandt keine Skrupel gehabt, von dem ihr zugebilligten uneingeschränkten Nutzungsrecht Gebrauch zu machen und ihren neuen Geliebten mit auf den Landsitz ihres Ex-Gatten zu bringen. Gut Severin, das von Berlin in nur drei Stunden mit dem Auto zu erreichen war, wurde zu ihrem liebsten Zufluchtsort; zu Pfingsten 1931 blieben sie eine ganze Woche dort. Auch Hitler und seine Mannschaft verbrachten einige Wochenenden auf Quandts Gut. Das ländliche Severin und Umgebung waren eine Hochburg der NSDAP. Walter Granzow, der Gutsverwalter, empfing die Gäste aus Berlin herzlich – der ehrgeizige Parteisympathisant hoffte auf ein öffentliches Amt. [92]

An Pfingsten beschloss das Paar in Severin die gemeinsame Zukunft. »Nun sind wir in allem klar. Wir haben uns ein feierliches Versprechen gegeben: Wenn wir das Reich erobert haben, wollen wir Mann und Frau werden«, heißt es am 31. Mai 1931 in Goebbels' Tagebuch.[93] Doch so lange warteten sie nicht und verkündeten schon im Sommer ihre Verlobung. Magda erzählte es Quandt und Hitler am selben Tag. Die Männer waren nicht begeistert:

> Magda […] hatte Sonnabend eine Unterredung mit G. Quandt. Hat ihm gesagt, dass wir heiraten wollen. Er war erschlagen. Magda hat Rache genommen für viel Leid, das er ihr angetan. Dann mit Chef. Auch ihm dasselbe gesagt. Auch er war erschlagen. Er liebt sie. Aber hält mir die Treue. Und Magda auch. […] Hitler resigniert. Er ist doch sehr einsam. Hat bei Frauen kein Glück. Weil er zu ihnen zu weich ist. Das lieben die Frauen nicht. Sie müssen den Herrn über sich fühlen. […] Armer Hitler! Ich schäme mich fast, dass ich so glücklich bin. Hoffentlich trübt das unsere Freundschaft nicht.[94]

Zu seinem großen Missfallen flirteten Hitler und Magda weiter miteinander, wann immer sie sich begegneten, besonders, wenn Goebbels nicht anwesend war.[95] Doch der rasend eifersüchtige Goebbels konnte nichts tun. Schließlich war es Hitler.

Und der hatte große Pläne mit Magda. Otto Wagener vertraute er an: »Sie könnte bei meiner Arbeit den weiblichen Gegenpol gegen meine einseitig männlichen Instinkte bilden.«[96] Wagener hatte schließlich die ungewöhnliche Idee, die als »das Arrangement« bekannt wurde.[97] Hitler hatte der Ehe entsagt: Seine Braut war das deutsche Volk. (Eva Braun lernte er zu dieser Zeit gerade erst kennen.) Wagener schlug daher eine Dreiecksbeziehung vor, die, was Hitlers Teil betraf, platonisch sein solle. Durch die Heirat mit Goebbels werde Magda zur inoffiziellen ›First Lady des Dritten Reichs‹. Hitler war bereits praktisch ein Mitglied der Familie. Er und seine Entourage hatten oft bis in den frühen Morgen in Magdas Wohnung am Reichskanzlerplatz gesessen, sich unterhalten und die von Magdas Köchin extra für den Vegetarier Hitler zubereiteten Speisen genossen. Magda und Goebbels akzeptierten diesen Pakt mit dem Mann, den sie verehrten, und sie beschlossen, ihre Hochzeit in den Dezember zu legen.

Durch bloßen Zufall trafen Günther Quandt und Hitler zwei Tage bevor Magda die Nachricht ihrer Verlobung überbrachte, zum zweiten Mal zusammen. »Brechreiz: Herr Günther Quandt ist beim Chef gewesen«, schrieb Goebbels am 12. September 1931 in sein Tagebuch. »Hat sich natürlich in Pose geworfen und Eindruck geschunden. Chef ist darauf hereingefallen. War begeistert von ihm. Als ich das Magda erzähle, wird sie weiß vor Ärger und Wut. Ich kann das verstehen. Aber vielleicht war das nötig, damit sie endgültig geheilt wird.«[98] Wie sich herausstellte, mussten sich die Verlobten keine Sorgen darüber machen, was Quandt und Hitler miteinander besprochen hatten. Die beiden hatten sich lediglich über trockene Wirtschaftspolitik ausgetauscht.

Laut Quandts nach dem Krieg verfasster Schilderung der Begegnung war er zu diesem zweiten Treffen in Hitlers Suite im Kaiserhof von seinen beiden Geschäftspartnern, Paul Hamel und Paul Rohde, eingeladen worden. Hitler wollte die drei Industrievertreter um Vorschläge zur Bewältigung der deutschen Wirtschaftskrise bitten. Quandt riet dem NSDAP-Politiker, die tägliche Arbeitszeit von acht auf sechs Stunden zu senken, um die hohe Arbeitslosigkeit in den Griff zu bekommen. Außerdem schlug er vor, die Löhne um 25 Prozent zu reduzieren, Käufe auf Raten zu verbieten und die Arbeitslosenhilfe abzuschaffen. Die so eingesparten Mittel könnten in die staatliche Infrastruktur fließen, während die Bauindustrie gleichzeitig durch Steuerentlastungen stimuliert würde. Es sei weithin bekannt, erklärte Quandt Hitler, dass die Wirtschaft anziehe, wenn es der Bauindustrie gut gehe.[99]

Hitler bedankte sich bei den drei Herren und ließ sie wissen, dass er die Arbeitslosigkeit mit umfangreichen Staatsaufträgen in den Griff bekommen wolle. Vor allem aber wolle er die Wirtschaft durch Aufrüstung ankurbeln. Das waren willkommene Neuigkeiten für das Waffenproduzententrio. Das Gespräch zwischen Hitler und den Männern, für das eine Viertelstunde angesetzt gewesen war, dauerte dreimal so lange, wie Quandt später stolz schrieb. Er hatte den Eindruck, Hitler habe seine Vorschläge »beachtlich« gefunden. Hitler habe Wagener gebeten, seinen Namen zu notieren, damit sie erneut miteinander sprechen könnten, dann aber habe er nie wieder direkt vom NSDAP-Vorsitzenden gehört.[100] Jahre später im Zeugenstand erinnerte sich Quandt allerdings ganz anders an seine Treffen mit Hitler, über den er schon nach ihren kurzen Begegnungen vermutet habe: »Unsere Ansichten wären so verschieden, dass wir uns nie verstehen würden. Hitler ließ mich in den beiden Unterhaltungen, die ich mit ihm führte, überhaupt nicht zu Wort kommen.«[101]

10.

Günther Quandt und Joseph Goebbels begegneten sich zum ersten Mal persönlich auf der Party zu Magdas 30. Geburtstag, die am 11. November 1931 stattfand. Magda feierte in ihrer Wohnung am Reichskanzlerplatz, in die auch Goebbels demnächst einziehen würde. Quandt »empfand instinktiv«, dass er und Goebbels »nicht zueinander passten«, wie er sich später an den Abend erinnerte.[102] Das Gefühl beruhte auf Gegenseitigkeit. Als der Magnat einige Wochen später auf seinem Landgut seinen Sohn Harald besuchte, der mit seiner Ex-Frau und Goebbels dort war, machte der NS-Politiker seiner Wut über die Störung in seinem Tagebuch Luft. Quandt sei ein »taktloser Flegel. Der typische Kapitalist. Ein Bürger schlimmster Sorte.«[103] Und das angesichts der Tatsache, dass Goebbels von Magdas fürstlichen Alimenten lebte, in ihrer riesigen Wohnung wohnte und die Gastfreundschaft des Quandt'schen Guts genoss – alles bezahlt von Günther Quandt.

Trotz der unmittelbaren gegenseitigen Abneigung stattete Quandt seiner Ex-Frau und ihrem zukünftigen Mann von Zeit zu Zeit Besuche ab, um über Politik zu sprechen und Geld an die NSDAP zu spenden – beide Aktivitäten würde er später abstreiten. Am 11. Dezember 1931 dokumentierte Goebbels einen dieser Besuche: »Abends kam Günther Quandt. Er will Geld geben für die Partei. Magda knöpft ihn vor. Sie ist unser bester Anwalt. [...] Ich rede Politik. Er ist ganz eingenommen. Ein alter Mann. Aber klug, energisch, brutaler Kapitalist, stellt sich ganz auf uns um. Soll er – und Geld geben. Ich bekomme 2000 Mk. Das ist für die Gefangenen und Verwundeten. Für meine Leute nehme ich es. Wenn auch schweren Herzens.« Doch dann fügte Goebbels hinzu: »Die Unterhaltung ist nicht so kalt, wie ich dachte.«[104] Die Stimmung besserte sich beträchtlich nach Quandts Spendenzusage und seinen lobenden Worten über Goebbels' neues Buch *Kampf um Berlin*, das Quandt gerade las – jedenfalls erzählte er das dem Politiker.

Goebbels konnte Quandts Geld unmöglich ablehnen. Der NSDAP drohte permanent die Pleite, sie brauchte alle Mittel, die sie bekommen konnte. Goebbels selbst bezog nur ein mageres Gehalt, das durch den großzügigen Unterhalt seiner Frau aufgestockt wurde – und diese Aufbesserung drohte gerade zu versiegen. Denn bis zu ihrer Hochzeit waren es nur noch acht Tage, und mit diesem Ereignis würde Magda ihren Unterhaltsanspruch verlieren, so war es im Scheidungsvertrag geregelt. Was noch schlimmer war: Auch Harald würden sie verlieren. Er würde zu seinem Vater zurück-

Abb. 5: Magda und Joseph Goebbels untergehakt bei ihrer Hochzeit 1931, neben ihnen Harald Quandt. Im Hintergrund Trauzeuge Hitler

kehren müssen. Der Industrielle wollte nicht, dass sein Sohn von einem anderen Mann erzogen und beeinflusst wurde, schon gar nicht vom Chefpropagandisten der NS-Partei.

Magda Quandt und Joseph Goebbels heirateten am 19. Dezember 1931. Einer Biografie Magdas zufolge war die Zeremonie »eine Geschmacklosigkeit sondergleichen, von Anfang bis Ende«.[105] Magda Quandt wurde ausgerechnet auf dem Landgut ihres Ex-Manns zu Magda Goebbels – ohne Quandts Erlaubnis. Die Hochzeitsplanung hatte Quandts Gutsverwalter und früherer Schwager Walter Granzow übernommen, der sich aus Karrieregründen bereit erklärt hatte, sie vor seinem Chef geheim zu halten. Schon vorher hatten auf dem Gut unter seiner Duldung geheime Treffen zwischen Hitler, Goebbels und anderen NS-Größen stattgefunden. Gut Severin, das Quandt gekauft hatte, um die Zukunft seines fast blinden Sohns Herbert zu sichern, war de facto zu Mecklenburgs NS-Zentrale geworden. Quandt vermutete so etwas, aber seine wiederholten Bitten an Magda, Severin nicht zum lokalen Parteizentrum zu machen, stießen auf taube Ohren. Er selbst konnte nur wenig dagegen tun, nachdem er seiner Ex-Frau das uneingeschränkte Nutzungsrecht über das Gut zugestanden hatte. Nun ließ man sich also zum Hochzeitsfrühstück an Quandts Tisch nieder, und beim Empfang in seinem Haus stieß man mit Getränken aus seinen Gläsern auf die Gesundheit des Paars an.[106]

Die protestantische Trauung fand in der kleinen Severiner Dorfkirche statt; Goebbels' zweiter Trauzeuge war Hitler. Den Altar hatte man mit einer NSDAP-Fahne geschmückt, die um das Kreuz drapiert war. Die achtzehnköpfige Hochzeitsgesellschaft ging zu Fuß von Quandts Haus durch den Severiner Wald zur Kirche und anschließend wieder zurück zum Empfang. Magda, die bereits schwanger war, und Goebbels spazierten untergehakt durch den verschneiten Wald. Beide trugen Schwarz, einzige Ausnahme war Magdas weißes Schultertuch aus Brüsseler Spitze – ein Teil des Kleides, das sie bei ihrer ersten Hochzeit getragen hatte.

Der zehnjährige Harald ging an der Seite seines Stiefvaters und trug ein der SA-Uniform nachempfundenes Kostüm, bestehend aus einem braunen Hemd, einer Reithose, Schaftstiefeln sowie einem Koppel mit Schulterriemen. Gleich hinter dem Brautpaar folgte Magdas Mutter Auguste, bei ihr untergehakt ging Hitler. Gegen die Kälte trug er einen Hut mit breiter Krempe und einen zweireihigen Mantel. Zwischen den Bäumen entlang des Wegs standen SA-Männer in weißen Hemden und dunklen Krawatten kerzengerade Spalier und huldigten den frisch Vermählten mit dem Hitlergruß.

Quandt schrieb später, dass er an jenem Dezembertag leicht nach Severin hätte fahren können und somit unwissentlich in die Hochzeit seiner Ex-Frau hineingeplatzt wäre. Er gab Hitler die Schuld, der anscheinend darauf gedrungen hatte, die Hochzeit an einem abgelegenen Ort stattfinden zu lassen. Außerdem beschuldigte er Granzow, seine NS-Karrierebestrebungen über die Interessen seines Arbeitgebers gestellt zu haben. Quandt feuerte ihn, doch der Plan des Gutsverwalters ging trotzdem auf: Rasch gelang ihm der Aufstieg in der NSDAP.[107]

In den Wochen nach der Hochzeit setzte Quandt sein Sorgerecht für Harald durch, was zum Kampf mit den frisch Verheirateten führte. Auf die Détente zwischen den drei Erwachsenen folgte nun ein offener Krieg. Goebbels geriet in Rage, als Magda ihm mitteilte, dass ihr Ex-Mann Harald zurückholen werde. Auch Magda war »rasend wie eine Löwin um ihr Junges. Ich werde ihr helfen. Diesem Heuchler muss man die Maske von der Fratze reißen«, hielt Goebbels am 29. Dezember 1931 in seinem Tagebuch fest. »Spät noch mit Magda [...] Rachepläne gesponnen. Armer Günther Quandt! Ich möchte Magda nicht als Feindin haben.«[108] Das Datum des Eintrags war kein Zufall. Drei Tage später, am Neujahrstag 1932, zog Harald in Quandts Stadthaus. Offiziell wohnte er nun wieder bei seinem Vater, auch wenn dieser ihm oft erlaubte, seine Mutter zu besuchen, die ja gleich um die Ecke wohnte.

Trotz des Streits um Harald besuchte Quandt im Februar eine Veranstaltung, bei der Goebbels eine zweistündige Rede hielt. Obwohl Quandt vom Gehörten und Gesehenen laut Goebbels »ganz aus dem Häuschen«[109] war, brachte es im Sorgerechtsstreit keine Annäherung. Quandt behauptete später, er habe diese NS-Veranstaltung in Berlin nur besucht, um sich nach seinen Treffen mit Hitler ein Bild von »den öffentlichen Ausführungen und der Volksstimmung« zu machen; nach diesem Besuch habe er sich »dann weiter nicht um diese Bewegung gekümmert«.[110]

Abgesehen von Harald hatte Goebbels keine gute Meinung von den Männern der Familie Quandt. Als er im April 1932 Quandts Sohn Herbert kennenlernte, hielt er den fast blinden späteren Retter des BMW-Konzerns für »etwas zurückgeblieben«.[111] Später erfuhr er, dass Magdas beste Freundin Ello ihren Mann Werner – Günther Quandts jüngeren Bruder – verlassen hatte, was Goebbels zu dem Kommentar veranlasste, dieser sei »ein rechter Prolet«.[112] Als Goebbels und seine Frau sich bei Hitler über »den Kapitalisten

Werner Quandt« ausließen, geriet der deutsche Reichskanzler in »Sauwut« und versprach, etwas gegen ihn zu unternehmen.[113] Trotz der Drohung geschah Quandts Bruder nichts. Doch Goebbels hatte es weiterhin auf die meisten der Quandt-Männer abgesehen, und seine Macht wuchs stetig.

11.

Ein anderer Berliner Kapitalist steckte Anfang 1932 in weit größeren Schwierigkeiten. Friedrich Flick hatte seine Übernahme des Düsseldorfer Stahlkonglomerats VSt abgeschlossen, und das ausgerechnet zwischen dem Zusammenbruch des globalen Aktienmarkts und dem Beginn der Weltwirtschaftskrise. Er hatte den Erwerb der Mehrheit an Europas größtem Industriekonzern nur durch die Aufnahme gewaltiger Kredite und Anleihen stemmen können. Die Schulden waren durch seine VSt-Anteile, die bei Gelsenberg lagen, sowie seine Gelsenberg-Anteile besichert. Durch den Einbruch des Aktienmarkts hatte sich der Wert dieser Anteile allerdings stark verringert, und Flick besaß nur noch wenige andere Sachwerte, die er als Sicherheit hätte hinterlegen können. Flicks Holding und auch Gelsenberg drohten die Insolvenz; er stand kurz vor dem Aus.[114]

Flick sah sich zu einem schnellen Ausstieg bei Gelsenberg gezwungen. Auch Hitler brauchte zu dieser Zeit Geld – wieder einmal. Er benötigte Mittel für die bevorstehende Kampagne zur Reichspräsidentenwahl.[115] Walther Funk arrangierte ein Treffen zwischen ihm und Flick, wieder im Hotel Kaiserhof, ein Jahr, nachdem Günther Quandt und August von Finck auf Einladung des gewitzten Zeitungsmanns Hitlers Suite besucht hatten. Mittlerweile hatte Funk die *Berliner Börsen-Zeitung* verlassen und begonnen, den *Wirtschaftspolitischen Pressedienst* der NSDAP he-

Abb. 6: Otto Steinbrinck, Flicks rechte Hand, in seiner SS-Uniform (1934)

rauszugeben. Er hatte auch Otto Steinbrinck kennengelernt, Flicks skrupellose rechte Hand.

Steinbrinck war ein hochdekorierter Marineveteran, der als wagemutiger U-Boot-Kommandant im Ersten Weltkrieg mehr als zweihundert Handelsschiffe versenkt hatte. Flick war auf sein Geschäftstalent durch ein Memorandum aufmerksam geworden, das dieser für ihn verfasst hatte.[116] Er war schnell aufgestiegen und zu Flicks engstem Vertrauten geworden. Flick, der sich öffentlich politikabstinent gab, machte Steinbrinck zu seinem Verbindungsmann zur NSDAP, nachdem dieser sich bei geschäftlichen *und* politischen Hinterzimmerverhandlungen als äußerst versiert erwiesen hatte.

Funk ließ die Einladung in den Kaiserhof durch Steinbrinck an Flick übermitteln. Flick war sehr daran interessiert, den Mann zu treffen, der neuerdings eine so wichtige Rolle in der deutschen Politik spielte. Doch ihr einstündiges Treffen Ende Februar 1932 war ein Desaster. Hitler verwechselte Flick mit dem Kriegshelden Steinbrinck – der vor der Suite wartete – und wollte gar nicht mehr aufhören, ihm von seinen Plänen für eine Konfrontation mit der polnischen Marine zu erzählen. Zugleich war der NSDAP-Parteichef über die Einseitigkeit des Gesprächs enttäuscht – ebenso wie Flick, der auf dem Weg vom Hotel zurück in die nahe gelegene Konzernzentrale zu seinem obersten Berater sagte, Hitler habe ihn überhaupt nicht zu Wort kommen lassen. Der verstimmte Flick beschloss, sich mit seiner Wirtschaftsmacht hinter Paul von Hindenburg zu stellen, den amtierenden Reichspräsidenten und Kandidaten des konservativen Establishments; er spendete knapp eine Million Reichsmark für dessen Kampagne zur Wiederwahl.

Flick musste bei der Regierung dringend einen Fuß in die Tür bekommen. Der Staat war der einzige potenziell liquide Käufer für seine Gelsenberg-Aktien und wusste nichts von seinen desaströsen Finanzen. Kurz vor dem ersten Treffen mit Hitler hatte er Verhandlungen aufgenommen.[117] Sie zogen sich über Monate hin, doch schließlich war Flick erfolgreich. Mit einem ebenso geschickten wie zwielichtigen Manöver gelang es ihm Ende Mai 1932, seine Gelsenberg-Anteile für mehr als neunzig Millionen Reichsmark – was in etwa dem dreifachen Marktwert entsprach – an den Staat zu veräußern.[118] Flick hatte die Regierung am Verhandlungstisch unter Druck gesetzt und behauptet, sein VSt-Aktionärskollege Fritz Thyssen sei bereit, seine Anteilsmehrheit zu übernehmen, müsste sich dazu allerdings französischer Kredite bedienen. Die Übernahme von Deutschlands größtem Industriekonglomerat mit französischem Geld war indes undenkbar. Erst vor wenigen Jahren hatte Frankreich (mit Belgien) das Ruhrgebiet besetzt, eine Reaktion auf ausbleibende deutsche Reparationsleistungen. Nachdem das Reich Flick also mit einem dicken Bonus aus der

Bredouille geholfen hatte, konnte dieser seine Schulden begleichen. Seine Kassen waren nun prall gefüllt.

Als Flicks Gemauschel mit dem Staat Mitte Juni 1932 publik wurde, löste dies einen nationalen Skandal aus. Auf dem Höhepunkt der Weltwirtschaftskrise mit sechs Millionen Arbeitslosen hatte der Staat Steuergelder in Millionenhöhe dafür eingesetzt, um – unwissentlich – einen Spekulanten und Großindustriellen sowie dessen private Holding zu sanieren. Doch schon nach einigen Wochen geriet die Gelsenberg-Affäre in den Schatten weit größerer Nachrichten: Bei den Reichstagswahlen am 31. Juli wurde zum ersten Mal die NSDAP stärkste Partei im Parlament. Im Spätsommer, als die Empörung der Öffentlichkeit und Politik über den Skandal zunehmend verstummte, begann Flick, sich auf die Herrschaft der NS-Partei vorzubereiten.

Der Gelsenberg-Verkauf hatte Flick zwar noch reicher gemacht, gleichzeitig aber war sein guter Name durch das PR-Desaster um die Affäre beschädigt. Flick hatte Hitlers anfängliche Avancen verschmäht, war nun aber überzeugt davon, politischen Schutz zu brauchen. Und er war bereit, gut dafür zu zahlen. Im Frühherbst 1932 stattete Walther Funk dem Flick'schen Konzernsitz in der Bellevuestraße einen Besuch ab und überbrachte erneut eine Bitte der NSDAP: Man benötige wieder Geld für den Wahlkampf. Funk verließ das Gebäude mit der Zusage über rund 30.000 Reichsmark. Bald schon standen die Nationalsozialisten Schlange vor Flicks Büro, um Klinken zu putzen. Die SA brauchte neue Stiefel für einen Fackelzug: zwei- bis dreitausend Reichsmark; Flicks Berater wollten positive Presseberichterstattung über ihren Chef: ein paar Tausend Reichsmark an Redakteure von NS-Zeitungen und -Magazinen.[119] Flick und Steinbrinck stellten fest, »dass Nationalsozialisten Geld zu geben ungefähr auf dasselbe hinauslief, wie Blut unter die Haie zu schütten«.[120]

Dann klopfte die SS an Flicks Tür. Im Spätherbst 1932 besuchte der vom Geflügelzüchter zum Reichsführer SS aufgestiegene Heinrich Himmler Flicks Firmensitz. Er wollte eine Vereinbarung schließen. Um den aus allen Winkeln des NS-Universums eingehenden Bitten um Geld ein Ende zu bereiten, schlug Himmler Flick vor, seine Spenden in Zukunft ausschließlich der SS zu widmen. Flick erklärte sich rasch einverstanden. Es war ein Pakt mit dem Teufel. Die erstarkende paramilitärische Parteiorganisation bot die ultimative politische Protektion – aber um welchen Preis? Flick sollte es bald herausfinden.

Steinbrinck und Himmlers Adjutant Fritz Kranefuß halfen dabei, den Deal zwischen ihren Chefs auszuhandeln. Der ehrgeizige Kranefuß war ein Neffe von Wilhelm Keppler, einem gescheiterten Geschäftsmann, der im Begriff war, Hitlers bevorzugter Wirtschaftsberater zu werden. Einige Monate zuvor hatte Hitler Keppler angewiesen, einen Beirat aus Vertretern der Industrie und Finanzwelt zusammenzustellen, die ihn in wirtschaftspolitischen Fragen beraten sollten und »die uns zur Verfügung stehen, wenn wir an die Macht kommen«.[121] Keppler beauftragte seinen Neffen damit, ihn bei der Anwerbung von Mitgliedern und der Gründung des Keppler-Kreises, wie die Gruppe bald heißen sollte, zu unterstützen. Ein früher Rekrutierungserfolg war Otto Steinbrinck. Er trat der Gruppe als Flicks Vertreter bei, just als die Gelsenberg-Affäre hochkochte. Für seinen geplagten Chef sollte er herauszufinden, »wohin wohl der Wind wehte« in NS-Kreisen.[122] Für Flick waren diese Informationen unerlässlich, wenn er für die Wiederaufrüstung gewappnet sein wollte.

12.

Während der verregnete Sommer 1932 in Berlin zu Ende ging, nahmen die Spannungen zwischen den Familien Goebbels und Quandt zu. Gegen Ende September versteckten Magda und Goebbels Harald bei einem Freund, nachdem das Paar sich am Telefon heftig mit

Günther Quandt gestritten hatte. Erst als Quandt mit rechtlichen Schritten drohte, rückten sie Harald wieder heraus. Quandt schrieb später, dass Goebbels ihm den verbissenen Kampf um seinen Sohn nie vergeben habe: »Goebbels hatte sich […] in den Kopf gesetzt, […] Harald […], den er schon damals zu allen möglichen Parteiveranstaltungen mitschleppte, und der deshalb in der Öffentlichkeit natürlich als sein Sohn galt, zu behalten. Der Junge war groß und blond, also ein gutes Schaustück für einen Naziführer, der selbst nicht gerade das Aussehen eines NS-Germanen hatte.«[123]

Anfang November 1932, um Haralds elften Geburtstag herum, entspannte sich das Verhältnis zwischen den beiden Männern etwas. Goebbels notierte in seinem Tagebuch: »Mit G. Quandt geredet. Er ist nicht ganz unvernünftig. Auch in sozialen Dingen nicht.«[124] Quandt stimmte zu, dass Harald die Weihnachtstage bei den Goebbels verbrachte. Aber als Harald am Heiligabend bei ihnen in der Wohnung eintraf, war seine Mutter nicht da. Nur Goebbels empfing ihn. Seine Mutter sei kurz zuvor mit starken Bauchschmerzen ins Krankenhaus eingewiesen worden, informierte er den Jungen, worauf dieser in Tränen ausbrach. Goebbels tröstete Harald über die Weihnachtstage mit Kino- und Opernbesuchen. Sie besuchten Magda im Krankenhaus und brachten ihr einen mit Geschenken und brennenden Lichtern dekorierten Weihnachtsbaum. Am Tag nach Weihnachten lud Hitler Goebbels und Harald ein, Silvester mit ihm in seinem kleinen gemieteten Landhaus auf dem Obersalzberg zu verbringen, unweit der Grenze zu Österreich. Goebbels und Harald fuhren hin. Am letzten Tag des Jahres schrieben Hitler, Goebbels und Harald gemeinsam einen Brief mit Genesungswünschen an Magda. Diese blieb, von Fieber geplagt, vorerst im Krankenhaus, um sich von den Folgen einer Fehlgeburt zu erholen. Noch konnte es keiner von ihnen wissen, aber das Jahr 1933 sollte nicht nur ihrem Leben eine neue Richtung geben, sondern Deutschland und die ganze Welt verändern.[125]

Am 29. Dezember 1932 erreichte Hitler in seinem Landhaus eine Nachricht: Der ehemalige Reichskanzler Franz von Papen bitte um ein Gespräch. Eine Woche später trafen sich die Männer bei Einbruch der Dunkelheit auf dem Kölner Anwesen von Kurt Baron von Schröder, einem Privatbankier, der aus seinem Antisemitismus keinen Hehl machte. Hinter verschlossenen Türen kamen Hitler und von Papen in dieser Nacht in der Villa des Finanzmanns zu einer Vereinbarung. Von Papen wollte zurück an die Macht und war der Ansicht, er könne den beliebteren Hitler als Mittel zum Zweck einsetzen. Überzeugt davon, dass er Hitler kontrollieren könne, überredete er Reichspräsident von Hindenburg, den NS-Führer als Kanzler und sich selbst als Vizekanzler einzusetzen. Eine der katastrophalsten Fehleinschätzungen der Weltgeschichte, wie sich herausstellen sollte. Anstatt den NS-Mann zur reinen Galionsfigur zu machen, ermöglichte er es ihm, die Macht an sich zu reißen.

Am Abend des 30. Januar 1933 feierten Mitglieder der SA die Ernennung ihres ›Führers‹ zum deutschen Reichskanzler mit einem Fackelzug durch das Zentrum von Berlin. Sie marschierten Unter den Linden entlang, durchs Brandenburger Tor, vorbei am Reichstag und am Tiergarten bis zur Reichskanzlei, wo sie zuhörten, wie Hitler vom Balkon seines neuen Zuhauses sprach. Bis zu den Parlamentswahlen am 5. März waren es nur noch fünf Wochen. Eine demokratische Regierung war wieder zum Greifen nahe, so schien es jedenfalls. Nur wenige begriffen, dass Hitler an jenem Abend de facto die Macht übernahm – dass das ›Dritte Reich‹ begonnen hatte, dass die Weimarer Republik zu NS-Deutschland geworden war und dass dies für zwölf lange, blutige Jahre so bleiben würde.

Da Hitler jetzt an der Macht war, verschob sich das Kräftegleichgewicht zwischen Quandt und Goebbels merklich. Sechs Tage nach Hitlers ›Machtergreifung‹ besuchte Quandt Goebbels in der Wohnung seiner Ex-Frau, um ihm zu gratulieren. Nachdem er gegangen war, schrieb Goebbels triumphierend: »Herr Quandt kommt zu Besuch. Fließt über vor Devotion. Das macht der Sieg.«[126]

13.

Am selben Tag, an dem Adolf Hitler das wichtigste Regierungsamt des Landes einnahm, kündigte Adolf Rosenberger seine Stelle. Am 30. Januar 1933 versammelte der 32-jährige kaufmännische Direktor das 19-köpfige Team des Automobilkonstruktionsbüros Porsche in den Firmenräumen in der Stuttgarter Kronenstraße und ließ alle wissen, dass er von seinem Posten zurücktrete. Rosenberger hatte die Firma zwei Jahre zuvor gemeinsam mit zwei Partnern gegründet: dem wechselhaften, aber brillanten Automobilkonstrukteur Ferdinand Porsche und dessen Schwiegersohn Anton Piëch, einem streitlustigen Wiener Anwalt. Rosenberger war der Finanzier und Geldbeschaffer des Unternehmens, aber er war es leid, eigenes Geld und eingeworbene Mittel von Familienmitgliedern und Freunden in die Firma fließen zu lassen, die ihr Kapital verbrannte und kurz vor der Insolvenz stand. Rosenberger hatte bereits einen Nachfolger für sich organisiert: Hans Baron von Veyder-Malberg, einen pensionierten Rennfahrer und Bekannten sowohl von Rosenberger als auch von Porsche. Die Firma steckte derart tief in den Miesen, dass der österreichische Adlige 40.000 Reichsmark als Überbrückungskredit mitbringen musste.[127] Trotz der brisanten Finanzlage trennte sich Rosenberger von Porsche im Guten. Er würde weiterhin Aktionär bleiben und Porsche-Patente ins Ausland verkaufen, allerdings eher freiberuflich.

Außer dem Vornamen hatten Rosenberger und der neue Reichskanzler nichts gemeinsam. Der gut aussehende und technisch versierte deutsche Jude war Rennfahrer für Mercedes gewesen. Einige seiner Rennwagen wurden von Ferdinand Porsche entworfen. Doch Rosenbergers Rennsportkarriere endete abrupt

Abb. 7: Adolf Rosenberger, jüdischer Porsche-Mitgründer

1926, als es zu einem schweren Unfall beim Großen Preis von Deutschland in Berlin kam, bei dem drei Menschen starben; Rosenberger selbst wurde schwer verletzt. Anschließend begann er, in seiner Heimatstadt Pforzheim in Immobilien zu investieren, bis er sich schließlich mit Porsche zusammentat, um dessen Rennwagenentwürfe zu finanzieren und daraus fahrbare Prototypen zu entwickeln.

Als Ferdinand Porsche auf dem Höhepunkt der Weltwirtschaftskrise seine nach ihm benannte Firma in Stuttgart gründete, war dies das erste Mal, dass der 55-jährige Autodidakt selbst als Unternehmer in Aktion trat. Davor hatte er zweimal einen Posten als technischer Vorstand innegehabt, aus denen er beide Male entlassen worden war, zuletzt bei den österreichischen Steyr-Werken, wo er nach wenigen Monaten infolge der Wirtschaftskrise gehen musste. Zuvor war sein Vertrag bei Daimler-Benz nicht verlängert worden, weil seine Entwürfe übermäßig teuer waren und er zu viele persönliche Schulden bei seinem Arbeitgeber angehäuft hatte – er hatte mehrere Kredite von Daimler bekommen, um den Bau einer großen Familienvilla auf dem Stuttgarter Killesberg zu finanzieren.[128]

Porsche zog 1930 mit seiner Familie aus Österreich zurück nach Stuttgart. Es war hart, mitten in der schlimmsten Wirtschaftskrise der Moderne einen neuen Job zu finden, besonders für einen Mittfünfziger, der in einer Nischenbranche arbeitete und ein gutes Gehalt erwartete. Zudem eilte Porsche der Ruf voraus, schwierig zu sein. In der Autoindustrie galt er wegen seines Mangels an finanzieller Disziplin und seines hitzigen Temperaments als »uneinstellbarer Perfektionist«.[129] Also gründete Porsche seine eigene Firma. Er rekrutierte erfahrene Ingenieure und tat sich mit Partnern zusammen, die seine schlechten Eigenschaften ausgleichen sollten. Aber Porsche blieb impulsiv: Er rastete aus und riss sich dabei einmal den breitkrempigen Hut vom Kopf, den er stets trug, schmiss ihn auf den Boden und trampelte wie ein bockiges Kind darauf herum. Auch seine Entwürfe kosteten immer noch zu viel. Niemand hätte sie in der aktuellen Wirtschaftslage produziert. Porsche stand kurz vor dem Bankrott.[130]

Als Hitler die Macht erlangte, hatte Porsche gerade eine Stelle in Moskau als Leiter der Fahrzeugproduktion für Stalin und die Sowjetunion abgelehnt. Nach gründlicher Abwägung entschied er sich gegen diese Rettungsleine. Er fühlte sich zu alt, außerdem sprach er kein Russisch. Politik bedeutete Porsche nichts; ihn interessierten nur seine Konstruktionen. Als hingegen der heimische Diktator ihm eine Rettungsleine zuwarf, griff er mit beiden Händen zu.[131]

Am 11. Februar 1933 um 10 Uhr morgens, zwölf Tage nachdem Adolf Rosenberger gekündigt hatte, hielt Hitler zum ersten Mal die

Eröffnungsrede der Automobilausstellung in Berlin. In seiner mitreißenden Ansprache kündigte der Reichskanzler Steuererleichterungen für Autofahrer und ein modernes Straßenbauprogramm an, um der schwächelnden Automobilindustrie unter die Arme zu greifen, die unter der Krise litt. Hitler, ein Auto-Enthusiast, der zeit seines Lebens keinen Führerschein besaß, lobte die deutschen Autokonstrukteure und Ingenieure, »deren Genialität diese Wunderwerke menschlicher Erfindergabe schafft. Es ist traurig, dass unser Volk diese namenlosen Männer kaum jemals kennenlernt.«[132] Insbesondere einen dieser Männer sollte der Redner kurz darauf ausgesprochen gut kennenlernen.

Hitlers Botschaft wurde in den Porsche-Räumen in Stuttgart mit Jubel aufgenommen, wo die versammelte Mannschaft die Rede im Radio verfolgt hatte. Nachdem Hitler geendet hatte, schickte ihm Ferdinand Porsche ein Telegramm mit einem kurzen Lebenslauf und einem Angebot: »Als Schöpfer vieler namhafter Konstruktionen auf dem Gebiete des deutschen und österreichischen Kraft- und Luftfahrtwesens und mehr als 30 Jahre mitkämpfend um den heutigen Erfolg, beglückwünsche ich Euer Exzellenz zur tiefgründigen Eröffnungsrede […].« Porsche und seine Belegschaft seien bereit, dem deutschen Volk ihr »Wollen und Können zur Verfügung zu stellen«.[133] In einem zweiten Telegramm schrieb Porsche: »Wir geben der Hoffnung Ausdruck, bei unseren Bestrebungen Eurer Exzellenz Beachtung und Förderung teilhaftig zu werden.«[134] Hitlers Staatssekretär bestätigte nicht nur den Erhalt der Telegramme, sie wurden zudem höchst freundlich aufgenommen und umgehend mit ermutigenden Worten an Porsche beantwortet.

Porsches erste Begegnung mit Hitler war indirekter Natur und rein zufällig gewesen. 1925 war die Mercedes-Limousine, in der Hitler sich chauffieren ließ, zur Reparatur in die Berliner Daimler-Werkstatt gebracht worden. Porsche, zu jener Zeit technischer Direktor bei Daimler, besuchte gerade die Werkstatt und diagnostizierte das Problem: stark verschmutztes Motoröl. Er hatte keine Ahnung, wem die glänzende schwarze Limousine gehörte.[135] Im

Jahr darauf wurden die beiden einander bei einem Autorennen in Stuttgart dann richtig vorgestellt. Jetzt, sieben Jahre später, war Ferdinand Porsche auf dem besten Weg, Hitlers Lieblingsingenieur zu werden.

Am 10. Mai 1933 trafen sich Hitler und Porsche erneut, diesmal in der Reichskanzlei in Berlin.[136] In dem 35-minütigen Gespräch überzeugte Porsche Hitler davon, die Entwicklung eines von ihm selbst und Rosenberger entworfenen Rennwagens staatlich zu fördern, indem er den autovernarrten ›Führer‹ mit Geschichten über technische Innovationen begeisterte. Dank Hitlers Unterstützung gelang Porsche der Turnaround. Und als Hitler später nach dem richtigen Mann suchte, um sein automobiles Prestigeprojekt – den Volkswagen – zu verwirklichen, wusste er genau, wo er diesen finden würde: an Porsches Reißbrett in Stuttgart.

14.

Wie eingangs beschrieben, trafen Günther Quandt, Friedrich Flick und August Baron von Finck am Abend des 20. Februar 1933 ein weiteres Mal mit Hitler und seinen Wirtschaftsberatern in Berlin zusammen. Allerdings war der Ort des Treffens nun einige Nummern prestigeträchtiger – statt einer diskreten Suite im nahen Hotel Kaiserhof betraten sie das Reichstagspräsidentenpalais. Außer ihnen waren noch mehr als zwanzig weitere Großindustrielle und Führungskräfte anwesend. Von Finck kam wieder in Begleitung von Allianz-Chef Kurt Schmitt, einem der vier anwesenden zukünftigen NS-Wirtschaftsminister. Die restlichen drei – Walther Funk, Hjalmar Schacht und Hermann Göring – standen bereit, die Führungselite der deutschen Industrie und Finanzwelt ein allerletztes Mal davon zu überzeugen, Geld für eine NSDAP-Wahlkampagne zu spenden.

Nach Hitlers und Görings Reden und Schachts Aufruf, die Brieftaschen zu zücken, war es nun an den versammelten Wirtschaftskapitänen, zu handeln. Ein heikler Moment. August von Finck, ganz der legendäre Knauser, der er war, begab sich »bei der erstmöglichen Gelegenheit« schnurstracks zum Ausgang, als ihm bewusst wurde, dass Schacht hier und jetzt eine persönliche Spendenzusage von ihm erwartete.[137] Friedrich Flick dagegen gab großzügig. Wie gewöhnlich streute er sein Risiko und spendete an mehrere Parteien – jeweils bis zu 120.000 Reichsmark an die NSDAP und ihren Koalitionspartner, die Deutschnationale Volkspartei (DNVP).[138] Die kleinste Zusage an diesem Abend kam von Günther Quandt. Er ließ telegrafisch 25.000 Reichsmark durch seinen Batteriekonzern AFA in den Sammelfonds der NSDAP anweisen, und das erst einige Wochen später.[139] Sein Geschenk sah im Vergleich mit den sechsstelligen Spenden der IG Farben oder denen von Flick ziemlich blass aus. Aber Quandt erkannte eine günstige Gelegenheit, wenn er sie sah. Diese Fähigkeit hatte ihn schließlich reich gemacht.

Natürlich hatte Quandt wichtige persönliche Gründe, sich mit den Nationalsozialisten gut zu stellen. Goebbels stand kurz vor einer Beförderung. Nur wenige Tage nach Quandts Spende ernannte Hitler ihn zum Reichsminister für Volksaufklärung und Propaganda. Goebbels war nun einer der mächtigsten Männer NS-Deutschlands und kontrollierte jedes Detail der Presse, des Kulturlebens und der Parteipropaganda. Letzten Endes hatte der Ausgang der Wahl vom 5. März 1933 keine Rolle gespielt. Denn sechs Tage zuvor war unter mysteriösen Umständen der Reichstag abgebrannt, genau eine Woche nach dem Geheimtreffen in der benachbarten Residenz Görings. Der Rechtsstaat war außer Kraft gesetzt, die deutsche Demokratie war tot. Hitler hatte nun die Kontrolle.

15.

Am 1. Mai 1933 feierte das NS-Regime zum ersten Mal den »Tag der nationalen Arbeit«, der kurz zuvor zum gesetzlichen Feiertag erklärt worden war. Bis zu anderthalb Millionen Menschen versammelten sich in der Dämmerung auf dem Tempelhofer Feld in Berlin, wo Hitler eine Rede zur deutschen Arbeitsmoral hielt. Der Reichskanzler stand auf einer gewaltigen Tribüne hoch über der Menge, flankiert von riesigen Hakenkreuzfahnen, und sprach mit donnernder Stimme über Arbeiterrechte. Am nächsten Tag zerschlug und verbot er alle Gewerkschaften.

Günther Quandt trat an jenem Tag in die NSDAP ein und erhielt die Mitgliedsnummer 2.636.406.[140] Er und Hunderttausende anderer Deutscher, darunter August von Finck, hatten die Mitgliedschaft gerade noch rechtzeitig beantragt, denn tags darauf verhängte Hitler einen Aufnahmestopp für neue Anwärter. Rund 1,6 Millionen Deutsche waren seit seinem Amtsantritt im Januar in die NSDAP eingetreten, womit die Gesamtmitgliederzahl innerhalb weniger Monate auf 2,5 Millionen gestiegen war. Hitler befürchtete, dass die rapide steigenden Zahlen die Bedeutung der Parteimitgliedschaft verwässern würden.[141] Die Sperre blieb vier Jahre in Kraft; Friedrich Flick und Ferdinand Porsche mussten bis Mai 1937 auf ihren Beitritt warten.

Nach Kriegsende schwieg Günther Quandt über seine NSDAP-Mitgliedschaft und brüstete sich stattdessen mit seiner »ablehnenden Haltung der Partei gegenüber«.[142] Er sah sich allerdings bald zur Rechtfertigung gezwungen, als Unterlagen über seinen Parteibeitritt auftauchten. Er behauptete, von Goebbels dazu genötigt worden zu sein. Ende April 1933 sei er, so Quandts Version, ins Büro des Propagandaministers im Ordenspalais am

Wilhelmplatz gerufen worden. Nachdem er sich gesetzt hatte, sei er von Goebbels kühl taxiert und gefragt worden, ob er schon Parteimitglied sei. Quandt habe verneint; er sei »Wirtschaftler und hätte nie einer Partei angehört«. Er beschrieb lebhaft, wie Goebbels ihn erpresst habe: »Sein Gesicht verfärbte sich. Brutal und erpresserisch sagte er mit drohender Stimme, dass ich sofort Mitglied der Partei werden müsse. Die Partei würde sonst die Erziehung meines Sohnes in die Hand nehmen.«[143] Goebbels habe ihm »wahnsinnige Nachteile« angedroht, sollte er nicht der NSDAP beitreten und noch mehr Geld spenden: »Goebbels hat auf meiner Seele herumgekniet und mich an den Tod meines ältesten Sohnes in Paris erinnert, und ich hatte die Wahl, ob ich meinen zweiten Sohn behalten will oder nicht. Ich sagte, es kommt mir auf den Groschen Parteibeitrag nicht an, und ich trat in die Partei [ein].«[144]

In seinem Tagebuch schrieb Goebbels zwar, er habe Günther Quandt am Freitag, dem 28. April 1933 in seinem Büro empfangen, ansonsten aber widerspricht seine Schilderung des Treffens Quandts Geschichte: Quandt habe unbedingt der NSDAP beitreten und Goebbels dies vor seinem Eintritt sagen wollen. »Dr. Quandt empfangen«, schrieb Goebbels am nächsten Tag. »Er ist ganz klein. Will in die Partei.«[145]

Die Parteimitgliedschaft schützte Quandt jedoch nicht. Am 3. Mai 1933, zwei Tage nach seinem Beitritt, stürmte die Polizei in die Sitzung des Aufsichtsrats der Deutschen Bank, an der er gerade teilnahm. Quandt wurde in Handschellen ins Polizeipräsidium am Alexanderplatz gefahren und dort in eine Zelle im Keller gesperrt.[146] Am nächsten Tag wurde er in das Gefängnis im Arbeiterstadtteil Moabit verlegt, wo er, ohne zu erfahren, was man ihm vorwarf, in Einzelhaft kam. Seine Häuser wurden durchsucht und seine Firmenzentrale am Askanischen Platz sowie eine seiner AFA-Fabriken besetzt.

Eine Woche später ließen NS-Funktionäre verlautbaren, dass Quandt verhaftet worden sei, weil er Geld ins Ausland »verschoben« habe und man ihn verdächtige, auch Werke ins Ausland verlegen zu wollen.[147] Mit seiner Verhaftung sei beides »verhindert« worden.[148] Quandt tappte derweil über die Gründe seiner Festnahme immer noch im Dunkeln. Eines Abends führte man ihn aus seiner engen und muffigen Einzelzelle in ein kaltes graues Verhörzimmer, wo ihn zwei hochrangige Vertreter des Justizministeriums empfingen, darunter der später für seine Willkür berüchtigte Richter Roland Freisler. Laut Quandts Bericht spielten die beiden ›guter Bulle, böser Bulle‹ mit ihm, bis sie ihm schließlich den angeblichen Grund für seine Verhaftung nannten: Es sei eine anonyme Anzeige eingegangen, die ihn der Verletzung des deutschen Handelsrechts beschuldige. Die beiden Männer, die im Ministerium ein Antikorruptionsdezernat gegründet hatten, ließen Quandt »in vornehmer Art« wissen, dass man ihn gehen lassen würde, wenn er die AFA einem seiner Vorstände überschriebe, der langjähriges Parteimitglied war.[149] Quandt habe abgelehnt und wurde umgehend zurück in seine Zelle gebracht, wo ihn eine schriftliche Anklage wegen Veruntreuung erwartete.

Am 13. Juni 1933, nach fast sechs Wochen Einzelhaft und zahllosen nächtlichen Verhören, wurde Quandt gegen eine gewaltige Kaution von vier Millionen Reichsmark aus der Haft entlassen. »Deutscher Industrieller hinterlegt 1.144.000-Dollar-Kaution«, titelte die *New York Times* am nächsten Tag. Seine Entlassung erfolgte unter einer Bedingung: Quandt durfte weder seine Firmenzentrale am Askanischen Platz noch seine Berliner Häuser betreten. Er bezog daher eine Suite im Hotel Kaiserhof.

In den Wochen nach seiner Entlassung überwies Quandt rund 43.000 Reichsmark an die NSDAP. Es handelte sich um »Freiwillige Spenden zur Förderung der nationalen Arbeit«, eine neu geschaffene Maßnahme zur Verringerung der Arbeitslosigkeit. Das Geld sollte deutschen Betrieben zugutekommen, entsprechende Zahlungen konnten in bestimmten juristischen Fällen aber auch dazu verwendet werden, sich »Straffreiheit zu erkaufen«.[150]

Quandts Hausarrest wurde Anfang September 1933 aufgehoben, kurz nachdem er die ersten Spenden getätigt hatte. Die Anklage wegen Veruntreuung wurde allerdings erst nach zwei Jahren fallen gelassen.

16.

Nach dem Krieg klagte Günther Quandt: »Das Jahr 1933 bildete überall für mich eine plötzliche und schroffe Barriere.«[151] Doch nach seiner Entlassung aus der Einzelhaft wusste er sich den mittlerweile in Gesetzesform gegossenen Antisemitismus des NS-Staats effektiv zunutze zu machen. Einen Monat nach Aufhebung seines Hausarrests verlangte er, jüdischen Mitgliedern des »Vereins Berliner Kaufleute und Industrieller« das Stimmrecht und die Mitgliedschaft zu entziehen. Zuvor hatte er bereits, »leichten Herzens und beschämend früh«, vier jüdische Aufsichtsräte aus den entsprechenden Gremien seiner Firmen entlassen.[152]

Quandt behauptete opportunistisch, die Willkür seiner Verhaftung und die Zeit im Gefängnis hätten ihn traumatisiert. »Mir war nun am eigenen Leib klar geworden, dass ein bis dahin unbekannter Zustand der Rechtsunsicherheit eingetreten war«, schrieb er in seinen Memoiren. »Das bedeutete für mich, der ich zu unbedingter Staatstreue erzogen wurde, ein erschütterndes Erlebnis. Die Gründe für meine Verhaftung sind mir nie bekannt gegeben worden.«[153] Tatsächlich hatte man sie ihm sehr wohl genannt. Die beiden Ermittlungsbeamten im Gefängnis hatten ihn informiert, dass einer seiner AFA-Vorstände, das erwähnte Parteimitglied der ersten Stunde, den Coup gegen ihn geplant hätte. Doch nach dem Krieg benutzte Quandt seinen Gefängnisaufenthalt, um sich als Opfer des rachsüchtigen Goebbels darzustellen, der seine Verhaftung veranlasst habe. Auch das war eine Lüge.

Am 5. Mai 1933, zwei Tage nach Quandts Festnahme, hielt Goebbels in seinem Tagebuch fest: »Günther Quandt verhaftet. Warum? Steuersache. Bei Hitler. Er ist empört, dass man die Wirtschaft nicht zur Ruhe kommen lässt. Göring soll den Fall Quandt untersuchen. Um ihn tut's mir nicht leid, nur um den lieben Harald.«[154] Tags darauf diskutierte Goebbels den »Fall G. Quandt« erneut mit Hitler.[155] Großindustrielle und ihre Unternehmen spielten eine entscheidende Rolle für die zukünftigen Aufrüstungspläne des Kanzlers. Dementsprechend besorgt war er über rebellische Splittergruppen in der NSDAP, die versuchten, Geschäftsleute einzuschüchtern und ihre Unternehmen an sich zu reißen. Diese Emporkömmlinge und ihre Aktionen drohten das Wohlwollen zu zerstören, das Hitler sich sorgfältig bei der Industrie erworben hatte.

Goebbels wurde sofort informiert, als Quandt aus der Haft kam. »Haftbefehl gegen Günther Quandt«, schrieb Goebbels am 14. Juni 1933. »Gegen 4 Millionen auf freiem Fuß. So geht das. Ich mische mich in keiner Weise ein. Wenn er gefehlt hat, soll er büßen.«[156] Quandts ehemalige Schwägerin Ello verfolgte die Angelegenheit an der Seite von Magda, ihrer besten Freundin. »Goebbels hat behauptet, er wüsste nichts davon, aber es ist ganz gut so«, erklärte Ello später. »Goebbels selbst hat diese Verhaftung begrüßt. Er sagte bei seiner Freilassung, leider konnte man dem Kerl nichts anhaben.«[157]

Für Magdas Jugendliebe Chaim Arlosoroff galt das hingegen nicht: Drei Tage nach Quandts Entlassung wurde er in Tel Aviv von zwei Attentätern bei einem abendlichen Strandspaziergang mit seiner Frau erschossen.[158] Der zionistische Politiker war erst zwei Tage zuvor aus Deutschland zurückgekehrt, wo er ein Abkommen mit Hitlers Regime ausgehandelt hatte, das es rund 60.000 Juden erlaubte, samt ihrem Besitz ins britische Mandatsgebiet Palästina auszuwandern. Der Mord an Arlosoroff wurde bis heute nicht aufgeklärt.

17.

Im Mai 1933 kehrte Günther Quandts ältester Sohn Herbert in ein Deutschland zurück, das er nicht wiedererkannte. Berlin war nun die Hauptstadt eines neuen Staates. Seine frühere Stiefmutter galt als ›First Lady des Dritten Reichs‹, ihr neuer Mann war NS-Minister für Propaganda. Sein Vater saß währenddessen in einer Zelle im Moabiter Gefängnis, während im Vorstand der AFA eine Intrige gegen ihn lief.

Der 22-jährige Herbert hatte die zurückliegenden vier Jahre größtenteils im Ausland verbracht, nachdem er seine Schulzeit – in seinen Worten »eine ausgesprochene Quälerei« – mit Mühe bis zur Oberprimareife abgeschlossen hatte.[159] Nach dem Tod seines Bruders Hellmut war er nun der Thronfolger seines Vaters. Er genoss die Aussicht darauf, diese Gelegenheit trotz seiner schwachen Augen zu ergreifen. (Seine Sehkraft hatte sich durch medizinische Behandlung über die Jahre erheblich gebessert.) Auch die Weltwirtschaftskrise hatte ihn nicht negativ tangiert. Herbert hatte in London und Paris Englisch und Französisch gelernt, war mit seinem Vater um die Welt gereist und hatte im AFA-Werk in Hagen sowie bei Unternehmen in Belgien, England und den USA eine Ausbildung erhalten.

Besonders hatte ihm seine Zeit in den USA gefallen, sodass er seiner Familie zu Weihnachten 1932 eröffnete, dort hinziehen zu wollen, falls die Kommunisten die Quandts aus Europa vertreiben sollten. »Die Gefahr war ja nicht gering«, schrieb Herbert Jahrzehnte später im Herbst 1979. »Warum ist Hitler damals an die Macht gekommen? Weil er doch, ich scheue mich nicht, das hier zu sagen, in sehr eindrucksvoller und kerniger Weise immer und immer wieder dem Kommunismus in Deutschland den Kampf angesagt hat.«[160] Auch wenn Herbert sich als ein »politisch [...] unbeschriebenes Blatt« bezeichnete, erschien ihm im Januar 1933 der Kommunismus offenbar weit gefährlicher als der Nationalsozialismus. »Die heraufziehende rote, kommunistische Gefahr, die mir zwar schon in Amerika durch die Presse gegenwärtig gemacht worden war, erlebte ich jetzt aus erster Hand als drohendes, ständig wachsendes Ungeheuer«, erinnerte er sich später.[161]

Trotzdem ging Herbert erst einmal in Deckung, bis sein Vater aus der Haft entlassen wurde und wieder an seinem Schreibtisch saß. Dann heiratete er seine Verlobte Ursula, bezog die Villa in der Nähe des Babelsberger Familiensitzes, die sein Vater für ihn erworben hatte, und begann eine vierjährige kaufmännische Ausbildung bei der AFA in Berlin.[162] Erst zwei Jahre nach Hitlers Amtsantritt als Reichskanzler trat er als »förderndes Mitglied« der SS bei.[163]

18.

Am 30. Juni 1933, zwei Wochen nach Günther Quandts Freilassung, ernannte Hitler den Allianz-Generaldirektor Kurt Schmitt zum Reichswirtschaftsminister. Schmitt stach damit Hitlers Wirtschaftsberater Otto Wagener aus, der sich allzu dreist um den Posten bemüht hatte und bei Hitler in Ungnade gefallen war. August Baron von Finck hatte sich vehement für Schmitt eingesetzt, der seiner Ansicht nach der beste Kandidat für den Job war. Von Finck ging es, laut eines anderen Allianz-Direktors, vor allem darum, »der Wirtschaft eine starke Stimme innerhalb des neuen Regimes zu verschaffen. Außerdem erhoffte er sich von einem Wirtschaftsminister Schmitt wohl auch Vorteile für die Allianz und seine eigene Bank.«[164] Hitler und Göring, der im Begriff war, zum De-facto-Leiter der NS-Wirtschaft aufzusteigen, stimmten von Finck zu – aber aus einem anderen Grund. In ihren Augen galt es, die

Wirtschaft zu beschwichtigen, damit das NS-Regime seine Macht festigen und die Aufrüstung forcieren konnte.

Der versierte Wirtschaftsinsider Schmitt schien tatsächlich der perfekte Mann für diese Aufgabe zu sein, trat jedoch bereits nach kurzer Zeit zurück, nachdem er während einer Rede unter dem Druck zusammengebrochen war.[165] Ein weiterer Vertreter der deutschen Wirtschaftselite, Hjalmar Schacht, folgte Schmitt im Amt. Von Fincks Verehrung für Hitler wuchs derweil. Schmitt, der eher Opportunist als überzeugter NSDAP-Anhänger war, befand in einem Verhör gegenüber einem US-Ermittler nach dem Krieg über von Finck: »Herr von Fincks Weltanschauung war ziemlich provinziell. Er besaß geringe Kenntnisse aus erster Hand über Länder außerhalb Deutschlands und war, so weit mir bekannt, nie im Ausland gereist. Darum geriet sein innerer Glaube an den Nationalsozialismus und insbesondere an Hitler während der gesamten Dauer des Dritten Reiches nie ins Wanken.«[166]

Von Fincks Ergebenheit gegenüber Hitler entging keinem seiner Kollegen und Freunde. Hitler habe auf ihn »eine große Faszination« und »einen hypnotischen Einfluss« ausgeübt, gab Hans Schmidt-Polex, ein langjähriger Freund des Aristokraten, zu Protokoll.[167] Hans Heß, Nachfolger von Schmitt als Generaldirektor der Allianz, der aber nie der NSDAP beitrat, sagte nach dem Krieg, von Finck habe ihm bei mehreren Gelegenheiten anvertraut, »dass er glaubte, dass Hitler von Gott gesandt war, um Führer des Deutschen Volkes zu werden«.[168]

Nichtsdestoweniger kannte von Fincks Fanatismus Grenzen, wenn es um seine Brieftasche ging. Der Geiz des Bankiers machte ihn bei NSDAP-Funktionären nicht unbedingt beliebt. Sie »meinten, dass seine Beiträge an die Partei nicht im Einklang mit seinem Reichtum stünden«, erklärte Edgar Baron von Uexküll, der PR-Chef der Allianz, nach dem Krieg.[169] Die Partei musste folglich einen Weg finden, von der Ergebenheit, dem Einfluss und den Verbindungen des reichsten Mannes Bayerns zu profitieren, ohne dass dieser auch nur einen Pfennig des eigenen Vermögens herge-

Abb. 8: Hitler schlägt auf den Museumsgrundstein mit einem Silberhammer, der kurz darauf zerbricht. Direkt hinter ihm steht (im Anzug) August von Finck (1933).

ben musste. Ungefähr zur Zeit von Schmitts Ernennung zum Minister hatte Hitler eine Idee: Er würde von Finck das Geld anderer Leute ausgeben lassen. Nach der Ernennungszeremonie in der Reichskanzlei nahm Hitler von Finck beiseite, sah ihm in die Augen und sagte: »Sie sind mein Mann. Sie müssen mir ein Haus der Deutschen Kunst bauen.«[170]

Im Juli 1933 ernannte Hitler, vormals selbst ein dilettierender Maler, von Finck zum Kuratoriumsvorsitzenden des Hauses der Deutschen Kunst, das in München errichtet werden sollte. Es war Hitlers Lieblingsprojekt. Dem ›Führer‹ schwebte ein herausragendes Beispiel nationalsozialistischer Baukunst vor, in dem man durch und durch ›deutsche‹ Kunst ausstellen würde. Als Standort des Museums war die Prinzregentenstraße am Südrand des Englischen Gartens vorgesehen, ganz in der Nähe von Hitlers luxuriöser Wohnung.

Am 15. Oktober 1933 sollte Hitler im Rahmen einer aufwendigen Zeremonie den Grundstein des Gebäudes legen.[171] Gegen Ende schlug er dreimal mit einem speziell für diesen Anlass angefertigten Silberhammer auf den Grundstein. Doch das Werkzeug zerbrach und fiel in seinen Einzelteilen zu Boden. Von Finck verfolgte die Szene mit düsterem Blick. Wütend verbot Hitler der deutschen Presse jede Erwähnung des Missgeschicks. Doch trotz des holprigen Starts entwickelten sich bald Synergien zwischen von Finck und dem ›Führer‹. Bei Ausstellungseröffnungen standen die beiden Seite an Seite vor dem Publikum, steif und aufrecht, den rechten Arm mit gerader Hand erhoben. Von Finck stellte Hitler in einer dreiminütigen Rede vor, worauf dieser dann eine Stunde lang schwadronierte. Finck schritt voraus und führte Hitler durchs Museum, und bei feierlichen Anlässen und Empfängen genoss er die Ehre, zur Rechten des Reichskanzlers zu sitzen. Die Nähe zu seinem geliebten ›Führer‹ war ihm sicher.

19.

Am 7. März 1934 hielt Hitler erneut die Eröffnungsrede der Automobilausstellung in Berlin. Diesmal waren seine Worte weniger lobend. Der Reichskanzler beschimpfte die Autobauer, sich ausschließlich auf Luxuswagen zu konzentrieren und die Vorstellung zu verbreiten, ein Automobil sei nur etwas für Reiche. Hitler beklagte die »Millionen braver, fleißiger und tüchtiger Mitmenschen«, die nicht im Traum daran denken könnten, sich ein Auto zu kaufen. Es sei höchste Zeit, donnerte der ›Führer‹, dass das Automobil seinen »klassenbetonenden und damit leider auch klassenspaltenden Charakter« verliere.[172] Seine Stimme dröhnte durch Berlins größte Messehalle, während die Vorstände von Daimler-Benz schuldbewusst und ängstlich zu ihm blickten. Ferdinand

Porsche stellte dagegen fest, dass er und Hitler ganz derselben Meinung waren. Erst kürzlich hatte er sein Repertoire um Entwürfe für kleinere und günstigere Fahrzeuge erweitert. Anfang des Jahres, am 17. Januar, hatte sein Konstruktionsbüro in Stuttgart ein zwölfseitiges Exposé ans Reichsverkehrsministerium am Berliner Wilhelmplatz geschickt, darin Vorschläge für den Bau eines »Volkswagens«.[173]

Porsches ungefragt eingesandtes Memorandum hatte es allerdings nicht bis auf Hitlers Schreibtisch geschafft. Hitler hatte sich offenbar von den Entwürfen des jüdischen Automobilkonstrukteurs Josef Ganz inspirieren lassen.[174] Aber natürlich durfte kein Jude den Wagen für das deutsche Volk entwerfen. Jakob Werlin, ein österreichischer Autoverkäufer und Vertrauter Hitlers, las Porsches Memorandum nach Hitlers Rede schließlich doch und machte den Kanzler darauf aufmerksam. Eine Woche später bestellte Hitler Porsche ins Hotel Kaiserhof.[175] Der Kanzler hatte dort seine alte Suite für vertrauliche Gespräche behalten, denn in der Reichskanzlei gegenüber dem Hotel wurde jedes Wort, das er äußerte, schriftlich festgehalten. Nach einem Jahr an der Macht wusste Hitler um den Wert der Privatsphäre. Er hatte sich angewöhnt, die Bürokratie zu umgehen und Aufträge, die seine Politik betrafen, an Menschen zu vergeben, denen er vertraute – und Porsche war auf dem besten Weg, einer von diesen zu werden.

Ferdinand Porsche wusste nicht genau, warum man ihn in den Kaiserhof zitierte, aber er hatte das Treffen mit Hitler vom Mai des Vorjahres, als er seine Firma mit packenden Anekdoten über Autorennen gerettet hatte, in guter Erinnerung. Porsche rechnete damit, dass dieses Treffen ähnlich verlaufen würde. Er irrte sich. Kaum hatte Porsche die Suite betreten, begann Hitler, ihm schroffe Befehle zu erteilen: Der Volkswagen müsse ein Viersitzer mit luftgekühltem Dieselantrieb sein, den man leicht für militärische Zwecke umrüsten könne. Hitler dachte dabei nicht nur an ›das Volk‹. Oberste Priorität hatte die Aufrüstung.

Porsche hörte sich die Forderungen des autodidaktischen Kraftfahrzeugexperten schweigend an. Dann kam der Haken. Hitler hatte irgendwo gelesen, dass der von ihm bewunderte Henry Ford in Detroit ein Automobil bauen ließ, das tausend Dollar kostete.[176] Der Volkswagen dürfe folglich nicht mehr als tausend Reichsmark kosten, erklärte Hitler. Porsche sah ihn ungläubig an, wagte aber nicht zu widersprechen. Schließlich kam die Sprache auf Porsches Staatsangehörigkeit. Der 58-Jährige war in Nordböhmen zur Welt gekommen, damals Teil der österreichisch-ungarischen Monarchie; jetzt, 1934, gehörte das überwiegend deutsch besiedelte Sudetenland allerdings zur Tschechoslowakei. Nach dem Zerfall Österreich-Ungarns hatte Porsche sich für die tschechoslowakische Staatsbürgerschaft entschieden. Für Hitler kam es nicht infrage, dass ein Bürger eines verachteten slawischen Landes den deutschen Volkswagen entwarf. Zwei Wochen später stellten Porsche und seine Familie plötzlich fest, dass sie Staatsangehörige des Deutschen Reiches geworden waren, obwohl sie nichts dergleichen veranlasst hatten. [177] Zurück in Stuttgart, in seiner riesigen Villa auf dem Hügel, sagte Porsche schulterzuckend zu einem Verwandten: »Ich weiß wirklich nicht, was wir deswegen tun könnten.«[178] Tatsächlich hatte er größere Probleme zu lösen.

20.

Nach seiner Haftentlassung musste Günther Quandt bald erkennen, dass sich die neu gewonnene Gunst des Regimes nicht auf das Sorgerecht für seinen zwölfjährigen Sohn Harald erstreckte. Das Ehepaar Goebbels war nach wie vor versessen darauf, Magdas Erstgeborenen bei sich zu behalten. Im Frühjahr 1934 hatten sie schließlich Erfolg. Am Freitag, dem 13. April, brachte Magda ihre zweite Tochter Hildegard, genannt Hilde, zur Welt, und Goebbels beklagte sich in seinem Tagebuch, dass Quandt sich einige Tage zuvor quergestellt habe, Harald die Osterfeiertage bei der wachsenden Familie Goebbels verbringen zu lassen. Neben Hilde hatte Harald bereits eine einjährige Halbschwester, Helga. Das nächste Kind, Goebbels' einziger leiblicher Sohn, erhielt den Namen Helmut, nach Quandts verstorbenem Sohn, dem Magda so nahegestanden hatte. Drei weitere Geschwister sollten noch folgen, deren Namen alle mit H begannen, wie Harald und seine Brüder – und wie Hitler.

Goebbels war bereit, endgültig mit Quandt zu brechen. »Wir werden jetzt schweres Geschütz auffahren. Ich gebe da nicht mehr nach«, schrieb er.[179] Drei Tage später erzählte er Hitler von seinem und Magdas »Kampf um Harald«. Goebbels zufolge war der Reichskanzler »ganz auf unserer Seite. Magda bekommt ihren Harald.« Am 18. April 1934 diskutierte der Propagandaminister die »Angelegenheit Harald« auch mit Göring und dem Chef der SA, Ernst Röhm. »Sie unterstützen mich beide sehr«, hieß es dazu in Goebbels' Tagebuch.[180] (Zehn Wochen später wurden Röhm und die meisten seiner Unterstützer in der SA in der ›Nacht der langen Messer‹, propagandistisch auch bekannt als ›Röhm-Putsch‹, auf Hitlers Befehl exekutiert, nachdem Göring und Himmler darauf gedrängt hatten.)

Auch mit Günther Quandt sprach Goebbels am 18. April. In seinem Tagebuch notierte der Propagandaminister, Quandts »Sentimentalitäten gegenüber hart« geblieben zu sein. Offenbar ging die Strategie auf. »Er gibt nach«, schrieb Goebbels. »Magda bekommt ihren Harald zurück. Sie ist überglücklich.«[181] Quandt erwartete, dass das Ehepaar Harald nach den Osterfeiertagen zurückbringen würde, aber das geschah nicht. Anfang Mai engagierte Quandt schließlich einen bekannten Berliner Rechtsanwalt, um Haralds Herausgabe zu erzwingen. Dieser Anwalt war einer der wenigen in Deutschland, die sich noch trauten, Goebbels und seine Frau – das mittlerweile wohl mächtigste Ehepaar im Land – wegen Kindesentführung vor Gericht zu bringen. Aber es war zwecklos. Eine

Woche später stand der Jurist mit leeren Händen vor Quandt. Kein einziges Gericht in der Hauptstadt hatte es gewagt, die Klage anzunehmen.

Goebbels schäumte, als Magda ihm erzählte, dass ihr Ex-Mann einen Anwalt eingeschaltet habe und sie verklagen wolle. »Lasse mir diese schnöde Behandlung nicht mehr gefallen«, notierte der Propagandaminister. »Harald geben wir nicht mehr heraus. [...] Ich erzähle Quandt. Er wütend.«[182] Am 8. Mai 1934 unterzeichnete das Paar eine neue Sorgerechtsvereinbarung mit geänderter Besuchsregelung, die Magdas Anwalt ausgearbeitet hatte. »Sie ist glücklich. Nun muss Günther Qu. noch zustimmen«, schrieb Goebbels.[183] Quandt blieb nichts anderes übrig, als die neue Vereinbarung zu akzeptieren. Harald gehörte jetzt Magda und Goebbels. Seinen Vater durfte der Junge zweimal im Monat besuchen.

Goebbels schrieb den letzten Tagebucheintrag, in dem Günther Quandt erwähnt wird, vier Jahre später, Anfang Juni 1938. An diesem milden Frühsommertag in Berlin erzählte Harald seinem Stiefvater, dass sein leiblicher Vater wieder heiraten werde. »Alter Geck!«, schrieb Goebbels, nachdem er die Neuigkeit erfahren hatte.[184] Das Gerücht stellte sich allerdings als falsch heraus. Quandt heiratete nie wieder. Mit dem Tod von Antonie und den Querelen mit Magda hatte Quandt genug ehelichen Kummer erlebt. Er entschied sich für ein risikoärmeres Leben als Geschäftsmann und Single.

Nachdem der Sorgerechtsstreit entschieden war, belastete Quandt nicht länger Goebbels' Gedanken. Trotzdem mussten die beiden Männer aufgrund ihrer gemeinsamen Vorgeschichte miteinander zurechtkommen. Immerhin konnten sie sich jetzt auf das konzentrieren, was sie antrieb. Goebbels strebte nach immer mehr Macht. Es galt, ein Land in den Krieg zu führen und einen Teil der Bevölkerung zu stigmatisieren, dann zu entrechten und schließlich auszulöschen. Ein Kontinent musste erobert werden, dann die Welt.

Günther Quandt hatte derweil eine andere Art von Imperium im Sinn, und er stürzte sich mit voller Kraft in die Arbeit. Trotz des holprigen Starts hatte er sich als prominente Figur des neuen nationalsozialistischen Deutschlands etabliert. Das Land arbeitete sich Schritt für Schritt aus der Weltwirtschaftskrise heraus, und die Aufrüstung nahm Fahrt auf. Das ›Dritte Reich‹ bot Quandt zahlreiche unternehmerische Möglichkeiten, die Zukunft lag vielversprechend vor ihm. Geschäfte wollten getätigt, Geld verdient werden. Die Welt drehte sich schließlich weiter.

Teil II

»... dass der national-sozialistische Spuk bald vorübergehen werde«

1.

Günther Quandt feierte am 28. Juli 1941 im Hotel Esplanade, einem der renommierten Berliner Luxushotels, mit 130 ausgesuchten Gästen seinen 60. Geburtstag.[1] Das Esplanade, mit seiner Belle-Époque-Sandsteinfassade und der Inneneinrichtung aus Neorokoko und Neobarock, erhob sich am Potsdamer Platz, im geschäftigen Herzen der Hauptstadt. Vermutlich fand Quandts Feier im Kaisersaal statt, in dem auch schon Kaiser Wilhelm II. gern üppige Bankette veranstaltet hatte. Und Partys, die eines Kaisers würdig waren, setzten sich meist im benachbarten Saal fort: Hier hatten in den vergnügungssüchtigen Goldenen Zwanzigern Filmstars wie Greta Garbo und Charlie Chaplin die Nacht durch getrunken und getanzt.

Doch dieser sorglose, ungestüme Rausch war längst vorüber: In Europa tobte ein brutaler neuer Krieg und drohte den Rest der Welt zu erfassen. Hitler war in diesem Sommer auf dem Höhepunkt seiner Macht. Er und seine Verbündeten kontrollierten einen Großteil des Kontinents. Die Wehrmacht rückte im Rahmen des »Unternehmens Barbarossa«, der Invasion der Sowjetunion, an diesem Abend weiter auf Leningrad und Kiew vor.

Eine ganz andere Art von Rausch herrschte in den Räumlichkeiten, in denen an diesem drückend heißen Sommerabend Quandts Dinner stattfand. Der Industrielle und seine ausschließlich männlichen Gäste lachten und schwitzten bis tief in die Nacht. Sie alle hatten sich durch den Krieg und die Eroberungen dicke Finanzpolster zugelegt, hatten Zwangsarbeiter ausgebeutet, sich enteignete jüdische Firmen einverleibt und von einer fast endlosen Nachfrage nach Artillerie- und Panzermunition profitiert. Viele, darunter Hermann Göring, waren inzwischen regelrecht verfettet.

Doch kaum einem war ein derart erfolgreicher Aufstieg gelungen wie Günther Quandt.

Reichsbankpräsident und Wirtschaftsminister Walther Funk eröffnete den Abend mit einer »fulminanten Rede«.[2] Funk zeigte sich sentimental; er und Quandt hatten einen langen gemeinsamen Weg zurückgelegt. Vor zwanzig Jahren war Funk kaum mehr als ein gut vernetzter Chefredakteur einer Wirtschaftszeitung und Quandt ein reicher Börsenspekulant aus der Provinz gewesen. Doch mittlerweile, wie Funk erklärte, habe Günther Quandt »etwas vollbracht, was in die Geschichte der deutschen Kriegswirtschaft mit goldenen Lettern eingetragen« sei.[3] Er hatte recht. Mit seinen Waffen-, Batterie- und Textilfirmen hatte sich Quandt als einer der führenden Industriellen des ›Dritten Reichs‹ etabliert. Göring hatte ihn dafür zum »Wehrwirtschaftsführer« ernannt, ein Ehrentitel für all jene Geschäftsleute und Unternehmer, deren Betriebe als wichtig für die Aufrüstung Deutschlands angesehen wurden, und Quandt erwiderte das Gefühl der Dankbarkeit. Die Aufrüstungspolitik des Regimes und die Enteignungserlasse brachten ihm massive Profite ein.

Quandts Rüstungsunternehmen DWM produzierte Millionen Patronen, Gewehre und Luger-Pistolen für die Wehrmacht. Befeuert durch den Krieg und das unstillbare Verlangen nach Waffen, sollte der DWM-Aktienkurs schon bald um 300 Prozent in die Höhe schnellen.[4] Insgesamt liefen die Geschäfte so ausgezeichnet, dass Quandt es sich leisten konnte, immer mehr Aktien aufzukaufen und damit schlussendlich zum Mehrheitsaktionär der DWM zu werden. Seine AFA stellte unablässig Batterien für U-Boote, Torpedos und Raketen her; seine Textilunternehmen nähten derart viele Uniformen für die Wehrmacht, NSDAP, SS und SA, dass die Länge der Stoffbahnen aneinandergereiht mehr als die halbe Ost-West-Breite des Landes ergeben hätte.[5] Quandt setzte weiter auf seine bewährte Methode und kaufte heimlich Aktien auf, um die feindliche Übernahme von Deutschlands größtem Bauunternehmen vorzubereiten, der Philipp Holzmann AG.[6] Sein größter

Coup war ihm zwei Monate zuvor gelungen, als er mit einer Übernahme gleich in zwei der größten deutschen Industrien eingestiegen war: Er hatte einen 60-prozentigen Anteil an Byk Gulden erworben, einem Pharmazie- und Chemieunternehmen, das zuvor in jüdischem Besitz gewesen war.[7] Quandts neue Mehrheitsbeteiligung passte wie die Faust aufs Auge zu einem weiteren Meilenstein, seinem 60. Geburtstag.

Sogar *Das Reich*, eine von Goebbels gegründete Wochenzeitung, veröffentlichte eine Geburtstagshommage für Günther Quandt: »Militärtuch, Akkumulatoren, Trockenbatterien, Schusswaffen, Munition, Leichtmetall – wer das alles herstellt, heißt mit Recht Wehrwirtschaftsführer.«[8] Der Jubilar hatte ernsthaft erwogen, Goebbels zu den Abendfeierlichkeiten einzuladen. Ihre Fehde lag zwar bereits Jahre zurück, doch ihre Beziehung war noch immer bestenfalls unterkühlt. Drei Wochen vor dem Dinner zeigte sich Quandt in einem Brief aus seinem Feriendomizil in den Bergen einem Mitarbeiter gegenüber besorgt: »Er wird ja ziemlich sicher nicht kommen, aber wenn er hört, dass Funk und Milch [Görings Stellvertreter] da waren und er war nicht eingeladen, könnte er es mir übel nehmen.«[9] Quandt durfte es nicht riskieren, ein weiteres Mal mit Goebbels aneinanderzugeraten. Dieser zeigte anscheinend Interesse an seinen Waffenfabriken, wofür Quandt persönliche Gründe vermutete: Sein inzwischen neunzehnjähriger Sohn Harald hatte Interesse am Maschinenbau entwickelt.[10]

Es endete mit einer Einladung an Goebbels. Der wiederum schlug sie, wie erwartet, aus und schickte stattdessen seinen neuen Stellvertreter, Leopold Gutterer. Dieser bekam einen Ehrenplatz an Quandts Tisch, dem größten, der zudem in der Saalmitte stand. Gutterer hatte das Amt des Staatssekretärs im Reichspropagandaministerium zwei Monate zuvor von Karl Hanke übernommen, einem langjährigen Vertrauten von Goebbels. Dass Hanke entlassen worden war, hing direkt mit dessen intimer Beziehung zu Magda Goebbels zusammen. Wenige Monate später sollte Gutterer mit dem gelben Davidstern die Kennzeichnungspflicht für Juden einführen.

Quandt machte aus seinem Geburtstag ein Netzwerktreffen, und die Feier begann schon früh am Tag. Am Vormittag gab es zunächst einen Empfang in seinem neu erworbenen und aufwendig renovierten, vierstöckigen Stadthaus in Tiergarten, mit Blick auf den Landwehrkanal. In der ehemaligen ungarischen Gesandtschaft standen sie Schlange, um dem Jubilar die Hand zu schütteln: seine Führungskräfte und Geschäftspartner neben Regierungsvertretern, NSDAP-Funktionären und Wehrmachtsoffizieren.[11] Die Herren im besten Alter, entweder im Zweireiher oder in Uniform, versammelten sich unter Gemälden der italienischen Renaissancemeister Tintoretto und Bonifazio Veronese – Quandt hatte begonnen, Kunst zu sammeln. Im Speisesaal seiner Babelsberg-Villa hingen Impressionisten wie Claude Monet, Alfred Sisley und Camille Pissarro. Nach all den Jahren war er noch immer überzeugt, Kultur ließe sich kaufen. Später hieß es, der Industrielle habe etwa zehn Gemälde aus der von den Nationalsozialisten geraubten Sammlung des niederländischen jüdischen Kunsthändlers Jacques Goudstikker gekauft.[12]

Beim Abendessen im Hotel Esplanade saßen Quandts Direktoren verteilt an vierzehn Tischen, jeweils neben einem NS-Funktionär oder General, um über Waffengeschäfte und ›Arisierungen‹ zu sprechen. Selbstredend waren auch die Männer, die all diese Transaktionen finanziell ermöglichten – das leitende Management der Commerzbank, der Dresdner Bank und der Deutschen Bank –, mit von der Partie. Diese eifrigen Finanziers des ›Dritten Reichs‹ gaben sich alle Mühe, dem zahlungskräftigen NS-Regime behilflich zu sein und zugleich dem Heißhunger ihrer Privatkunden nach Krediten Futter zu liefern. Der unaufhörliche Drang NS-Deutschlands, immer größere Rüstungsfabriken zu bauen, Konzentrations- und Vernichtungslager zu gründen sowie Firmenkonglomerate im Inland wie in den besetzten Gebieten expandieren zu lassen, spülte Millionen in die Kassen der Banken.

Besonders eng war Günther Quandt mit seinem größten Kreditgeber verbunden, der Deutschen Bank, in deren Aufsichtsrat er noch immer saß. Als Geburtstagsgeschenk bot deren Aufsichtsratsvorsitzender Quandt einen Sitz im Aufsichtsrat von Daimler-Benz an:[13] Dies war der offizielle Beginn von Quandts lukrativer Beziehung zu Deutschlands größtem Automobilhersteller. Der unnahbare Hermann Josef Abs, ein weiteres Mitglied der Chefetage der Deutschen Bank, der an Günther Quandts Tisch sitzen durfte, repräsentierte das Kreditinstitut in den Aufsichtsräten der DWM, der AFA und 44 weiteren Unternehmen. Der gläubige Katholik war im nationalsozialistischen Deutschland eine führende Wirtschaftspersönlichkeit und der »Dreh- und Angelpunkt einer den gesamten Kontinent umfassenden Plünderung«.[14] Gegen Ende des Abendessens klopfte der spätere Deutsche-Bank-Vorsitzende an sein Glas, erhob sich und brachte einen Toast auf Günther Quandts Gesundheit aus: »Die Umstellung auf die neue Zeit im Jahre 1933 ist Ihnen durch Ihre geschickte Taktik und Ihre besonderen Fähigkeiten in vollem Maße gelungen«, erklärte Abs. »Ihre hervorstechendste Eigenschaft aber ist Ihr Glaube an Deutschland und den Führer.«[15] Als Abs wieder Platz nahm, blieb Günther Quandt stehen. Sein Blick schweifte über die Menge mächtiger, gefräßiger Männer, während seine Gedanken in die Vergangenheit wanderten.

2.

Fast acht Jahre zuvor, am 8. Juni 1933, hatte Reichsbankpräsident Hjalmar Schacht unweit des Moabiter Gefängnisses, in dem Günther Quandt (noch immer) in Einzelhaft saß, ein gewaltiges Wirtschaftsinvestitionsprogramm genehmigt, um die erste Phase der erneuten Aufrüstung Deutschlands einzuleiten. Die Entscheidung dazu war vermutlich bei einem diskreten Treffen zwischen dem neuen Reichsminister der Luftfahrt, Hermann Göring, seinem Stellvertreter Erhard Milch, Reichswehrminister Werner von Blomberg und Schacht gefallen. Sie beschlossen, in den kommenden acht Jahren jährlich fast 4,4 Milliarden Reichsmark für die Neubewaffnung des Militärs auszugeben. Die Gesamtsumme belief sich damit auf 35 Milliarden Reichsmark und machte gewaltige fünf bis zehn Prozent des deutschen Bruttoinlandsprodukts aus.[16]

All das musste heimlich geschehen. Nach dem Versailler Vertrag war dem Deutschen Reich – abgesehen von einigen bemerkenswerten Ausnahmen – die Aufrüstung strikt verboten, worüber Hitler unablässig schimpfte. Aus diesem Grund schlug Schacht eine verdeckte Finanzierung der Armee vor, die am offiziellen Finanzsystem vorbei erfolgen sollten. Über eine Strohfirma sollten Waffenproduzenten mit Schuldscheinen bezahlt werden. Wenige Monate nach dem Ministertreffen trat Hitler aus dem Völkerbund aus und beendete die internationalen Gespräche über die Abrüstung Deutschlands. Kurz darauf flossen bereits Milliarden an deutsche Industrielle und ihre Rüstungsfabriken.

Nach seiner Entlassung aus dem Gefängnis befand sich Günther Quandt in einer ausgesprochen günstigen Position, um vom Rüstungsboom zu profitieren. Nicht nur, dass er mit den DWM einen der potenziell größten deutschen Waffenproduzenten kontrollierte, er führte auch die AFA, jenen Batteriegiganten mit historisch gewachsenen Verbindungen zur Verteidigungs- und Automobilindustrie. Fortan verfolgte er eine Doppelstrategie, indem er sowohl militärische wie zivile Kunden bediente und sorgsam darauf achtete, sich nicht zu sehr von einer Seite abhängig zu machen.[17]

Gleich nach Hitlers ›Machtergreifung‹ hatte Quandt die Berliner Fabrikationsanlagen der DWM reaktiviert. Von seinem massiven Schreibtisch am Askanischen Platz aus plante er akribisch die erneute Aufrüstung. »Nicht geringer Anstrengungen bedurfte es, in diesen Jahren des Niedergangs die geistigen, wirtschaftlichen und finanziellen Kapazitäten des Unternehmens ungeschmälert zu erhalten«, formulierte der Industrielle im Vorwort einer Jubiläumsschrift der DWM. »So aber war es möglich, im Augenblick der Machtergreifung dem Führer ein Werk zur Verfügung zu stellen, in dem die Herstellung von Heeresgeräten in größtem Umfang sofort wieder aufgenommen werden konnte«, schrieb Quandt am 8. Mai 1939 in der Publikation zum Firmenjubiläum, vier Monate vor Beginn des Zweiten Weltkriegs. Dies sei, so Quandt, der »Initiative unseres Führers« zu verdanken, »der mit unbeugsamem Willen die Wiederertüchtigung und Wehrhaftmachung des deutschen Volkes durchführte«.[18]

Auf dem im Berliner Arbeiterbezirk Wittenau gelegenen DWM-Betriebsgelände war seit Beginn der Weltwirtschaftskrise nicht mehr gearbeitet worden. Die Hallen hatte man an General Motors verpachtet. Doch die Maschinen zur Waffenproduktion, die zum Teil abgebaut und heimlich bei Altmetallhändlern versteckt worden waren, wurden nun rasch zurückgebracht, verbessert und wieder einsatzfähig gemacht. Man vergrößerte das gesamte Werksgelände, wobei das Geld für diese Maßnahmen über das Heereswaffenamt (HWA) vom NS-Regime kam. Schnell wurde der in drei Grundstücke aufgeteilte Betrieb zu Berlins größtem Rüstungskomplex. Die DWM nutzten ein Grundstück selbst und konzentrierten sich dort auf die Herstellung von Gewehrteilen und Panzergranaten.[19]

Noch im selben Jahr beauftragte das HWA die DWM mit dem Bau einer Produktionsstätte für Infanteriemunition in Lübeck. Das vier Quadratkilometer große, unter Bäumen versteckte Gelände wurde zur wichtigsten Waffenschmiede in der Hansestadt. Diese Forschungslabore der DWM waren das Innovationszentrum für Munition im gesamten ›Dritten Reich‹; zu ihnen gehörte auch ein fast zwei Kilometer langer Schießstand für ballistische Versuche. Günther Quandts Firma stellte sogar eine Gruppe von Mathematikern ein: Sie sollte bei Versuchen mit Munition, der Verbesserung der Produktion von Granaten und der Steigerung ihrer ballistischen Qualität helfen, außerdem Handgranaten und Sprengstoffe entwickeln. Die Städte, in denen Quandt seine Waffenfabriken baute, begannen damit, Straßen zu Ehren des Waffenmagnaten zu benennen.

Die beiden anderen Grundstücke von Quandts Waffenkomplex in Berlin waren an Mauser und die Dürener Metallwerke verpachtet, die beiden größten Tochterunternehmen der DWM. Hatte Mauser, bekannt für Gewehre und Pistolen, während der Weltwirtschaftskrise noch am Rande des Bankrotts gestanden, bedeutete Hitlers ›Machtergreifung‹ – nach damaliger Auffassung – für das Unternehmen nun eine Befreiung, es streifte die ›Fesseln von Versailles‹ ab.[20] Zudem erhielt Mauser bedeutende Fördermittel von der Armee und begann schon bald damit, den Karabiner 98k, das Ordonnanzgewehr der Wehrmacht, in Millionenstückzahl herzustellen. Auch die Luger P08, eine der Standardpistolen der deutschen Armee im Ersten Weltkrieg, wurde von Mauser wieder in die Produktion aufgenommen. Bis heute ist die ikonische schwarze Handfeuerwaffe in vielen Filmen bei praktisch jedem NS-Schurken wiederzuerkennen. Alliierte Offiziere schwärmten von Mausers Waffenforschungseinrichtungen als von einem »wahr gewordenen Traum«.[21]

Es waren allerdings die Dürener Metallwerke, eine weitere DWM-Tochterfirma auf dem Grundstück von Quandts Berliner Waffenkomplex, die den Namen des Industriellen in Militärkreisen und unter den neuen Machthabern verbreiteten. Sie waren in der Luftfahrt für die Herstellung von Duralumin bekannt, einer leichten Aluminiumlegierung mit Eigenschaften, die an Stahl heranreichten.[22] Die militärische Luftfahrt entwickelte sich rasch zu einem der am schnellsten wachsenden und innovativsten Industriesektoren im ›Dritten Reich‹, nicht zuletzt, weil Göring und Milch Milliarden in diesen Technologiesektor steckten. Ein Ergebnis dieser finanziellen Förderung war, dass Quandts Dürener Metallwerke zu einem der wichtigsten Zulieferer der Luftwaffe wurden. Duralumin wurde nicht nur für die Kampfflugzeuge der Luftwaffe unentbehrlich, sondern auch für die Transport- und zivilen Flugzeuge berühmter deutscher Flugzeughersteller wie Junkers, Messerschmitt, Heinkel, Dornier und Arado. Ein neues Unternehmen, das gleichfalls auf die hervorragende Legierung setzte, war die von Friedrich Flick kontrollierte Allgemeine Transportanlagen-Gesellschaft (ATG). Zwar erwies sich Flick als nicht ganz so gut auf die Aufrüstung vorbereitet wie Günther Quandt. Doch der andere Großindustrielle aus Berlin holte nun auf.

3.

Als die Gelsenberg-Affäre überstanden war, zeigte sich Friedrich Flick begierig, seine wiedergewonnene politische Schlagkraft und das überschüssige Kapital zu nutzen. Seine Fähigkeit, über persönliche Befindlichkeiten hinwegzusehen und sich den Umständen anzupassen, machte seine Firmen für jedwedes Regime, das gerade an der Macht war, unverzichtbar und aus ihm den Mann, der er war. Der rücksichtslose Taktiker Flick übertraf sogar einen unermüdlichen Netzwerker wie Günther Quandt, wenn es ums beharrliche Intrigieren und Geschäftemachen ging. Assistenten wie Otto Steinbrinck halfen ihm bei seinen Bemühungen, etwa wenn Flick Lobbyisten, Bürokraten und Journalisten dafür bezahlte, geheime Informationen herauszugeben und andere hingegen wirklich geheim zu halten. Das Deutschland der Nationalsozialisten erwies sich für diese Art aggressiver politischer Tätigkeit unter dem Radar als der perfekte Ort. Doch trotz seiner beträchtlichen Unternehmensbeteiligungen hatte Flick eine Schwachstelle – er galt als relativer Neuankömmling, und im Gegensatz zu seinen Stahlkonkurrenten Krupp und Thyssen war Flick in der Rüstungsbranche noch ein unbeschriebenes Blatt. Seine Strategie bestand nun darin, sein Stahlkonglomerat für die Aufrüstungspolitik unentbehrlich zu machen und die traditionelle Dominanz der Ruhrmagnate im Waffengeschäft zu brechen. Und er hatte ausreichend Mittel zur Verfügung, um genau das auch zu erreichen.

Nach dem Gelsenberg-Deal mit neunzig Millionen Reichsmark in bar ausgestattet, setzte Flick im Frühjahr 1933 alles daran, aus der Bellevuestraße in Berlin heraus ein eigenes Stahl-, Kohle- und Maschinenbaukonglomerat aufzubauen. Das Herzstück von Flicks neuem Industriekomplex bestand aus zwei großen Stahlunternehmen in Mittel- und Süddeutschland: Mittelstahl, in Brandenburg und Sachsen aktiv, und Maxhütte, die in Bayern und Thüringen operierte. Indem er die Mehrheit an der Harpener Bergbau AG und den Essener Steinkohlenbergwerken erwarb, fügte Flick seinem Konglomerat nun Steinkohle aus dem Ruhrgebiet hinzu. Im Januar 1933 hatte er bereits mit der in Leipzig ansässigen ATG seine Firmen im Bereich der Zug-, Traktoren- und Lastwagenproduktion ergänzt.[23] Dank dieser jüngsten Firmenzukäufe und seiner politischen Beziehungen hatte sich Flick für die Phase der Aufrüstung Deutschlands ideal positioniert. Es blieb ihm nur noch eines zu tun: Hitlers Regime davon zu überzeugen, ihn zu beteiligen.

Nachdem Reichsbankpräsident Hjalmar Schacht im Juni 1933 das geheime Waffenbudget des Deutschen Reichs genehmigt hatte, setzten Flick und seine Mitarbeiter eine aggressive Marketingstrategie in Gang, um der deutschen Regierung sein Konglomerat als Rüstungsproduzent vorzustellen. Im September sandte sein Büro ein Memorandum an die entscheidenden NS-Ministerien in Berlin, das sich passagenweise wie ein Waffenkatalog las.[24] Darin wurde ausführlich dargelegt, was Flicks Firmen dem Regime anzubieten hatten: eine gewaltige Kapazität für die Stahlproduktion, die schnell auf die Herstellung von Gewehren, Munition, Raketen, Bomben, Panzern oder Flugzeugteilen umgestellt werden konnte. Außerdem hatte er große Rohstoffvorräte und über ganz Mitteldeutschland verstreut liegende Fabrikationsstätten anzubieten.

Um sich von seinen Mitbewerbern abzuheben, spazierte Flick Ende November 1933 von seinem Büro in der Bellevuestraße hinüber zur nahe gelegenen Reichsbank, wo er Schacht persönlich informieren und für sich gewinnen wollte, schließlich kannte er den Reichsbankpräsidenten schon mehr als zehn Jahre. Schacht stellte Flick ohne Umschweife dem Reichswehrminister von Blomberg vor, und obwohl sich Flick normalerweise nur ungern in die Karten schauen ließ, lud er den Minister zu einer persönlichen Besichtigungstour durch drei seiner Stahlfabriken bei Dresden ein.[25] Bei der Besichtigung am 5. Dezember erklärte Flick dem Minister und seiner Riege aus Offiziellen, warum seine Fabriken die beste Wahl seien, um Waffen für das Deutsche Reich zu produzieren: Sie seien unabhängig vom Ruhrgebiet und anderen Ländern sowie wegen ihrer relativen Unbekanntheit und ihrer grenzfernen Lage vor Luftangriffen besser geschützt, so der Industrielle. Flick schrieb Schacht einen Dankesbrief: Der Reichswehrminister sei »außerordentlich freundlich« gewesen und habe sich an den Präsentationen und den Fabriken »außerordentlich interessiert« gezeigt, die, das hatte von Blomberg zugegeben, ihm zuvor unbekannt gewesen waren.[26] Flick war überzeugt, nun stünden die Waffenkäufe unmittelbar bevor. Doch nichts passierte.

Einige Monate zuvor hatte Flick Otto Steinbrinck angewiesen, seine Beziehungen zur Marine spielen zu lassen, um der Firma Waffengeschäfte zu sichern. Flicks enger Vertrauter hatte in diesem Jahr ohnehin sein wiedererwachtes Interesse an allem Militärischen bekundet, als er sich der SS angeschlossen hatte. Im Sommer 1933 machten sich Steinbrincks Kontakte dann augenblicklich bezahlt, als er die Marine davon überzeugen konnte, neue Maschinen zur Herstellung von Artilleriehülsen in Flicks Fabrik zu finanzieren. Doch Anschlussaufträge blieben aus. Im Gegensatz zur Marine war das HWA nicht von der Idee überzeugt, dass es sich lohne, bei der Waffenproduktion auf die Magnaten von der Ruhr zu verzichten. Zudem hielt das HWA Steinbrinck für zu marinefreundlich und weigerte sich, Flicks Fabriken Aufträge für das Heer zu erteilen. Flick war ungewollt zwischen zwei rivalisierende Parteien geraten und beschwerte sich darüber derart vehement bei von Blomberg, dass dieser direkt und im Sinne Flicks beim HWA intervenierte. Der Reichswehrminister zeigte sich »außerordentlich erregt« über das Fehlen von Aufträgen für Flicks Fabriken.[27]

Kurz nach diesem Einsatz von höchster Stelle platzierte das Heer die ersten Aufträge bei Flick und bestellte Millionen von Granaten, Patronen und Artilleriegeschossen. Im August 1934 erklärte Kurt Liese, leitender General des HWA, Steinbrinck gegenüber zudem, dass Flicks Stahlfabriken »sich unbedenklich für eine Reihe von Jahren für [sic] laufende erhebliche Aufträge einstellen könnten«.[28] Flick hatte es geschafft, doch dafür würde er auch eine Gegenleistung erbringen müssen.

4.

Im Frühling und Sommer 1934 tat Friedrich Flick dem HWA – und sich selbst – einen großen Gefallen, indem er dem Amt bei der Enteignung der Maschinenfabrik Donauwörth assistierte, einer bayerischen Waffenfabrik an der Donau, die Artilleriemunition herstellte. Der aus Stuttgart stammende Fabrikbesitzer Emil Loeffellad hatte das Pech, dass das HWA sein Unternehmen als unabkömmlich für die Aufrüstungsbemühungen erachtete. Doch da die Alliierten weiterhin die Produktion von Waffen für die deutsche Armee verboten, musste ein Weg gefunden werden, die Übernahme heimlich durchzuführen und die Waffenfabrik unter dem Deckmantel eines zivilen Geschäfts zu führen. Flick wurde von einem ehemaligen Mitarbeiter ins Spiel gebracht. Eine von Flicks Stahlfirmen lieferte dem HWA eine Strohfirma mit dem Namen Montan GmbH, die als Fassade diente, um eine legale Transaktion vorzutäuschen.[29] Loeffellad wurde im Mai 1934 von der Gestapo verhaftet, der Wirtschaftsspionage angeklagt, was ihn zum »Staatsschädling« machte, und gezwungen, sein Geschäft an die

Montan zu verkaufen. Das HWA behielt einen Großteil des Verkaufspreises als »Sühnesumme« für den angeblichen Missbrauch früherer staatlicher Gelder durch Loeffellad ein.[30]

Im Juli 1934 wurde die Maschinenfabrik Donauwörth durch die vom HWA kontrollierte Montan GmbH an Flicks Stahlfirma zurückverpachtet, wobei sie weiterhin Artilleriemunition herstellte. Das sogenannte Montan-Schema war für beide Seiten vorteilhaft: Es ermöglichte dem HWA, insgeheim Waffenfirmen zu kaufen, in sie zu investieren und eine kompetente Geschäftsleitung zu gewährleisten. Zugleich sicherte es Flick einen großen Kunden, ohne dass ihm dabei Kosten entstanden. Diese Lösung war derart bequem, dass die Montan GmbH zu einer geheimen Holding für alle im Besitz der Armee befindlichen Waffenfabriken wurde, die mit der deutschen Industrie zusammenarbeiteten. Zu Beginn des Kriegs kontrollierte die Montan mehr als hundert Waffenfabriken und beschäftigte 35.000 Menschen. Flick saß bald darauf in ihrem Aufsichtsrat.[31]

Das Montan-Schema war der Wendepunkt in Flicks angespannter Beziehung zum HWA. Nun wurde er zum bevorzugten Partner der Militärs. Wie Günther Quandt, der eine seiner Waffenfabriken über die Montan finanzierte, konnte Flick nun neue Fabriken bauen, alte erweitern, die Kosten dafür der Armee in Rechnung stellen und seine Rüstungsunternehmen auf denselben Modernisierungsstand bringen wie die seiner Konkurrenten von der Ruhr, Krupp und Thyssen. Der Traum des Industriellen war Wirklichkeit geworden.

Doch noch ergriff Flick nicht jede sich ihm bietende Gelegenheit, um sein Geschäftsimperium auf Kosten anderer zu vergrößern. Im Oktober 1934 erkundigte sich der HWA-General Kurt Liese bei Otto Steinbrinck, ob sein Chef Interesse am Kauf von Simson habe, einer Maschinengewehrfabrik im thüringischen Suhl.[32] Die Familie Simson besaß ein bemerkenswertes Monopol: Zu diesem Zeitpunkt war das Unternehmen das einzige im Deutschen Reich, das mit Erlaubnis der Alliierten leichte Maschinengewehre produzieren durfte. Doch die Simsons waren Juden. Ihr Waffenmonopol war Wasser auf die Mühlen der NSDAP. Die Familie war zum Ziel der beißenden antisemitischen Propaganda geworden, insbesondere durch Fritz Sauckel, Thüringens ehrgeizigen Gauleiter, einen kleinen, kahlköpfigen Mann mit Hitlerbärtchen und deutlichem Dialekt. Er wollte die Simsons enteignen, ihre Firma unter seine Kontrolle bringen und die Fabrik zu einem Rüstungsunternehmen umgestalten, das von der NSDAP geleitet wurde.

Das HWA hatte kein Problem damit, eine im Besitz von Juden befindliche Fabrik zu beschlagnahmen. Es legte allerdings Wert darauf, dass das Unternehmen, in welches das Amt 21 Millionen Reichsmark gesteckt hatte, von kompetentem Führungspersonal geleitet wurde und nicht von irgendeinem Parteisoldaten ohne Wirtschaftserfahrung. Besonders wichtig war dem HWA auch die »reibungslose Zusammenarbeit« mit dem Fabrikbesitzer Arthur Simson.[33] Steinbrinck gab Flicks Interesse an dem Unternehmen mit der euphemistischen Formulierung weiter: Man stünde bereit, »wenn aus allgemeinen nationalpolitischen Gründen die Übernahme von Simson durch unsere Gruppe verlangt werden sollte«.[34] Doch die anfänglichen Verhandlungen scheiterten schnell.

Sieben Monate später, Anfang Mai 1935, bot Hitlers Wirtschaftsberater Wilhelm Keppler, unterstützt von Reichsführer SS Heinrich Himmler, Flick ein weiteres Mal die Firma Simson an. Wenige Tage darauf wurde Arthur Simson auf Anweisung von Sauckel verhaftet und der »Übergewinne« angeklagt, eine Erpressungsmethode, die schon wenig später gang und gäbe wurde, um jüdische Unternehmer zum Verkauf ihrer Firmen zu zwingen.[35] Da er nun mit dem Rücken an der Wand stand, signalisierte Simson ›Bereitschaft‹, sein Familienunternehmen zu verkaufen. Steinbrinck wiederholte Flicks Interesse, bot nun aber einen geringeren Preis. »Wir als private Gruppe könnten nur dann kaufen, wenn Simson ohne Zwang und in voller Freiheit uns gegenübertreten könne. Eine Enteignung zu Gunsten der Gruppe Flick/Mittelstahl müssten wir ablehnen«, hielt Steinbrinck Ende Mai 1935 in einem

Memo fest und kaschierte dabei geschickt das Versteckspiel seines Chefs.[36] Es war eine Finte wie aus dem Lehrbuch, die Flicks rechte Hand hier vortäuschte. Steinbrinck teilte den Wunsch seines Chefs, Simson zu kaufen, doch nur unter der Bedingung, dass das HWA das Unternehmen zunächst selbst konfiszierte und dann an den Industriellen weiterverkaufte. Eine Enteignung war in Ordnung, solange Flick und sein Konglomerat sich dabei nicht die Hände schmutzig machen mussten. Sie verlangten einen Zwischenhändler, der die Drecksarbeit für sie erledigte. Zudem sahen Flicks Planungen nicht vor, willkürlich Firmen zu übernehmen. Das Ziel einer Übernahme musste seinem Konglomerat schon einen bedeutenden Mehrwert einbringen.

Doch bald setzte sich Sauckel gegen das HWA durch. Der Gauleiter enteignete die Firma der Simsons und gliederte sie einem NS-Konglomerat aus von Juden gestohlenen Unternehmen ein. Die Familie Simson floh über die Schweiz nach Amerika. Flick hatte nichts gegen das Ergebnis einzuwenden. Die abschließenden Kaufverhandlungen fanden nur Monate vor der Verabschiedung der Nürnberger Rassengesetze im September 1935 statt. Diese bildeten die gesetzliche Basis für den Ausschluss deutscher Juden aus ihrer eigenen Gesellschaft sowie die Enteignung all ihres Eigentums. Die Gesetze entzogen ihnen ihre Staatsbürgerschaft und Berufe und untersagten ihnen Geschlechtsverkehr und Heirat mit Menschen ›von deutschem Blut‹. Enteignungen von jüdischen Firmen waren zu diesem Zeitpunkt noch eine Seltenheit. Für den Augenblick sorgte sich Flick noch um die negative Außenwirkung des Kaufs einer solchen Fabrik und die Konsequenzen, die dies für seine finanziellen Verpflichtungen im Ausland haben könnte. Auch wollte er sich mit Sauckel, der ihn später noch mit Zehntausenden Zwangsarbeitern versorgen würde, keinen mächtigen Feind machen. Derweil kamen Flick und Steinbrinck dem Mann immer näher, der zum Architekten des Holocaust werden sollte. Das Duo hatte, wortwörtlich, den Freundeskreis Himmlers betreten.

5.

Anfang September 1934 nahmen Friedrich Flick und Otto Steinbrinck auf Einladung des Reichsführers SS Heinrich Himmler am jährlichen NSDAP-Parteitag in Nürnberg teil. Wie viele andere Ehrengäste brachte man sie im einzigen Luxushotel der Stadt unter, am Eingang zur Altstadt, nicht weit vom Festgelände entfernt. Eines trüben Morgens, als die Gäste sich zum Frühstück nach unten begaben, hing ein kleines Schild an der Tür zum Speisesaal: »Reserviert für die Gäste des Reichsführers SS«. Himmlers 33-jähriger Mitarbeiter Fritz Kranefuß hatte das Schild dort anbringen lassen.[37]

An diesem Morgen übernahm Kranefuß das Zepter über die Gruppe seines Onkels, den Keppler-Kreis, und machte ihn zum »Freundeskreis Reichsführer SS«. Als Wirtschaftsberater Hitlers war Wilhelm Keppler viel zu beschäftigt damit, seine Vermittlerrolle zwischen dem Regime und der deutschen Wirtschaft auszufüllen – hier war ein Waffengeschäft in die Wege zu leiten, dort eine Enteignung zu organisieren –, als dass er noch Zeit für die Leitung dieses Zirkels gefunden hätte. Zudem hatte die Gruppe Hitlers Wirtschaftspolitik keineswegs beeinflusst, was ja die ursprüngliche Idee gewesen war.[38] Kranefuß hatte seinem Onkel geholfen, den Kreis aus der Taufe zu heben und Mitglieder dafür zu werben. Nun konnte er damit tun, was immer er wollte. Und wie jedem guten Nationalsozialisten gefiel Kranefuß vor allem das, was seinem Chef gefiel. Deshalb entschloss er sich, den Keppler-Kreis in ein Netzwerk zu verwandeln, in das man nur per Einladung aufgenommen wurde und das Großunternehmen mit der SS verkuppeln sollte.

Der neue Name für die Gruppe suggerierte eine freundschaftliche Beziehung zu Himmler. Doch Himmler hatte keine Freunde. Ihm waren diese reichen Männer völlig gleichgültig. Für ihn war nur wichtig, was sie repräsentierten und was er von ihnen bekommen konnte – umgekehrt war es genauso. Himmler wusste, die Industriemagnaten waren allein daran interessiert, sich die beste Protektion zu sichern, die man im NS-Staat bekommen konnte: eine gute Beziehung zum Reichsführer SS, dem Polizeichef des ›Dritten Reichs‹. Doch sogar er kämpfte um Einfluss. Nun, da sich Göring zum mächtigsten Mann in der NS-Wirtschaft entwickelte, wollte Himmler zugunsten der SS eigene Beziehungen zur Großindustrie aufbauen. Dazu würde er die Industriekapitäne zunächst einmal einlullen. Dann würde er ihnen das Geld aus der Tasche ziehen.

Als Flick und Steinbrinck an diesem Morgen den Hotelspeisesaal betraten, erkannten sie unter den von Kranefuß eingeladenen Gästen viele bekannte Gesichter:[39] Keppler, der für die Übergabe hinzugestoßen war und zum Ehrenmitglied ernannt wurde; Führungskräfte der Commerzbank und der Dresdner Bank, Letztere inzwischen als »SS-Bank«[40] bekannt, in dessen Aufsichtsrat Flick einen Platz hatte; Görings korrupter Halbbruder Herbert; sowie der Geschäftsführer und Vorsitzende von Wintershall. Aus irgendeinem Grund hatte man den Wintershall-Großaktionär Günther Quandt nicht eingeladen. Auch Kurt Schmitt war anwesend, dieses Mal ohne August von Finck, der wegen seiner übertriebenen Sparsamkeit nicht gern gesehen war. Himmler hatte Schmitt nur wenige Monate nach seinem Rücktritt als Reichswirtschaftsminister wegen eines Burn-outs gerade zum SS-Oberführer ernannt. Schmitt, »ein gutaussehender Mann von imposanter Physis«, liebte es, in seiner schwarzen SS-Uniform aufzutreten.[41] Himmler selbst erschien nicht, um seine ›Freunde‹ zu begrüßen. Er wollte sie später zum Abendessen treffen.

6.

Friedrich Flick pries den Freundeskreis Reichsführer SS als »Spiegelbild« der deutschen Wirtschaft.[42] Beim folgenden Reichsparteitag stieß jedoch ein neues Mitglied zur Runde hinzu, das nicht so recht zu dieser Beschreibung passte. Richard Kaselowsky war Chef einer Puddingfabrik in der Provinz und hatte nichts von der Statur der mächtigen Magnaten, die in Berlin oder dem Ruhrgebiet zu Macht und Ansehen gekommen waren. Er stammte aus dem beschaulichen ostwestfälischen Bielefeld. Kaselowsky, ein stämmiger Mann mit ölig braungrauen Haaren und einem fleischigen Gesicht, zeigte sich entschlossen, seiner Heimatstadt zu größerem Renommee zu verhelfen. Der 47-Jährige führte die Geschäfte des Lebensmittelkonzerns Dr. August Oetker, dessen Gründer und Namensgeber in Deutschland als Erster einzeln abgepackte Kuchen- und Puddingmischungen sowie Backzutaten wie Backpulver in Portionstütchen vertrieben hatte. Kaselowsky war durch die Heirat mit Ida Oetker, der Witwe seines besten Freundes, in das Familienunternehmen eingestiegen. Neben der Unternehmensleitung bestand seine Hauptaufgabe darin, Rudolf-August Oetker, seinen minderjährigen Stiefsohn, auf die Rolle als Firmenerbe und damit auf seine Nachfolge vorzubereiten.

Was Kaselowsky an wirtschaftlichem Format fehlte, machte er durch Eifer für Hitler wett.[43] Er verteilte signierte *Mein Kampf*-Ausgaben an neue Oetker-Mitarbeiter und hängte ein Bild des ›Führers‹ in seinem Büro auf. Außerdem hatten Kaselowsky und Himmler eine gemeinsame Vergangenheit als Geflügelzüchter. Beide zeigten sich von den agrarischen Vorstellungen des Nationalsozialismus fasziniert, insbesondere von der (Wieder-)Ansiedlung von Menschen im ländlichen Raum. Diese Ideen gingen

Abb. 9: Richard Kaselowsky mit dem Parteiabzeichen der NSDAP (1939)

Hand in Hand mit Hitlers Forderung nach ›Lebensraum‹ für das deutsche Volk und der Vorstellung von ›Blut und Boden‹, wie sie Himmler und seine Gefolgsmänner propagierten – ein ›reinrassiges nordisches‹ Volk, das seine dekadenten und verkommenen Städte hinter sich lassen sollte, um sich als Bauern in heimatverbundenen, dörflichen Gemeinschaften niederzulassen und zu arbeiten.[44]

Kaselowskys Hingabe an das NS-Regime ging oft auf Kosten der von ihm geleiteten Firma. Zwischen 1933 und 1935 spendete er Hunderttausende Reichsmark an Firmengeldern für Siedlungsprojekte im Osten Deutschlands, die bald scheiterten.[45] Aus diesen

Erfahrungen schien er nichts zu lernen. Im Sommer 1935 verschmolz er die *Westfälischen Neuesten Nachrichten*, eine profitable Regionalzeitung, die sich in Besitz eines von Dr. Oetker kontrollierten Verlagshauses befand, mit einer örtlichen NS-Publikation, dem *NS-Volksblatt*, die Monat für Monat Geld verlor.[46]

Mochten diese Geschäftsentscheidungen auch schlecht gewesen sein, Kaselowskys finanzielle Großzügigkeit für hoffnungslose NS-Anliegen brachte ihm dennoch einen ausgezeichneten Ruf beim Gauleiter Westfalens ein, der ihn folglich im September 1935 zum NSDAP-Parteitag einlud. Als Ehrengäste der zweiten Reihe logierten Kaselowsky und seine Frau im Nürnberger Hotel Bamberger, in dem auch Hitlers heimliche Freundin Eva Braun und die Regisseurin Leni Riefenstahl übernachteten. Doch irgendwie schien es sich bis zum Luxushotel der Führungsriege herumgesprochen zu haben, wie spendabel Kaselowsky war, weshalb Fritz Kranefuß den Puddingproduzenten schon bald einlud, sich dem inneren Kreis um Himmler anzuschließen.[47]

Kaselowsky nahm dankend an und war vom ersten Augenblick an begeistert. Er versäumte in der Folge keines der Treffen, genoss die Privilegien und den Zugang zur Elite. Jeden zweiten Mittwoch im Monat reiste er von Bielefeld nach Berlin, um Himmlers Freundeskreis im Aero-Klub zu treffen. Göring hatte das majestätische Gebäude des preußischen Landtags im Herzen der Hauptstadt zu einem edel ausgestatteten Klubhaus umgewidmet, mit einer rund um die Uhr geöffneten Bar, einem Bierlokal sowie einem berühmten Restaurant – alles in unmittelbarer Nachbarschaft zu seinem Luftwaffenministerium und gegenüber dem Hauptquartier von Himmlers Sicherheitsapparat. Bei ihren Treffen nahm die Gruppe von vierzig Männern nach einem Begrüßungsdrink in rotierender Sitzordnung Platz und genoss ein üppiges Essen. Anschließend zogen sie sich in die Klubräume zurück, um über Geschäftliches zu sprechen, nie über Politik.[48]

Kurz vor Kaselowskys Aufnahme in den Kreis beschloss Himmler, dass es an der Zeit für das Einsammeln von ›Mitgliedsbeitragen‹ wäre. An einem Morgen im Januar 1936 trafen Flick, Steinbrinck und die anderen Männer des Freundeskreises mit dem SS-Führer im Münchener Regina-Palast-Hotel an der Maximilianstraße zusammen, um einen Ausflug zu machen. Vor der Tür des Luxushotels wartete ein Bus, der die Gäste zu ihrem Bestimmungsort nordwestlich der Stadt brachte: zum Konzentrationslager Dachau.[49] Dort angekommen, führte Himmler die Männer in das Lager, wo sie an einer Gruppe Häftlinge in Lagerkleidung vorbeikamen. Die persönliche Führung durch den SS-Chef war »sehr sorgfältig vorbereitet und aufgezogen«, wie sich ein Teilnehmer später erinnerte.[50] Himmler zeigte seinen Gästen die Lagerbaracken und Werkstätten, wo inhaftierte Schneider, Schreiner und Schuhmacher ihrem Handwerk nachgingen. Die Industriellen besichtigten die Küche und aßen anschließend in der Lagerkantine zu Mittag, um das Essen zu probieren, das hier gekocht wurde. Himmler brachte seine Gäste dann sogar in den Zellentrakt und schloss die Tür zu einer der Zellen auf, um den Häftling darin persönlich zu kontrollieren. Nachdem die Gruppe noch eine nahe gelegene, von der SS betriebene Porzellanfabrik besichtigt hatte, fuhren alle nach München zurück und aßen zusammen zu Abend.

Nach dem Essen erhob sich Himmler für eine kurze Ansprache. Nun, da er ihnen gezeigt habe, dass die Konzentrationslager gar nicht so schlimm seien, wie es die Gerüchte immer wieder behaupteten, wolle er seine wohlhabenden Freunde um etwas bitten: »Für die SS und meine anderen Aufgaben will ich kein Geld haben, aber für die kulturellen Dinge und für die Behebung der sozialen Notstände, für die ich kein Geld habe. Wenn Sie mir dazu Geld geben, wäre ich Ihnen dankbar«, erklärte Himmler bescheiden.[51] Zu seinen Lieblingsprojekten gehörte der »Lebensborn«, ein Verein, der eine Art menschliches Zuchtprogramm verfolgte und in dessen Mütterheimen Kinder der ›Herrenrasse‹ geboren werden sollten.

Natürlich wagte es keiner der Geschäftsmänner, sich Himmlers Aufforderung zu verweigern. Kranefuß schlug den Anwesenden eine jährliche Mitgliederzuwendung von wenigstens 10.000 Reichsmark vor. Er hatte sich bereits mit Kurt Baron von Schröder verständigt, dem Banker, in dessen Kölner Villa Hitler und von Papen im Januar 1933 die Regierungsübernahme vorbereitet und damit Deutschlands Schicksal besiegelt hatten, dass dieser als Schatzmeister der Gruppe fungieren sollte. Um die Beiträge einzusammeln, eröffnete von Schröder ein »Sonderkonto S« bei seiner Kölner Privatbank.[52] Steinbrinck sollte für das Fundraising verantwortlich sein. Schon bald flossen die Millionen. Flick überwies dem Freundeskreis zunächst 100.000 Reichsmark pro Jahr. Kaselowsky gab 40.000 Reichsmark.[53] Auch wenn er die Führung durch Dachau versäumt hatte, so konnte sich Kaselowsky doch einer persönlichen Führung Himmlers durch das Konzentrationslager Sachsenhausen, nördlich von Berlin, anschließen.[54] Anderes Lager, gleiches Spiel.

7.

Ende Juni 1934 unterschrieb Ferdinand Porsche mit dem skeptischen, zögerlichen Reichsverband der Automobilindustrie einen Vertrag über die Entwicklung des »Volkswagens«. Die Organisation der Automobilhersteller hatte die finanzielle Verantwortung für das Projekt übernommen, und ihre Mitglieder zeigten sich bestürzt, dass Hitler den sprunghaften Designer Porsche anderen, etablierteren Namen vorgezogen hatte, um das erste Auto für die breite Masse zu entwerfen. Selbstverständlich wagten die Automobilhersteller es nicht, dem Willen des ›Führers‹ zu widersprechen, doch sie gingen sicher davon aus, dass Porsche an der Aufgabe scheitern würde, in nur wenigen Monaten ein kleines Auto zu bauen, das höchstens tausend Reichsmark kosten durfte. Im Umfeld der feierlichen Vertragsunterzeichnung in Berlin raunte daher auch ein Funktionär Porsche zu: »Wenn Sie es in einem Jahr nicht schaffen, so ein Auto zu dem verlangten Preis zu bauen, machen Sie sich keine Sorgen. Sagen Sie Hitler einfach, dass es unmöglich ist und dass die einfachen Leute mit dem Bus fahren sollen!«[55] Um sicherzustellen, dass der verschwenderische Konstrukteur nicht zu viel Verbandsgeld ausgab, durfte er höchstens 20.000 Reichsmark pro Monat für die Entwicklung des Autos in Rechnung stellen, außerdem musste innerhalb von zehn Monaten ein Prototyp fertig sein. Insgesamt also eine Herkulesaufgabe. Schlussendlich sollte Porsche rund 1,75 Millionen Reichsmark, zwei Jahre, drei Versionen und sehr viel politische Anbiederung bei Hitler benötigen, um einen annehmbaren Prototyp des Volkswagens vorzustellen.[56]

In der Zwischenzeit festigten Ferdinand Porsche und sein Schwiegersohn Anton Piëch den Zugriff der Familie auf das Konstruktionsbüro in Stuttgart. Am 5. September 1935, zehn Tage vor der Verabschiedung der Nürnberger Rassengesetze, verhaftete die Gestapo den Mitbegründer von Porsche, Adolf Rosenberger, in seiner Heimatstadt nahe Stuttgart. Man warf ihm »Rassenschande« vor und steckte ihn in ein Untersuchungsgefängnis in Karlsruhe: Sein ›Verbrechen‹ war eine Beziehung zu einem nichtjüdischen Mädchen.[57] Der prominente jüdische Unternehmer und einst erfolgreiche Autorennfahrer Rosenberger war gewarnt worden, dass die Gestapo ihn ins Visier genommen hatte. Doch er hatte alle Hinweise ignoriert.

Dabei waren die Zeichen eindeutig. Fünf Wochen zuvor, am 30. Juli 1935, hatte Rosenberger seinen zehnprozentigen Anteil an der Konstruktionsfirma an Porsches 25-jährigen Sohn Ferry übertragen. Der junge Mann arbeitete zu diesem Zeitpunkt, angeleitet von Ferdinand Porsche und erfahrenen Ingenieuren, bereits seit fast fünf Jahren für das Unternehmen seines Vaters. Die vormals finanziell angeschlagene Firma war dank Porsches Volkswagenvertrag und eines Rennwagenentwurfs, der von Porsche senior und Rosenberger stammte, profitabel geworden. Der Gewinn des Unternehmens stieg in diesem Jahr auf fast 170.000 Reichsmark.[58] In dieser Lage hatten Porsche und Piëch begonnen, die beiden

Abb. 10: Ferdinand und Ferry Porsche in den 1930er-Jahren

nicht zur Familie gehörigen Anteilseigner herauszukaufen: Adolf Rosenberger und Hans Baron von Veyder-Malberg.

Porsche und Piëch kauften den Anteil ihres jüdischen Firmenmitgründers für einen Bruchteil des tatsächlichen Wertes zurück. So bezahlten sie Rosenberger nominell exakt dieselbe Summe, die er 1930 für seinen Gründungsanteil von Porsche investiert hatte: nur 3000 Reichsmark. Trotz allem, was Rosenberger für die Firma getan hatte, lag der Buy-out-Preis seiner Porsche-Anteile deutlich unter Marktwert. »Es wurde mir vorgehalten, dass ein Wimpel oder dergleichen als judenreiner Betrieb nicht gegeben würde [sic], solange ich Gesellschafter bin. […] Ich unterstelle den Herren Porsche und Piëch zumindest keinen persönlichen Antisemitismus«, erläuterte Rosenberger die Auseinandersetzung später. »Wie jedoch bereits geschildert, haben sie sich meiner Mitgliedschaft als Jude bedient, um mich billig loszuwerden.«[59]

Porsche und Piëch wiesen diese Anschuldigung später zurück. Und doch, völlig unabhängig von ihrem Motiv, war die Übernahme von Rosenbergers Unternehmensanteil ganz offensichtlich eine ›Arisierung‹. Im ›Dritten Reich‹ galt ein Wirtschaftsgut als ›arisiert‹, wenn das ›jüdische Element‹ der Eigentümerschaft beseitigt worden war. Das konnte bedeuten, dass man bei der Übernahme von Unternehmen, Gebäuden, Grundstücken, Schmuck, Gold, Kunstgegenständen oder Firmenanteilen, die Juden gehört hatten, weniger als den tatsächlichen Wert bezahlte – so wie es bei Rosenberger der Fall war; in der Praxis ging das bis zum regelrechten Diebstahl des Besitzes. Da man in NS-Deutschland großen Wert auf einen legalen, formal korrekten Vorgang legte, verschleierte man die ›Arisierungen‹ häufig als gewöhnliche Geschäftstransaktionen. Doch schlussendlich gab man derartige Feinheiten auf.

Am 23. September 1935, nach fast dreiwöchiger Haft im Gestapo-Gefängnis, wurde Rosenberger in das Konzentrationslager Kislau südlich von Heidelberg gebracht. Nach vier Tagen Schlägen entließ man ihn unvermittelt: Baron von Veyder-Malberg, Rosenbergers Nachfolger bei Porsche, hatte sich erfolgreich bei der Gestapo in Karlsruhe für ihn eingesetzt und seine Freilassung erwirken können. Rosenberger musste der Gestapo jedoch noch immer 53 Reichsmark und 40 Pfennige für seine Zeit in der ›Schutzhaft‹ bezahlen, wie es euphemistisch hieß.[60] Trotz später anderslautender Beteuerungen hatten Ferdinand Porsche und Anton Piëch nichts unternommen, um die Freiheit ihres ehemaligen Firmenmitinhabers zu schützen. Über seinen Anwalt hatte Rosenberger Ferdinand Porsche gebeten, ihm zu helfen und ihn zu retten, doch Porsche war viel zu beschäftigt damit, beim Großen Preis von Spanien in Bilbao Kontakte anzubahnen.[61]

Einen Monat nach seiner Freilassung verließ Rosenberger das Deutsche Reich und zog im November 1935 nach Paris. Nach seinem Abschied als kaufmännischer Direktor bei Porsche Anfang 1933 hatte er auf Vertragsbasis weiter für das Konstruktionsbüro gearbeitet. Und sogar noch nach seiner Verhaftung blieb der 35-Jährige ein Auslandsvertreter der Firma, der Porsche-Patente in Frankreich, England und den USA lizenzierte.[62] Rosenbergers Vertrag sicherte ihm bis 1940 dreißig Prozent der Lizenzerlöse als Provision zu – zumindest ging Rosenberger davon aus. Zwar waren Porsche und Piëch noch lange nicht fertig mit der Erniedrigung ihres Unternehmensmitbegründers, doch fürs Erste fuhren sie ihre Grausamkeiten etwas zurück. Denn zunächst musste Porsche dem ›Führer‹ das lang erwartete Meisterwerk präsentieren: den Volkswagen.

An einem glühend heißen Julinachmittag 1936 führte Porsche Hitler, Göring und ihrer Entourage am Berghof, Hitlers Landhaus auf dem bayerischen Obersalzberg, zwei Prototypen des Autos vor.[63] Die hochrangigen NS-Vertreter schwitzten in ihren Reiterstiefeln und Uniformen, auf denen viele Orden und Bänder prangten – Belohnungen für Speichelleckerei. Hitler trug nur sein Eisernes Kreuz Erster Klasse, das er als Gefreiter in der Bayerischen Armee im Weltkrieg erhalten hatte. Er musste keine anderen Auszeichnungen tragen, schließlich war er der ›Führer‹. Ferdinand Porsche machte Hitler den Entwurf persönlich schmackhaft. Jahre später, mitten im Kriegsgeschehen und gegen Ende seiner Herrschaft, erinnerte sich Hitler einem Journalisten gegenüber, dass einem »allein schon die Art und Weise, wie diese Volkswagen den Obersalzberg hinaufsausten und dabei wie die Hummeln [die] großen Mercedes-Wagen umschwirrten und überholten«, imponieren könne.[64] Nach Porsches Präsentation führte Hitler ihn durch das Kehlsteinhaus, das für ihn erbaute Teehaus mit Ausblick auf die ruhige Alpenstadt Berchtesgaden. Der ›Führer‹ hatte bereits entschieden, dass Europas größte Automobilfabrik irgendwo in der Mitte Deutschlands errichtet werden sollte, um dort den Volkswagen bauen zu lassen. Nun musste nur noch der richtige Ort für die Fabrikanlagen gefunden werden.

8.

Der »Puddingprinz« Rudolf-August Oetker war sich seiner besonderen Stellung bewusst.[65] Der Junge, nach seinem Vater Rudolf und seinem Großvater August benannt, die er beide nie kennengelernt hatte, wuchs in der Familienvilla auf dem Bielefelder Johannisberg auf. Als einziger männlicher Erbe, erzogen im Wissen um seine Bestimmung, mit einem gewissen Sendungsbewusstsein ausgestattet und dazu auserkoren, den Namen seiner Familie und den der von ihr geführten gleichlautenden Lebensmittelfirma weiterzutragen, erkannte Rudolf-August Oetker schon recht früh: »Das Wertvollste, was ich geerbt habe, ist der Name Oetker.«[66] Sein Stiefvater Richard Kaselowsky, den er als seinen tatsächlichen Vater ansah und auch immer so ansprach, bereitete den Jungen unablässig darauf vor, eines Tages Dr. Oetker zu übernehmen – obwohl Rudolf-August ein schlechter Schüler war. Er ging lieber reiten, ganz ähnlich wie Kaselowsky selbst, der leidenschaftlich gern ritt und ein Gestüt besaß. Während seine sparsame Mutter die teuren Freizeitvergnügungen ihres Ehemannes ablehnte, kannte Rudolf-Augusts Großmutter keine derartige Zurückhaltung. Sie verwöhnte ihn nach Strich und Faden: So schenkte sie ihm beispielsweise zu Weihnachten 1933 ein BMW-Cabrio. Als er später sein BMW-Motorrad verkaufen musste, schenkte sie ihm zum Trost ein Pferd.[67]

Rudolf-August Oetker fing im Alter von zwölf Jahren mit dem Reiten an. Als sein örtlicher Reitverein 1933 in die Reiter-SA integriert wurde, war der 16-jährige Oetker damit automatisch Mitglied der Reiterabteilung der paramilitärischen Organisation. Das konnte von seiner Seite aus also kaum als politisches Statement verstanden werden. Eine andere Mitgliedschaft hingegen war dies

Abb. 11: Rudolf-August Oetker (Zweiter von links) zwischen seiner Großmutter und ihrem Chauffeur (1933)

unbedingt: Oetkers Stiefvater trat im Mai 1933 der NSDAP bei, seine Mutter folgte ihm, wenig später seine ältere Schwester. Rudolf-August Oetker war der Letzte, der es ihnen gleichtat. Sie waren, durch und durch, eine Familie von Nationalsozialisten.[68]

Als er im September 1936 das Gymnasium abschloss, folgten sechs Monate verpflichtender Reichsarbeitsdienst. Für die Abschlussfeier dieser Dienstzeit organisierte er 200 Dr.-Oetker-Mitarbeiterinnen aus Bielefeld als Tanzpartnerinnen für seine Kameraden. An diese Feier erinnerte er sich später als »ein lustiges Fest«.[69] Nachdem er wegen gesundheitlicher Probleme keinen Militärdienst leisten konnte, zog Oetker 1937 für eine Banklehre nach Hamburg. Anders als wohl die meisten Lehrlinge lebte er zunächst im Hotel Vier Jahreszeiten an der Hamburger Innenalster, suchte sich dann aber rasch eine angemessene Unterkunft am Ufer der Außenalster, Hamburgs teuerster Wohngegend.

Bald hatte er unter der Adresse Bellevue 15 ein Haus gefunden: Rudolf-August Oetker kaufte eine ›arisierte‹ Seevilla mit großem Grundstück, die einst Kurt Heldern gehört hatte, einem jüdischen Tabakunternehmer, der aus dem nationalsozialistischen Deutschland nach Sydney fliehen musste. Der Unternehmersohn war sich des zweifelhaften Hintergrunds dieses Erwerbs bewusst. Sogar sein Stiefvater war anfänglich gegen den Kauf: »Das kommt überhaupt nicht in Frage«, erklärte ihm Kaselowsky, »an diesem Haus kleben Tränen.«[70] Davon nicht abgeschreckt, setzte Rudolf-August Oetker seine Bemühungen fort und erwarb Haus und Grundstück über Dr. Oetker zu einem Preis, der weit unter Marktwert lag.[71] Zu seinen neuen Nachbarn gehörte der ehemalige Hamburger NSDAP-Bürgermeister, den sein Vater aus dem Freundeskreis Reichsführer SS kannte. Anschließend ›arisierte‹ Oetker junior ein Grundstück hinter seiner neuen Villa von anderen Nachbarn: dem jüdischen Ehepaar Lippmann.[72] Man zwang sie, ihr Land und weitere Besitztümer zu verkaufen, um ihre »verzweifelten Auswanderungsbemühungen« zu finanzieren.[73] Das Grundstück war mindestens 119.000 Reichsmark wert, doch Rudolf-August Oetker zeigte sich »nach längeren Verhandlungen« bereit, höchstens die Hälfte davon zu zahlen.[74] Die örtlichen NS-Behörden, die jeden Verkauf von Besitz aus jüdischem Eigentum genehmigen mussten, senkten den endgültigen Kaufpreis noch einmal auf 45.500 Reichsmark. Die Lippmanns konnten schlussendlich nach Uruguay fliehen.

In der Zwischenzeit wusste Rudolf-August Oetker seinen Umzug nach Norddeutschland zu genießen: Er verbrachte zahlreiche Wochenenden mit Freunden in den schicken Ostseebädern wie Heiligendamm. Dabei begegnete er einmal auch Joseph Goebbels, der dort mit seiner Familie Urlaub machte. Oetker trat auf den Propagandaminister zu, stellte sich vor und sie tauschten ein paar »freundliche Worte« aus.[75] Auf der Pferderennbahn der Stadt wurde Oetker von Hermann Göring mit einem Preis ausgezeichnet, nachdem ein Hengst aus dem Gestüt seines Vaters ein Rennen gewonnen hatte. Der Backpulvererbe hatte zwar Juden und ›Halbjuden‹ in seinem Hamburger Bekanntenkreis, die »unter den Repressalien gelitten haben müssen«, doch wie so viele Deutsche zeigte sich auch der junge Geschäftsmann ihrer Notlage gegenüber gleichgültig.[76] Er wusste auch von den Konzentrationslagern, vertraute aber den offiziellen Verlautbarungen des Regimes, dass hier nur Staatsfeinde eingesperrt würden. »Wir haben uns nichts weiter dabei gedacht. Denn wer aus dem KZ herauskam, der sagte ja auch nichts«, erinnerte sich Rudolf-August Oetker später.[77] Doch der Erbe kannte die Konzentrationslager weitaus besser, als er zugeben wollte. Schließlich hatte ihn die SS in einem solchen zum Offizier ausgebildet.

9.

Im Sommer 1936 half Günther Quandt dem jüdischen Manager einer Rüstungsfabrik – zu ihrer beider Vorteil.[78] Im November 1935 hatte die Frankfurter Goethe-Universität ihren Professor für Metallurgie, Georg Sachs, beurlaubt, den zuvor erlassenen Nürnberger Rassegesetzen entsprechend. Nur wenige Monate vorher hatte Quandt Sachs als Leiter der Forschungsabteilung im Vorstand der Dürener Metallwerke platziert. Im ›Dritten Reich‹ konnte es über Leben und Tod entscheiden, wen man kannte und wie nützlich man war. Nur wenige verstanden das so gut wie Erhard Milch, Hermann Görings Stellvertreter und Sohn eines jüdischen Apothekers. Obgleich Milch eine streitlustige Beziehung mit seinem Chef pflegte, schützte Göring ihn vor der Verfolgung durch das Regime, indem er die Gestapo-Untersuchung erstickte, als im Reichsluftfahrtministerium Gerüchte über Milchs Herkunft die Runde machten. »Wer Jude ist, bestimme ich!«, soll Göring angeblich gesagt haben.[79] Milchs Wert für das Regime und die Geschäfte lag in seinem Einfluss auf die Luftwaffe und deren Milliarden. Hitler sollte der Luftwaffe später mindestens vierzig Prozent des gesamten Kriegsbudgets zur Verfügung stellen.[80] Entsprechend herzlich hieß Günther Quandt Milch beim protzigen Firmenjubiläum der Dürener Metallwerke 1935 willkommen.

Genau dieser Opportunismus ließ Sachs, mit seinem Fachwissen in Metallurgie, für Günther Quandt fast ebenso wichtig werden. Im April 1936 bekam Goebbels' Berliner Gau Wind davon, dass Quandt einen Juden in den Vorstand einer seiner Rüstungsbetriebe berufen hatte. In der Folge musste er Sachs aus dem Gremium entfernen, doch Milch entschied, dass Sachs in einer weniger prominenten Rolle weiterbeschäftigt bleiben konnte, trotz seines »dunklen Punktes«.[81] Schließlich wusste Milch über diesen nur allzu gut Bescheid. Mitte Juli 1936 bat Sachs Günther Quandt dann schriftlich, ihn »in beiderseitigem Interesse« zu entlassen.[82] Anfangs weigerte sich der Industrielle, da er seinen Experten halten wollte, gab einige Wochen später aber zähneknirschend nach. Sachs verließ NS-Deutschland, solange es noch möglich war. Quandt ließ Sachs rund 36.000 Reichsmark zukommen, damit dieser seine Ausbürgerungskosten stemmen konnte: Der ehemalige Professor musste eine ›Reichsfluchtsteuer‹ in Höhe von 23.000 Reichsmark zahlen. Wenige Tage vor der Abreise seines Ex-Mitarbeiters in die USA besuchte Quandt im Frühherbst 1936 Sachs in dessen Zuhause, um sich persönlich von ihm zu verabschieden. Sachs fand wenig später eine Anstellung als Professor für physikalische Metallurgie an der Case Western Reserve University in Cleveland, Ohio, wohin ihm seine Familie bald nachfolgte. Sachs' Frau erklärte später, der »alte Quandt« habe sich als »aufrechter Helfer« erwiesen.[83] Nach dem Krieg sollte Sachs die Gelegenheit bekommen, sich zu revanchieren.

Damit war für beide Seiten ein Problem beseitigt. Die Dürener Metallwerke konnten rasch stolz berichten, dass kein »ausländisches oder jüdisches Kapital an der Gesellschaft beteiligt« sei.[84] Wie schon Günther Quandt wurden auch Friedrich Flick und

Ferdinand Porsche als »Wehrwirtschaftsführer« ausgezeichnet.[85] Dieser Titel brachte zwar nur einen schmucken Goldanstecker, dafür aber ein gutes Verhältnis zum Regime mit sich, zumindest solange man für Letzteres nützlich war. Günther Quandt erklärte später, das Luftfahrtministerium habe ihm diese Auszeichnung im Zusammenhang mit seiner Tätigkeit bei den Dürener Metallwerken verliehen.[86] Er zeigte sich überzeugt, die üppige Firmenfeier zum Jubiläum habe diese Entscheidung begünstigt. Der Profit, den man aus der Ausrichtung einer gelungenen Party ziehen konnte, stand Günther Quandt also sicher deutlich vor Augen. Doch als er Milch zur Feier seines 60. Geburtstags einlud und den ›halbjüdischen‹ Nationalsozialisten neben sich an den Tisch setzen wollte, sagte der Staatssekretär in letzter Minute seine Teilnahme ab.[87]

10.

Während sich Berlin im Spätsommer 1936 an den Olympischen Spielen berauschte, musste Magda Goebbels ein Geständnis ablegen. Am 1. August, dem Tag der Eröffnungsfeier im Berliner Olympiastadion, informierte NS-Ideologe Alfred Rosenberg Joseph Goebbels über »eine unangenehme Sache«, die sich vor Jahren zwischen Magda und Kurt Lüdecke zugetragen habe, der sie in die NSDAP-Kreise eingeführt hatte.[88] Noch am selben Abend konfrontierte Goebbels seine Frau in ihrer neuen Villa mit dieser Geschichte. Die weinende Magda leugnete zunächst alles, machte dann aber doch reinen Tisch: In ihren ersten Ehejahren hatte sie heimlich eine Liebesaffäre mit Lüdecke geführt. Nach ihrem Geständnis schrieb Goebbels am nächsten Tag in sein Tagebuch: »In der Nacht hat Magda zugestanden, dass Sache Lüdecke stimmt. Ich bin darüber sehr deprimiert. Sie hat mir permanent die Unwahrheit gesagt. Großer Vertrauensschwund. Es ist alles so schrecklich. […] Ich werde lange brauchen, bis ich mich davon erhole.«[89] Da Lüdecke, nachdem er sich mit führenden NS-Größen entzweit hatte, schon vor langer Zeit in die USA zurückgegangen war, musste Goebbels einen anderen Weg finden, um sich an seiner Frau zu rächen. Eine Gelegenheit dazu sollte sich schon bald und ganz in seiner Nähe auftun.

Zwei Monate zuvor, am Abend des 2. Juni 1936, war Goebbels mit seiner dreijährigen Tochter Helga über die Insel Schwanenwerder spaziert. Joseph und Magda Goebbels, ihre drei Kinder und Harald waren erst kürzlich in diese exklusive Wohngegend im Berliner Südwesten gezogen. Anfang Juni also stießen Vater und Tochter, schon auf dem Weg nach Hause, auf ihren Nachbarn, den berühmten Schauspieler Gustav Fröhlich. Der Darsteller wurde von seiner 22-jährigen Freundin, dem tschechoslowakischen Filmstar Lída Baarová, begleitet. Sie hatte kurz zuvor begonnen, auch in deutschen Filmen mitzuspielen, und war für Rollen als Femme fatale von der großen Berliner Filmfirma Ufa gecastet worden, deren Studios sich im nahe gelegenen Babelsberg befanden. Auf Goebbels' Bitte hin führten Baarová und Fröhlich Vater und Tochter an diesem Abend durch ihr Haus. Noch ahnte Baarová nichts, doch der Propagandaminister stand kurz davor, die Ufa sowie ihr Privatleben vollständig einzunehmen.[90]

Nachdem Magda die außereheliche Affäre mit Lüdecke eingestanden hatte, entschloss sich Goebbels, Baarová nun besser kennenzulernen. Er sorgte dafür, dass ihr neuester Ufa-Film, passenderweise mit dem Titel *Verräter*, seine große Premiere Anfang September 1936 beim Nürnberger Reichsparteitag feierte. Zurück in Berlin, lud der Minister Baarová und ihren Freund in seine Loge in der Oper ein und organisierte eine Vorführung des jüngsten Films von Gustav Fröhlich in der Villa auf Schwanenwerder. Schon bald trafen sich Goebbels und Baarová auch alleine, am liebsten auf dem Landsitz des NS-Funktionärs am Bogensee, nördlich von Berlin. Als es Winter wurde, begannen die beiden eine engere Beziehung. Wenig später machten sie ihre Affäre öffentlich, und Goebbels nahm Baarová als Begleitung mit zu Filmpremieren. Gustav Fröhlich warf sie daraufhin aus dem Haus. Magda Goebbels, die vor allem mit gesundheitlichen Problemen und dem Gebären weiterer Kinder für das Reich beschäftigt war, schien sich kaum darum zu scheren, zumindest anfänglich nicht. Hitler wiederum zeigte sich noch immer sehr an der prominentesten Ehe des ›Dritten Reichs‹ interessiert.

11.

Prominenz hatte ihre Vorzüge, wie Richard Kaselowsky schnell erkannte. Am 1. Mai 1937 zählte Dr. Oetker zu den dreißig deutschen Unternehmen, die von Hitler den Ehrentitel als »Nationalsozialistischer Musterbetrieb« verliehen bekamen.[91] Bei einer Zeremonie im Berliner Aero-Klub überreichte der ›Führer‹ Kaselowsky eine goldene Fahne. Der Lebensmittelproduzent erhielt den symbolischen Preis dafür, dass er sich vorbildlich um seine Angestellten kümmerte – und sich insbesondere um die Ausrichtung seines Betriebs an den nationalsozialistischen Arbeitsidealen verdient gemacht hatte. Kaselowsky selbst trug die Auszeichnung als ›Betriebsführer‹ mit Stolz und nutzte die günstige Lage, um für das Unternehmen Dr. Oetker, dessen Tochterfirmen, die Oetker-Familie sowie andere Firmen, die von ihr kontrolliert wurden, Wirtschaftsgüter zu ›arisieren‹.[92]

Nachdem Kaselowsky den von Dr. Oetker kontrollierten Verlag Gundlach 1935 gezwungen hatte, seine profitable Zeitung mit einem unrentablen NSDAP-Organ zu verschmelzen, bemühte sich das Unternehmen nun um einen Ausgleich der beträchtlichen Verluste, indem es sich auf dem Zeitschriftenmarkt umsah. Ehemalige ›nichtarische‹ Verlage und all jene, die sich dem Regime widersetzten, wurden zunächst von Goebbels' Reichspressekammer zensiert, dann wurde ihnen der Besitz und Vertrieb von Druckerzeugnissen untersagt. Infolgedessen waren die Rechte an ihren Zeitschriften und Veröffentlichungen sehr günstig zu bekommen. Im Verlauf des Jahres 1935 wurden ein Berliner Zeitschriftenverlag und dessen Büro in der Potsdamer Straße vom Gundlach Verlag ›arisiert‹, ebenso übernahm er die Rechte an einer Zeitschrift, die zuvor bei einem jüdischen Vertrieb gelegen hatten. In Österreich ›arisierte‹ Gundlach die Wiener Verlagsanstalt Oskar Fischer, der sechs Zeitschriften gehörten. Im Januar 1936 genehmigte Kaselowsky in der von den Nationalsozialisten kontrollierten ›Freien Stadt Danzig‹ eine ›Arisierung‹ durch eine Dr.-Oetker-Tochterfirma. In der Ostseehafenstadt wurde der Mehrheitsanteil an einem Verpackungsunternehmen von der Firma zu einem »äußerst günstig[en]« Preis übernommen, etwa sechzig Prozent unter dem tatsächlichen Marktwert, nachdem die jüdischen Mehrheitseigner ihren Rückzug aus der Firma angekündigt hatten.[93]

Die Familie Kaselowsky/Oetker erwarb zudem Anteile dreier Unternehmen, die zuvor von anderer Seite ›arisiert‹ worden waren.[94] Das bekannteste darunter war eines des Berliner Bierbrauers Ignatz Nacher, dessen Betriebe von der Dresdner Bank und, unabhängig davon, einem Konsortium aus Münchener Privatbankiers rücksichtslos ›arisiert‹ worden waren. Etwa zur gleichen Zeit, als sich Friedrich Flick 1937 Nachers bayerische Grundstücke sicherte, griff sich die Oetker-Familie ein Drittel der Anteile an Groterjan-Malzbier, einer der vom Bankenkonsortium ›arisierten‹ Brauereien Nachers.[95] Die Brauerei markierte den Einstieg der Oetker-Dynastie in den Markt der alkoholischen Getränke, der auch heute noch einen bedeutenden Teil des Familienimperiums ausmacht. Doch die von Kaselowsky, Oetker und Porsche/Piëch veranlassten ›Arisierungen‹ waren nichts im Vergleich zu Größe und Ausmaß der von Günther Quandt, Friedrich Flick und August von Finck durchgeführten Übernahmen.

12.

Im Frühjahr 1937, auf dem Höhepunkt seiner Liaison mit Lída Baarová, war Joseph Goebbels zugleich intensiv mit der Planung von Kunstausstellungen beschäftigt. Das hatte er August Baron von Finck zu verdanken. Was dem genügsamen Finanzier an Großzügigkeit fehlte, machte er dadurch wett, dass er andere genau dazu ermunterte. In nur vier Jahren schaffte von Finck zwölf Millionen Reichsmark für Hitlers neues Haus der Deutschen Kunst in München heran, genug Geld, um die immer weiter steigenden Baukosten zu decken. In Bayern machte man sich über das gewaltige Gebäude lustig, indem man es als »Weißwursttempel« verspottete.[96] Die NSDAP musste nur 100.000 Reichsmark für den Bau bereitstellen, den Rest besorgte von Finck. Der Banker kombinierte Geschäftsreisen mit seinem Fundraising-Auftrag und besuchte andere Magnaten in ihren Villen und auf ihren Gütern. Da durch die Aufrüstung Millionen in die Taschen der Industriellen flossen, konnte von Finck einige der größten Namen der deutschen Wirtschaft davon überzeugen, dem Regime etwas zurückzugeben und Gründungsmitglieder des Museums zu werden – und das für nur 100.000 Reichsmark. Unter den freigiebigen Geschäftsleuten, die ihre Scheckbücher zückten, waren Friedrich Flick, Gustav Krupp, Carl Friedrich von Siemens und Robert Bosch.[97]

Anfang 1937 flogen Hitler und Goebbels nach München, um das Haus der Deutschen Kunst und die von einem Gremium ausgewählten Werke der Eröffnungsausstellung, die »Große Deutsche Kunstausstellung«, zu inspizieren. Von Finck persönlich führte die beiden herum. Das Duo war jedoch entsetzt: »Man hat hier Stücke aufgehängt, die einem direkt das Grausen beibringen«, schrieb Goebbels in sein Tagebuch. »Der Führer tobt vor Wut.«[98]

Die Wände waren zumeist mit fürchterlichen historischen Szenen deutscher Eroberungen gefüllt. Offensichtlich hatten die Ausstellungsmacher das nationalsozialistische ›Blut und Boden‹-Motiv allzu wörtlich interpretiert. Und das Ergebnis entsprach kaum der künstlerischen Vision vom Nationalsozialismus, die dem Reichskanzler vorschwebte. Hitler erwog, die Schau lieber um ein Jahr zu verschieben, »als so einen Mist aus[zu]stellen«, und beauftragte seinen persönlichen Fotografen Heinrich Hoffmann, die Ausstellung fortan zu kuratieren.[99] Doch da sie in der Öffentlichkeit bereits große Aufmerksamkeit auf sich gezogen hatte, war es nicht mehr möglich, die Ausstellung derart kurzfristig zu verschieben, ohne den ›Führer‹ in Verlegenheit zu bringen. Die Show musste weitergehen.

Als Hitler und Goebbels einen Monat später zur Vernissage zurückkehrten, war der Reichskanzler zufriedener. Thematisch war nichts verändert worden, man hatte nur die Zahl der blutrünstigen Schlachtengemälde etwas reduziert. Am 18. Juli 1937 eröffnete der ›Führer‹ das Haus der Deutschen Kunst und dessen erste Ausstellung, wobei von Finck an seiner Seite stehen durfte. Bei der Eröffnung gaben Magda und Joseph Goebbels 50.000 Reichsmark aus, um NS-Kunst für ihre Häuser zu erwerben. Zur gleichen Zeit hatte Goebbels ein paar Straßen entfernt in den Hofgarten-Arkaden eine weitere Ausstellung auf die Beine gestellt. Seine Idee war, die beschlagnahmten Bilder vorrangig deutscher, zum Teil aber auch ausländischer moderner Künstler zu zeigen, die für all das standen, was im ›Dritten Reich‹ in der Kunst unerwünscht war, zumindest in Goebbels' Augen. Die Ausstellung zeigte unter dem Titel »Entartete Kunst« mehr als sechshundert Arbeiten, darunter solche von Max Beckmann, Marc Chagall, Max Ernst, Otto Dix, Paul Klee, George Grosz und Wassily Kandinsky. Die Schau zog rasch mehr als zwei Millionen Besucher an, doppelt so viele wie die Museumsausstellung.[100]

Insgesamt war das Regime jedoch zufrieden mit von Finck und seinem Fundraising für Hitlers Museum. Schon bald sollte der

Bankier für seinen Einsatz im Dienst der nationalsozialistischen Sache belohnt werden.

Einige Monate später trat Goebbels erneut als Kritiker auf, diesmal ging es allerdings um innovative Technik. Anfang September 1937 reiste er nach Stuttgart, um mit Ferdinand Porsche eine Testfahrt im Volkswagen zu unternehmen. »Der Wagen hat ein fabelhaftes Anzugsvermögen, er steigt gut und ist vorzüglich gefedert. Aber muss man ihn äußerlich so schmucklos machen? Ich gebe Porsche da einige Ratschläge. Er nimmt sie sehr bereitwillig auf«, hielt Goebbels in seinem Tagebuch fest.[101] Er selbst ließ sich lieber in schicken Limousinen kutschieren. Drei Monate später inspizierte der Propagandaminister den Volkswagen erneut und zeigte sich glücklich über die Verbesserungen. »Dr. Porsche liefert hier ein Meisterstück«, stellte Goebbels fest – zufrieden wie immer, wenn man ihm gehorchte.[102] Wenig später zeichnete er Porsche mit dem Deutschen Nationalpreis für Kunst und Wissenschaft aus. Und auf Porsche sollten sogar noch größere Belohnungen warten.

13.

Nur Monate nachdem er einer jüdischen Familie bei der Flucht aus Deutschland geholfen hatte, beraubte Günther Quandt eine andere.[103] Am 9. Juni 1937 veröffentlichte seine Rüstungsfabrik DWM eine nur aus einem Satz bestehende Erklärung in der *Berliner Börsen-Zeitung*, sie habe das Unternehmen Henry Pels übernommen. Der hochmoderne Maschinenbauer produzierte in Erfurt Lochstanzen und Eisenschneider. Nicht in der knappen Ankündigung stand, wie Quandt elf Tage zuvor rücksichtslos den Betrieb ›arisiert‹ hatte. Am Morgen des 29. Mai 1937 war während einer angespannten Aktionärssitzung in Quandts Büro am Askanischen Platz der Berliner Chirurg Fritz Heine gezwungen worden, den

Mehrheitsanteil seiner Frau an dem Familienunternehmen weit unter Marktpreis zu verkaufen und auf seinen Aufsichtsratssitz zu verzichten. Heine war der einzige ›Nichtarier‹ im Aufsichtsrat gewesen und hatte dort seine Gattin Johanna vertreten. Diese hatte das Aktienpaket geerbt, als ihr Vater, der Firmengründer Henry Pels, und seine Frau 1931 verstorben waren. Ihr einziger Bruder war als Offizier im Ersten Weltkrieg bereits den »Heldentod für sein Vaterland« gestorben.[104] Das Ehepaar Heine und ihre beiden Kinder waren protestantisch getauft, doch das half ihnen in Zeiten der Nürnberger Rassegesetze nichts – ihre Eltern waren Juden.

Günther Quandt kaufte ihnen ihren Anteil mit schwer wieder zu veräußernden Schatzanweisungen des Deutschen Reichs im Wert von 500.000 Reichsmark ab, womit er die Heines um mindestens 1,5 Millionen Reichsmark betrog. Der nominelle Wert von Johannas Anteil lag bei zwei Millionen Reichsmark, der tatsächliche dürfte noch weitaus höher gelegen haben. Quandt schätzte allein den Wert der Maschinen des Unternehmens auf drei Millionen Reichsmark. Nach der ›Arisierung‹ übernahm Günther Quandt den Vorsitz im Aufsichtsrat der Firma, besetzte die weiteren Plätze mit Geschäftspartnern und eigenen Führungskräften und richtete das Unternehmen neu auf die gewinnbringende Waffenindustrie aus. 1938 warf es bereits einen Bruttogewinn von sechs Millionen Reichsmark ab, indem es Gewehrhalterungen, Kanonen und Luftabwehrartillerie für U-Boote herstellte. Der neue Firmenchef ›arisierte‹ auch den Namen des Unternehmens: Der Name von Johannas Vater (Henry Pels) verschwand und wich der neuen Firmierung Berlin-Erfurter Maschinenfabrik. Doch auch danach wurden Geschäftsbriefe häufig auf Briefpapier verfasst, das noch den alten ›nichtarischen‹ Firmennamen trug.

Für das Ehepaar Heine endete die Angelegenheit schrecklich. Ihr Sohn war nach dem Ende seines Ingenieurstudiums bereits in die Vereinigten Staaten gezogen, ihre Tochter konnte dank der Hilfe eines Berliner Pastors nach England entkommen. Die Eltern blieben jedoch im Deutschen Reich. Sie waren zuversichtlich, »dass der nationalsozialistische Spuk bald vorübergehen werde«.[105] Das tat er nicht. Johanna und Fritz Heine wurden gezwungen, aus ihrer Villa im Berliner Westend auszuziehen und sich woanders zwei Zimmer zu mieten. Am 24. Oktober 1941 deportierte man sie per Zug aus Berlin nach Lodz/Łódź im Warthegau, einem von den Deutschen besetzten und umbenannten Teil Polens, in dem ein Bekannter von Günther Quandt, der grausame Gauleiter Arthur Greiser, über Millionen Menschen herrschte – darunter jene im jüdischen Ghetto von Lodz. Dieses diente als Hauptsammelpunkt für die Verlegung ins Vernichtungslager Kulmhof/Chełmno. Die Heines wurden vermutlich Mitte November 1941 in Kulmhof ermordet, auch wenn ihr Totenschein als Ort Litzmannstadt angibt, wie Lodz im ›Dritten Reich‹ hieß. In ihrer alten Heimat wurden die letzten Besitztümer des Paars für die Reichsfluchtsteuer beschlagnahmt, da sie ja aus dem Reich ›geflohen‹ waren. Für Günther Quandt waren die Heines nicht viel mehr als der Startschuss für seine Plünderungen quer durch Deutschland und andere Teile Europas.

Für Letzteres bekam er bald Verstärkung. Quandt hatte ein junges Talent entdeckt, das ihm bei der Ausdehnung seines Imperiums helfen sollte.[106] An einem Morgen im September 1937 führte Günther Quandt in seinem Büro ein Bewerbungsgespräch mit einem schneidigen Juristen, der bereits im kaufmännischen Bereich tätig war und nun ihm gegenüber Platz genommen hatte. Quandt schrieb sorgfältig alle Antworten mit. Er hatte den 29-jährigen Horst Pavel bei einem Unternehmensempfang kennengelernt und dessen Begabung fürs Geschäftliche erkannt. An diesem Tag bot der Unternehmer Pavel die Stelle als Leiter der Rechtsabteilung der AFA an. Pavel bekam drei Stunden für die Entscheidung, die er um 15 Uhr traf: Er nahm die Stelle an. Günther Quandt war überzeugt, seinem ältesten Sohn und Nachfolger Herbert könnte etwas Konkurrenz nicht schaden. Herbert Quandt hatte seine vierjährige kaufmännische Ausbildung im AFA-Management im Mai 1937 abgeschlossen und eine Stelle als Direktor bei Pertrix, einer AFA-Tochterfirma, die in Berlin Taschenlampen und Batterien herstellte, angetreten. Pavel war zwei Jahre älter als Herbert Quandt, aber genauso ehrgeizig. Er würde alles daransetzen, um den Sohn des Chefs zu übertrumpfen.

Und Günther Quandt förderte diesen Wettkampf. Er dachte in darwinistischen Kategorien und schrieb von einem »Lebenskampf« seines Sohns.[107] Er gab Pavel ein Büro direkt neben seinem eigenen und nahm den neuen Protegé kurz nach der Einstellung auf eine fast viermonatige Schiffsreise nach Südamerika mit. Von der »Cap Arcona« aus schickte Quandt senior seinen Führungskräften ein paar persönliche Betrachtungen über Südamerika: »Das Prinzip der reinen Rasse ist hier [in Brasilien] undurchführbar, besteht doch das ganze Land aus Spaniern, Italienern, Deutschen, die mit Indianern gekreuzt sind«, hielt er in einem Brief fest. »Dazu die Neger, mit denen man sich ebenso wahllos vermischte. So entstand eine für dieses mörderische Klima widerstandsfähige Rasse mit genügend geistigem Einschlag vonseiten der weißen und der roten Haut. Das weiße Argentinien steht dem feindlich gegenüber. Es hat die höhere Intelligenz.«[108] Während der Schiffspassage machte Quandt Pavel ein umfassendes Angebot: die gesamte kaufmännische Geschäftsführung der AFA und einen Sitz im Vorstand, sollte er bei der Quandt-Gruppe bleiben. Wie aus dem Nichts machte der Industrielle den jungen Anwalt zu seiner rechten Hand. Herbert hatte das Nachsehen – er würde weiter um die Anerkennung seines Vaters kämpfen müssen.

14.

Im Herbst 1937 brachte sich auch Friedrich Flick für Unternehmensplünderungen in Stellung. Sein Vertrauter Otto Steinbrinck hatte ihm am 4. November in einem Memo mitgeteilt, Wilhelm Keppler, Hitlers allgegenwärtiger Vermittler zwischen dem

Regime und der Geschäftswelt, habe ihn wissen lassen, dass »seit einiger Zeit der jüdische Besitz in Deutschland von einer neuen Verkaufswelle ergriffen« sei. Sogar jüdische Eigentümer, »von denen man es bisher nicht erwartet hätte«, seien nun bemüht, »Besitz in Deutschland los zu werden«, so Steinbrinck.[109] Prompt ergriff Flick die Gelegenheit. Einige der ersten Vermögenswerte aus jüdischem Besitz, die er sich sicherte, waren für seinen Privatbesitz gedacht. Er liebte es, große Ländereien zu kaufen. Dieses Mal legte er sich drei große Güter zu: eines in Bayern, eines bei Berlin sowie ein Jagdrevier in Österreich, alle drei von jüdischen Unternehmerfamilien, die verkaufen mussten, solange sie noch die Möglichkeit dazu hatten.[110] (Das Anwesen in Bayern[111] und das Jagdrevier in Österreich[112] gehören noch heute Flicks Enkeln.)

Im November 1937 war Flicks erste ›Arisierung‹ schon seit Monaten im Gange. Bereits im Spätsommer hatte er begonnen, das Hochofenwerk Lübeck einzukreisen, eine wichtige Roheisenfabrik in der Hansestadt.[113] Das Werk war eine der wenigen größeren Firmen der deutschen Schwerindustrie in jüdischer Hand. Die Aktionäre des Hochofenwerks Lübeck waren zumeist deutsch-jüdische Unternehmerfamilien sowie mit ihnen in Beziehung stehende Betriebe und Banken. Schon seit einem knappen Jahrzehnt hatte Flick die Firma im Auge. Jetzt schlug er zu.

Dass der Erwerb des Hochofenwerks Lübeck immens wichtig war, hatte Flick bereits Anfang des Jahres erkannt. Das Unternehmen konnte seine Stahlfabriken mit Roheisen versorgen, an dem zu dieser Zeit großer Mangel herrschte. Außerdem war der Geschäftsführer des Hochofenwerks ein Nationalsozialist und nur zu gern bereit, bei der ›Arisierung‹ der von ihm geleiteten Firma zu assistieren. Für ihn waren die jüdischen Aktionäre der Hauptgrund, weshalb sein Unternehmen bei der Vergabe von Waffenaufträgen durch das HWA übergangen wurde. Nun betrat Flick die Bühne. Zunächst gelang ihm die feindliche Übernahme des zweitgrößten Einzelaktionärs des Werks in Lübeck, eines Eisenerzhandelsunternehmens, das als jüdisch galt. Als einige Anteilseigner dieses Unternehmens versuchten, ihre Aktien zusammenzulegen und ins Ausland zu transferieren, drohte Flick mit Sanktionen vonseiten des Regimes, um die jüdischen Aktionäre zum Verkauf zu zwingen. Am abschließenden Übernahmegespräch in seinem Firmensitz in der Berliner Bellevuestraße Anfang Dezember 1937 nahm der Industrielle dann allerdings gar nicht teil. Ziel des Treffens war es, die letzten Verweigerer, eine Gruppe ausländischer Investoren und die Warburg Bank, vom Verkauf ihrer Anteile zu überzeugen. Gegenüber Walther Oldewage, der vonseiten des Staates das Geschäft vorantrieb, entschuldigte Flick sein Fehlen mit den Worten: »Die Aussprache mit diesem Gremium ist ein erneuter jüdischer Trick, auf den ich nach meinen bisherigen schlechten Erfahrungen nicht einzugehen gewillt bin.«[114] Am Ende verkauften die Anteilseigner.

Nachdem dieser erste Teil abgeschlossen war, wandte sich Flick wenige Tage darauf an die größten Aktionäre des Hochofenwerks Lübeck, die jüdische Familie Hahn. Sie erklärten sich fast augenblicklich bereit, ihre Anteile in zwei Tranchen zu verkaufen, und zwar deutlich unter Marktwert, jedoch zu einer Bedingung. Um ihr Familienunternehmen, ein Stahlwerk im Ruhrgebiet, zu schützen, bestanden die Hahns auf einer schriftlichen Zusicherung, dass der Verkauf ihres Anteils am Hochofenwerk von den Behörden als Zeichen des guten Willens interpretiert werde und ihr Stahlwerk von Zwangsmaßnahmen verschont bleibe. Oldewage verweigerte dies und gab nur eine vage mündliche Erklärung ab. Die Hahns setzten die Verhandlungen dennoch fort und verkauften einen ersten Teil ihrer Aktien am Hochofenwerk im Dezember 1937 an Flick. Wochen später machte Flick dem Staatsbeamten Oldewage ein verlockendes Angebot: Als Belohnung für seine Hilfe im Fall Hahn würde er ihn zwar nur in der mittleren Führungsebene eines seiner Stahlunternehmen unterbringen, allerdings mit großzügiger Bezahlung. Kurz bevor Oldewage seine neue Stelle antrat, stellte ihm Steinbrinck ein nur mittelmäßiges Zeugnis aus: »Menschlich scheint er etwas zu weich zu sein; ich habe ihm darauf persönlich geraten, sich mit dem Judentum weniger stark abzugeben.«[115]

In den Wochen nach dem Verkauf des ersten Aktienpakets an Flick erhöhten die Nationalsozialisten den Druck auf die Hahns erheblich. Man drohte ihnen mit Festnahme und KZ-Haft. Als die Hahns sich in Berlin bei der für ›Arisierungen‹ zuständigen Stelle im Reichswirtschaftsministerium meldeten und auf die Zusicherung verwiesen, dass ihr Unternehmen unbehelligt bleiben solle, erklärte ihnen ein NS-Funktionär, er könne kaum glauben, dass sie so dumm gewesen seien, »einen Wechsel anzunehmen, für den keine Deckung vorhanden ist«.[116] Die Hahns sahen zu diesem Zeitpunkt keinen anderen Ausweg mehr, als ihr Stahlunternehmen im Ruhrgebiet an einen großen Konkurrenten zu verkaufen und nach England zu emigrieren. Die Familie übertrug ihre letzten Anteile an dem Hochofenwerk Lübeck an Flick, auch dieses Mal Millionen Reichsmark unter Marktwert. Sie brauchte das Geld, um das Land verlassen zu können. Nun besaß Flick die Mehrheit am Unternehmen in Lübeck und machte sich gleich an das nächste ›Arisierungsprojekt‹.

Auf ihrem One-Way-Flug nach London trafen die Hahns Otto Steinbrinck. Flicks rechte Hand war im Auftrag seines Chefs geschäftlich unterwegs und spöttelte gegenüber der fliehenden jüdischen Familie: »Sie haben Glück gehabt, dass Sie überhaupt noch rauskommen.«[117]

15.

Noch während seine Attacke auf das Hochofenwerk Lübeck lief, nahm Friedrich Flicks nächste – und weit größere – ›Arisierung‹ bereits Formen an. Anfang November 1937 teilte Keppler Otto Steinbrinck mit, eine Reihe weiterer Firmen sei für die Übernahme vorgesehen. Dazu gehörten die deutschen Unternehmen im Besitz der Julius- und der Ignaz-Petschek-Gruppe, die ursprünglich von den gleichnamigen jüdisch-tschechischen Petschek-Brüdern gegründet worden waren. Zu der Zeit, als die beiden Konglomerate Flicks Interesse weckten, gingen die Firmen schon lange getrennte Wege und wurden von den Söhnen der beiden Brüder geführt, die sich untereinander jedoch nicht sonderlich gut verstanden. Die Petschek-Erben waren dem NS-Regime ein beträchtlicher Dorn im Auge. Zusammengenommen kontrollierten die Cousins rund 65 Prozent der Braunkohlereserven in Ost- und Mitteldeutschland, womit sie für 18 Prozent der Kohleproduktion im gesamten Deutschen Reich verantwortlich waren.[118] Und dies machte nur einen kleinen Teil des Petschek-Geschäfts aus. Der größere Teil waren Kohleminen in Böhmen und Mähren, also in jenen Regionen der Tschechoslowakei, die Hitler an sich reißen wollte.

Als Keppler Steinbrinck darauf hinwies, dass die deutschen Beteiligungen der Petscheks ›arisiert‹ werden sollten, bestätigte er damit etwas, das Flick und Steinbrinck längst aus anderen Quellen erfahren hatten: Die in Prag ansässige Julius-Petschek-Gruppe, das kleinere der beiden Konglomerate, führte bereits Gespräche mit zwei Unternehmen, die die Mehrheitsanteile an zwei großen deutschen Braunkohlenunternehmen übernehmen wollten. Und es waren nicht irgendwelche Firmen, die um die Kontrolle der deutschen Petschek-Vermögenswerte wetteiferten: Es handelte sich um Wintershall, den Kali- und Ölriesen, der zu einem Viertel Günther Quandt gehörte, sowie die IG Farben, das weltweit größte Chemieunternehmen. Wenn es Flick gelänge, die Petschek-Braunkohle in Deutschland in seinen Besitz zu bringen, wäre die Energieversorgung seiner wichtigsten Stahlfirma auf Jahrzehnte gesichert. Dies sei eine »Lebensfrage«, erläuterte Steinbrinck Keppler am 3. November 1937. Zwei Wochen später wiederholte Steinbrinck Keppler gegenüber, dass der Flick-Konzern sich »unter allen Umständen« an der »Liquidation des P.-Besitzes« beteiligen wolle.[119] Die beiden einigten sich darauf, »dem jüdischen Element Ärger zu machen«, wie Keppler es ausdrückte.[120]

Das »Petschek-« oder »P.-Problem«, wie Flick und seine Helfer ihre ›Arisierungsbemühungen‹ euphemistisch nannten, entwickelte sich zu einer vordringlichen Aufgabe. Flick und Steinbrinck bearbeiteten ihre Kontakte in der politischen Führung und ihre Petschek-Verbindungen, um mit Vorsprung in die Verhandlungen gehen zu können. Viele der von ihnen angesprochenen Personen waren ebenfalls Mitglieder des Freundeskreises Reichsführer SS. Am wichtigsten dürfte hier Herbert Göring gewesen sein, der Halbbruder von Reichsmarschall Hermann Göring. Nur aufgrund seiner Familienbeziehung hatte Herbert Göring zunächst eine Stelle als Generalreferent im Wirtschaftsministerium erhalten, bevor er dann verschiedene Leitungsfunktionen in mehreren großen deutschen Wirtschaftsunternehmen übernommen hatte. Herbert Göring »hatte sich im Dritten Reich eine geradezu parasitäre Stellung geschaffen, indem er den Immediatzugang zu seinem mächtigen Halbbruder in bares Geld verwandelte«.[121] Auch Flick und Steinbrinck nutzten diesen Kanal und versprachen Herbert Göring für »den Fall einer Lösung des P.-Problems« eine hohe Geldsumme.[122]

Bei einem Treffen mit Steinbrinck erklärte Herbert Göring, die Petscheks hätten die volle Aufmerksamkeit seines Halbbruders. Hermann Göring war zu dieser Zeit mit der Umsetzung seines ›Vierjahresplans‹ für die Wirtschaft NS-Deutschlands beschäftigt. Dessen hochtrabendes Ziel war die weitere Bewaffnung des Landes, vor allem aber, Deutschland autark zu machen: Es sollte ein Land werden, das sich in allen Belangen selbst versorgen konnte und nicht länger auf Importe aus dem Ausland angewiesen war.[123] Die Braunkohlereserven der Petscheks, unerhörterweise im Besitz von jüdischen Ausländern, spielten dabei natürlich eine Rolle. Bei einem zweiten Treffen, dieses Mal mit Flick, bestätigte Herbert Göring, dass die Erben von Julius Petschek zum Verkauf bereit seien, die Ignaz-Petschek-Gruppe jedoch jede Offerte ablehnte. Um sie müsse man sich später kümmern.[124]

Mit der Rückendeckung der beiden Görings sicherte sich Flick eine prominente Position am Verhandlungstisch. Mitte Dezember

1937 informierte Flick den Geschäftsführer von Wintershall, August Rosterg, einen Geschäftspartner von Günther Quandt und ebenfalls Mitglied in Himmlers Freundeskreis, dass er Anspruch auf Julius Petscheks deutsche Braunkohleminen erhebe. Der Wintershall-Direktor antwortete mit »verärgertem Schweigen«.[125] Gleichzeitig ließ Herbert Göring ein Vorstandsmitglied bei Julius Petschek wissen, dass die weiteren Verkaufsverhandlungen fortan mit einem Konsortium unter Flicks Führung vonstattenzugehen hätten. Diese Information wurde an einen von Julius Petscheks Söhnen weitergegeben, der daraufhin umgehend die Gespräche mit Wintershall und der IG Farben abbrach und seine Bereitschaft deutlich werden ließ, mit Flick zu verhandeln. Doch dann geriet der Prozess ins Stocken. Die Söhne von Julius Petschek, tschechoslowakische Staatsbürger, hatten eine komplizierte Eigentümerstruktur geschaffen.[126] Sie hatten bereits lange zuvor die wichtigste Holding für ihre deutschen Anteile sicher nach Übersee verlagert; diese lagen nun bei der United Continental Corporation (UCC) in New York. Ein ehemaliger UCC-Vorsitzender war John Foster Dulles, der in den 1950er-Jahren US-Außenminister werden sollte. Außerdem wollten die Erben von Julius Petschek in US-Dollar bezahlt werden, doch Hermann Göring und die NS-Behörden gestatteten es nicht, dass für deutsche Unternehmen mit Dollar bezahlt wurde.

Mitte Januar 1938 verfasste Steinbrinck ein umfangreiches Memo, das Flick eine Woche später bei einer Präsentation nutzte, um zu zeigen, wie das »Petschek-Problem« gelöst werden könne.[127] Am 21. Januar 1938 hatte er dabei in Berlin einen einzigen Zuhörer: Hermann Göring. Flick schlug dem Reichsmarschall eine zweigleisige ›Arisierung‹ vor. Er würde mit den Erben von Julius Petschek allein einen Deal aushandeln, doch dafür müsse ein Kompromiss in der Frage der Devisen gefunden werden, so der Industrielle. Flicks Argumentation: Würde er das alleinige Verhandlungsmandat erhalten, könne nicht der Fall eintreten, dass mehrere Interessenten den Preis in die Höhe trieben, weil die Petscheks die Wahl zwischen mehreren Angeboten hätten. Gleichzeitig würde ein freiwilliger Verkauf die Verweigerungshaltung der Ignaz-Petschek-Erben schwächen, führte Flick aus. Seine Präsentation fiel bei dem Reichsmarschall auf fruchtbaren Boden. Hermann Göring unterschrieb ein vorbereitetes Dokument, das Flick mit dem alleinigen Verhandlungsmandat für beide Petschek-Gruppen ausstattete, obwohl es nicht bindend war und keine Zugeständnisse in der Frage der ausländischen Währung enthielt.

Am nächsten Tag trafen die Vertreter der Julius-Petschek-Erben in Berlin ein. Verhandlungsführer war George Murnane, ein gut vernetzter New Yorker Investmentbanker, der seinem Freund Dulles auf der Position des UCC-Vorsitzenden gefolgt war. Murnane wollte eine »beruhigende Atmosphäre« schaffen,[128] doch Flick führte vom ersten Treffen an die Gespräche mit harter Hand und erklärte, durch »Befehl von top quarters [sic]« sei er alleine für die Verhandlungen autorisiert.[129] Eine Bezahlung in US-Dollar für deutsche Ressourcen käme nicht infrage. Und ohne rasche Zugeständnisse von den Petscheks, so machte Flick drohend klar, rücke eine erzwungene Lösung immer näher. Doch Murnane weigerte sich, in der Devisenfrage nachzugeben, und verlangte einen Kaufpreis von 15 Millionen US-Dollar, obgleich er sein Verständnis für das »deutsche Problem, nämlich die Aufrüstungsfrage und die Judenfrage«, ausdrückte.[130]

Nach zwei weiteren ergebnislosen Gesprächsrunden brach Flick am 31. Januar 1938 die Verhandlungen gleich zu Beginn eines erneuten Treffens abrupt ab. Er log und behauptete, sein Verhandlungsmandat sei an diesem Tag erloschen. Im letzten Absatz einer Erklärung, die Flick rätselhafterweise allen im Raum laut vorlas, machte er deutlich, dass die Erben der Petscheks ganz ohne Deal enteignet würden. Der undurchschaubare Murnane, den Flick rund um die Uhr hatte überwachen lassen, konterte ebenfalls mit einem Bluff und gab an, ein Angebot über elf Millionen US-Dollar von Quandts Wintershall erhalten zu haben.[131] Dann erhöhte Murnane sogar noch den Einsatz: Deutschen Firmen in den Vereinigten Staaten drohten »die gleichen Probleme, wie sie ihn in Deutschland jetzt beschäftigt hätten«.[132]

Murnanes Antwort ließ auf höchster Ebene der NS-Wirtschaftsbehörden die Alarmglocken schrillen. Angesichts dieser Drohungen gegenüber deutschem Vermögen im Ausland, vor allem auch in Hinblick auf die Tochterunternehmen der IG Farben in den USA, waren Hermann Göring und seine Lakaien bereit, den Widerstand gegen eine Bezahlung in US-Dollar aufzugeben. Flick hingegen hatte es nicht eilig, die Verhandlungen abzuschließen. Die Annexion Österreichs durch Hitler stand unmittelbar bevor, und Flick wollte abwarten, wie sich dies auf seine Verhandlungsposition auswirken würde. Wie sich herausstellte, hatte es einen äußerst positiven Effekt.

Nach Hitlers Einmarsch in sein Heimatland Mitte März 1938 und der Drohung, die Tschechoslowakei wäre als Nächste an der Reihe, senkten die Julius-Petschek-Erben ihren Preis deutlich. Kurz darauf wurde der politische Druck noch einmal verstärkt. Ende April 1938 gab Göring mehrere Dekrete heraus, mit denen die Verfolgung der Juden verschärft wurde. Jeder Verkauf und jede Verpachtung unterlagen fortan staatlicher Genehmigung, sobald ein Jude, ganz gleich ob Deutscher oder Ausländer, daran beteiligt war; ausländische Juden mussten den Behörden zudem all ihre Besitztümer in Deutschland anzeigen. Göring stellte darüber hinaus eine staatliche Enteignung in Aussicht, sollte dies im Interesse der deutschen Wirtschaft liegen.[133]

Am 10. Mai 1938 nahmen Flick und die UCC, nun vertreten von Murnanes britischem Partner Viscount Strathallan, in der mondänen Kurstadt Baden-Baden ihre Verhandlungen wieder auf. Bei der zweiten Verhandlungsrunde in Berlin eine Woche später einigte man sich auf 6,3 Millionen US-Dollar, weniger als die Hälfte des Marktwerts der Anteile, fast 5 Millionen Dollar weniger als Wintershalls Angebot und 9 Millionen Dollar weniger als das, was Murnane drei Monate zuvor verlangt hatte. Die Stimmung und das Machtverhältnis hatten sich zu Flicks Gunsten gewandelt. Strathallan dankte Flick und lobte »den Geist all unserer Gespräche«. Murnane schickte Flick aus New York ein Telegramm: »Möchte meine Bewunderung für Ihre Fähigkeit und Fairness bei der Durchführung der Transaktion und Ihr Verhandlungsgeschick ausdrücken.« Flick antwortete höflich und erklärte, der Erfolg sei dadurch zustande gekommen, dass »in beiderseitiger Loyalität zusammengearbeitet wurde und wir auf Ihrer Seite weitgehendes Verständnis für die deutschen Verhältnisse angetroffen haben«.[134] (Bei einer Untersuchung in den Vereinigten Staaten wurde Murnane später vorgeworfen, er habe die »Interessen seines Kunden« schlecht vertreten. Die Amerikaner befanden, er habe »das Petschek-Eigentum in die Hände der Nationalsozialisten gespielt, indem er [...] bei allen Punkten nachgegeben und Schwäche gezeigt« habe.[135]) Die Erben von Julius Petschek konnten ihre verbleibenden Besitztümer im Sudetenland an ein tschechoslowakisches Konsortium verkaufen, wenige Wochen bevor Hitler das Gebiet besetzen ließ.[136] Dann emigrierten sie in die Vereinigten Staaten und nach Kanada.

Doch Flick war noch nicht zufrieden. Er verkaufte einige der Julius-Petschek-Braunkohleminen weiter an Wintershall und die IG Farben. Insgesamt machte er rund 600.000 US-Dollar Gewinn bei dieser ›Arisierung‹ und konnte sich zudem noch völlig kostenlos Brennstoffvorräte für seine Stahlfirmen sichern.[137] Als Vermittlergebühr transferierte Flick vorübergehend eine Million Aktien der Hochofenwerke Lübeck an Herbert Göring. Der korrupte Halbbruder des Reichsmarschalls durfte sie so lange behalten, bis ihre Dividende ausgeschüttet war. Außerdem verschaffte ihm Flick ein Darlehen, mit dem er sich in einen Schiffsbaukonzern einkaufen konnte. Laut Flick zahlte Herbert Göring das Darlehen zurück, nachdem er ein »ganz gutes Geschäft« mit dem Verkauf seines Mehrheitsanteils an Flicks Waffen- und Stahlkonkurrenten Krupp gemacht hatte.[138] Wintershall stand bei der ›Arisierung‹ der deutschen Julius-Petschek-Unternehmen als Verlierer da, doch Günther Quandt zeigte sich darüber nicht verzweifelt. Er sollte noch ausreichend Gelegenheiten bekommen, zwielichtige Geschäfte abzuschließen. Und überhaupt: Manchmal gewinnt man, manchmal verliert man. Auch Flick sollte diese Lektion in Kürze am eigenen Leib erfahren.

16.

Das Haus der Deutschen Kunst öffnete im Juli 1937 seine Tore, just als die ›Arisierungen‹ Schwung aufnahmen, und August Baron von Finck stand bereit, sich all seine Bemühungen für Hitler in barer Münze auszahlen zu lassen. Einige NS-Führungsfiguren wie der persönliche Anwalt des ›Führers‹, Hans Frank, und Münchens korrupter Ratsherr Christian Weber besaßen bereits NSDAP- und Privatkonten bei Merck Finck & Co., der Privatbank des Aristokraten.[139] Nun war für von Finck die Zeit gekommen, seine Finanzinstitution zu erweitern und sich seiner jüdischen Rivalen zu entledigen. Zunächst griff er dazu einen Münchener Konkurrenten an: Martin Aufhäuser, Seniorpartner beim Bankhaus H. Aufhäuser, einer der größten deutschen Privatbanken. Der Bankier hatte gegen die Nürnberger Rassegesetze protestiert, nach denen er als jüdisch klassifiziert wurde. Aufhäuser bat um eine Ausnahme von dem Gesetz, damit seine Persönlichkeitsrechte wieder gewährleistet und seine Familienbank gerettet werden konnten – ein Vorgang, der Hitlers persönliche Genehmigung verlangte. Wenig überraschend lehnte Hitler diese Anfrage ab.[140]

Von Finck ergriff die Gelegenheit, die Sache eskalieren zu lassen. In einem Brief an die Münchener Handelskammer vom 11. November 1937 entwarf er einen Vorschlag für die Eliminierung des Bankhauses H. Aufhäuser und kam zu dem Schluss: »Das deutsche Privatbankiergewerbe besteht heute immer noch zu einem großen Teil aus nichtarischen Firmen. Die allmähliche Bereini-

Abb. 12: August von Finck und Hitler zeigen den ›Deutschen Gruß‹ vor dem Haus der Deutschen Kunst (1935)

gung dieses durch das jüdische Element so stark durchsetzten Gewerbes darf nicht durch Bewilligung von Ausnahmeanträgen noch aufgehalten, sondern muss […] mit allen Mitteln gefördert werden.«[141] Während der ›Reichskristallnacht‹, dem furchtbaren Pogrom gegen Juden, das in der Nacht vom 9. auf den 10. November 1938 in ganz Deutschland begangen wurde, beschlagnahmte man auch das Bankhaus H. Aufhäuser und ›arisierte‹ es rasch.[142] Nachdem sie wochenlang im Konzentrationslager Dachau in ›Schutzhaft‹ gesessen hatten, konnten Martin Aufhäuser und sein Bruder aus dem Deutschen Reich ausreisen und in die Vereinigten Staaten fliehen. Ihr anderer Bankpartner und dessen Frau begingen nach den Novemberpogromen Selbstmord. Von Finck war als Landesobmann der Fachgruppe Privatbankiers in Bayern für die Liquidation von Martin Aufhäusers privatem Aktienportfolio zuständig.[143] Die Erträge nutzte man, um Aufhäusers ›Reichsfluchtsteuer‹ zu begleichen, nachdem er das Land verlassen hatte.

Die Gelegenheit zu von Fincks erster eigener ›Arisierung‹ bot sich, noch während er die Angriffe gegen seine jüdischen Kollegen bei H. Aufhäuser beschleunigte.[144] Otto Christian Fischer, ein prominenter nationalsozialistischer Bankier, der zusammen mit von Finck im Museumskuratorium saß, war als Leiter der Reichsgruppe Banken bei der Finanzierung von ›Arisierungen‹ ein wichtiger Mann. Im Herbst 1937 stellte Fischer den Kontakt zwischen von Finck und Willy Dreyfus, dem Eigentümer der bekannten deutschen Privatbank J. Dreyfus & Co., sowie Paul Wallich her, einem Partner in Dreyfus' Berliner Niederlassung.

Willy Dreyfus hatte sich entschieden, seine Familienbank zu verkaufen, da der Druck auf ihn immer größer wurde. Seine Frankfurter Niederlassung hatte er bereits geschlossen, nachdem einem Partner Haft in einem Konzentrationslager angedroht worden war. Dreyfus suchte nun nach einem Käufer für seine größere Berliner Zweigstelle. Die Aussicht auf ein Büro in der Hauptstadt war verlockend für von Finck: Seine Privatbank besaß zu diesem Zeitpunkt nur eine Münchener Niederlassung, dabei wurden alle großen Entscheidungen doch in Berlin getroffen. Natürlich wollte er zuschlagen.

Die Verhandlungen zwischen Willy Dreyfus und einem Vertreter von Fincks begannen im Dezember 1937. Julius Kaufmann, ›Halbjude‹ und einer von Dreyfus' Direktoren, war bei diesen dreimonatigen Gesprächen in Berlin anwesend und berichtete später, wie von Finck Dreyfus zwang, den Verkaufspreis seiner Bankniederlassung zu senken. Zunächst weigerte von Finck sich, die Pensionsobligationen der Bank für ihre jüdischen Angestellten und Pensionäre in der Höhe von 450.000 Reichsmark zu übernehmen. Nachdem Willy Dreyfus eine Bilanz vorlegte, die bereits Provisionen und

Abschreibungen enthielt, womit der Wert der Bank um weitere 400.000 Reichsmark fiel, setzte von Finck sein Gegenüber weiter unter Druck und forderte neue Minderungen, darunter die Unterbewertung der bankeigenen Immobilien. Diese Anpassungen zogen weitere 700.000 Reichsmark vom Kaufpreis ab, der schlussendlich bei rund zwei Millionen Reichsmark lag. Insgesamt, so schätzte Julius Kaufmann, zwang von Finck Willy Dreyfus, seine Berliner Niederlassung für mindestens 1,65 Millionen Reichsmark unter dem tatsächlichen Wert zu verkaufen.[145] Von Merck Finck & Co. jedoch war später zu erfahren, »freundschaftliche Verhandlungen« hätten zur ›Übernahme‹ von Dreyfus geführt.[146]

Paul Wallich, der frühere Bankpartner der Berliner Niederlassung, unterschrieb einen Zehnjahresvertrag als Berater. Und dies, obwohl Merck Finck eine Firmenvorschrift erlassen hatte, nach der die Bank nur Personen »rein deutschstämmigen Blutes« anstellte; auch einen ›Ariernachweis‹ für ihre Ehepartner mussten die Mitarbeiter vorlegen. Wallich und Julius Kaufmann, beide laut der Nürnberger Rassengesetzgebung als Juden klassifiziert, hatten nichtjüdische Ehefrauen. Den Männern wurde der Übertritt von Dreyfus zu Merck Finck & Co. genehmigt, doch diese Vereinbarung galt nur, solange die Juden mit ihrer »privilegierten Mischehe«, die noch vor Hitlers Machtübernahme geschlossen worden war, Merck Finck nützlich waren.[147]

Egon Baron von Ritter, ein enger Freund von Fincks, erhielt eine führende Rolle als Partner in Merck Fincks neuer Berliner Niederlassung. Von Ritter feuerte Kaufmann rasch, da dieser ›Nichtarier‹ sei, zwang ihn aber gleichzeitig dazu, die letzten sechs Monate seines Arbeitsvertrags bei der Reorganisation der Bank zu helfen. Kaufmann blieb zumindest am Leben. Paul Wallich traf es deutlich schlimmer. Sein Vertrag wurde beendet, sobald Merck Finck & Co. auf seine Dienste verzichten konnte. Zuvor hatte man noch ausgenutzt, dass er der Bank bei der Reorganisation von Kundenkonten geholfen hatte. Nur wenige Tage nach der ›Reichskristallnacht‹ beging Wallich auf einer Geschäftsreise nach Köln Selbstmord.

Die ›Arisierung‹ von J. Dreyfus & Co. machte von Finck in Berlin auf einen Schlag bekannt, schon bald sprach man von der »Bank des Führers«.[148] Einem von Hitler besessenen Eiferer wie von Finck konnte man kein größeres Kompliment machen. Die ›Arisierung‹ wurde in deutschen Finanzkreisen zudem als Blaupause für die weitere ›Entjudung‹ des Privatbanksektors gepriesen und löste im ganzen Land neue Übernahmen von Banken in jüdischem Besitz aus.[149] Nachdem die Dreyfus-›Arisierung‹ in trockenen Tüchern und am 5. März 1938 öffentlich gemacht worden war, emigrierte Willy Dreyfus nach Basel. Doch das sollte nicht das letzte Mal gewesen sein, dass er von August von Finck hörte.

17.

Die spektakulärste ›Arisierung‹ einer Privatbank wurde August von Finck sozusagen auf dem Silbertablett serviert, eine Woche nach Abschluss der Übernahme von J. Dreyfus & Co. Am 12. März 1938 marschierte die Wehrmacht in Österreich ein und vereinigte das Land mit dem Deutschen Reich. Tausende Österreicher säumten die Straßen und begrüßten die Soldaten. Die Verfolgung der jüdischen Bevölkerung Österreichs, sowohl von Deutschen wie von Österreichern betrieben, begann bereits, während der sogenannte Anschluss noch im Gange war. So bot man von Finck an, S. M. v. Rothschild, eine der größten österreichischen Privatbanken und im Besitz des österreichischen Zweigs der berühmten Rothschild-Dynastie, zu ›arisieren‹.[150] Louis Baron von Rothschild führte die von seinem Urgroßvater gegründete Bank in Wien. Unmittelbar nach dem Einmarsch wurde er verhaftet und im ehemaligen Luxushotel Métropole, inzwischen das Gestapo-Hauptquartier in der Wiener Altstadt, inhaftiert; die Rothschild-Bank wurde von der SS beschlagnahmt. Auch alle weiteren persönlichen Besitztümer der Familie, darunter Kunstwerke und die Stadtpalais, wurden von den Nationalsozialisten erbeutet. Wenig später zog Adolf Eichmanns berüchtigte Zentralstelle für jüdische Auswanderung in einen der Rothschild-Paläste ein.[151]

Emil Puhl, Reichsbankvizepräsident unter Walther Funk, erinnerte sich später, Funks Wirtschaftsministerium habe es bevorzugt, dass man die Privatbank S.M. v. Rothschild ›arisiere‹. Funk wollte damit verhindern, dass große Handelsbanken wie die Deutsche Bank oder die Dresdner Bank ihren Einfluss in Österreich ausweiteten. Puhl gab an, viele deutsche Privatbanken hätten S.M. v. Rothschild gerne ›arisiert‹, doch dass die Wahl auf Merck Finck & Co. gefallen sei, »geht zweifellos auf den Einfluss, den Herr Fink [sic] bei Partei und Staat besaß, zurück«.[152] Von Finck saß, neben vielen anderen Funktionen für das NS-Regime, im Beirat der Reichsbank.

Von Fincks Vater und Louis von Rothschilds Vater waren gute Freunde gewesen. Der jüngere von Finck wurde daher Anfang Mai 1938 von einem Rothschild-Abgesandten nach Zürich eingeladen, »Abhilfemassnahmen« für die beschlagnahmte Bank zu besprechen. Anschließend reiste von Finck nach Wien weiter, wo er sich mit Josef Bürckel traf, dem korrupten Gauleiter der Hauptstadt und seit dem ›Anschluss‹ Österreichs Reichskommissar. Von Finck ließ Bürckel wissen, dass er das Geschäftsfeld seiner Bank auf Südosteuropa ausweiten wolle, und bat ihn um Hilfe, »zu diesem Zwecke einem Juden gehörige Bank in Wien zu erhalten«.[153]

Bei einem längeren Gespräch am folgenden Tag erklärte man von Finck, S.M. v. Rothschild passe am besten zu seinen Anforderungen, und Merck Finck wurde als Treuhänder eingesetzt. Die SS weigerte sich jedoch, ein derart kostbares Gut an einen Treuhänder zu übergeben. Von Finck fuhr daraufhin nach Berlin und forderte ein Machtwort von Hermann Göring in der Sache. Erst nachdem Göring ein von ihm unterschriebenes Telegramm mit der Versicherung, von Finck gelte »als sehr erfahrener Geschäftsmann, der auch schwierigen Aufgaben gewachsen ist«, und verfüge »über beste Beziehungen zur Partei«, an den leitenden österreichischen SS-Mann geschickt hatte, erkannte die SS die Treuhänderschaft seiner Bank an.[154] Die Verwaltung von S. M. v. Rothschild wurde Anfang Juli 1938 an Merck Finck & Co. übertragen – gerade noch rechtzeitig für die zwei Wochen später anstehende Feier zum 40. Geburtstag des Barons.

Wochen vor dieser zweiten ›Arisierung‹ hatte von Finck eine andere abgelehnt. Am 3. Juni 1938 erhielt er einen Brief von Nürnbergs NSDAP-Bürgermeister. Darin erkundigte sich dieser, ob von Finck weiterhin Interesse an der ›Arisierung‹ der Privatbank Anton Kohn habe, und bezog sich dabei auf bereits zuvor geführte Gespräche. Das Finanzhaus, Eigentum der jüdischen Kohn-Brüder, war neben Merck Finck eine der führenden bayerischen Privatbanken gewesen, nach Hitlers Machtübernahme jedoch in Schwierigkeiten geraten.[155] Am 11. Juni 1938 antwortete von Finck dem Bürgermeister, er sei nicht länger an der ›Arisierung‹ von Anton Kohn interessiert, was am schlechten finanziellen Zustand der Bank und ihrem begrenzten »jüdische[n] Kundenkreis« liege.[156] In von Fincks Augen bedeutete die geringe Anzahl jüdischer Bankkunden, dass es weniger Vermögenswerte zu erbeuten gab. Und da nur wenig zu stehlen war, stellte diese Bank für den antisemitischen Aristokraten kein lohnendes Geschäft mehr dar.

Später im Sommer schlossen sich von Finck und Friedrich Flick für eine ›Bankenarisierung‹ sogar zusammen. Im September 1938 organisierten sie einen Teil des Kapitals für die ›Arisierung‹ der Simon Hirschland Bank, einer prominenten Privatbank im Ruhrgebiet in jüdischem Besitz.[157] Hilfe bei dieser von der Deutschen Bank geführten Transaktion bekamen sie vom ›Arisierungsexperten‹ Hugo Ratzmann – jenem Bankier, den Günther Quandt kurz zuvor bei der Erbeutung von Henry Pels eingesetzt hatte. Die Magnaten kannten einander inzwischen gut. Von Finck saß in den Aufsichtsräten eines Stahl- und eines Kohleunternehmens von Flick. Die beiden wirkten zudem im Aufsichtsrat der Allianz und zusammen mit Quandt in dem der AEG.

Wie Flick hatte auch von Finck eine Verbindung zu Hermann Göring aufgebaut, von der beide profitierten. Merck Finck & Co. kaufte wenig später die S. M. v. Rothschild für 6,3 Millionen Reichsmark aus dem Treuhänderverhältnis heraus,[158] etwa 42 Millionen Reichsmark weniger als der geschätzte Wert der Bank.[159] Den Erwerb finanzierte man zum Teil durch gestohlene Sicherheiten aus den privaten Bankkonten der Rothschilds. Nach der Übernahme intervenierte Göring auf von Fincks Bitte hin erneut. Dieses Mal war es Funks Wirtschaftsministerium, das sich weigerte, die Vermögenswerte der S. M. v. Rothschild an Merck Finck zu übertragen. Nach Görings neuerlichem Machtwort überwies das Wirtschaftsministerium die Vermögenswerte direkt an von Fincks Privatbank.[160]

Diese ›Arisierungen‹ rückten von Finck und Flick noch enger an Göring heran. Als leidenschaftliche Jäger nahmen die beiden häufig an Görings Geburtstagsfeierlichkeiten auf dessen Landsitz Carinhall, in der Schorfheide nördlich von Berlin, teil. Von Finck machte Göring Geburtstagsgeschenke im Wert von 10.000 Reichsmark, als Dank für dessen Hilfe bei der Aneignung der Rothschild-Bank. Flick überbot das noch und schenkte Göring einige Gemälde alter Meister, die er ersteigert hatte. Käuflichkeit war in der Familie Göring keine Schande.[161]

Und auch das NS-Regime zeigte sich durchaus flexibel, wenn der Preis stimmte. Nach dreizehn Monaten kam Louis von Rothschild aus der Gestapo-Haft frei – zuvor musste er allerdings sein Familienunternehmen und seinen gesamten persönlichen Besitz überschreiben. Später behauptete von Finck, er habe seine Beziehungen zu Göring genutzt, um Rothschilds Freilassung zu erwirken.[162] In Wahrheit waren es Rothschilds Geschwister, die rund 21 Millionen US-Dollar für die Haftentlassung des Bankiers gezahlt hatten.[163] Dies bleibt bis heute die höchste bekannte Lösegeldsumme der modernen Geschichte – sie entspricht nach heutigem Wert rund 326 Millionen Euro. Rothschild emigrierte daraufhin in die Vereinigten Staaten.

Die ›arisierte‹ S.-M.-v.-Rothschild-Bank wurde als Bankhaus E. v. Nicolai neu aufgestellt, benannt nach Eduard von Nicolai, dem neuen Hauptgeschäftspartner in Wien. Von Finck stellte den Großteil des für die Umstrukturierung benötigten Kapitals und behielt im Gegenzug einen Mehrheitsanteil an der Bank.[164] Der andere Teilhaber in Wien war Edmund Baron von Ritter. Er wurde von Finck von dessen Bruder Egon von Ritter empfohlen, dem Hauptgeschäftspartner der ›arisierten‹ Berliner Merck-Finck-Niederlassung.[165] Zwei Baron-Brüder, zwei unterschiedliche ›Arisierungen‹ – Eduard von Nicolai machte sich in der Wiener Geschäftswelt alles andere als beliebt. Von Nicolais »aggressive Ellbogentaktik beim Erschließen neuer Geschäftsfelder für sein Bankhaus waren solcher Natur, dass sie im Ausland für einen schlechten Ruf deutscher Geschäftsmänner sorgte«, so später der Generaldirektor der Wiener Allianz Hans Schmidt-Polex.[166] Es war schon eine Leistung, sich durch derart schlechtes Geschäftsgebaren auszuzeichnen, schließlich wetteiferten in dieser Disziplin sehr viele Deutsche während des ›Dritten Reichs‹ miteinander.

Von Fincks Fundraising-Bemühungen für Hitlers Lieblingsprojekt hatten sich massiv ausgezahlt: Innerhalb von zwölf Monaten nach der Eröffnung des Münchener Kunstmuseums hatte er zwei bedeutende Privatbanken ›arisiert‹. Merck Fincks Kapital vervierfachte sich von 22,5 Millionen auf 99,2 Millionen Reichsmark.[167] Trotz seines berüchtigten Geizes teilte von Finck den Gewinn mit Freunden. Der Baron hatte zunächst seine Mit-Aristokraten, das Bruderpaar von Ritter, zu Partnern in den ›arisierten‹ Banken gemacht. Dann belohnte er auch seinen Kollegen im Museumskuratorium, Otto Christian Fischer, für seine Empfehlung bei der ›Arisierung‹, indem er den NS-Spitzenbankier zu einem Partner und Anteilseigner von Merck Finck machte. Mittels dieser klugen Schachzüge etablierte sich Merck Finck & Co. »als die erfolgreichste Privatbank in der Zeit des Nationalsozialismus«.[168] Diese Expansion verdankte sich geschäftlichem Geschick, dem guten alten Vitamin B und, natürlich, den durch virulenten Antisemitismus erbeuteten Gütern.

18.

Am 26. Mai 1938 stand Hitler inmitten einer Lichtung an einem Rednerpult. Seine Mütze schützte ihn vor der drückend heißen Sonne, als er seinen 50.000 Zuhörern zurief: »Ich hasse das Wort unmöglich!«[169] Wenige Minuten später legte er den Grundstein für das Volkswagenwerk. Die Baustelle lag in der Gemeinde Fallersleben, in der geografischen Mitte des Deutschen Reichs, ganz in der Nähe eines Guts mit Namen Wolfsburg. Die zukünftige Automobilfabrik war dank der unmittelbaren Nähe zur Autobahn Berlin–Hannover, der Eisenbahnverbindung zwischen Berlin und dem Ruhrgebiet sowie dank des Mittellandkanals ideal gelegen. Ein Jahr zuvor hatte Hitler die Verantwortung für den Bau von Europas größter Fabrik der Automobilindustrie entzogen und der Deutschen Arbeitsfront (DAF) übertragen, der NS-Organisation, die an die Stelle der Gewerkschaften getreten war. Dem ›Führer‹ erschien die DAF besser ausgestattet zu sein, ein Projekt von solch nationaler Bedeutung und solch finanziellem Umfang durchführen zu können – man hatte die Kosten anfangs auf neunzig Millionen Reichsmark geschätzt, war inzwischen aber schon fast bei zweihundert Millionen.[170] Robert Ley, der korrupte und alkoholabhängige Leiter der DAF, hatte Ferdinand Porsche in der Folge einen Blankoscheck für das Projekt ausgestellt, das mit den beschlagnahmten Mitgliedsgebühren und Vermögenswerten der Gewerkschaften finanziert wurde. Für das Fabrikgelände hatte die DAF einem Grafen fünfzehn Quadratkilometer Weideland abgekauft. Was den verarmten Aristokraten betraf, so fürchtete er mehr, enteignet zu werden, als dass er um seine Güter mit den hundertjährigen Eichen trauerte. Also gab er den Verführungen der NS-Millionen nach.

Abb. 13: Die feierliche Grundsteinlegung des Volkswagenwerks am 26. Mai 1938

Am Morgen der Grundsteinlegung hatte man Tausende Menschen in speziell für sie reservierten Zügen aufs Land gebracht.[171] Sie reihten sich entlang der Straße zur Baustelle auf, über die Hitler in einem offenen Wagen und unter Fanfaren sowie »Sieg Heil!«-Rufen herangefahren kam. Die SS hatte Schwierigkeiten, die Menge im Zaum zu halten; überall wurde gedrückt und geschoben, weil jeder einen Blick auf den ›Führer‹ und das glänzende neue Cabriolet werfen wollte, in dem er unterwegs war: »In dem abgesperrten und für Hitler und seine Begleitung reservierten Bereich glänzten drei Modelle des ›Volkswagen‹ […] im Sonnenlicht, strategisch günstig vor einer hölzernen, mit frischem Baumgrün geschmückten Tribüne platziert.«[172] Von hier aus hielt der Reichskanzler seine Rede. Gegen Ende der einstündigen Veranstaltung, die live im Rundfunk übertragen wurde, machte Hitler eine überraschende Ankündigung: Das neue Auto sollte nicht »Volkswagen«, sondern »KdF-Wagen« heißen, benannt nach der DAF-Freizeit- und Tourismusorganisation »Kraft durch Freude«. Ferdinand Porsche, der hinter Hitler auf der Rednertribüne stand, war das Entsetzen ins Gesicht geschrieben. Abgesehen von der Sperrigkeit des Namens war dieser noch weiter von demjenigen entfernt, den sich Porsche sehnlichst gewünscht hatte: seinem eigenen.

Im Sommer zuvor hatte Porsche seinen schon lange verehrten Helden Henry Ford in dessen Fabrik, dem Ford River Rouge Complex bei Detroit, getroffen. Ferdinand Porsche wollte das für Deutschland werden, was Ford für die Vereinigten Staaten war. Das Volkswagenwerk sollte nach Fords Vorbild entwickelt werden. Und genau wie Ford mit seiner gleichnamigen Schöpfung hoffte auch Porsche, dass der Volkswagen nach ihm benannt werden würde. Doch so sollte es nicht kommen. Nach der Feier fuhr Porsches 28-jähriger Sohn Ferry Hitler in einem Cabriolet zurück zu dessen Privatzug. Ferdinand Porsche saß enttäuscht auf der Rückbank.

Und doch erwies sich die Zeremonie als gute PR für den Volkswagen. Der Korrespondent der *New York Times* schrieb begeistert über die Aussicht, dass sich Europas Autobahnen mit »Tausenden und Abertausenden von glänzenden kleinen Käfern« füllen würden, womit er unabsichtlich den Spitznamen prägte, mit dem der Wagen Jahre später zu einem globalen Phänomen werden sollte.[173]

Fotos von Ferry Porsche als Chauffeur des ›Führers‹ gingen um die Welt, und schon kurz darauf trafen im Stuttgarter Porsche-Büro zahlreiche Liebesbriefe, feurige Fotos und Heiratsanträge für den gut aussehenden Ad-hoc-Fahrer Hitlers ein.[174]

Nun, da sein Vater Direktor des Volkswagenwerks geworden war, übernahm Ferry Porsche die Aufsicht über das Konstruktionsbüro in Stuttgart. Die Firma Porsche wuchs immer weiter, was auch dank der DAF-Millionen finanziert werden konnte. Einen Monat nach der Grundsteinlegung zog die Automobilkonstruktionsfirma aus ihrem Büro in der Stuttgarter Kronenstraße aus und siedelte auf ein Gelände im Stadtteil Zuffenhausen über. Dort hatte man eine Fabrik errichtet, in der Autos gebaut werden konnten.[175] Das Grundstück, auch heute noch Teil der Porsche-Firmenzentrale, war dazu der jüdischen Familie Wolf im Frühjahr zuvor weit unter Marktwert abgekauft und ›arisiert‹ worden.[176] Für Porsche schlicht *business as usual.* Noch nicht ganz so leicht geklärt war ein anderes Thema, das mit jenem jüdischen Mitbegründer der Firma in Zusammenhang stand, dessen Anteile Ferry erhalten hatte. Diese Sache musste nun umgehend angepackt werden.

Anfang Juni 1938 erhielt Adolf Rosenberger in seiner Pariser Wohnung in der Avenue Marceau, unweit des Arc de Triomphe, einen Brief. Das Schreiben aus Stuttgart enthielt schlechte Nachrichten: Hans Baron von Veyder-Malberg informierte seinen Vorgänger, dass Porsche nicht länger in der Lage sei, den Patentlizenzierungsvertrag mit ihm zu erfüllen. Der Mann, der ihm aus dem Konzentrationslager geholfen hatte, kappte sowohl allen beruflichen wie auch persönlichen Kontakt mit ihm, und zwar aufgrund »gewisser Verschärfungen der internen Situation«. Der Brief stammte vom 2. Juni 1938, eine Woche nach Hitlers Grundsteinlegung für das Volkswagenwerk.[177] Ferdinand Porsche und Anton Piëch lösten damit ihre letzten Verbindungen mit ihrem jüdischen Firmenmitgründer. All dies geschah, wie Rosenberger es später beschrieb, »auf höhere Weisung hin«.[178]

Am 23. Juli 1938 schrieb Rosenberger an Piëch, der zudem zäher Justiziar der Firma Porsche war, und schlug zwei Möglichkeiten vor, freundschaftlich auseinanderzugehen: entweder gegen eine Zahlung von 12.000 US-Dollar, damit er in den Vereinigten Staaten neu anfangen könne, oder durch die Übertragung der amerikanischen Patentrechte von Porsche an Rosenberger.[179] Doch Piëch folgte den Nationalsozialisten nicht nur in Wirtschaftsangelegenheiten, er teilte ihre ideologischen Überzeugungen und war gerade zum zweiten Mal in die Partei eingetreten. Als gebürtiger Österreicher war er in seinem Heimatland bereits im Mai 1933 Mitglied der NSDAP-Schwesterpartei geworden; am 2. Juni 1938 trat er dann auch der deutschen NS-Partei bei. Später bewarb er sich zudem um eine Mitgliedschaft bei der SS, die ihm ebenfalls gewährt wurde.[180]

In einem zweiten Schreiben richtete Rosenberger einen persönlichen Appell an die Firma, die zu gründen er geholfen hatte: »Herr Dr. Porsche hat mir des Öfteren erklärt, dass ich in Anbetracht unserer langjährigen Zusammenarbeit und des Risikos, das ich jederzeit für die Firma übernommen habe, auch jederzeit auf ihn rechnen könne, und ich glaube, dass die bescheidenen Abgeltungsansprüche, die ich stelle, seinen vollen Beifall finden und auch er seinen ganzen Einfluss einsetzen wird, um unser achtjähriges Verhältnis freundschaftlichst beendigen zu können.« Rosenberger erkannte allerdings an: »Es mag auch sein, dass es für Sie schwierig ist, mit mir als Nichtarier weiterhin in alter Form zusammenzuarbeiten.«[181]

Nachdem er bereits die ›Arisierung‹ Porsches vorangetrieben hatte, wurde Anton Piëch nun auch noch persönlich beleidigend und wies die Vorschläge des jüdischen Mitbegründers ungerührt zurück. In seinem Antwortschreiben vom 24. August 1938 teilte er Rosenberger mit, dass »meine Firma Ihre Ansprüche keinesfalls anerkennt und sie mangels rechtlicher Grundlage ablehnt«, und begründete dies damit, dass Rosenberger in den vergangenen Jahren keine Patentlizenzen im Ausland verkauft habe.[182] Im selben Monat leitete die Gestapo den Prozess ein, um Rosenberger die deutsche Staatsbürgerschaft abzuerkennen. Es wurde Zeit für ihn, Europa zu verlassen.

19.

Die Beziehung zwischen Joseph und Magda Goebbels zerbrach Mitte August 1938. In den zwei zurückliegenden Jahren hatten sie gewissermaßen eine Ehe zu dritt geführt. Nun glaubte das Paar, eine Lösung gefunden zu haben. Für diesen Tag hatte Goebbels seine Geliebte, Lída Baarová, eingeladen, um mit ihr, Magda und einigen Freunden einen Ausflug auf seiner Jacht »Baldur« zu unternehmen. Sie wollten auf dem Boot der Havel folgen, die an ihren Villen und an der Insel Schwanenwerder vorbeifloss. Das Ehepaar hatte geplant, die tschechoslowakische Schauspielerin etwas Wichtiges zu fragen. Während des Mittagessens boten Joseph und Magda Goebbels ihr eine Ménage-à-trois an: Magda würde die Ehefrau bleiben, die sich um das Haus, die Kinder und die Pflichten des Reichs kümmerte, Lída sollte die offizielle Geliebte von Goebbels werden. Verblüfft bat Baarová um etwas Bedenkzeit. Magda Goebbels dagegen kamen fast augenblicklich Zweifel, und sie schüttete am Folgeabend Adolf Hitler ihr Herz aus.[183] Der ›Führer‹ empfand noch immer eine tiefe Zuneigung für Magda; zudem hatte er seit 1931 ein ganz eigenes platonisches (und propagandistisches) Interesse an dem Ehepaar: Magda und Joseph Goebbels waren das deutsche Musterpaar schlechthin.

Hitler befahl Goebbels in die Reichskanzlei und verlangte von ihm, die Affäre zu beenden. Am nächsten Tag schrieb Goebbels in sein Tagebuch: »Ich fasse sehr schwere Entschlüsse. Aber sie sind endgültig. Ich fahre eine Stunde im Auto heraus. Ganz weit und ohne Ziel. Ich lebe fast wie im Traum. Das Leben ist so hart und grausam. […] Aber die Pflicht steht über allem.« Dann führte er »noch ein sehr langes und sehr trauriges Telephongespräch [mit Baarová]. Aber ich bleibe hart, wenn mir das Herz auch zu brechen droht. Und nun fängt ein neues Leben an. Ein hartes, grausames, nur der Pflicht ergebenes. Die Jugend ist nun zu Ende«, hielt er am 16. August 1938 fest.[184] In Wirklichkeit setzte er seine Affäre mit Baarová fort. Magda Goebbels fing an, eine Scheidung in Erwägung zu ziehen.

Joseph und Magda Goebbels einigten sich auf eine Waffenruhe und verschoben jegliche Entscheidung über ihre Ehe auf Ende September. Denn Größeres stand bevor. Der Krieg kam immer näher; Hitler drohte mit dem Einmarsch und der Besetzung des Sudetenlands, einer Region auf dem Staatsgebiet der Tschechoslowakei mit überwiegend ethnisch deutscher Bevölkerung. Als der Waffenstillstand des Ehepaars auf dem Höhepunkt der Sudetenkrise scheiterte, bat Goebbels seinen langjährigen Stellvertreter Karl Hanke um Vermittlung in der verfahrenen Ehesituation und war zunächst glücklich, einen Vertrauten gefunden zu haben. Nachdem Hanke mit allen Beteiligten gesprochen hatte, bat Goebbels ihn, die Angelegenheit noch einmal Hitler vorzulegen. »Von seinem Entscheid hängt dann alles Weitere ab«, schrieb er am 11. Oktober 1938 in sein Tagebuch, einen Tag nachdem Hitler die Eingliederung des Sudetenlandes abgeschlossen hatte.[185]

Hitlers Meinung hatte sich nicht geändert. Er war die »Scheidungsmanie« in der NS-Führungsriege leid.[186] Goebbels gab nun endlich nach. Er entwickelte »irrsinnige Herzschmerzen«[187] und schaute sich Baarovás letzten Film an, der den passenden Titel *Preußische Liebesgeschichte* trug, um sie ein letztes Mal zu sehen. Da Goebbels nicht den Mut hatte, ein zweites Mal persönlich mit ihr zu brechen, bat er seinen engen Freund Wolf-Heinrich Graf von Helldorff, den Berliner Polizeipräsidenten, diesen »schweren Auftrag« zu übernehmen.[188] Zu der persönlichen Verletzung kam noch eine Erniedrigung, als Helldorf Baarová mitteilte, dass sie nicht länger als Schauspielerin in Deutschland arbeiten dürfe.[189] Sie verließ Berlin umgehend und ging nach Prag, das wenige Monate später von den Deutschen besetzt wurde.

Bei alldem zeigte sich Goebbels mit Hankes Vermittlungsbemühungen allerdings gänzlich unzufrieden. »Ich spreche nicht mehr mit Hanke. Er ist meine grausamste Enttäuschung«, notierte Goebbels in seinem Tagebuch, nur einen Tag bevor Hitler seine frühere Entscheidung bestätigte.[190] Ein Goebbels-Biograf formulierte es feinsinnig so: »Es scheint nämlich, dass Hanke seinen Vermittlungsauftrag eigenmächtig überdehnt und Magda in ihrem Kummer mehr als nur menschlichen Zuspruch geboten hatte.«[191] Magda Goebbels gestand ihrem Ehemann ein Jahr später, dass sie mit Hanke ein heimliches Verhältnis geführt habe. »Hanke hat sich als Filou erster Klasse erwiesen. Mein Misstrauen gegen ihn war also vollauf berechtigt«, so Goebbels am 23. Juli 1939 in seinem Tagebuch.[192]

Wieder wurde die Sache Hitler vorgebracht, diesmal jedoch von Magda Goebbels.[193] Wieder einmal entschied der ›Führer‹ über das Schicksal der bekanntesten Ehe des ›Dritten Reichs‹. Seine Entscheidung blieb indes die gleiche: Das Paar musste zusammenbleiben. Ihre Ehe war schließlich eine Staatsangelegenheit. Goebbels beurlaubte seinen Stellvertreter Hanke, der sich unsterblich in Magda Goebbels verliebt hatte und sie heiraten wollte, auf unbestimmte Zeit. Anstatt zu heiraten, meldete sich Hanke für die Front. Die Goebbels versöhnten sich wieder, und wenig später kam Heidrun zur Welt, ihr sechstes und letztes Kind.

20.

Nachdem Anfang Juni 1938 die deutschen Braunkohleunternehmungen der Julius-Petschek-Gruppe ›arisiert‹ worden waren, besaßen nur die Ignaz-Petschek-Erben weiterhin die Kontrolle über ihr eigenes, größeres Familienkonglomerat, zumindest vorläufig noch. Denn Friedrich Flick machte sich nun bereit, auch diesen Besitz an sich zu reißen, ganz gleich, welche Mittel er dazu ergreifen musste. Allerdings war aus der Firmenzentrale der Ignaz-Petschek-Gruppe, nur zwanzig Autominuten von der deutschen Grenze in Aussig an der Elbe (Sudetenland) angesiedelt, weiterhin nur eine einzige Antwort zu hören: ein lautstarkes Nein. Die Petschek-Familie weigerte sich, über die von Flick ins Auge gefassten Unternehmen zu verhandeln – es ging um eine breite Palette an Firmen in den Bereichen Braunkohlebergbau, -verarbeitung und -handel in Mitteldeutschland, deren Wert auf insgesamt rund eine Viertelmilliarde Reichsmark geschätzt wurde.[194] Karl Petschek, einer von Ignaz' Söhnen, trug die Verantwortung für die Aufsicht über die deutschen Braunkohlebesitztümer der Familie. »Diese Leute wollen mich also wohl schlachten, das wird ihnen nicht gelingen«, gab er sich kämpferisch.[195] Karl Petschek argumentierte, er könne die Unternehmen der Familie nicht verkaufen, da sein Vater sie bereits ›verkauft‹ habe, indem er die Anteile an Holdinggesellschaften in den Steuerparadiesen Monaco, Schweiz und Luxemburg transferiert habe.[196]

Inzwischen garantierten aber nicht einmal mehr ein Firmensitz oder Eigentum im Ausland Sicherheit vor der Gier der Nationalsozialisten. Vor dem Hintergrund der hochkochenden Sudetenkrise entschloss sich Flick, den Erben von Ignaz Petschek weiter einzuheizen. Im Laufe des Juni 1938 grub Hugo Dietrich, Flicks Rechtsberater, in Unternehmensregistern detaillierte Informationen über die Eigentumsverflechtungen der Ignaz-Petschek-Gruppe aus, die Otto Steinbrinck an die zuständigen NS-Behörden weiterleitete. Steinbrinck beschwerte sich bei einem NS-Bürokraten, die Haltung der Petscheks sei »vollkommen passiv«. Hingegen hielt er das Gerücht, dass »J. P. Morgan [jr.] hinter der Ignaz-Petschek-Gruppe stehen soll, […] für unwahrscheinlich. Morgan ist immer ein Judenfeind gewesen und wird sich, selbst wenn sehr gute Geschäfte locken, kaum zur Tarnung eines Juden hergeben.«[197] Steinbrinck ließ Dietrich ein Rechtsgutachten schreiben, das zu dem Schluss kam, die Petschek-Erben würden ihre Geschäfte im Grunde von Berlin aus führen, daher könnten die Unternehmen mittels der ›üblichen‹ ›Arisierungsprozeduren‹ übernommen werden. Dietrich entwarf zudem einen Verordnungsentwurf, der von staatlicher Seite aus die Einsetzung eines Treuhänders für jedes Unternehmen vorsah, das als in jüdischem Besitz befindlich klassifiziert wurde. Laut dieses Entwurfs wäre der jeweilige Treuhänder in der Lage, das Unternehmen auch gegen den Willen der Eigentümer zu verkaufen. Diesen Vorschlag für eine Verordnung leitete man nun auch an Walther Funks Reichswirtschaftsministerium und Görings Büro für den Vierjahresplan weiter, in der Hoffnung, die Vorschläge würden dort aufgegriffen und politisch umgesetzt.[198] Mehr konnte Flick nicht tun. Die Erben der Ignaz-Petschek-Gruppe wollten noch immer nicht verhandeln, sodass sich alle Hoffnungen auf eine Übernahme ihrer deutschen Anteile über den Privatsektor zerschlugen. Es war an der Zeit, dass das Regime die Sache in die Hand nahm.

Ende Juli 1938 wurde in Berlin eine interministerielle Arbeitsgruppe gebildet, deren ausschließliches Ziel die Lösung des ›Problems‹ Ignaz Petschek war. Die Bürokraten verfielen auf die erprobte und bewährte Methode zur ›Arisierung‹: Sie bescheinigten dem Konglomerat einen gigantischen Steuerrückstand, der es den Machthabern erlaubte, die Petschek-Vermögenswerte in der Kohleindustrie zu beschlagnahmen, um damit die Steuerschuld zu begleichen. Im September erhoben sie Forderungen von dreißig Millionen Reichsmark, dann stiegen die angeblichen Rückstände bis auf 670 Millionen Reichsmark, mithin dreimal mehr als der tatsächliche Wert der deutschen Braunkohleanteile von Petschek.[199] Die Erben saßen nun nicht mehr am längeren Hebel.

Ebenso wie Flick. Nun, da die Vorbereitungen für die ›Arisierung‹ gänzlich in den Händen des NS-Finanzministeriums lagen, sah sich der Industrielle plötzlich starker Konkurrenz um die Kohleanteile der Ignaz-Petschek-Gruppe gegenüber. Deutsche Industrieunternehmen standen Schlange, um sich die besten Stücke des Mischkonzerns einzuverleiben. Der prominenteste unter diesen neuen Interessenten war das NS-Regime selbst, in Form der Reichswerke Hermann Göring – eines Industriekonglomerats im Staatsbesitz, das der größenwahnsinnige Minister nach sich selbst benannt hatte. Flick bekam folglich in Paul Pleiger, dem Generaldirektor des Staatsunternehmens und einem der wichtigsten Wirtschaftsfunktionäre des ›Dritten Reichs‹, einen mächtigen Gegner.

Pleiger stand vor einem Problem. Den Reichswerken fehlte eine eigene Energieversorgung. Ende Juni 1938 hatte er Flick erklärt, »sehr missvergnügt« darüber zu sein, dass man ihn nicht an den Gewinnen aus der ›Arisierung‹ der deutschen Betriebe der Julius-Petschek-Gruppe beteiligt habe, die Flick wenige Wochen zuvor von diesem Zweig der unter Druck geratenen Petschek-Dynastie hatte an sich reißen können.[200] Flick riet dem Direktor der Reichswerke, dann doch dieses Mal bei der ›Arisierung‹ von Ignaz-Petschek einzusteigen. Vorsichtig erkundigte sich Pleiger daraufhin, ob ein Tausch von Braunkohle gegen Steinkohle denkbar wäre. Pleiger musste den Reichswerken Hermann Göring in Mitteldeutschland dringend eine verlässliche Steinkohlebelieferung sichern, da diese, anders als die Ruhrunternehmen, keine Kohleminen besaßen, um Koks herzustellen. Und Koks brauchte er in Unmengen, um Erz zu schmelzen und Eisen zu wettbewerbsfähigen Preisen herzustellen. Mit einer eigenen Energiequelle könnte er die Kosten für die Reichswerke drücken und deren Abhängigkeit von den Energielieferungen durch die Ruhrindustriellen senken.[201]

Es traf sich gut, dass Flick durch seine Harpener und Essener Steinkohlenbergwerke mehr Steinkohle im Ruhrgebiet förderte, als er verarbeiten konnte, und deshalb verstärkt an Braunkohle interessiert war. Pleiger war sich über diesen Umstand im Klaren. Obwohl Steinkohle einen weitaus höheren Brennwert hatte, war Braunkohle seltener und profitabler. Pleiger wollte Energie, Flick ein lukratives Geschäftsfeld ausbauen.

Hitler und seine Generäle besetzten Anfang Oktober 1938 das Sudetenland, und bereits nach zehn Tagen war das Gebiet in das Deutsche Reich eingegliedert. Die Büros des Ignaz-Petschek-Konglomerats wurden schon am ersten Tag der Invasion gestürmt. Die Dokumente, die man dort noch vorfand, wurden konfisziert. Zur gleichen Zeit trat Pleiger ein weiteres Mal mit der Kohletausch-Idee an Flick heran, nachdem Göring ihm gerade zugesagt hatte, dass die Reichswerke einen Anteil am ›arisierten‹ Petschek-Konglomerat erhalten würden. Doch Flick hatte keine Eile. Er wusste, dass bald ein Treuhänder für Petschek ernannt werden würde.

Am 3. Dezember 1938, nur drei Wochen nach der ›Kristallnacht‹, setzte Hermann Göring die »Verordnung über den Einsatz des jüdischen Vermögens« in Kraft.[202] Sie enthielt eine Prämisse, die Hugo Dietrichs Gesetzentwurf sehr ähnelte. Von nun an würde der Staat für jedes als jüdisch klassifizierte Unternehmen einen Treuhänder einsetzen, der es auch gegen den Willen seiner Eigentümer veräußern konnte. In ihrem Ausmaß ging die Verordnung jedoch weit über die Idee der Treuhänderschaft hinaus. Das NS-Regime nutzte sie schlussendlich, um die im Reich lebenden Juden sämtlicher Besitztümer von Wert zu berauben: Firmen, Häuser, Grundstücke, Aktien, Kunstwerke, Schmuck und Gold. Es nahm ihnen nahezu alles, was sie besaßen, außer dem wirklich Allernötigsten. Der Diebstahl auch dieser Dinge sollte später noch folgen.

Im Januar 1939 wurde auch für das Ignaz-Petschek-Konglomerat ein Treuhänder ernannt. Obwohl Flicks Mandat zur alleinigen Verhandlung über die gesamten Petschek-Unternehmen seine Gültigkeit behielt, verlor es damit doch an Wert. Da die Konkurrenz wuchs und das Regime immer mehr zu einer direkten Enteignung der noch verbliebenen Vermögenswerte tendierte, musste Flick einsehen, dass seine beste Chance, noch etwas von dem Kuchen abzubekommen, in dem Geschäft mit Pleiger lag. Er stimmte also dessen Vorschlag zu. Die Reichswerke sollten einen Teil der Ignaz-Petschek-Braunkohle erhalten und sie dann gegen einen Teil von Flicks Steinkohle eintauschen. Wenig später segnete das Regime den Plan ab.

Doch die Verhandlungen zwischen Flick und Pleiger in Berlin waren von beidseitiger Unnachgiebigkeit geprägt und zogen sich über ein Jahr hin. Der größte Streitpunkt war, den Wert und die Fördermengen der jeweiligen Kohle zu quantifizieren. Zudem wollte Pleiger deutlich mehr Steinkohle, als Flick zu geben bereit war. Anfänglich zeigte sich keine Seite bereit, nachzugeben. Pleiger, der seine Stellung im Reich auf dieses Geschäft stützte, erwies sich als unbeständiger Verhandlungspartner. Als Flick Anfang Juni 1939 dachte, sie hätten eine Vereinbarung erreicht, änderte Pleiger im Alleingang die Bedingungen. Daraufhin brach Flick die Verhandlungen verärgert ab. Erst Anfang Dezember erreichten beide Seiten eine Einigung, doch deren Umsetzung zog sich bis Kriegsende hin.

In dieser Auseinandersetzung mit dem Staatsbetrieb zog Flick schließlich den Kürzeren. Der Industrielle setzte im Rahmen dieser Vereinbarung bei seinem wertvollen Harpener Bergbau im Ruhrgebiet durch, mehr als ein Drittel seiner Belegschaft sowie der Koks- und Kohleproduktion abzugeben. Pleiger hingegen sicherte sich 1,8 Milliarden Tonnen Steinkohle, außerdem potenziell ertragreiche Zechen. Flick konnte die Verluste zwar verkraften, musste allerdings einige kostspielige Neuinvestitionen tätigen. Im Gegenzug gewann er 890 Millionen Tonnen Braunkohle hinzu, was ihm zum mächtigsten Braunkohle-Industriellen im ›Dritten Reich‹ machte.[203]

Natürlich waren die Einzigen, die tatsächlich etwas verloren, die Erben von Ignaz Petschek. Während ihre Cousins es noch geschafft hatten, ihre Unternehmen rechtzeitig zu verkaufen, bekamen Karl Petschek und seine Geschwister gar nichts für die Beteiligungen ihrer Familie. Ihr Besitz wurde mit den gigantischen Steuernachforderungen verrechnet, und die Familienmitglieder wurden rücksichtslos vom NS-Regime enteignet – unterstützt und begünstigt durch Friedrich Flick.

21.

Am 20. April 1939 schenkte Ferdinand Porsche den ersten fertiggestellten Volkswagen, ein schwarzes Käfer-Cabrio, einem höchst erfreuten Hitler bei der Feier zu dessen 50. Geburtstag in Berlin.

Göring erhielt den zweiten, Goebbels den vierten. Das ›Auto des Volkes‹ wurde nicht an das Volk ausgeliefert. Während des ›Dritten Reichs‹ wurden nur 630 Exemplare hergestellt, und sie gingen ausnahmslos an die NS-Elite. Die 340.000 Deutschen, die sich für den Sparplan des DAF-Automobils entschieden hatten, wurden um rund 280 Millionen Reichsmark geprellt.[204] Währenddessen war die Anlage rund um das Volkswagenwerk in Fallersleben alles andere als fertiggestellt, begann aber mit der Umstellung auf die Waffenproduktion. Mithilfe seines Sohns Ferry Porsche und seines Schwiegersohns Anton Piëch konnte der Chef des Volkswagenwerks in einen anderen Gang schalten: Ferdinand Porsche war nun nicht mehr Hersteller von Privatwagen und Rennautos, sondern Produzent von Waffen, Panzern und Armeefahrzeugen.

Doch um etwas zu produzieren, brauchte man zuerst eine voll funktionsfähige Fabrik. Als Hitler Anfang Juni 1939 das Werk besichtigen wollte, wagte Porsche es nur, ihm das Presswerk zu zeigen, da dies im gesamten Komplex der am weitesten fertiggestellte Bereich war.[205] Die hohe, 1,3 Kilometer lange Backsteinfassade der Fabrik verschleierte, dass es dahinter noch ziemlich leer aussah.[206] Was das weltweit größte Automobilwerk sein sollte, mit einer jährlichen Produktion von 1,5 Millionen Fahrzeugen, verfügte bislang noch nicht einmal über die grundlegendsten Maschinen. Fallersleben war wenig mehr als ein staubiges Barackenlager, in dem vor allem 3000 italienische Bauarbeiter lebten, die Hitlers Verbündeter Mussolini geschickt hatte, um beim Abschluss der Arbeiten zu helfen.[207] Deutsche Männer waren ja kaum verfügbar, da fast alle zum Militärdienst einberufen worden waren. Als der harsche Winter 1939 anbrach, besaß die Hauptfabrikhalle des Werks keine Heizung, und die Treppenhäuser hatten keine Glasscheiben in den Fensterrahmen. Es wurden noch viele Arbeiter benötigt, um die Aufgabe zu vollenden und das Werk am Laufen zu halten. Dabei war es Ferdinand Porsche völlig gleichgültig, ob diese nun freiwillig kamen oder gezwungen wurden.

22.

Am Abend des 29. Dezember 1939, einem Freitag, saß Otto Steinbrinck hinter dem Schreibtisch in seinem Privathaus in der mondänen Berliner Villengegend Dahlem und schrieb einen Brief an Friedrich Flick. Dieser war nun fünfzehn Jahre lang sein Chef gewesen und verbrachte in diesem Moment die Weihnachtsferien auf seinem Landsitz in Bayern. Steinbrinck kündigte. Er hatte eine neue Anstellung gefunden: Das NS-Regime hatte ihm angeboten, das enteignete Stahlimperium von Fritz Thyssen zu überwachen. Der Unternehmer, der als einer der ersten Großindustriellen öffentlich für Hitler geworben hatte, wandte sich nun gegen den ›Führer‹. Als Reichstagsmitglied hatte sich Thyssen geweigert, die deutsche Kriegserklärung an Polen abzusegnen, und war im September 1939 aus Deutschland geflohen.

Auch Steinbrincks Stimmung war düster, er verließ das Flick-Konglomerat unter unbefriedigenden Umständen. Seine Beziehung zu Flick hatte sich seit Jahren verschlechtert.[208] Die Arbeitsbelastung war enorm, die beiden Ehefrauen verstanden sich nicht, und Steinbrinck hatte sich mit Flicks ältestem Sohn Otto-Ernst entzweit, der seinem Vater in der Firma nachfolgen sollte. Steinbrincks berufliche Ambitionen blieben unerfüllt, er strebte eine prominentere Rolle an. Diese würde ihm das Familienkonglomerat der Flicks nie bieten können – schließlich würde er nie Teil der Dynastie sein. »Die Anstrengungen einer erzwungenen Zusammenarbeit haben in uns mehr zerstört, als der oberflächlich erzielte Gewinn wert war. Sie haben mehrmals Ihre Meinung zum Ausdruck gebracht, dass ich meine Arbeit mit zu viel Ehrgeiz und zu großem persönlichen Eifer erledige. Heute weiß ich, dass Ihre Kritik an meiner Arbeit, innerhalb ihrer Interessensphäre, berechtigt ist«, ließ der fanatische SS-Offizier seinen Chef in dem verbitterten Brief wissen. »Ich bin in erster Linie Soldat geblieben und habe daher den Standpunkt des kühl rechnenden und viel wagenden Kaufmanns nicht immer teilen können.«[209] Flick diktierte seiner Sekretärin daraufhin eine wütende Antwort, in der er Steinbrinck Doppelzüngigkeit vorwarf, die er seiner Meinung nach bewiesen hatte.[210] Allerdings schickte er den Brief nicht ab. Stattdessen nahm er die Kündigung an und beförderte zwei Verwandte auf Steinbrincks Stelle.

Inzwischen hatte der Zweite Weltkrieg begonnen. Die ›friedlicheren‹ Jahre der Aufrüstung und ›Arisierungen‹ hatten sich für Flick außerordentlich gelohnt. Er war unter den Nationalsozialisten inzwischen zum drittgrößten Stahlproduzenten im Deutschen Reich aufgestiegen und beschäftigte rund 100.000 Angestellte – eine Zahl, die sich seit 1933 verfünffacht hatte. Sein zu versteuerndes Einkommen lag allein zwischen 1937 und 1939 bei insgesamt rund 65 Millionen Reichsmark, was heute etwa 270 Millionen Euro entspricht.[211] Und die Eroberungen von Hitlers Wehrmacht sollten Flick in ganz Europa noch viele weitere Gelegenheiten für die Expansion seines Industrieimperiums liefern. Nun musste er seinen Nachfolger ausbilden und sich auf neue Beutezüge begeben – auch wenn er dabei nach Steinbrincks Kündigung auf die Hilfe seines Vertrauten verzichten musste. Doch das sollte den unternehmungslustigen Magnaten nicht im Geringsten abhalten.

23.

Obwohl er zum größten Waffenproduzenten des ›Dritten Reichs‹ geworden war, wollte Günther Quandt keinen Krieg. Während der Sudetenkrise sprach er von »beunruhigendsten Nachrichten« und zeigte sich erleichtert, als es so aussah, als sei ein drohender Krieg abgewendet worden: »Es geht wieder bergauf!«[212] Günther Quandt verstand die deutsche Aufrüstung im ›Dritten Reich‹ immer als defensive Maßnahme. »Dass man es zu einem Kriege kommen lassen würde, habe ich nicht geglaubt«, schrieb er nach dem Untergang von Hitlers Reich.[213] Doch als Deutschland am 1. September 1939 in Polen einmarschierte, passte er sich der neuen Wirklichkeit rasch an. »Das deutsche Volk steht im Kampf um seine Lebensrechte. Voll Vertrauen blicken wir alle auf unseren Führer und seine Wehrmacht, die bereits in kurzer Zeit beispiellose Erfolge errungen hat und uns mit Stolz und Bewunderung erfüllt«, schrieb Quandt zwei Wochen nach der Invasion an die Angestellten seiner AFA-Batteriefabrik.[214]

Krieg war gut für sein Geschäft. Günther Quandt schätzte, dass der Jahresumsatz der AFA im Vergleich zu den Friedensjahren um das Dreifache auf 150 Millionen Reichsmark wachsen würde. Diesen Rekordumsatz überbot sein Waffenunternehmen DWM schon bald – und zwar um das Doppelte.[215] Wenige Tage nach Kriegsausbruch erklärte er einem seiner leitenden Angestellten gegenüber: »Wenn Krieg ist, ist Krieg und dann müssen wir so handeln, als würde er nie aufhören. Vom Frieden wollen wir uns dann gern freudig überraschen lassen.«[216] Günther Quandts ältester Sohn Herbert betrachtete die Einstellung seines Vaters als »nüchterne Unternehmensstrategie«.[217] Während sein Halbbruder Harald kurz darauf freiwillig in den Krieg zog, musste sich Herbert Quandt unter seinem Vater auf dem ebenfalls erbarmungslosen Schlachtfeld der Geschäftsnachfolge bewähren. Auf keinem der Konfliktfelder wurde moralisches Verhalten belohnt.

Teil III

»Die Kinder sind nun schon zu Männern geworden«

1.

Gegen Ende Oktober 1939 kehrte Harald Quandt für einen kurzen Urlaub von seinem obligatorischen sechsmonatigen Reichsarbeitsdienst als Motorradkurier im besetzten Polen nach Berlin zurück. Wenige Wochen zuvor war das Land erobert und zwischen Deutschland und der Sowjetunion aufgeteilt worden, wie im geheimen Zusatzprotokoll zum Nichtangriffspakt zwischen den beiden Diktatoren Hitler und Stalin vereinbart. Günther Quandts jüngerer Sohn stand kurz vor dem Eintritt ins Erwachsenenleben, nur wenige Tage trennten ihn noch von seinem 18. Geburtstag. Kurz vor Kriegsbeginn hatte er noch das Abitur gemacht. Bei der Abschlussfeier saß Günther Quandt mit seiner Ex-Frau Magda Goebbels scheinbar harmonisch nebeneinander in der ersten Reihe.[1]

In den zurückliegenden fünfeinhalb Jahren hatte Harald bei seiner Mutter und seinem Stiefvater gelebt, ein durchaus schwieriges Zuhause angesichts der stetig wachsenden Zahl an Halbgeschwistern und Fällen ehelicher Untreue. Seit dem Ende seiner Affäre mit Lída Baarová wohnte Goebbels unter der Woche überwiegend allein in einer palastartigen Residenz im Zentrum Berlins, großzügig bezahlt von seinem Ministerium, das nicht weit entfernt lag.[2] Aber für gewöhnlich spielte sich das konfliktreiche Familienleben der Goebbels' in der Familienvilla auf der piekfeinen Havelinsel Schwanenwerder und auf dem Landsitz des Ministers nördlich von Berlin ab. Doch Harald würde bald, wie Millionen anderer junger Männer, ein neues Zuhause bekommen – die verheerenden Schlachtfelder des Zweiten Weltkriegs, verteilt über ganz Europa.

Harald hatte die Schrecken des Kriegs und der Besatzung schon während seiner Arbeit als Kurierfahrer an der polnischen Front und in den mittlerweile vom NS-Regime brutal kontrollierten Gebieten miterlebt. Er erzählte seiner Mutter und Goebbels ausführlich, was er dort gesehen hatte – offensichtlich die Anfänge der deutschen Kriegsverbrechen. Am 28. Oktober 1939 schrieb Goebbels in sein Tagebuch, Harald habe »in Polen allerhand mitgemacht. Die Kinder sind nun schon zu Männern geworden.«[3] Am nächsten Tag, Goebbels' 42. Geburtstag, sprach Harald erneut mit seinem Stiefvater über seine Erfahrungen in Polen. Nach dem Gespräch notierte dieser über seinen Stiefsohn, dass er »schon ein richtiger Mann und Soldat« sei, er habe »sich mächtig herausgemacht«.[4] Goebbels war offenbar der Meinung, dass die Erlebnisse Haralds Charakter stärken würden. Aber der Jugendliche war tief verstört vom Erlebten. Am 2. November, einen Tag nach Haralds 18. Geburtstag, schrieb Goebbels: »Abends noch mit Magda über Harald gesprochen. Er macht uns etwas Sorgen.«[5]

In den dazwischenliegenden Tagen hatte Goebbels die Situation in den von Deutschland besetzten Teilen Polens mit eigenen Augen begutachten können. Er war am 31. Oktober nach Lodz geflogen, wo er von Generalgouverneur Hans Frank, einem Kunden der Bank Merck Finck & Co., und dessen Stellvertreter Arthur Seyß-Inquart, dem früheren österreichischen Kanzler, in Empfang genommen worden war. Anschließend fuhr Goebbels durch das jüdische Ghetto der Stadt. (In Lodz lebten etwa 230.000 Juden – rund ein Drittel der Stadtbevölkerung.) Er stieg aus, um alles im Detail zu inspizieren.

Was er sah, gefiel ihm nicht. In demselben Tagebucheintrag, in dem er sich zum Schluss besorgt über Harald zeigte, schilderte er seinen Besuch im Ghetto: »Es ist unbeschreiblich. Das sind keine Menschen mehr, das sind Tiere. Das ist deshalb auch keine humanitäre, sondern eine chirurgische Aufgabe. Man muss hier Schnitte tun, und zwar ganz radikale. Sonst geht Europa an der jüdischen Krankheit zugrunde.«[6] Als die Deutschen sechs Monate später die Tore des Ghettos schlossen und die Bewohner einsperrten, lebten etwa 160.000 Juden dort. Insgesamt durchliefen rund 210.000 Juden das Lodzer Ghetto, das als Sammelstelle für die über ganz Polen verteilten Vernichtungslager diente, vor allem aber für das nahe gelegene Lager Kulmhof/Chełmno.

Am nächsten Morgen fuhr Goebbels mit dem Wagen nach Warschau weiter. Er erreichte die polnische Hauptstadt nach einer Reise »über die Schlachtfelder, an vollkommen zerschossenen Dörfern und Städten vorbei. Ein Bild der Verwüstung. Warschau: das ist die Hölle. Eine demolierte Stadt. Unsere Bomben und Granaten haben ganze Arbeit getan. Kein Haus ist unversehrt. Die Bevölkerung ist stumpf und schattenhaft. Wie Insekten schleichen die Menschen durch die Straßen. Es ist widerlich.«[7] Um 14 Uhr flog er zurück nach Berlin, froh, die »Stätte des Grauens« zu verlassen, und landete in der Abenddämmerung in Tempelhof, gerade rechtzeitig zu Haralds Geburtstagsfeier. Einen Tag später berichtete Goebbels Hitler über seinen Kurztrip nach Polen. »Vor allem meine Darlegung des Judenproblems findet seine volle Zustimmung. Das Judentum ist ein Abfallprodukt«, schrieb Goebbels in sein Tagebuch. »Mehr eine klinische, als soziale Angelegenheit.«[8]

Am 1. November 1939, während Goebbels die Trümmer von Warschau besichtigte, gelang Haralds leiblichem Vater Günther ein großer Deal im nahe gelegenen Posen/Poznań: Er übernahm mit seiner Firma DWM die Treuhandverwaltung der enteigneten Cegielski-Werke. Das Unternehmen war bekannt für seine Lokomotiven, Artilleriegeschütze und Maschinengewehre; die deutschen Behörden hatten Cegielski als den wichtigsten Rüstungsbetrieb der Stadt klassifiziert. Zu Quandts großem Glück hatte Reichswirtschaftsminister Walther Funk seinem alten Weggefährten den Zuschlag erteilt und nicht einem der Konkurrenten, die sich Cegielski gleichfalls gerne einverleibt hätten.[9]

Cegielski sollte auch Haralds nächste Station sein. Nach seiner Rückkehr nach Polen begann er ein Praktikum in der Gießerei der Lokomotivbau-Abteilung der DWM.[10] Mitte Januar 1940 besuchte Magda ihren Sohn in Posen. Sie informierte Goebbels, dass Harald sich dort »fabelhaft« benehme: »Er ist ein ganzer Kerl geworden mit ausgeprägtem sozialem Empfinden. Jetzt muss er nur noch zur Wehrmacht, um auch dort seinen Mann zu stehen.«[11] Tatsächlich sollte Harald schon bald auf dem Schlachtfeld kämpfen, und das in weit exponierterer Stellung, als seine Mutter und sein Stiefvater es sich je vorgestellt hatten.

2.

Harald Quandt lebte bei seiner Mutter, seinem Stiefvater und seinen Halbgeschwistern, seit das Ehepaar Goebbels Ostern 1934 beschlossen hatte, ihn nicht zu seinem Vater zurückzulassen. Damals war er zwölfeinhalb gewesen. Trotz des erbitterten Kampfes um das Sorgerecht erlaubten Magda und Joseph Goebbels dem Jungen, seinen Vater jedes zweite Wochenende zu besuchen. Obwohl Harald in der vermeintlich fanatischsten Familie des ›Dritten Reichs‹ aufwuchs, war er kein Nationalsozialist. Tatsächlich war ihm der Nationalsozialismus herzlich egal. Er konnte sich eine solche Haltung leisten. Als Goebbels' Stiefsohn konnte Harald tun und lassen, was er wollte. Und als Teenager interessierten ihn andere Dinge weit mehr als faschistische Ideologie: vor allem Mädchen, Motorräder und Autos.[12]

Die Folge war, dass Harald mit den NS-Jugendorganisationen eher haderte.[13] Mit vierzehn flog er aus der Marine-HJ, in der er als Mitglied auf Probe vormilitärisch ausgebildet werden sollte. Der pubertierende Harald verabscheute den Drill und legte sich mit seinem Zugführer an. Er vernachlässigte seinen Dienst und überredete seine Mutter, ihm Entschuldigungen »wegen Schulschwierigkeiten« zu schreiben.[14] Er fehlte so oft, dass man ihn im Herbst 1936 bat, nicht wiederzukommen. Als 1938 für ihn die Zeit kam, in die NSDAP einzutreten, füllte er die Antragsformulare nicht aus und wurde somit de facto nie Parteimitglied.

Harald sagte später aus, es sei Goebbels' Ziel gewesen, ihn »von den Gedanken meines Vaters weitgehendst [...] [zu] entfernen. Ich sollte Marine-Offizier und nicht Wirtschaftler oder Ingenieur werden.«[15] Aber Harald ging nicht zur Marine, sondern zur Luftwaffe. Im Juni 1940, während seines Praktikums in Posen, meldete er sich freiwillig bei den Fallschirmjägern, nachdem sein bester Freund aus Schulzeiten als Panzerkommandant im Frankreichfeldzug gefallen war. »Nun hält es mich hier nicht mehr, ich bin nichts anderes als alle anderen auch«, schrieb er einem weiteren Schulkameraden.[16] Goebbels war froh, dass sein Stiefsohn zum Militär ging, »um einmal richtig geschliffen zu werden«, denn Magda beklagte sich nun häufiger über die Disziplinlosigkeit ihres ältesten Sohnes. »Er ist gerade in den Flegeljahren und benimmt sich skandalös«, urteilte Goebbels Ende Juli 1940 in seinem Tagebuch.[17] Als Praktikant in der Fabrik seines Vaters lernte Harald eine Frau kennen, eine Schauspielerin am Posener Metropolitan-Theater. Magda verachtete die Freundin ihres Sohnes. Bei ihrem nächsten Besuch in Posen stürmte sie ins Büro des künstlerischen Direktors und verlangte von ihm, die Schauspielerin zu feuern. Doch der Direktor weigerte sich. Bald darauf wurde er verhaftet und zur Arbeit in Quandts Werk in Posen gezwungen.[18]

Zu Magdas Erleichterung begann Haralds Ausbildung im Fallschirmjäger-Pionier-Bataillon 1 bereits wenige Wochen später in Dessau.[19] Als Harald Mitte Oktober für zwei Tage nach Hause kam, schrieb Goebbels anerkennend über ihn: »Der Kommiss hat ihn gerade gebogen.«[20]

Anfang November 1940, einige Tage nach seinem neunzehnten Geburtstag, machte Harald eine Woche Urlaub in Berlin.[21] Ihn begleiteten Ursula und Silvia Quandt. Ursula hatte sich gerade von Herbert scheiden lassen, Haralds älterem Halbbruder. Silvia war Ursulas dreijährige Tochter aus dieser Ehe. Als Harald nach Dessau zurückmusste, blieben Ursula und Silvia noch bei den Goebbels – und das für fast drei Monate. In einer bizarren Wendung der Ereignisse verbrachte Goebbels Weihnachten 1940 gleich mit drei

Frauen – Ursula, Magda und Ello, Magdas bester Freundin –, die allesamt mit Männern der verhassten Familie Quandt verheiratet gewesen waren.

Den ersten Weihnachtstag verbrachten sie auf Goebbels' nicht weit entferntem Gut am Bogensee nördlich von Berlin.[22] Goebbels hatte das gemütliche Holzhaus, in dem er so viele Nächte mit Lída Baarová verbracht hatte, zu einem gewaltigen Landhaus mit rund dreißig Zimmern, einem Dienstgebäude mit etwa vierzig Zimmern und einem Garagenkomplex erweitern lassen.[23] Am Nachmittag unternahmen Goebbels und die Frauen auf den neuen Pferden der Familie einen Ausritt durch die verschneite Landschaft Brandenburgs. Abends las man, hörte Musik und unterhielt sich mit Anekdoten und Tratsch, vermutlich auch über Günther, Herbert und die anderen Quandts. Goebbels' Meinung über Herbert Quandt hatte sich seit ihrer ersten Begegnung einige Jahre zuvor, als er Herbert als »etwas zurückgeblieben« bezeichnet hatte, nicht geändert. In seinem Tagebuch notierte er, dass Ursula »nun ganz reizend« aussehe, seit sie sich von »ihrem scheußlichen Mann« getrennt habe.[24] Für Herbert Quandt begann Ende 1940 ein neues Kapitel, ein »besonders düsteres«, wie sich zeigen sollte – eines jedoch, mit dem Goebbels durchaus sympathisierte.[25]

3.

Im Oktober 1940 gingen Günther Quandt, seine rechte Hand Horst Pavel und sein Sohn Herbert für gut zehn Tage im besetzten Frankreich auf Erkundungstour. Quandt hatte eine »Wunschliste« mit einem Dutzend Firmen erstellt, darunter einige in jüdischem Besitz, die er mit seiner AFA übernehmen wollte.[26] Für Herbert Quandt war 1940 ein ereignisreiches Jahr: Er feierte seinen dreißigsten Geburtstag; er stieg in den Vorstand der AFA auf, in dem er die Verantwortung für Personalfragen, Marketing und die AFA-Tochter Pertrix übernahm; er ließ sich von Ursula scheiden; und, was für seine neue Stellung als Vorstandsmitglied unerlässlich war, er trat der NSDAP bei.[27] Der Beginn des Zweiten Weltkriegs hatte Herbert Quandt mit seinem Konkurrenten Pavel versöhnt. Später erinnerte er sich daran, wie ihre Rivalität geendet hatte: »Dann aber kam der Krieg, und die Arbeit wurde härter [...]. So hatte ich manche Aufgabe gemeinsam mit meinem Kollegen Dr. Pavel zu lösen [...]. Kurz, nicht zuletzt hat uns auch der Krieg [...] nähergebracht.«[28] Zu diesen Aufgaben zählte auch der Kauf ›arisierter‹ Unternehmen, die vormals französischen Juden gehört hatten. Herbert Quandt formulierte es später kryptisch so: »Die dortigen Industrieunternehmen bzw. Werke davon« seien ihnen »angeboten bzw. einzelnen Unternehmen zum Erwerb nahegelegt« worden.[29]

Jetzt, da der Krieg begonnen hatte, war Günther Quandt entschlossen, das zu tun, was er immer und unter allen Umständen tat: Profit machen. Im August 1940, zwei Monate vor dem Erkundungstrip, schickte Quandt einen seiner engsten Mitarbeiter, Corbin Hackinger, nach Frankreich. Hackinger war Angestellter der AFA, kündigte aber vor seinem Umzug nach Paris, um den Schein zu wahren. Dort eingetroffen, bezog der Mann Anfang fünfzig ein Büro im vierten Stock des Gebäudes Rue La Boétie 44, nicht weit vom Élysée-Palast. Das »Büro Hackinger«, das in Wahrheit eine nur dürftig getarnte Zweigstelle der AFA war, hatte sich sowohl um den besetzten Teil Frankreichs als auch um die Gebiete des Vichy-Regimes zu kümmern. Zu Hackingers zahlreichen Aufgaben gehörte es, Unternehmen in jüdischem Besitz ausfindig zu machen und bei ihrer ›Arisierung‹ zu helfen, damit sie schließlich von der AFA übernommen werden konnten. Hackinger bediente sich dabei aller Mittel, von Tarnfirmen über Treuhandschaften bis hin zu Strohmännern und -frauen, darunter seine eigene Geliebte.[30]

Quandt, sein Sohn Herbert und ihre Leute betrachteten die französischen Batteriehersteller als leichte Beute. Ein Irrtum, wie sich herausstellte. Obwohl die französischen Behörden eng mit dem NS-Regime kooperierten, war ihnen wenig daran gelegen, ihre Unternehmen in die Hände der deutschen Industrie fallen zu lassen, sodass sie die meisten ›Arisierungen‹ und Übernahmeversuche der Besatzer torpedierten. Sie enteigneten ihre jüdischen Mitbürger lieber selbst. Hackinger klagte über die Gängelung durch französische Bürokraten, fügte sich den Entscheidungen aber letztendlich.[31]

Von den sieben bekannten ›Arisierungsversuchen‹ der AFA misslangen fünf.[32] Die beiden französischen Fabriken, die Quandt schließlich kaufen konnte, verdankte er den zähen Bemühungen seines Sohnes Herbert. Dieser hatte zusammen mit Pavel für Pertrix die Übernahme der ›arisierten‹ Blechemballagenfabrik Hirschfeld Frères im elsässischen Straßburg verhandelt. Im Elsass stießen deutsche Unternehmen auf deutlich weniger Widerstand von französischer Seite, da die Region dem Deutschen Reich faktisch angegliedert war. Herbert Quandt wollte sich seinem Vater nach wie bevor beweisen, weshalb er manchmal übers Wochenende in Straßburg verhandelte, bloß um am Montag wieder in Berlin zu sein. Das brachte ihm den Respekt seiner Vorstandskollegen ein.[33]

Nach seinem Erfolg bei Hirschfeld verhalf Herbert der AFA zu einer Mehrheitsbeteiligung an Dreyfus, einem weiteren Blechemballagenhersteller, der seinen Sitz allerdings in einem Pariser Vorort hatte.[34] Für Hackinger war es das »beste […] Objekt«, das ihm bis dahin untergekommen war.[35] In den Blechfabriken ließen sich Taschenlampen produzieren, eines der Hauptprodukte von Pertrix. Herbert Quandt hatte bei Pertrix seine Karriere begonnen und saß dort mittlerweile im Vorstand. Trotzdem dauerte es bis zu seinem AFA-Engagement während des Kriegs, bis sein Vater ihm endlich den ersehnten Respekt zollte. »Seit dieser Zeit haben wir in enger Tuchfühlung nebeneinander gestanden. Selten habe ich einen Entschluss gefasst oder eine Möglichkeit von einiger Bedeutung erwogen, ohne mich mit ihm zu beraten«, schrieb Günther Quandt später über seinen ältesten Sohn.[36] Vater und Sohn hatten keine Skrupel, die enteignete Existenz und das Lebenswerk von Juden zu übernehmen. Für sie zählte nur die Expansion des Firmenimperiums Quandt. Und dieses sollte in der Tat expandieren. Bald würden die Quandt'schen ›Raubritter‹ dem Konzernportfolio belgische, polnische, kroatische und griechische Firmen hinzufügen.[37]

4.

Harald Quandt war ein begeisterter Fallschirmjäger. Er fühlte sich unter seinen Kameraden auf der Basis in Dessau zu Hause. Neben dem Fallschirmspringen lernte er das Schießen, mit einiger Wahrscheinlichkeit an Gewehren und Pistolen, die in einer Waffenfabrik seines Vaters produziert worden waren. Bald schon kannte er die Kampflieder der Fallschirmjäger: »Grün war unser Fallschirm, stark das junge Herz, stählern unsere Waffen, sind aus deutschem Erz«.[38] Alle im Bataillon waren jung und abenteuerlustig, wie Brüder. Man feierte Partys und schlug bisweilen über die Stränge, was Harald fast seine Luftwaffenkarriere gekostet hätte. »Harald hat sich durch eine sehr dumme Sache vorläufig seine militärische Laufbahn verpatzt«, schrieb Goebbels am 12. Februar 1941 in sein Tagebuch. »Ein richtiger Dummerjungenstreich mit ernsterem Hintergrund. Nun muss er dafür büßen. Hoffentlich macht er nun keine neuen Streiche, dann wäre es endgültig aus.«[39] Es lässt sich heute nicht mehr mit Sicherheit sagen, worin sein Vergehen bestand, aber höchstwahrscheinlich war es ein spätnächtliches nach dem Genuss von sehr viel Alkohol.[40] Dass Harald »sich so richtig daneben benommen« hatte, beschäftigte Goebbels tagelang.[41] Er war entschlossen, seinem Stiefsohn aus der Klemme zu helfen. Er schickte sogar einen seiner Männer nach Dessau, um nach dem Jungen zu sehen. Natürlich war Harald nicht nur irgendein Soldat.

Als Goebbels' Stiefsohn genoss er Protektion wie kein Zweiter in der Wehrmacht. Nachdem Goebbels' Mitarbeiter nach Berlin zurückgekehrt war, notierte der Minister knapp: »Die Sache geht in Ordnung.«[42]

Am frühen Morgen des 20. Mai 1941 zog Harald in den Krieg. Die erste Mission, an der er teilnahm, war die spektakuläre Eroberung Kretas. Die Alliierten planten, die letzte ihnen gebliebene Bastion in Griechenland als Bomberstützpunkt zu nutzen – was die Deutschen um jeden Preis verhindern wollten. Sie organisierten das »Unternehmen Merkur«, die erste große Luftlandeschlacht der Militärgeschichte. Winston Churchill schrieb darüber in seinen Kriegsmemoiren: »[...] niemals vorher und nachher wurde von den Deutschen ein wagemutigerer, rücksichtsloserer Angriff in Szene gesetzt.«[43]

Harald und seine Kameraden starteten vor Sonnenaufgang von ihrem Stützpunkt auf dem griechischen Festland, »mit heißem Herzen in stolzer Zuversicht auf unser Kriegsglück«. Beim Überfliegen der Festlandküste erschienen ringsum deutsche Jagdflugzeuge, um die Fallschirmjäger ins Absprunggebiet zu eskortieren. Die britische Luftabwehr nahm Haralds Flugzeug unter Feuer, kaum hatte es Kreta erreicht. Dann ertönte das Kommando »Fertig zum Absprung«, gefolgt vom grünen Licht. Der 19-Jährige stürzte sich aus dem Flugzeug und im freien Fall in den Kampf.[44]

Der Sprung verlief reibungslos. Harald hatte klare Sicht, die Absprunghöhe war perfekt, und die Soldaten wurden »haargenau« an den vorgesehenen Stellen abgesetzt. Sie gerieten in schweres Maschinengewehrfeuer, aber Harald und die meisten seiner Kameraden landeten unversehrt. Mehr als vierzig Geschosse hatten Haralds Fallschirm durchlöchert, sodass er sehr schnell gesunken und hart aufgekommen war. Nachdem er seinen Fallschirm abgeschnallt hatte, sicherte er seinen Waffenbehälter, der nur fünfzig Meter entfernt gelandet war.[45]

Sofort begann der Kampf. Harald und seine Kameraden fürchteten besonders die vielen auf Bäumen und in Hecken versteckten

Abb. 14: Harald Quandt (in Uniform) mit Magda, Joseph Goebbels und seinen sechs Halbgeschwistern (1942)

Scharfschützen. Auch die Hitze bereitete ihnen Sorgen. Am ersten Kampftag herrschten laut Harald Quandt 52 Grad im Schatten, und sie sollten noch höhere Temperaturen erleben.[46] Nach langen und zähen Gefechten nahmen die deutschen Truppen die Insel am 1. Juni 1941 schließlich ein. Doch damit war das Blutvergießen noch nicht beendet. Die Lokalbevölkerung leistete vielerorts Widerstand, was für die Deutschen ein Novum in diesem Krieg war. Unter dem Kommando von Luftwaffengeneral Kurt Student ermordete die Wehrmacht Tausende Kreter zur Vergeltung und brannte mehrere Dörfer nieder, um die Gegenwehr zu ersticken. Noch während der Kämpfe hatte Generalmajor Julius Ringel angekündigt, für jeden gefallenen oder verwundeten deutschen Soldaten zehn Kreter erschießen zu lassen.[47]

Die Invasion war letztlich ein Erfolg für die deutschen Fallschirmjäger, auch wenn fast 6000 Männer ihr Leben ließen oder verwundet wurden. Selbst Winston Churchill zeigte sich beeindruckt. »In der deutschen Fallschirmtruppe manifestierte sich das Feuer der Hitlerjugend; in ihm verkörperte sich am glühendsten der Revanchegedanke für die Niederlage von 1918. Diese tapferen, großartig trainierten und unbedingt zuverlässigen Nazi-Fallschirmjäger stellten die Blüte des deutschen Nachwuchses dar. Ihr Leben am Altar des deutschen Ruhms und der deutschen Weltbeherrschung niederzulegen, war ihr heiliger Entschluss.«[48]

Harald Quandt erhielt für seinen ersten Einsatz das Eiserne Kreuz Erster Klasse.[49] Seine Mutter hatte sich Sorgen um ihn gemacht. Sie hatte gehört, dass deutsche Kriegsgefangene in Griechenland verstümmelt würden.[50] Goebbels, der weder von der Operation noch von Haralds Einsatz im Vorfeld gewusst hatte, war überaus stolz auf seinen Stiefsohn, ebenso wie Hitler. Mitte Juni 1941 erzählte Goebbels diesem von »dem tapferen Verhalten Haralds, was ihn außerordentlich freut. Er hängt immer noch sehr an diesem Jungen.«[51]

Sechs Wochen später kehrte Harald nach Berlin zurück, pünktlich zur Feier anlässlich des 60. Geburtstags seines Vaters. Bald darauf wurde er zum Unteroffizier befördert.[52] In der AFA-Firmenzeitung veröffentlichte er einen Artikel über seine Erfahrungen in Griechenland. »So hat uns der ›Einsatz Kreta‹ wieder einmal gezeigt, dass es ein ›Unmöglich‹ für die deutschen Fallschirmjäger nicht gibt«, schrieb Harald stolz. »Wir haben alle nur den Wunsch, dem Engländer, am besten auf seiner Insel selbst, den Todesstoß versetzen zu können.«[53] Sein Vater hatte ähnliche Ansichten. Während der Luftschlacht um England schrieb Günther Quandt an seine AFA-Angestellten, dass die Luftwaffe »bereits zum tödlichen und entscheidenden Schlag gegen unseren ersten und letzten Feind ausgeholt« habe – die Briten. Auch daheim erfülle »jeder seine Pflicht und bemüht sich, nach Kräften zur siegreichen Beendigung des deutschen Existenzkampfes beizutragen«.[54] Doch die Invasion Großbritanniens blieb aus. Stattdessen wartete die Ostfront auf Harald.

5.

Am 26. Juni 1941 lief das »Unternehmen Barbarossa«, der verhängnisvolle Überfall auf die Sowjetunion, bereits seit vier Tagen, als Friedrich Flick in der Berliner Bellevuestraße seinen Wirtschaftsprüfer anwies, einen wichtigen Brief an das Reichsfinanzministerium zu schreiben.[55] Flick wollte seine Nachfolge regeln und hatte große Pläne. Er beabsichtigte, seine beiden Söhne Rudolf (21) und Friedrich Karl (14) an der Holding, mit der er sein riesiges Stahl-, Kohle- und Rüstungskonglomerat kontrollierte, zu beteiligen, wie er es vier Jahre zuvor bereits mit seinem ältesten Sohn Otto-Ernst exakt einen Tag nach dessen 21. Geburtstag getan hatte.[56] Diese Schenkung fiel mit der Umwandlung seiner Firmengruppe in einen Familienkonzern zusammen, der auch den Namen der Familie trug: die Friedrich Flick KG. Allerdings zweifelte Flick mittlerweile, ob sein »Kronprinz« Otto-Ernst tatsächlich als sein Nachfolger geeignet war.[57]

Der Erstgeborene des herrischen Magnaten zu sein, war eine besondere Herausforderung, und Otto-Ernst spürte den Druck. Er musste sich im Schatten seines kalten, verkopften Vaters beweisen. Die beiden hätten unterschiedlicher nicht sein können. Otto-Ernst war, umsorgt von Hauspersonal, in der Familienvilla im grünen Stadtteil Grunewald aufgewachsen, ging gerne laufen, hörte Musik, liebte Kino und Theater. Flick dagegen sah es lieber, wenn seine Söhne an Ruderregatten teilnahmen. »Ein Junge aus normalem bürgerlichem Milieu hätte eine solche Erziehung nie durchstehen können«, kommentierte Otto-Ernst seine Jugend später.[58] Er war ehrgeizig und intelligent, zeigte sich in gesellschaftlichen Dingen jedoch unbeholfen und reagierte unter Stress schnell heftig. Dieser Mangel an Ausgeglichenheit wurde

Abb. 15: Flick und seine Söhne Otto-Ernst (hinten), Rudolf (vorne rechts) und Friedrich Karl vor der Familienvilla in Berlin-Grunewald Anfang der 1930er-Jahre

durch seine Körpergröße noch verschlimmert. Mit 1,94 Meter überragte der schlaksige Otto-Ernst den Rest seiner Familie bei Weitem.

Es schien offensichtlich, dass Otto-Ernst nicht das Zeug dazu hatte, eines Tages die Nachfolge seines Vaters anzutreten, auch wenn er sich redlich bemühte. Anfang 1939 zwang Flick seinen Sohn, das Betriebswirtschaftsstudium in Berlin nach einem Semester abzubrechen.[59] Er sollte die Leitung eines neuen Granatenpresswerks im thüringischen Stahlkomplex des Flick-Konzerns übernehmen. Aber Otto-Ernsts erster Ausflug in eine Führungsposition verlief unglücklich. Entschlossen, sich zu profilieren, geriet er in einen heftigen Streit mit dem Leiter eines benachbarten Konzernhüttenwerks und wurde bald wieder von dem Posten abgezogen.[60]

Rudolf dagegen, Flicks mittlerer Sohn, verfügte über die unerschütterliche Ruhe, die seinem älteren Bruder fehlte. Als »Draufgänger« der Familie war er 1939 zur Wehrmacht gegangen und hatte es im elitären Luftwaffenregiment »General Göring«, aus dem sich häufig die Leibwachen des Reichsmarschalls rekrutierten, zum Leutnant gebracht.[61] Doch am 28. Juni 1941 ereilte die Familie eine Tragödie: Sechs Tage nach Beginn des »Unternehmens Barbarossa« wurde Rudolf beim Vorrücken seines Regiments in der ukrainischen Kleinstadt Dubno von einem Artilleriegeschoss getötet.[62]

Flick traf Rudolfs Tod hart; er entwickelte einen schlimmen Hautausschlag. Flick bat Hermann Göring, den Leichnam seines Sohnes in die Heimat zu überführen, doch sein Gesuch wurde abgelehnt. Immerhin ermöglichte es ihm der Reichsmarschall, zum Grab seines Sohnes in der Nähe von Lwiw/Lemberg zu fliegen.[63] Der Konzernanteil des mittleren Sohnes wurde auf Otto-Ernst und den minderjährigen Friedrich Karl verteilt, den sein Vater »das Bürschchen« nannte.[64] Flick konnte da noch nicht wissen, welchen Ärger ihm seine verbleibenden Söhne noch bereiten würden – ihm und ganz Deutschland.

Mitte September 1941 schickte der Patriarch Otto-Ernst für eine neue Aufgabe nach Lothringen in die enteigneten Rombach-Stahlwerke.[65] Nach hartnäckiger Lobbyarbeit bei Göring hatte Flick erreicht, dass die französischen Anlagen in seine Hände gegeben wurden. Der 25-jährige Otto-Ernst würde dort unter seinem künftigen Schwiegervater arbeiten, der die Werke leitete. Nach dem Tod von Rudolf fühlte sich Otto-Ernst noch weit stärker unter Druck, sich seinem Vater zu beweisen – sehr zum Schaden der bei Rombach schuftenden Zwangsarbeiter.

6.

An einem schwülen Augusttag 1941 erreichte Ferry Porsche den masurischen Wald in Ostpreußen, um Hitler und Himmler in der Wolfsschanze, dem militärischen ›Führerhauptquartier‹ für die Ostfront, einen Prototyp vorzustellen.[66] Ferrys Vater hatte den Volkswagen wie gewünscht so umkonstruiert, dass er auch für militärische Zwecke verwendet werden konnte. In Kooperation mit der Wehrmacht hatte Ferdinand Porsche den Kübelwagen entworfen: ein leichtes, geländetaugliches Fahrzeug, das bereits von Rommels Truppen in Nordafrika genutzt wurde.[67] Der 31-jährige Ferry war in die Wolfsschanze bestellt worden, um dort den neuesten Entwurf seines Vaters zu präsentieren: den Schwimmwagen, ein Amphibienfahrzeug, das dieser gemeinsam mit der Waffen-SS entwickelte. Ferrys Vater war nicht mitgekommen, da er bereits am nächsten Projekt arbeitete. Der Erfolg des Kübelwagens hatte dem 65-jährigen Porsche einen weiteren Job für die Nationalsozialisten eingebracht: Am Tag vor dem Beginn des »Unternehmens Barbarossa« hatte Hitler ihn zum Leiter der Panzerkommission ernannt, die neue gepanzerte Kampffahrzeuge für die Ostfront entwickeln sollte. Während Ferry weiter das Stuttgarter Konstruktionsbüro leitete, bestimmte Porsche seinen Schwiegersohn Anton Piëch zum Chef des Volkswagenwerks in Fallersleben.

Seit der Fertigstellung des riesigen Komplexes im Frühjahr 1940 wurden dort Waffen und Militärfahrzeuge hergestellt. Die Produktpalette für den Ausbau der NS-Kriegsmaschinerie umfasste den Kübelwagen, V1-Marschflugkörper, Antipanzerminen, Panzerfäuste, Panzerbauteile, den zweimotorigen Ju-88-Bomber sowie den ersten Düsenjäger der Welt, die Me 262.[68] Und immer

Abb. 16: Ferry Porsche (im Anzug), während Hitler den Schwimmwagen inspiziert, hinten rechts Himmler (1941)

häufiger musste man dafür auf Zwangsarbeit zurückgreifen. Ab Juni 1940 wurden Hunderte von polnischen Frauen und inhaftierten deutschen Soldaten (zumeist wegen Fahnenflucht oder Ungehorsam verurteilt) im Volkswagenwerk zur Arbeit gezwungen, doch sie reichten nicht aus, um die Produktionsziele zu erfüllen. Sie wurden schlecht bezahlt, lebten unter furchtbaren Bedingungen und durften das Werksgelände nicht verlassen. Diese Arbeiterinnen und Arbeiter waren in einem gesonderten und mit Stacheldraht umzäunten Teil des Werkslagers untergebracht und der Willkür des Wachpersonals ausgesetzt.[69] Wenn alles lief wie geplant und Hitler den Prototyp abnahm, würden ihre zerschundenen Hände bald die Teile für den Schwimmwagen montieren.

Im Anschluss an Ferrys Demonstration inspizierte Hitler das Amphibienfahrzeug persönlich und ausgiebig. Er erkundigte sich bei Ferry nach Details, der den ›Führer‹ für »sympathischer hielt, wenn man ihn persönlich kennenlernte«. Hitler sorgte sich um die Soldaten, die den Wagen fahren würden. Diese kämpften an der Ostfront nicht nur gegen die Russen, sondern auch gegen Mückenschwärme. »Könnte man für den Wagen nicht eine Art Moskitonetz entwickeln, das die Männer während der Fahrt schützt?«, wollte er von Ferry wissen. Just in dem Moment ließ sich eine Mücke auf der Wange eines neben Hitler stehenden Generals nieder. Blitzschnell schlug Hitler nach dem Tier und erwischte es. Ein Blutfleck wurde auf der Wange des Mannes sichtbar. »Sehen Sie«, sagte Hitler und lachte. »Der erste deutsche General, dessen Blut in diesem Krieg vergossen wird!«[70]

Ferry Porsche behauptete später, Himmler habe ihn am selben Abend zu einem Spaziergang durch den Wald eingeladen und ihn an Ort und Stelle zum Ehrenoffizier der SS gemacht.[71] Doch in Wahrheit hatte er bereits im Dezember 1938 freiwillig die Mitgliedschaft in der SS beantragt und war am 1. August 1941, also noch vor seiner Fahrzeugpräsentation für Hitler und Himmler, als Untersturmführer aufgenommen worden.[72]

Bald liefen im Volkswagenfabrikkomplex in Fallersleben Tausende von Schwimmwagen vom Band. Anfang Oktober 1941, nur Wochen nach Ferrys Vorstellung des Prototyps, bekam das Volkswagenwerk als eines der ersten deutschen Unternehmen sowjetische Kriegsgefangene für den Arbeitseinsatz – insgesamt 650 Männer. Bei ihrer Ankunft waren sie so unterernährt, dass sie kaum laufen konnten. Viele brachen an den Maschinen zusammen. Nur wenige Wochen später waren 27 von ihnen tot.[73] Millionen Kameraden würden ihnen in die Versklavung folgen, würden wie sie Qualen erleiden und schließlich sterben.

7.

Am 19. November 1941 erhielten Friedrich Flick, drei seiner engsten Mitarbeiter sowie weitere Stahlindustrielle »einige interessante Berichte« aus der besetzten Ukraine.[74] Flick stand kurz davor, wieder Geschäfte mit seinem Rivalen Paul Pleiger zu machen. Der Chef der Reichswerke hatte seinen Machtbereich seit Kriegsbeginn weiter ausgebaut. Göring hatte Pleiger zunächst eingesetzt, um die Kohleindustrie NS-Deutschlands zu steuern. Jetzt wollte der Reichsmarschall, dass er ausgewählte Industrien in den besetzten Teilen der Sowjetunion plünderte. Als neuer »Wirtschaftsdiktator« der Ostgebiete schlug Pleiger schon bald ein Joint Venture zwischen einem von Flicks Stahlunternehmen und den Reichswerken vor.[75] Ziel war die Ausbeutung enteigneter Stahlwerke am Dnjepr, der von Norden nach Süden durch das industrielle Kernland der Ukraine floss. Flick stimmte bereitwillig zu.[76]

Es war kein typischer Report über die Stahlindustrie, den man an jenem kalten Novembertag in der Flick'schen Zentrale in der Berliner Bellevuestraße zu lesen bekam. Vielmehr war es ein Augenzeugenbericht, verfasst von Ulrich Faulhaber, einem Industrieexperten, der ohne jede Gefühlsregung die Schrecken der Ostfront schilderte. Vor Kiew hatte Faulhaber endlose Kolonnen sowjetischer Kriegsgefangener passiert, bewacht von deutschen Soldaten. Gefangene, die hinfielen und nicht weitergehen konnten, wurden erschossen. In der Nacht wurde Faulhaber Zeuge von Kannibalismus unter ausgehungerten sowjetischen Soldaten in einem deutschen Durchgangslager; sie hätten »ihre eigenen Landsleute [...] gebraten und angefressen«. Deutsche Patrouillen hätten die Kannibalen »wegen Disziplinlosigkeiten« erschossen.[77]

Faulhaber schrieb auch über den Massenmord an den ukrainischen Juden. Die sogenannten Einsatzgruppen wüteten in ganz Osteuropa und töteten 1,3 Millionen jüdische Männer, Frauen und Kinder. Auf Befehl Himmlers und unter Führung seines Stellvertreters Reinhard Heydrich wurden diese Todeskommandos aus den Reihen der Waffen-SS, der Gestapo, der Polizei und weiterer NS-Sicherheitskräfte rekrutiert. Während die deutsche Armee durch Osteuropa vorrückte, folgten ihr die Einsatzgruppen und mordeten hinter der Front. Einige der größten Städte der Ukraine, darunter Kiew und Dnipro, seien nun »judenfrei [...]. Wer nicht geflohen ist, wurde ›liquidiert‹«, so Faulhaber.[78] Das Zentrum von Kiew lag laut seiner Beschreibung in Trümmern, dennoch erlaubte er sich auch die Beobachtung, dass der Blick vom Westufer des Dnjepr auf die östliche Ebene – immerhin – »unvergesslich schön« sei. [79]

Der Tod war allgegenwärtig. Am Heiligabend 1941 traf Rudolf-August Oetker in Varėna ein, einer Stadt mit weniger als 2000 Einwohnern in Südlitauen, nahe der Grenze zu Belarus/Weißrussland. Da sein Vater im Ersten Weltkrieg in Verdun gefallen war, sollte der einzige männliche Erbe der Familie vom Frontdienst verschont bleiben, weshalb man ihm über Beziehungen eine andere Aufgabe verschafft hatte. Seine Einberufung erfolgte ins Berliner Heeresverpflegungsamt der Wehrmacht. In Varėna teilte der 25-jährige »Puddingprinz« aus Bielefeld Essen an deutsche Soldaten aus, die auf der Durchreise zur Ostfront waren. Im Ort war er bei einer polnischen Schneiderin einquartiert, die Deutsch sprach. Oetker trank Wodka, um sich in den eiskalten Nächten warm und die Schrecken der Stadt von sich fernzuhalten.[80]

Varėna war in der Tat eine Stadt voller Schrecken. Dreieinhalb Monate vor Oetkers Ankunft war ein Drittel der Einwohner ermordet worden. Am 9. September 1941 hatte das Einsatzkommando 3, befehligt von SS-Standartenführer Karl Jäger, 831 Juden in der Synagoge der Stadt zusammengetrieben. Am nächsten Tag wurden diese in ein Wäldchen nahe der Hauptstraße geführt, gut

Abb. 17: Rudolf-August Oetker (Dritter von links) in seiner Wehrmachtsuniform hinter seiner Mutter Ida, mittig davor der westfälische Gauleiter Alfred Meyer, rechts Richard Kaselowsky (1941)

anderthalb Kilometer außerhalb des Ortes, wo man im Abstand von etwa 75 Metern zwei Gruben ausgehoben hatte: eine für Männer und Jungen, die andere für Frauen und Mädchen. Der Standartenführer verzeichnete für jenen Tag die Erschießung von 541 Männern, 141 Frauen und 149 Kindern. Anschließend zog das Einsatzkommando weiter zur nächsten Stadt. Und zur nächsten. Und zur nächsten. Am 1. Dezember zog Jäger Bilanz über die seit Juli 1941 von seinem Kommando Ermordeten: Es waren 137.346 Menschen.

Oetker zeigte sich später vermeintlich überrascht, »dass er überhaupt noch leb[e]«, denn Varėna habe »mitten in einem Partisanengebiet« gelegen.[81] Doch die echten baltischen Partisanen bekämpften die Sowjets, nicht die Deutschen. In der Sprache des NS-Regimes wurde immer dann der Euphemismus ›Partisanen‹

verwendet, wenn es in Wirklichkeit um die Ermordung von Juden und brutale Übergriffe auf die lokale Zivilbevölkerung in den besetzten Ostgebieten ging. Die Gräueltaten von Varėna brachten Oetkers Entschluss, der SS beizutreten, auf jeden Fall nicht ins Wanken. Bereits am 1. Juli 1941 war er nach seiner Bewerbung als »Freiwilliger für die Waffen-SS« aufgenommen worden, deren Mitglieder circa ein Drittel der mobilen Einsatzgruppen ausmachten.[82]

Ein prominenter neuer Freund in Berlin namens Rudolf von Ribbentrop hatte Rudolf-August Oetker den Dienst in der Waffen-SS schmackhaft gemacht. Rudolf war der älteste Sohn von Joachim von Ribbentrop, dem kriecherischen NS-Außenminister und Führerverehrer, den keiner mochte. Goebbels witzelte, dass der Emporkömmling von Ribbentrop sein Geld geheiratet und seinen Namen gekauft habe.[83] Von Ribbentrop hatte eine Erbin des Henkell-Clans geheiratet, dem eine der größten deutschen Sektkellereien gehörte. Außerdem hatte er sich von einem entfernten Verwandten adoptieren lassen, um das adlige »von« im Namen tragen zu können – der Tatsache zum Trotz, dass sein nichtadliger leiblicher Vater noch quicklebendig war.

Gegen Ende 1940 lernte Rudolf-Augst Oetker von Ribbentrops 19-jährigen Sohn in Berlin kennen. Sie freundeten sich schnell an.[84] Rudolf von Ribbentrop war während seines Dienstes als Waffen-SS-Kompanieführer verwundet worden und erholte sich in einem Lazarett außerhalb der Hauptstadt. Seine Geschichten beeindruckten Oetker offenbar – spätestens im Januar 1941 hatte er den Beschluss gefasst, sich bei der Waffen-SS zu bewerben. Zu Hause in Bielefeld war der Sekretär seines Stiefvaters eifrig dabei, alle Dokumente herbeizuschaffen, die belegten, dass Oetker mindestens bis zu den Urgroßeltern ›arischer Abstammung‹ war, eine der vielen Voraussetzungen für die Aufnahme in die ›rassisch reine‹ Waffen-SS.[85] In Varėna wartete Oetker nur noch auf die Entlassung aus der Wehrmacht, um Litauen verlassen und seine Ausbildung zum Waffen-SS-Offizier antreten zu können.

8.

Ende Dezember 1941 kehrte Harald Quandt auf seinen Fallschirmjägerstützpunkt in Dessau zurück. Sein erster Einsatz an der Ostfront lag hinter ihm, und er war nicht glücklich. Man hatte sein Bataillon nahe der Leningrader Front als Infanterie eingesetzt und die Männer nicht wie üblich hinter den feindlichen Linien abgeworfen.[86] Das Gemetzel des Schlachtfelds hatte ihn desillusioniert. Er verbrachte Silvester mit den Goebbels und ihren berühmten Gästen aus der Filmwelt auf dem Landgut des Ministers nördlich von Berlin. Man saß um den großen Esstisch herum und ließ die Ereignisse des vergangenen Jahres Revue passieren. Goebbels sprach mit seinen Gästen über den unmittelbar bevorstehenden Sieg Deutschlands. Plötzlich unterbrach Harald seinen Stiefvater: »Das ist doch alles Unsinn. Der Krieg […] dauert noch mindestens zwei Jahre.«[87] Goebbels sprang auf und schrie Harald an. Aber der 20-jährige Fallschirmjäger ließ sich nicht einschüchtern. Der Streit schaukelte sich hoch, sodass Magda schließlich alle Kraft aufwenden musste, um Goebbels von ihrem Sohn abzuhalten. Es waren schon Leute wegen weit weniger drastischen Ungehorsams exekutiert worden.

Natürlich entging Harald diesem Schicksal. Das ganze nächste Jahr hindurch wurde er an verschiedenen Orten in Europa eingesetzt. Im besetzten Frankreich, wohin seine Einheit zum Minenlegen abkommandiert worden war, erkrankte er an Gelbsucht. Ende Juli 1942 wurde er zur Genesung zurück nach Berlin geschickt, wo er seinem Stiefvater »interessante Dinge« über die Vorkehrungen der Wehrmacht erzählte, für den Fall, dass die Engländer versuchen sollten, eine zweite Front zu eröffnen. Harald und seine Kameraden waren immer noch versessen darauf, gegen die Briten zu kämpfen. »Sie haben schon deshalb eine besondere Wut auf sie, weil ihnen durch das ständige Warten jeder Urlaub und jede Freizeitgestaltung unterbunden wird. Es wäre zu wünschen, dass die Engländer, wollen sie sowieso kommen, möglichst bald kämen. Unsere Soldaten sind bereit, ihnen einen herzlichen und warmen Empfang zu bereiten«, schrieb Goebbels in sein Tagebuch.[88]

Aber die Engländer kamen nicht, jedenfalls noch nicht. Mitte Oktober 1942 kehrte Harald an die Ostfront zurück. Er sah seinem neuen Einsatz begeistert entgegen und hatte sich »energisch dagegen gewehrt«, der Reserve zugeteilt zu werden.[89] Magda und Goebbels bereitete es indes große Sorge, dass er wieder in den Kampf zog. Sie beteten, »dass er den kommenden schweren Einsatz heil und gesund überstehen wird«.[90] Diesmal kam er in die Nähe von Rschew, westlich von Moskau, mitten hinein in die Schlacht, die schon Millionen Todesopfer auf beiden Seiten gekostet hatte und insgesamt vierzehn Monate dauern sollte. Die Zahl der Gefallenen war so hoch, dass der Frontabschnitt auch als »Fleischwolf von Rschew« bekannt war. Und Harald »lebte gefährlicher als jeder andere«, so einer seiner Kriegskameraden.[91] Harald habe nachts manchmal alleine feindliche Stellungen erkundet und sich »mit Partisanen [...] herum[ge]ärgert«, erzählte Goebbels Hitler.[92]

Am 23. Februar 1943 erhielt Goebbels einen Brief von Harald, in dem dieser seinem Stiefvater für ein Paket mit Propagandamaterial dankte, das er an der Front in Rschew erhalten habe.[93] Harald schmeichelte Goebbels und lobte seine Reden der letzten Zeit. Nur fünf Tage zuvor hatte Goebbels seine bis dato verhängnisvollste Ansprache gehalten. Nachdem die Wehrmacht und ihre Verbündeten am 2. Februar bei Stalingrad kapituliert hatten, war die Rote Armee nach Westen vorgestoßen. Ihr langer Marsch auf Berlin hatte begonnen. Jetzt, da sich das Schlachtenglück gegen Hitler und seine Truppen gewendet hatte, war der Zeitpunkt für den »totalen Krieg« gekommen. Am Abend des 18. Februar trat Goebbels im Berliner Sportpalast vor Tausenden Anwesenden auf

Abb. 18: Joseph Goebbels hält im Berliner Sportpalast seine berüchtigte Rede vom »totalen Krieg« (18. Februar 1943)

die Bühne, wie er es schon so oft getan hatte. Hoch über ihm hing ein riesiges rotes Transparent, auf dem in weißen Großbuchstaben das neue Propagandamotto des Regimes prangte: TOTALER KRIEG – KÜRZESTER KRIEG. Goebbels beschwor den Abermillionen Zuhörern – die Rede wurde über den Rundfunk und die Kino-Wochenschau verbreitet – ein phantasmagorisches Szenario herauf: Horden sowjetischer Soldaten seien auf dem Weg, gefolgt von »jüdischen Erschießungskommandos«. Deutschland stünden Hungersnöte, Terror und Anarchie bevor. Gegen Ende der Rede fragte der Minister sein Publikum: »Wollt ihr den totalen Krieg? Wollt ihr ihn, wenn nötig, totaler und radikaler, als wir ihn uns heute überhaupt noch vorstellen können?«[94] Die Anwesenden brüllten wild ihre Zustimmung heraus. Die Menge tobte in flammender Begeisterung und ließ ihrem Hass freien Lauf.

Mitten in der Rede, als es um die Juden ging, unterlief Goebbels ein halber Versprecher: Fast hätte er »Ausrottung« gesagt, korrigierte dann aber zu »Ausschaltung«. Er wollte die Aufmerksamkeit nicht auf das lenken, was bereits im Gange war – die systematische Ermordung von Millionen Juden in Vernichtungslagern, die man heimlich im besetzten Polen errichtet hatte. Ein Jahr zuvor hatte man in einer Villa am Berliner Wannsee auf einer Konferenz unter dem Vorsitz von Reinhard Heydrich die ›Endlösung der Judenfrage‹ diskutiert und die Zusammenarbeit aller verantwortlichen Instanzen koordiniert. »Es wird hier ein ziemlich barbarisches und nicht näher zu beschreibenden Verfahren angewandt, und von den Juden selbst bleibt nicht mehr viel übrig«, vertraute Goebbels seinem Tagebuch an.[95]

9.

Während sein jüngerer Sohn Harald in Frankreich und an der Ostfront kämpfte, war Günther Quandt in Berlin damit beschäftigt, sich mit dem herrschenden Arbeitskräftemangel auseinanderzusetzen und mit Banken zu feilschen. Das ganze Jahr 1942 hindurch hatte Quandt in zähen Verhandlungen mit den drei großen deutschen Banken gesteckt: der Deutschen Bank, der Commerzbank und der Dresdner Bank. Er suchte nach Geldgebern, um mit seinem Rüstungsunternehmen DWM noch weiter zu expandieren.[96] Der Umsatz des Unternehmens belief sich in besagtem Jahr auf 182 Millionen Reichsmark, ein Wert, der sich 1943 auf 370 Millionen verdoppeln sollte. Gleichzeitig waren die DWM hoch verschuldet. Wachstum hat seinen Preis, zumal im Krieg. Die Banken hatten den DWM bereits Kredite in Höhe von knapp 80 Millionen Reichsmark gewährt, nun zögerten sie, angesichts dieses immensen Betrags noch mehr herauszurücken. In ihren Augen schienen weitere Kredite »nicht mehr vertretbar«.[97] Dennoch wollte Quandt mehr, und zwar um jeden Preis.

In den Verhandlungen mit dem Vorstand der Deutschen Bank im Oktober 1942 begründete Quandt seine Forderung nach einem niedrigeren Zinssatz für den nächsten DWM-Kredit schamlos mit dem unternehmerischen Risiko durch die »Beschäftigung fachlich ungeschulter Arbeitskräfte (Kriegsgefangene, dienstverpflichtete Ausländer usw.)«.[98] Ungelernte Arbeiter (insbesondere, wenn man sie wie Sklaven hielt, einsperrte, quälte und verhungern ließ) kosteten nun einmal Geld. Im Sommer hatten die Banken nachgegeben und eine neue DWM-Anleihe mit einem Volumen von 50 Millionen Reichsmark ausgegeben.[99] Das Unternehmen hatte dieses Geld dringend gebraucht. Die Nachfrage war so groß, dass die Anleihe mehrfach überzeichnet war und das Orderbuch schon nach wenigen Tagen geschlossen wurde. Wieder einmal hatte der Kapitalmarkt das letzte Wort, das ›Humankapital‹ dagegen das Nachsehen. Doch nach dieser Anleihe drehten die großen Banken den Geldhahn zu. Die deutsche Kriegsmaschine lief mittlerweile nicht mehr wie geschmiert, und die Kreditinstitute sahen ihr Geld in Gefahr.

Seitdem Millionen deutscher Männer eingezogen worden waren oder sich freiwillig gemeldet hatten, waren Arbeitskräfte in Deutschland Mangelware. Die hohen Verluste an der Ostfront – seit Juni 1941 hatte die Wehrmacht pro Monat im Schnitt 60.000 Gefallene zu verzeichnen – verschlimmerten den Arbeitskräftemangel noch.[100] Um dem Missstand entgegenzuwirken, rief Hitler Anfang 1942 »eines der gewaltigsten Zwangsarbeiterprojekte ins Leben, das die Welt je sah«.[101] Die NS-Funktionäre, die mit der Umsetzung betraut wurden, waren der thüringische Gauleiter Fritz Sauckel, den Hitler im März 1942 zum Generalbevollmächtigten für den Arbeitseinsatz ernannte, sowie der Architekt Albert Speer, von Hitler im selben Monat zum neuen Reichsminister für Bewaffnung und Munition ernannt.

Im Laufe des Jahres 1942 gelang es Sauckel, die Zahl der zwangsverpflichteten beziehungsweise deportierten Arbeiter in den deutschen Fabriken schnell zu erhöhen. Aus ganz Europa brachte man

Millionen von Menschen nach Deutschland, aber die meisten von ihnen, vom NS-Regime als ›Ostarbeiter‹ bezeichnet, kamen aus der Sowjetunion und aus Polen. Außerdem griff Hitler auf einer mehrtägigen Konferenz Ende September 1942 Speers Vorschlag auf, auch KZ-Gefangene außerhalb ihrer Lager für die Rüstungsproduktion einzusetzen.[102] Hitlers Entscheidung führte zum massiv verstärkten Einsatz von KZ-Häftlingen in deutschen Unternehmen und zur Errichtung einer schnell wachsenden Zahl von Außenlagern auf Firmengeländen oder in deren Nähe. Mindestens zwölf Millionen Ausländer wurden während des Kriegs zur Arbeit in Deutschland gezwungen: Männer und Frauen, Jungen und Mädchen.[103] 2,5 Millionen von ihnen starben dort, viele aufgrund unmenschlicher Arbeits- und Lebensbedingungen.

Zu den größten privatwirtschaftlichen Nutznießern des Zwangsarbeitssystems zählten die IG Farben, Siemens, Daimler-Benz, BMW, Krupp sowie diverse Unternehmen, an denen Günther Quandt und Friedrich Flick mehrheitsbeteiligt waren. Jeder deutsche Betrieb konnte beim örtlichen Arbeitsamt Zwangsarbeiter und Kriegsgefangene beantragen. Ab 1942 wurden den Unternehmen auch KZ-Häftlinge durch das SS-Wirtschafts-Verwaltungshauptamt (SS-WHVA) zur Verfügung gestellt, das der SS-Obergruppenführer Oswald Pohl leitete, ein Mitglied des Freundeskreises Himmler. Nach Antragstellung durch ein Unternehmen wurde dieses zunächst vom SS-WHVA geprüft. Wenn die Firma für einwandfrei befunden wurde, errichtete man nahe der eigentlichen Fabrik ein Außenlager und quartierte dort Häftlinge ein. Das Unternehmen zahlte für das Lager und ›mietete‹ die Arbeiter von der SS gegen einen Tagessatz von vier oder sechs Reichsmark, je nach ›Fähigkeiten‹ der jeweiligen Person. Es entwickelten sich zahlreiche Kooperationen zur Bereitstellung von Zwangsarbeitern, so arbeitete beispielsweise das KZ Auschwitz mit der IG Farben zusammen, das KZ Dachau mit BMW, Sachsenhausen mit Daimler-Benz, Ravensbrück mit Siemens, Neuengamme mit Quandts AFA, Porsches Volkswagenwerk und Dr. Oetker.[104]

10.

Bereits vor Kriegsausbruch hatte Günther Quandt die feste Absicht gehabt, sein Batterieunternehmen AFA um einen neuen, hochmodernen Fabrikkomplex an einem deutschen Standort zu erweitern. Schließlich war das Glück auf seiner Seite, als die Stadt Hannover der AFA ein etwa 850.000 Quadratmeter großes Gelände am industriell geprägten Stadtrand zum Kauf anbot. Stolz schrieb Quandt später, dass er an den Plänen für die neue Fabrik »lange und intensiv« gearbeitet habe, mit bemerkenswertem Erfolg.[105] Nach dem Krieg bescheinigten britische Wirtschaftsinspektoren der neuen AFA-Fabrik, das wahrscheinlich größte Batterieproduktionswerk der Welt zu sein, ein Titel, von dem selbst Elon Musk und Tesla heute nur träumen können.[106] Im Herbst 1940 startete im AFA-Werk Hannover die Produktion von Batterien für den Antrieb der berüchtigten deutschen U-Boot-Flotte und der elektrischen G7e-Torpedos.[107]

Anfang 1943 machten Zwangsarbeiter mehr als die Hälfte der gesamten Belegschaft (3400 Arbeiter) im AFA-Werk Hannover aus, KZ-Häftlinge wurden zu diesem Zeitpunkt aber noch keine eingesetzt.[108] Die Werksleitung hatte zwar bereits mit der SS über den Einsatz von Häftlingen aus dem KZ Neuengamme in der Nähe von Hamburg verhandelt, allerdings ohne Erfolg. Die SS forderte, dass Häftlinge und reguläre Arbeiter im Betrieb voneinander zu trennen seien, wozu sich die AFA nicht imstande sah.

Im März 1943 zeigte sich die SS schließlich doch kompromissbereit und einigte sich mit der AFA. Auf dem Werksgelände wurde ein Außenlager des Stammlagers Neuengamme eingerichtet, eines von insgesamt 85 in der Region. Die Kosten für den Bau und die Einrichtung, von den Gebäuden über die Betten bis zum

Stacheldraht, anfangs auch die Verpflegungskosten, trug die AFA. Die SS übernahm die Lagerverwaltung, stellte das Wachpersonal und war darüber hinaus verantwortlich für die Kleidung, Verpflegung und medizinische Versorgung (wenn man es so nennen konnte) der Gefangenen sowie deren Transport zwischen Neuengamme und AFA-Werk. Für einen gelernten Arbeiter zahlte die AFA der SS die üblichen sechs Reichsmark pro Arbeitstag, für einen ungelernten vier Reichsmark.

Diese festen Sätze bedeuteten nicht, dass die zur Arbeit gezwungenen Häftlinge von der AFA Lohn erhalten hätten – sie waren »weniger als Sklaven«.[109] Die SS und AFA einigten sich zynisch darauf, »den Häftlingen Leistungsprämien [zu geben], um sie im Interesse des Werkes zur besseren Leistung anzuspornen«.[110] Anstelle von Geld erhielten die Gefangenen Gutscheine, die in der Lagerkantine eingelöst werden konnten, allerdings nur dann, wenn sie bestimmte Wochenziele erreichten, die durch ein von der SS eingeführtes Bonussystem festgelegt waren. Dieses System war von Willkür und Misshandlungen geprägt und bevorzugte Gefangene mit guter Gesundheit. Sogenannte Kapos – Häftlinge, die von der Lagerleitung als Aufseher eingesetzt wurden – schlugen ihre Mithäftlinge, um sie zur Erreichung ihrer Ziele zu ›motivieren‹, und strichen deren Boni dann selbst ein. Ein Kapo im Außenlager der AFA war ein psychisch kranker Krimineller. Er hatte die Aufsicht über die Häftlinge, die in der Küche arbeiteten, weil sie zu schwach für die Arbeit im Werk waren. Er schlug sie mit Kabeln und spritzte sie im Winter mit Wasser ab; einmal trat er einem französischen Häftling mit seinen Stiefeln, deren Holzsohlen mit Eisen beschlagen waren, so fest in den Bauch, dass man die Knochen des Franzosen brechen hörte und dieser wenige Stunden später starb.[111]

In der Bleigießerei des Werks erhielten die Häftlinge weder Schutzmasken noch Schutzkleidung, um sich vor den giftigen Dämpfen zu schützen. Wer eine Bleivergiftung bekam, was sich beispielsweise durch schwere Koliken äußerte, musste trotzdem weiterarbeiten, unter stechenden Schmerzen. Es kam auch zu Unfällen beim Umgang mit dem heißen, flüssigen Blei. Verbrennungen dritten Grades führten dazu, dass den Verletzten Gliedmaßen amputiert werden mussten. Oft gerieten die Häftlinge auch mit der Hand oder dem Arm in eine von Quandts Maschinen, sodass ihnen »bei vollem Bewusstsein [...] das Fleisch zumeist bis zum Oberarm – von den Knochen abgezogen« wurde, wie ein Augenzeuge später berichtete.[112]

Mitte Juli 1943 begannen die Bauarbeiten für das AFA-Außenlager. Etwa fünfzig deutsche, polnische und serbische Häftlinge aus Neuengamme übernahmen den Bau der Baracken, nur 120 Meter von der Fabrik entfernt. Die rund zwanzig SS-Männer, die die Arbeiten überwachten, behandelten die eingesetzten Häftlinge von Anfang an mit willkürlicher Grausamkeit. Als erster Lagerführer war SS-Oberscharführer Johannes Pump für den Bau verantwortlich. Er schlug »mit seinem Holzknüppel auf die Häftlinge [ein], die ihm nicht schnell genug arbeiteten«, sagte ein Augenzeuge später aus. »Und wenn die Frauen, die bei den Akkuwerken angestellt waren, zusahen, dann trieb er die Häftlinge ganz besonders brutal an, um sich aufzuspielen ...«.[113]

Bald kamen 1500 Häftlinge aus dem Stammlager Neuengamme ins neue Außenlager, um in Quandts Fabrik zu arbeiten. Auch sie erfuhren willkürliche Gewalt – und Schlimmeres. Vor den Baracken mussten die Gefangenen einen Appellplatz anlegen, auf dem ein auch von außerhalb des Lagers sichtbarer Galgen errichtet wurde. Häftlinge, die zu fliehen versuchten und dabei gefasst wurden, hängte man zur Abschreckung vor den Augen ihrer Mithäftlinge. Andere Flüchtige wurden mit einem Genickschuss getötet. Mindestens 403 Menschen starben in Günther Quandts gepriesenem AFA-Werk. Er allerdings hatte andere Dinge im Kopf.

Am Abend des 27. Juli 1943, einen Tag vor seinem 62. Geburtstag, diskutierte Quandt zu Hause in Berlin mit seinen Söhnen Herbert und Harald die politischen Entwicklungen.[114] Es sah schlecht aus für Deutschland. Zwei Tage zuvor hatte die 21-jährige Herrschaft der italienischen Faschisten mit dem Sturz von Hitlers Verbündetem Mussolini ihr Ende gefunden. Die Alliierten hatten Sizilien eingenommen. Die Wehrmacht hatte Nordafrika und den Mittelmeerraum verloren.

Harald war seit zwei Wochen auf Urlaub in Berlin. Der 21-jährige Fallschirmjäger hatte die zermürbende Ostfront überlebt, wo er sich im Kampf »ausgezeichnet bewährt« hatte und zum Offizier befördert worden war.[115] Sein nächster Einsatzort war Italien, das kurz davorstand, die Allianz der Achsenmächte zu verlassen und die Seiten zu wechseln. Günther Quandt verteidigte Italiens Abtrünnigkeit im Gespräch mit seinen Söhnen. Es sei »das einzig Vernünftige«, das »ein Volk in dem Augenblick, in dem es sehe, dass der Krieg verloren ist«, tun könne.[116] Tatsächlich solle Deutschland, so Quandt, dem Beispiel Italiens folgen und um jeden Preis Frieden schließen.

Harald war außer sich. Wie konnte sein Vater nur so ein Defätist sein? Der frisch ernannte Luftwaffenoffizier war so wütend, dass er seiner Mutter am nächsten Tag von den Bemerkungen ihrer Ex-Mannes erzählte. Er bat sie allerdings, diese nicht an Goebbels weiterzutragen. Das tat Magda auch nicht – zumindest nicht, bis ihr Sohn auf dem Weg zur Front im Süden war.

Ein paar Wochen später erhielt Quandt einen Anruf in seiner Villa. Man beorderte ihn in Goebbels' Privatresidenz in der Hermann-Göring-Straße in Berlin-Mitte. Goebbels schickte einen Wagen, um ihn abzuholen, aber als Quandt in der majestätischen Residenz mit Blick über den Tiergarten ankam, war der Propagandachef bereits in sein Ministerium gefahren. Stattdessen erwartete ihn seine Ex-Frau, die ihm eine Warnung ihres Mannes überbrachte. Quandt wusste bestens, was defätistische Kommentare ihn kosten konnten: seinen Kopf. Noch eine Bemerkung dieser Art, sagte Magda, und Quandt sei »geliefert«.[117]

11.

Am 10. Juli 1943 wurde Friedrich Flick sechzig. Anders als Günther Quandt, der zwei Jahre zuvor denselben runden Geburtstag in großem Stil gefeiert hatte, mied Flick an diesem Tag die große Bühne der deutschen Hauptstadt. Es gab kein dekadentes Dinner in einem Luxushotel, keine prominenten Gäste aus Politik, Militär und Industrie, auch wenn Flick sehr wohl »vom Führer persönlich ein herzlich gehaltenes, persönliches Telegramm« erhielt.[118] Anstatt eine schicke Party zu organisieren, starteten die engsten Mitarbeiter des Magnaten – unterstützt von Görings Pressechef – eine genauestens kontrollierte PR-Kampagne in der deutschen Presse, um Flick »ins rechte Licht« zu rücken.[119] Ironischerweise lobten die Artikel vor allem seine Fähigkeit, im Verborgenen zu operieren. Sein Konzern gab sogar eine der seltenen Pressemitteilungen heraus, die Flicks Abstammung von »bäuerlichen Vorfahren« feierte und jene Stimmen kritisierte, die in ihm nicht mehr als einen »Sammler von Industriebeteiligungen« sahen. »Das ist ungefähr so, als wenn man in einem Baumeister nichts anderes sieht als einen Sammler von Baumaterial«, hieß es in der Mitteilung weiter. Dass die Öffentlichkeit so wenig über ihn wisse, rühre daher, »weil er in seiner zurückhaltenden Bescheidenheit jedes Herausstellen seiner Person meidet«.[120]

Von seinem Talent zum geheimen Agieren hatte Flick im Leben sehr profitiert. Während das nationalsozialistische Imperium im Sommer 1943 zu bröckeln begann, lief es für Flicks Konglomerat besser denn je. Nach jahrzehntelanger Expansion zählte es nun zu Deutschlands größten Produzenten von Stahl, Kohle und Rüstungsgütern. Selbst seinen Rivalen Krupp hatte Flick übertroffen; Flicks Konzern war zum zweitgrößten Stahlhersteller des Landes aufgestiegen. Der Vermögenswert der sieben größten Flick-Unternehmen – von denen ihm drei nicht vollständig gehörten – belief sich Anfang 1943 auf rund 950 Millionen Reichsmark.[121] Bei der Berechnung der Vermögenssteuer für dasselbe Jahr wurde Flicks Anteil am Konzern mit knapp 600 Millionen Reichsmark beziffert.[122] Sein Industrieimperium machte ihn zu einem der wohlhabendsten Männer NS-Deutschlands, wenn nicht gar zum reichsten. Sein Imperium war gigantisch und vielfältig: Es umfasste Kohlegruben, Stahlwerke und Waffenfabriken und erstreckte sich von Frankreich über Deutschland bis in die besetzte Ukraine. Das ›Dritte Reich‹ rief nach mehr Waffen – Flick konnte liefern. Man brauchte mehr Rohstoffe – Flick half. Stein- und Braunkohle, Roheisen und Stahl, Geschütze und Granaten – er hatte den Treibstoff, den die deutsche Kriegsmaschine verlangte. Trotzdem mangelte es ihm an einer Ressource, die in der gesamten deutschen Industrie äußerst knapp war: ausgebildete Arbeiter. 1943 setzte sich die Zwangsarbeiterbelegschaft in Flicks Kohlebetrieben zunehmend aus Frauen und Kindern zusammen, die für die Tagebauarbeit für tauglich befunden worden waren. Unter ihnen waren viele russische Jugendliche im Alter zwischen dreizehn und fünfzehn Jahren. Zu Flicks 61. Geburtstag im Jahr darauf arbeiteten zwischen 120.000 und 140.000 Menschen für seinen Konzern. Etwa die Hälfte von ihnen waren Zwangs- und Sklavenarbeiter.[123]

Der Flick-Konzern hatte im September 1940 als eines der ersten deutschen Privatunternehmen damit begonnen, KZ-Häftlinge einzusetzen. Der Direktor des Stahlwerks in Hennigsdorf nahe Berlin hatte dazu bereits Monate zuvor eine Vereinbarung mit der SS ausgehandelt; nun arbeiteten etwa fünfzig Häftlinge aus Sachsenhausen in seinem Werk. Anders als Quandt verfügte Flick aber noch in keiner seiner vielen Fabriken und Gruben über ein KZ-Außenlager, obwohl man sich durchaus darum bemüht hatte. Entsprechende Pläne für ein Lager im Stahlwerk Döhlen – einem Joint Venture, an dem Flick und das Land Sachsen jeweils zur Hälfte beteiligt waren – waren gescheitert. Im Spätsommer 1942 wurde entschieden, das vorgeschlagene Außenlager für »ausländische Juden«[124] schließlich doch nicht zu bauen, weil sich der ›Führer‹ für die direkte Vernichtung der Juden ausgesprochen hatte und ihre Nutzung als unbezahlte Arbeitskräfte ablehnte.[125]

Neben der Beschaffung von Zwangsarbeitern hatte Flick im Sommer 1943 alle Hände voll damit zu tun, seinen ältesten Sohn Otto-Ernst zu zügeln. Der 26-Jährige war dabei, das enteignete Rombacher Hüttenwerk im besetzten Lothringen, für das sein Vater von Göring zum Treuhänder bestellt worden war, ins Chaos zu stürzen.[126] Im Februar 1943 hatte Flick seinen designierten Stammhalter zum Direktor des riesigen Fabrikkomplexes befördert, der bereits mehr als zwanzig Prozent zur Gesamtrohstahlproduktion des Flick-Konzerns beitrug. Otto-Ernst hatte ehrgeizig darauf hingearbeitet, seinen Schwiegervater auf diesem Posten abzulösen. Immer noch darauf erpicht, sich seinem Vater zu beweisen, setzte Otto-Ernst bei Rombach eine ambitionierte, aber kostspielige Neuausrichtung auf Rüstungsaufträge durch, die er euphemistisch als »Qualitätsprogramm« bezeichnete.[127]

Im selben Monat, in dem Otto-Ernst Flick befördert wurde, machte das Heereswaffenamt (HWA) die Rombacher Hüttenwerke zum Generalunternehmer von fünfzehn Munitionsfabriken im besetzten Frankreich. Rombach hatte die Fabriken mit hochwertigem Stahl zu beliefern und parallel dazu Granaten und Geschosse für die Wehrmacht herzustellen. Die Entscheidung von Friedrich Flicks Sohn, bevorzugt das NS-Rüstungsprogramm mit Qualitätsstahl zu bedienen, setzte eine massive Verbesserung der Werksinfrastruktur voraus. Die Kosten dafür – gemessen in Geld wie Menschenleben – waren hoch.

Otto-Ernsts Fokussierung auf die teure Rüstungsproduktion rief seinen alarmierten Vater auf den Plan. Schon Anfang März 1943 hatte sich Flick senior bei Rombach eingemischt und auf die gefährlich hohen Kostensteigerungen aufmerksam gemacht. Diese reichten ihm als Beweis, »dass der Betrieb nicht in Ordnung sein kann«. Im Juni hatte sich immer noch nichts geändert. In einem Brief an seinen Sohn und die übrige Firmenleitung mahnte Flick erneut: »Bei den Rombacher Hüttenwerken müssen wir einen möglichst hohen Beitrag zur Rüstung leisten, und wir müssen auch unbedingt das Ansehen und den Ruf behalten […], wir dürfen uns nicht blamieren.«[128]

Als die Rombacher Hüttenwerke im August 1943 neben finanziellen Verlusten auch heftige Produktionseinbrüche verzeichneten, war Flicks Geduld am Ende. Er drohte damit, einen engen Mitarbeiter aus Berlin nach Lothringen zu entsenden, um seinem Sohn die Unternehmensleitung zu entziehen, sollten sich Profit und Produktion nicht bessern. Otto-Ernst, der nicht gerade für seine Personalführungsqualitäten bekannt war, spielte seine eigene Rolle in dem Debakel herunter und zeigte stattdessen mit dem Finger auf einen anderen Direktor – eine Taktik, die bei seinem Vater allerdings nicht zog. Für Flick lag es auf der Hand, dass sein Sohn mit der Unternehmensführung überfordert war. Wieder einmal hatte sich gezeigt, dass er für die Leitung des Familienimperiums nicht taugte.

Die Arbeitsbedingungen in Rombach waren unterdessen katastrophal[129] und zählten »zu den schlechtesten in den Werken Flicks«.[130] Um dem immer kritischer werdenden Arbeitskräftemangel etwas entgegenzusetzen, war bereits Otto-Ernsts Vorgänger 1942 dazu übergegangen, verstärkt auf den Einsatz von Zwangsarbeitern und sowjetischen Kriegsgefangenen zu setzen. Hunderte von Russen wurden zwischen den enteigneten lothringischen Stahlwerken wie Vieh hin und her getrieben.

Als Otto-Ernst Flick in Rombach übernahm, stieg die Zahl der im Werk eingesetzten Zwangsarbeiter noch weiter. Dies ermöglichte es ihm, einen Teil der Kosten für seine teuren Rüstungsprojekte aufzufangen. Im Sommer 1943 arbeiteten rund 6500 Menschen im Rombacher Werk, mehr als die Hälfte von ihnen Zwangsarbeiter, verteilt auf vier Lager auf dem Werksgelände. Rund ein Viertel davon waren Frauen, ein erstaunlich hoher Anteil für ein Stahlwerk. Von ihnen waren die meisten ›Ostarbeiterinnen‹, also zwangsrekrutierte Frauen aus Osteuropa. Sie verrichteten in Zwölfstundenschichten körperlich schwere Arbeit: Sie besserten Gleise aus, be- und entluden Waggons. Einige wurden sogar an den Hochöfen eingesetzt. Schwangere mussten bis kurz vor der Entbindung arbeiten. Zum Mittagessen erhielten die Arbeiterinnen einen halben Liter Suppe, »eine Mischung, die man den Schweinen gab«, sagte eine Zeitzeugin später aus.[131] Bis zu dreißig Frauen mussten sich ein winziges Zimmer teilen; Regen tropfte durch die Dächer der zugigen Baracken. Für all das zahlte man den Zwangsarbeiterinnen lediglich einen Hungerlohn. Der Luftschutzkeller auf dem Gelände war ausschließlich Deutschen vorbehalten.

Der Posten des Betriebsobmannes, eines Funktionärsamts der Deutschen Arbeitsfront, und der des Werkschutzleiters der Rombacher Werke waren durchweg mit sadistischen SS- und Gestapo-Männern besetzt, die von einer Reihe von Schergen unterstützt wurden. Die meisten von ihnen schikanierten und misshandelten die Arbeiter nur aus dem einem Grund: weil sie es konnten. Einen jungen ›Ostarbeiter‹ prügelten sie zu Tode.[132] Eine Dolmetscherin warf sich vor einen Zug, nachdem sie sich unerlaubterweise ein Paar Schuhe gekauft und man ihr deswegen Schläge und die Verlegung in ein KZ angedroht hatte. Einige russische Dolmetscher, die zwei Wachleute erstochen hatten, wurden auf dem Werksgelände gelyncht. Aus einer umfangreichen Studie zum Flick-Konglomerat während der NS-Zeit geht klar hervor, dass diese SS-Männer »die Verbrechen unmittelbar vor den Augen Otto-Ernst Flicks [begingen], der sie jederzeit hätte zügeln können. […] Flicks Sohn hielt die Hand über das Schreckensregime des Betriebsobmanns, und seine Bereitschaft dazu stieg wohl im gleichen Maße wie seine unternehmerische Tätigkeit in Rombach zum Desaster wurde.«[133]

12.

Am 27. Mai 1943 schrieb ein Mann namens Josef Herrmann einen ernüchternden Brief an Ferdinand Porsche in Stuttgart. Der deutsche Jude hatte mit dem Autokonstrukteur bei Austro-Daimler zusammengearbeitet und suchte nun Hilfe bei seinem früheren Kollegen. Herrmann war gemeinsam mit seiner Schwester nach Amsterdam geflohen, von wo aus diese aber schon deportiert und vermutlich – er konnte es nicht sicher sagen – in Auschwitz ermordet worden war. Jetzt schwebte auch er in Gefahr. Er erkundigte sich bei Porsche, ob dieser nicht an den bayerischen Beamten, der für die Aktivitäten des Sicherheitsdienstes (SD) in den Niederlanden verantwortlich war, schreiben und seine Verdienste »um die österreichische Volkswirtschaft und Industrie« herausstreichen könne. Gelegentlich wurden Juden aufgrund von »Friedensverdiensten« von der direkten Deportation in die Vernichtungslager ausgenommen.[134] Der erbetene Brief wurde getippt, aber nie abgeschickt. Mitte Juni 1943 erhielt Herrmann eine Antwort von Porsches Sekretär. Ohne nähere Angabe von Gründen hieß es in dem Schreiben, dass Porsche »sich nicht in der Lage [sehe], eine Bestätigung über Ihre seinerzeitlichen Zivilverdienste an den Herrn Befehlshaber der Sicherheitspolizei, Den Haag, zu senden«.[135] Kurz darauf wurde Herrmann aus Amsterdam ins Lager Bergen-Belsen deportiert. Er starb dort am 30. März 1945, eine Woche nach seinem 70. Geburtstag und zwei Wochen vor der Befreiung des Konzentrationslagers. Der angebliche Freidenker und obendrein gut vernetzte Porsche hatte nicht den Mut gehabt, einem alten Bekannten in Lebensgefahr die Hand zu reichen.

Im Sommer 1943 war Porsche hauptsächlich damit beschäftigt, sich selbst zu retten. In seinem neuen Job als Leiter der Panzer-

Abb. 19: Ferdinand Porsche auf einem von ihm entworfenen Panzer (1943)

kommission hatte er bisher nicht geglänzt. Die von Porsche entwickelten Prototypen, darunter der sperrige Riesenpanzer »Maus«, waren nach wie vor nicht fertig und konnten für das »Unternehmen Zitadelle«, die letzte deutsche Großoffensive in der Sowjetunion, nicht eingesetzt werden. Rüstungsminister und Rivale Albert Speer wollte den mittlerweile 70-jährigen Porsche als Kommissionsleiter feuern. Porsches Jahre als Hitlers Lieblingsingenieur drohten ein unrühmliches Ende zu nehmen.[136]

Zur selben Zeit war Anton Piëch, Porsches Schwiegersohn, damit beschäftigt, im Volkswagenwerk in Fallersleben ein Terrorregime zu etablieren. Das erste KZ-Außenlager im Werk trug den zynischen Namen »Arbeitsdorf«. Gemäß einer Vereinbarung zwischen Porsche und Himmler sollten die Häftlinge zur Fertigstellung einer Leichtmetallgießerei eingesetzt werden. Im Gegenzug lieferte Porsche der Waffen-SS 4000 Kübelwagen. Die Gefangenen stammten zunächst aus dem KZ Neuengamme, später dann aus Sachsenhausen und Buchenwald. Auch Häftlinge aus Auschwitz und Bergen-Belsen brachte man ins Werk und setzte sie dort in verschiedenen Projekten ein.[137]

Mitte Juli 1943 lösten mit Gummiknüppeln und Schusswaffen ausgerüstete Gestapo- und Werkschutzleute einen »spontanen Musikumzug« französischer und niederländischer Arbeiter auf. Vierzig von ihnen kamen in das für seine Brutalität berüchtigte Arbeitserziehungslager 21 bei Salzgitter; diejenigen von ihnen, die überlebten, kehrten drei Wochen später »als andere Menschen« zurück.[138] Im selben Sommer erklärte Piëch »unverblümt, er müsse billige Ostarbeiter einsetzen, um nach dem Willen des Führers den Volkswagen für 990 Reichsmark zu produzieren«.[139] Die Zahl der ›Ostarbeiter‹ stieg schnell auf über 4800, unter ihnen Jugendliche. Alle waren in einem überfüllten separaten Teil des Werkslagers untergebracht, der mit Stacheldraht eingezäunt war. Ein sadistischer Koch mischte Glasscherben unter die Küchenabfälle der Kantine, damit sich die unterernährten Insassen bei der Suche nach Essensresten daran verletzten.[140]

Rund die Hälfte der ›Ostarbeiter‹ im Volkswagenwerk waren Frauen. Einige der polnischen und russischen Arbeiterinnen waren bei der Ankunft schwanger, andere wurden es in den Lagern. Die Kinder wurden ihren Müttern unmittelbar nach der Geburt weggenommen und ins »Ausländerkinder-Pflegeheim« im nahe gelegenen Rühen gebracht.[141] Die Zustände in besagtem Kinderheim seien »unvorstellbar« gewesen, wie ein britischer Ankläger nach dem Krieg erklärte. »Nachts kam das Ungeziefer aus den Wänden dieser Baracken gekrochen und bedeckte die Gesichter und Körper der Kinder regelrecht. […] Einige Kinder hatten bis zu dreißig oder vierzig Furunkel oder Karbunkel am Körper.«[142] Mindestens 365 polnische und russische Kleinkinder starben in Rühen an Vernachlässigung, Infektionen und unzulänglicher Pflege.

13.

Am 12. Dezember 1943 gegen 9 Uhr morgens fuhr ein Sonderzug des Reichsführers SS Heinrich Himmler in den Bahnhof Hochwald in Masuren (Ostpreußen) ein. An Bord befanden sich Richard Kaselowsky, Friedrich Flick sowie 36 weitere Mitglieder des Freundeskreises Reichsführer SS. Die Gruppe hatte Berlin am Vorabend verlassen. Nach einer dreizehnstündigen Fahrt im Schlafwagen erreichten die Männer endlich ihr Ziel. Himmler hatte sie eingeladen, seine sogenannte Feldkommandostelle Hochwald, Codename »Schwarzschanze«, zu besichtigen, die etwa zwanzig Kilometer östlich von Hitlers »Wolfsschanze« lag. Vom Bahnhof fuhren die Männer mit dem Bus zu Himmlers Hauptquartier, wo man sie nach einem Weißwurstfrühstück durch die Bunkeranlage führte. Zur Mittagszeit gesellte sich Himmler für eine Stunde zu ihnen und hielt eine kurze Ansprache. Nach dem Mittagessen sah man einen Film und lauschte dem Konzert eines SS-Chors. Der Besuch endete mit einem frühen Abendessen, bei dem Himmler erneut für eine Stunde zu seinen ›Freunden‹ stieß, um eine Tasse Tee mit ihnen zu trinken. Anschließend fuhren die Gäste mit dem Zug zurück nach Berlin.[143]

Einige Teilnehmer beschrieben den Besuch später als »grenzenlose Enttäuschung«,[144] die Stimmung sei »trotz der Weißwürste, die uns in der damaligen Zeit gut mundeten [...], matt«[145] gewesen. Wie sich herausstellte, hatte Himmler nicht vor, sie mit Insiderinformationen darüber zu versorgen, wie Hitler gedachte, das Ruder im laufenden Krieg herumzureißen. Flick fragte sich, ob es das Hauptquartier Himmlers oder ein Irrenhaus gewesen sein, das er besucht hatte.[146] Für Richard Kaselowsky dagegen, den ›Betriebsführer‹ von Dr. Oetker, hatte der Ausflug seinen Zweck erfüllt. Er fühlte sich von Himmlers Rede innerlich gestärkt. »Nach Ansicht des Reichsführers SS steht uns ja noch eine Zeit harter Kämpfe und Prüfungen bevor, bei denen wir alle die Ohren gehörig steif halten müssen. Aber der Reichsführer hat den festen Glauben, dass am Ende des Kampfes auch der deutsche Sieg stehen wird, der unsere Zukunft sicherstellen soll. Wir wollen diesen Glauben in unsere Herzen pflanzen und ihn uns durch die vielen Schwierigkeiten des täglichen Lebens nicht zerstören lassen«, schrieb Kaselowsky nach dem Besuch an seinen Vetter.[147]

Der Puddingproduzent aus Bielefeld hatte allen Grund für Optimismus. Die Geschäfte bei Dr. Oetker boomten seit Kriegsbeginn.

1942 hatte man im NS-Staat mehr als eine halbe Milliarde Päckchen Backpulver und Puddingmischung – Produkte des Unternehmens, die jeder kannte – verkauft, mehr als doppelt so viel wie vor dem Krieg.[148] Dr. Oetker besaß im Deutschen Reich das offizielle Monopol auf Backpulver und zählte zu den Unternehmen, die Hitlers Fronttruppen versorgten. Die Backprodukte des Unternehmens gingen an kämpfende deutsche Soldaten in ganz Europa. Gemeinsam mit der Wehrmacht betrieb Dr. Oetker außerdem ein Lebensmittel-Joint-Venture, um die Truppen mit nahrhaftem Trockenobst und Gemüse zu versorgen. Und Kaselowskys Mitgliedschaft in Himmlers Freundeskreis verschaffte ihm weitere Geschäftsmöglichkeiten. Durch die Gruppe hatte Kaselowsky Bekanntschaft mit SS-Obergruppenführer Oswald Pohl gemacht, dem Leiter des SS-Wirtschafts-Verwaltungshauptamtes (WVHA).[149] Pohl beaufsichtigte sämtliche Konzentrations- und Arbeitslager der SS und war darüber hinaus für die zahllosen geschäftlichen Unternehmungen der Organisation und die Bereitstellung von Zwangsarbeitern für deutsche Unternehmen zuständig.

Kaselowskys Bekanntschaft mit Pohl erwies sich Anfang März 1943 als sehr nützlich. Im Rahmen eines Gemeinschaftsunternehmens zwischen Dr. Oetker und der Phrix-Werke AG, einem Zellstoffproduzenten, hatte man mit dem Bau von Produktions-

Abb. 20: Werbeplakat mit Puddingpulver-Kartons von Dr. Oetker für die Wehrmacht

anlagen für Nährhefe begonnen.[150] Die beiden Firmen benötigten mehr Zwangsarbeiter für die extrem schwierigen Bauarbeiten. Das Management war unzufrieden mit der bisherigen Arbeitsleistung der geschwächten Häftlinge. Nach einem Besuch der Baustelle in Wittenberge ließ Pohl umgehend mehrere Hundert Häftlinge aus Neuengamme in ein baustellennahes Außenlager verlegen. Kaselowsky fand es »recht erfreulich«, dass Pohl Himmler davon überzeugt hatte, die Fertigstellung der Hefefabrik zu garantieren.[151] Ironischerweise fand Phrix-Hefe später ihren Weg auch ins Stammlager Neuengamme in der Nähe von Hamburg. Dort wurde sie im Krankenrevier verwendet, in dem einige der halb verhungerten Gefangenen gerade wieder zu Kräften kamen – wenn sie Glück hatten.

Natürlich gab es jedes Mal einen Haken an der Sache, wenn die SS aushalf. Immer wusch eine Hand die andere. Als Gegenleistung für die zusätzlichen Bauzwangsarbeiter gab Kaselowsky dem Wunsch Pohls nach, die SS für das nächste Hefeprojekt von Dr. Oetker und Phrix ins Boot zu holen. Im April 1943 wurde Rudolf-August Oetker, Kaselowskys Stiefsohn, Mitglied des Beirats für das neue Projekt. Wenige Monate zuvor hatte er seine Ausbildung zum Waffen-SS-Offizier in einem Verwaltungslehrgang an der SS-Führerschule Dachau aufgenommen. Später behauptete er fälschlicherweise, die Schule sei von dem benachbarten Häftlingslager »abgeschirmt« gewesen und dass er »von den dortigen Torturen [...] nichts bemerkt« habe. In Wahrheit war die Schule in den Lagerkomplex integriert. Während seiner Ausbildung in Dachau hätten die Häftlinge die Quartiere der Lehrgangsteilnehmer geputzt, schrieb Oetker später. Der 26-Jährige unterhielt sich sogar mit den Männern, die sich um sein Zimmer zu kümmern hatten. Sie hätten auf ihn »nicht schlecht ernährt« gewirkt, woraus er schlussfolgerte: »Ich vermute, das wurde absichtlich gemacht, damit die Menschen, die mit ihnen in Berührung kamen, sagten, so schlimm sei es nicht mit den Konzentrationslagern.«[152]

Neben der militärischen Ausbildung wurde der junge Oetker durch die SS auch ideologisch geschult und nahm an Kursen teil, die Bezeichnungen wie »Rassekunde«, »Aufgaben der Rassenpolitik« und »Bevölkerungspolitik« trugen.[153] Auf Wunsch seiner Großmutter sollte Oetker in die Firmenleitung eintreten, sobald er 27 war, also in genau dem Alter, in dem sein leiblicher Vater in Verdun gefallen war. Aber zu seinem Geburtstag im September 1943 musste Oetker zunächst passen, befand er sich doch noch mitten in der Waffen-SS-Ausbildung. Ein Jahr später schon ließ ihm das Schicksal keine Wahl mehr: Er sah sich gezwungen, seine militärische Laufbahn aufzugeben und die Leitung des Familienunternehmens zu übernehmen.

14.

Mitte Januar 1944 kehrte Harald Quandt von der Front in Italien zurück nach Berlin. Als Stabsadjutant bei der 1. Fallschirmjägerdivision hatte Harald seit dem Spätsommer des Vorjahres in Süditalien gegen die alliierten Truppen gekämpft und versucht, die Regionen Apulien und Abruzzen zu halten. Der 22-jährige Offizier war in schlechter körperlicher Verfassung und hatte »nur Worte der Verachtung« für die Italiener übrig, die die Seiten gewechselt und sich den Alliierten angeschlossen hatten.[154] Goebbels sah es mit Genugtuung, wie der Krieg den Charakter seines Stiefsohns gefestigt hatte. »Das Fronterlebnis hat auf das beste auf ihn eingewirkt«, notierte der Propagandaminister am 17. Januar in sein Tagebuch. »Man sieht doch, dass der Krieg nicht nur zerstört, sondern auch aufbaut, besonders bei jungen Menschen, für die er immer noch der große Lehrmeister gewesen ist.«[155]

Goebbels irrte sich. Harald hatte genug vom Krieg.[156] Anfang Februar 1944 wurde er mit einer schweren Erkältung in ein Militärhospital in München eingeliefert. Als Goebbels einige Tage später in die Stadt kam, besuchte er seinen Stiefsohn. Er drängte Harald, bald wieder gesund zu werden und zu seiner Einheit zurückzukehren. Aber Harald hatte nicht vor, sich so bald wieder in den Kampf zu stürzen. »Harald bereitet uns einige Sorgen. Er [...] kann immer noch nicht an die Front abreisen«, schrieb Goebbels am 13. Februar. »Das ist mir umso peinlicher, als seine Division augenblicklich an der Südfront in schwersten Kämpfen steht [...]. Im übrigen wird Magda ihn am Montag in München besuchen und ihm den Kopf waschen.«[157]

Der Propagandaminister fürchtete, durch die Erkrankung seines Stiefsohns das Gesicht zu verlieren. Harald lag Goebbels nur so lange am Herzen, wie sich seine Heldentaten für Propagandakampagnen ausschlachten ließen. Als Magda ihren Sohn im Krankenhaus besuchte, gerieten sie heftig aneinander. Harald hatte den Krieg satt, wie auch seine fanatische Nazi-Mutter und seinen Stiefvater. Eine tiefe Kluft öffnete sich plötzlich zwischen ihnen. »Harald hat sich alles andere als nobel benommen«, vermerkte Goebbels, nachdem ihm seine Frau am Telefon ihr Leid geklagt hatte.[158] Die Sache nagte wochenlang an ihm, auch nachdem Harald wieder genesen und Mitte März 1944 an die italienische Front zurückgekehrt war. Magda sei immer noch »sehr unglücklich« über ihren Sohn, schrieb er, sodass er Harald »einen sehr energischen Brief« an die Front schickte. »Ich glaube, nur auf diese Weise können wir ihn wieder zur Raison bringen«, schrieb der überzeugte Goebbels am 16. März in sein Tagebuch. »Man darf jetzt auch keine Rücksicht darauf nehmen, dass er vor dem Feinde steht. Es ist besser, er weiß, was wir über ihn denken, als er wird durch unsere Nachsicht nur weiter auf die glitschige Bahn gedrängt.«[159]

Einen Monat später erhielt Goebbels die Antwort auf seinen »sehr strengen Brief«. Harald hatte sein Schreiben an der Front am Monte Cassino südlich von Rom verfasst, wo eine unerbittliche Schlacht tobte. Seine vorherigen Zweifel schienen verschwunden. Harald versprach Goebbels, dass er den »gerügten schwarzen Punkt in seinem Leben jetzt endgültig beseitigen werde«, er sei »zur Besinnung gekommen«.[160] Goebbels war erfreut über die offensichtliche Wirkung seines Briefs, wie er am 19. April 1944, einen Tag vor Hitlers 55. Geburtstag, in seinem Tagebuch festhielt. Etwa zur selben Zeit schrieb Harald einen Brief aus Italien an einen Schulfreund an der Ostfront. »Halt die Ohren steif, Alter, es geht um uns«, ermutigte er diesen.[161] Harald wusste, dass der Krieg verloren war. Aber auch wenn Harald fertig mit dem Krieg war, war dieser noch lange nicht fertig mit ihm.

15.

Im Frühling 1944 reiste Günther Quandt von Berlin nach Posen, um dort in den Cegielski-Werken an einem Betriebsappell zu seinen Ehren teilzunehmen. Er hatte den enteigneten Rüstungsbetrieb den DWM einverleibt, nachdem er zunächst als Treuhänder eingesetzt worden war. Mit der Erweiterung der ursprünglichen Anlagen und dem Bau einer neuen Fabrik schuf Quandt einen der größten Produktionskomplexe für Waffen und Munition im ›Dritten Reich‹. In den ausgebauten Werken wurden Flammenwerfer, Lufttorpedos, Artilleriegeschütze, Maschinengewehre und Bordwaffen für den Ju-88-Bomber hergestellt, eines der wichtigsten Kampfflugzeuge der Luftwaffe. Die Produktionsleistung der DWM in der polnischen Stadt kannte kaum Grenzen. Noch im April 1944 fertigten die Werke rund 400 Millionen Stück Infanteriemunition.[162]

Um das zu erreichen, musste Quandt laut einer späteren Schätzung in Posen auf rund 24.000 Zwangsarbeiter zurückgreifen.[163] Fälle von Tuberkulose waren keine Seltenheit unter den Arbeitern im Werk. Wer in der Gießerei arbeitete, musste Rauch, Feuer und Temperaturen bis über 80 Grad erdulden. Eine echte medizinische Versorgung gab es nur für Deutsche. Die Behandlung polnischer Arbeiter beschränkte sich auf das Nötigste und wurde verweigert, wenn man sie für zu teuer hielt. Schon Zwölfjährige mussten Nachtschichten übernehmen und körperlich hart arbeiten; immer wieder wurden die Jugendlichen von Werkschutzleuten und deren kommandierendem SS-Offizier verprügelt. Etwa 75 Zwangsarbeiter exekutierte man direkt im Werk.

In einer Rede vor der Werksbelegschaft – überwiegend Zwangsarbeiter – überschüttete Gauleiter Arthur Greiser Quandt und sein

Unternehmen mit Lob und verglich sie mit einem anderen legendären Waffenproduzenten: »Das Wartheland ist stolz auf das Hiersein der DWM! Was wären wir ohne Krupp, ohne DWM? Ja, mit ihren sämtlichen Filialwerken hier im Osten sowie im Westen [...] als auch im gesamten Großdeutschen Reich stellt die DWM heute die gleiche Macht wie Krupp dar, und der Name ›Quandt‹ hat darum auch einen ebenso guten Klang wie der Name ›Krupp‹ und wird mit Recht gefürchtet von allen unseren Feinden in der ganzen Welt.« Im Anschluss an Greisers Rede ergriff Quandt selbst das Wort und witzelte: »Während man draußen wähnte, dass wir Kochtöpfe machen, bereiteten wir schon im Jahr 1934 des Führers Krieg vor.«[164]

Unter den Zwangsarbeitern befand sich ein Deutscher, der die Szene miterlebte: Reinhardt Nebuschka. Er war künstlerischer Leiter des Posener Metropolitan-Theaters gewesen, hatte sich im Sommer 1940 aber mit den falschen Leuten angelegt. Während ihres Posen-Besuchs bei Harald Quandt war Magda Goebbels in Nebuschkas Büro gestürmt und hatte den Rauswurf der Schauspielerin verlangt, mit der ihr Sohn angebandelt hatte. Nebuschka hatte sich geweigert und war einige Monate später von der Gestapo verhaftet worden. Man machte ihn zum Zwangsarbeiter, und das ausgerechnet in Quandts DWM. Nebuschka äußerte nach dem Krieg die Überzeugung, Goebbels habe Befehl gegeben, »mich zu erledigen«.[165] Trotzdem schrieb er, nachdem er Quandts Rede gehört hatte, Briefe an Goebbels und Göring, in denen er Quandt und die Posener Betriebsleitung beschuldigte, Lebensmittelrationen für polnische Arbeiter und russische Kriegsgefangene nach Berlin zu verschieben. Nach diesen Briefen wurde Nebuschka erneut von der Gestapo verhaftet und ins Fort VII gebracht, ein Gefängnis in Posen und das erste KZ der Deutschen im besetzten Polen. Er überlebte die Haft, kehrte nach Deutschland zurück und schrieb noch einen Brief, diesmal über seine Erlebnisse in Quandts Fabrik in Posen. Dieser Brief jedoch hatte einen gänzlich anderen Empfänger: den amerikanischen Chefankläger der Nürnberger Prozesse.

16.

Am 9. Mai 1944 flohen Ferdinand Porsche, seine Tochter Louise und sein Sohn Ferry zusammen mit ihren Familien und einem Großteil der Porsche-Angestellten ins sichere Österreich. Sie verließen Stuttgart, da die Stadt von den Alliierten mit Luftangriffen überzogen wurde und das Unternehmen Porsche zu den Zielen gehörte. Neben der Villa Porsche, die hoch über Stuttgart auf einem Hügel lag, hatte man auf dem Grundstück der ehemaligen jüdischen Nachbarn eine Luftabwehrstellung errichtet. Die Stellung gefährdete den Autokonstrukteur und seine Familie noch zusätzlich. Eines Morgens traten die Porsches aus ihrem Luftschutzkeller ins Freie und sahen »aus dem Talkessel rote[n] Feuerschein herauf[leuchten], Stuttgart brannte«, wie sich Ferry Porsche später erinnerte.[166] Es war Zeit zu gehen.

Die Mitglieder des Porsche-Piëch-Clans verbrachten den Rest des Kriegs in Österreich. Dort pendelten sie zwischen dem Gutshof Schüttgut, den Ferdinand Porsche in Zell am See gekauft hatte, und dem idyllischen Bergstädtchen Gmünd in Kärnten, wo Ferry mit dem Entwurf des ersten Porsche-Sportwagens begann, hin und her. Bis zu ihrer Abreise hatte Ferry die Konstruktionsfirma in Stuttgart geleitet, in der Hunderte von Zwangsarbeitern ausgebeutet wurden.[167] Im Sommer 1942 hatte man nahe der neuen Autofabrik ein Zwangsarbeiterlager errichtet, von dem ein Teil ausschließlich für die ›Ostarbeiter‹ des Familienunternehmens vorgesehen war. Die Ausbeutung von Zwangsarbeitern erstreckte sich bei Porsche bis in den privaten Bereich. Im März 1943 nahmen Ferry Porsche und seine Frau Dorothea eine »allerliebst[e]« 16-Jährige aus der Ukraine als Hausmädchen für das Familienanwesen in Österreich in Dienst. »Wenn sie so tüchtig ist, wie sie schön aussieht, dann kann Ferry zufrieden sein«, hieß es in einem Brief eines Verwandten an Louise Piëch.[168]

Nachdem er seine Frau Louise und die Kinder in Österreich in Sicherheit wusste, setzte Anton Piëch sein Schreckensregime im Volkswagenwerk in Fallersleben fort. Mitte Mai 1944 reiste ein Volkswageningenieur nach Auschwitz, wo er dreihundert jüdische Metallarbeiter aus Ungarn auswählte. Sie wurden in Fallersleben für kurze Zeit beim Bau der sogenannten Flugbombe V-1 eingesetzt, eine der ›Wunderwaffen‹ des NS-Regimes. Bald schon aber wurden die Männer ins besetzte Lothringen verlegt, um dort eine Eisenerzmine in eine unterirdische Waffenfabrik umzubauen. In der Mine trafen sie auf eine Gruppe von weiteren fünfhundert jüdischen Häftlingen, die auch für die Volkswagenwerk GmbH in Auschwitz ausgewählt worden waren. Am 31. Mai brachte man achthundert Häftlinge aus dem KZ Neuengamme ins Volkswagenwerk, wo diese am Laagberg südwestlich des Fabrikgeländes den bereits begonnenen Bau eines Arbeiterlagers beenden sollten. Erster Leiter des Laagberg-Lagers wurde SS-Hauptscharführer Johannes Pump. Wenige Wochen zuvor war der sadistische SS-Mann aus dem Neuengamme-Außenlager in Quandts AFA-Werk in Hannover ins Außenlager im Volkswagenwerk von Piëch versetzt worden. In beiden Lagern setzte sich die brutale Gewalt unvermindert fort.[169]

17.

Mitte September 1944 verlegte das KZ-Stammlager Sachsenhausen eines seiner dreißig Berliner Außenlager nach Niederschöneweide, ein industriell geprägtes Viertel im östlichen Teil der Hauptstadt. Dort lag es gleich um die Ecke des Quandt'schen Pertrix-Batteriewerks. Quandts ältester Sohn Herbert war dort als kaufmännischer Leiter verantwortlich für die Personalentwicklung. Im Unterschied zu den meisten anderen Lagern beherbergte das neue Außenlager ausschließlich weibliche Häftlinge.[170] Die Frauen lebten, bewacht von der SS, in einem umfunktionierten Bootshaus auf dem Grundstück der ehemaligen Ausflugsgaststätte »Loreley« am Südufer der Spree.

Bis zu fünfhundert Insassinnen wurden in den folgenden Monaten zur Arbeit bei Pertrix gezwungen. Viele hatten seit Jahren in Polizeigefängnissen und Konzentrationslagern eingesessen. Die polnischen und belgischen Frauen waren mehrfach verlegt worden – nach ihrer anfänglichen Internierung im Frauen-KZ Ravensbrück nördlich von Berlin waren sie in ein Außenlager gebracht worden, von dort dann in den Bootsschuppen in Niederschöneweide. Die Polinnen waren zuvor in Auschwitz gewesen.

Bei Pertrix mussten die Frauen in Zwölfstundenschichten arbeiten. Ohne Schutzausrüstung hantierten sie mit Batteriesäuren, die bei Hautkontakt schwere Verätzungen verursachen konnten. Als wollte man ihren Häftlingsstatus noch herausstreichen, mussten sie schwarz-weiß gestreifte Arbeitskleidung mit einem Kreuz auf dem Rücken tragen, dazu Holzschuhe. Von den SS-Aufseherinnen, die sie auf dem Weg in die Fabrik und während der Arbeit bewachten, wurden die Frauen nicht selten misshandelt. Es gab keine Krankenstation, keine Seife für die Körperpflege und nur spärliche Mahlzeiten; Ungeziefer gab es dafür in Hülle und Fülle. Nachts mussten sich zwei Frauen eine hölzerne Pritsche im Bootsschuppen teilen.

Herbert Quandt war nicht nur verantwortlich für die KZ-Zwangsarbeiterinnen bei Pertrix. Der mittlerweile 34-Jährige bemühte sich zudem um ein Außenlager in der Nähe eines seiner Anwesen. Rund zwanzig Jahre nachdem sein Vater das Gut Severin erworben hatte, um seinem stark sehbehinderten Sohn eine berufliche Perspektive zu eröffnen, hatte Herbert Quandt sein eigenes Gut gekauft: Niewerle.[171] Quandts designiertem Nachfolger war die Lust an Severin vergangen. Für ihn war das Gut durch die

Hochzeit der Goebbels' ebenso belastet wie durch die Machenschaften des Gutsverwalters, der den geliebten Familienrückzugsort auf dem Land in eine NS-Hochburg verwandelt hatte.

Deshalb gab Herbert es schließlich auf, nach Severin zu fahren. Aber er war und blieb ein Naturmensch, züchtete mit Leidenschaft Trakehner und liebte trotz seiner schlechten Augen Motorboote, schnelle Autos und Segelboote. Im Herbst 1942 kaufte er das etwa 250 Hektar große Rittergut Niewerle in der Niederlausitz. In den folgenden zwei Jahren fuhr er, wann immer er Zeit fand, mit dem Zug von Berlin bis zum Bahnhof Niewerle. Dort bestieg er eine Pferdekutsche und fuhr damit die letzten acht Kilometer bis zum Gut. »Mit nur wirklich ganz wenigen Ausnahmen« verbrachte er die Wochenenden dort.[172] Im Dezember 1944 beschäftigte Herbert Quandt auf seinem Gut ein Dutzend Ausländer – darunter anscheinend vier Polen, vier Ukrainer und zwei Kriegsgefangene – für schlecht bezahlte Arbeiten im Garten und Haushalt.

Niewerle war bequem gelegen für Herbert Quandt. Wegen der permanenten Bombardierung Berlins entschied man, die Flugzeugbatterieproduktion der AFA und Pertrix in zwei Städte in Niederschlesien – dem entlegenen östlichen Teil NS-Deutschlands – zu verlagern, da sie dort besser geschützt wäre. In Sagan/Żagań, einer der beiden Städte, war Herbert Quandt persönlich in die Planung und den Bau eines KZ-Außenlagers involviert. Er hatte vor, KZ-Häftlinge zu nutzen, um die aus Berlin hierher verlagerte Produktion aufrechtzuerhalten. Sagan lag nur rund vierzig Kilometer östlich von Niewerle. Am 27. Oktober 1944 unterbreitete ein AFA-Ingenieur Herbert Quandt und anderen Pertrix-Direktoren die Baupläne für die Lagerbaracken und diskutierte diese mit den Männern. Eine Woche später beantragte der Ingenieur bei der Organisation Todt – der staatlichen Bauorganisation, die für die Errichtung von Konzentrationslagern und Militärbauten zuständig war – den Bau der Baracken für die aufzunehmenden Häftlinge.[173]

Einen Monat später, am 2. Dezember 1944, kam es zu einem ersten Treffen zwischen dem Ingenieur und einem SS-Offizier des nahe gelegenen KZ Groß-Rosen, das über gut hundert Außenlager im ganzen ›Dritten Reich‹ verfügte. Zwei Tage nach dem Treffen wurden Günther Quandts rechte Hand Horst Pavel und Herbert Quandt persönlich über den Fortgang der Bauarbeiten in Sagan informiert. Zwei der Baracken waren fast fertiggestellt, anscheinend arbeiteten dort zu diesem Zeitpunkt bereits etwa 25 KZ-Häftlinge. Bis Mitte Januar 1945 wurden vierzig Waggons mit Maschinen und Ausrüstung nach Sagan geschickt. Die deutschen Behörden schätzten die Lagerbauzeit auf drei Monate. Erst nach der Fertigstellung würde man Häftlinge aus Groß-Rosen für Zwangsarbeitsprojekte anfordern können. Dazu kam es indes nie, denn die Rote Armee rückte näher. Ende Januar 1945 kümmerte sich Herbert Quandt persönlich um die Räumung des unfertigen Außenlagers – nur wenige Wochen vor der Einnahme Sagans und Niewerles durch sowjetische Truppen.

18.

Samstag, der 30. September 1944, war ein sonniger Herbsttag. In Ostwestfalen tauchten die amerikanischen Bomber wie aus dem Nichts auf. Gegen 14 Uhr begannen sie, ihre Ladungen auf Bielefeld abzuwerfen und so große Teile des historischen Zentrums dem Erdboden gleichzumachen. Als die Sirenen heulten, flüchteten sich Richard Kaselowsky, seine Frau und ihre beiden gemeinsamen Töchter in den Keller ihrer Villa auf dem Johannisberg, in dem sie sich einen Luftschutzraum hatten einrichten lassen. Wahrscheinlich war es ein direkter Treffer, der sie tötete, womöglich besiegelten aber auch Brandgase aus den im Keller lagernden Kohlevorräten ihr Schicksal. Die Todesanzeige für die Familie begann mit der damals üblichen Formel: »Durch einen Terrorangriff wurden uns genommen […].«[174]

Rudolf-August Oetker trennten noch wenige Wochen von einem Offiziersrang in der Waffen-SS, als ihn die Nachricht erreichte, dass seine Mutter, seine beiden jüngeren Schwestern und sein Stiefvater getötet worden waren. Der Verlust war nicht nur eine persönliche Tragödie für den 28-jährigen angehenden Offizier, es war auch ein schwerer Schlag für das Unternehmen Dr. Oetker, das Hitlers Fronttruppen belieferte. Oetker durfte seinen Dienst unterbrechen, um den Familienkonzern zu übernehmen. Einen Monat später schloss er seine Ausbildung erfolgreich ab und stieg zum SS-Untersturmführer auf, dem niedrigsten Offiziersrang der Waffen-SS.

Bevor die Bomben auf das Zuhause seiner Kindheit fielen, war Oetker der Berliner Zentrale des SS-Wirtschafts-Verwaltungshauptamts zugewiesen worden.[175] Geleitet wurde dieses von Oswald Pohl, dem mächtigen Bekannten seines Stiefvaters aus dem Freundeskreis Reichsführer SS. Bedingt durch Kaselowskys Tod trat Oetker die Stelle bei der SS jedoch nie an. Nach dem abrupten Ende seiner militärischen Karriere begann für ihn eine neue. Rudolf-August Oetker war bereit und fähig, in die Fußstapfen seines Stiefvaters zu treten. »Einen besseren Vater als Richard Kaselowsky könnte ich mir nicht vorstellen«, sagte Oetker in einem Interview mit der *Welt am Sonntag* mehr als ein halbes Jahrhundert später, »einen besseren Lehrherrn für mich auch nicht.«[176]

Ende Oktober 1944 besuchte Oetker in Berlin einen anderen SS-Offizier: Fritz Kranefuß, die treibende Kraft hinter dem Freundeskreis Reichsführer SS. Nach dem Besuch empfahl Kranefuß dem Reichsführer, den fälligen Kondolenzbrief an Rudolf-August Oetker und nicht an seine ältere Schwester zu schicken. »Er ist der eigentliche Erbe der Oetkerschen Betriebe und wird wohl nun die Nachfolge seines Stiefvaters als Betriebsführer antreten«, schrieb Kranefuß.[177] Er hatte die SS bereits über den Tod Kaselowskys ins Bild gesetzt: »Herr Dr. Kaselowsky gehörte bekanntlich dem Freundeskreis an und hat sich, wenn er auch nicht einer unserer alten Freunde aus der Zeit vor der Machtübernahme war, dort außerordentlich bewährt. In menschlicher wie sachlicher Hinsicht ist er, wie man es nur von sehr wenigen Wirtschaftsführern sagen kann, ein Vorbild gewesen.«[178]

Für Kaselowsky waren es nicht die Geschäftskontakte und Privilegien, die den Freundeskreis für ihn zu etwas Besonderem gemacht hatten. Diese waren nur nettes Beiwerk. Der Freundeskreis und seine Treffen waren für den westfälischen Emporkömmling eine Herzensangelegenheit, weil er dort das Gefühl gehabt hatte, endlich dazuzugehören. Mitte Mai 1944, wenige Monate vor seinem Tod, schwärmte er in einem Brief von einem Treffen der Gruppe im zerbombten Berlin: »Der schöne Abend, den wir im Kasinogarten der Reichsbank wie in einer Oase des Friedens inmitten einer in Trümmer gegangenen Welt verleben konnten, wird mir eine dauernde Erinnerung sein.«[179]

19.

Das Unheil traf Harald Quandt im Spätsommer 1944, als sich die deutschen Truppen in Italien auf dem Rückzug befanden. Am 9. September wurde Goebbels von Luftwaffengeneral Kurt Student persönlich darüber unterrichtet, dass sein Stiefsohn in den Kämpfen an der Adria, in der Nähe von Bologna, verwundet worden war. Harald werde vermisst und sei vermutlich in alliierte Kriegsgefangenschaft geraten. Goebbels beschloss, seiner Frau »vorläufig noch nichts [davon zu sagen], um sie nicht unnötig zu beunruhigen«.[180] Er hoffte, dass Harald noch am Leben war, und beauftragte das Rote Kreuz damit, den Verbleib seines Stiefsohns zu ermitteln.

Fast zwei Wochen wartete Goebbels ab, bis er Magda mitteilte, dass ihr ältester Sohn verschollen und wahrscheinlich in Gefangenschaft geraten sei. Sie trug die Neuigkeiten mit Fassung. Ihren sechs kleinen Kindern sagte das Paar aber nichts. Haralds 23. Geburtstag am 1. November 1944 verstrich ohne ein Lebenszeichen von ihm, sodass das Ehepaar Goebbels zunehmend befürchtete, ihn womöglich nie wiederzusehen. Drei Tage später erfuhr Goebbels von einem Hauptmann aus Haralds Bataillon, dass sein Stiefsohn, kurz bevor er zum letzten Mal gesehen worden war, einen Schuss in die Lunge abbekommen habe.[181] Es blieb unklar, ob er die Kugel überlebt hatte und wo er war. Goebbels ließ seine Beziehungen spielen und spannte die deutschen Botschaften in der neutralen Schweiz und im neutralen Schweden ein, die Suche nach Harald zu unterstützen.[182] Das deutsche Auswärtige Amt kontaktierte über die Stockholmer Botschaft sogar die alliierten Botschaften, um das Schicksal von Goebbels' Stiefsohn zu klären.

Am 16. November 1944, mehr als zwei Monate nach Haralds Vermisstenmeldung, erhielt Goebbels ein Telegramm des Roten Kreuzes mit guten Nachrichten: Man habe Harald Quandt in einem britischen Kriegsgefangenlager in Nordafrika ausfindig gemacht. Magda Goebbels brach in Tränen aus, als ihr Mann am Telefon davon erzählte. Als wäre ihr erstes Kind zum zweiten Mal geboren worden, so fühlte sie sich. Am nächsten Abend erhielt das Paar einen Brief von Harald. Er sei schwer verwundet worden und habe zwei Bluttransfusionen bekommen, hieß es darin, aber deutsche Ärzte im Lager hätten ihn wieder zusammengeflickt und würden ihn gut versorgen.[183] Hitler, der sich um Haralds Verbleib ebenfalls »erhebliche Sorgen gemacht« habe, sei »sehr befriedigt«, dass der junge Mann nun gefunden sei, schrieb Goebbels in sein Tagebuch.[184]

Wiederum gut zwei Monate später, am 22. Januar 1945, überreichte Hermann Göring dem Ehepaar Goebbels in Hitlers Reichskanzlei einen persönlichen Brief mit lobenden Worten über Haralds Verdienste und das Deutsche Kreuz in Gold, darauf mittig prangend ein Hakenkreuz. Der Orden ehrte Harald in Abwesenheit für seine Leistungen im Kampf. Goebbels war von Görings Geste berührt – das Verhältnis der beiden Männer war stets von Spannungen geprägt gewesen. Und doch musste Goebbels seinen

Kabinettskollegen aus dem Reichsluftfahrtministerium noch bekritteln. »Man fühlt sich von seiner menschlichen Persönlichkeit immer wieder tief angerührt; aber leider leistet er auf seinem Gebiet nicht das, was geleistet werden müsste, und das Reich und das deutsche Volk müssen sein Versagen sehr teuer bezahlen«, beklagte sich Goebbels in seinem Tagebuch.[185]

Harald Quandts Vorahnungen über den Kriegsverlauf erwiesen sich als richtig. Sowjetische und westliche alliierte Truppen rückten unaufhaltbar auf Berlin vor, das Ende des ›Tausendjährigen Reichs‹ war nah. Doch Harald sollte weder seine Mutter, seinen Stiefvater noch seine sechs Halbgeschwister je wiedersehen. Die Abschiedsworte des Paars erreichten den geliebten Sohn und Stiefsohn per Brief, lange nachdem sie ihr Leben selbst beendet hatten.

Teil IV

»Du wirst weiterleben«

1.

Wenige Tage vor dem 8. Mai 1945, an dem das ›Dritte Reich‹ kapitulieren sollte, saß Harald Quandt als Häftling 191901 im Offiziersquartier des britischen Kriegsgefangenenlagers 305 in der libyschen Hafenstadt Bengasi. Er gönnte sich mit seinen Mitgefangenen gerade ein Glas Rum, als ein Radiosprecher der BBC verkündete, dass man die Leichen seiner sechs Halbgeschwister im Führerbunker gefunden habe, einem Luftschutzbunker innerhalb des Gartens der Berliner Reichskanzlei. Die Körper seiner Mutter und seines Stiefvaters, Magda und Joseph Goebbels, hätten im Freien gelegen.[1] Harald Quandt war am Boden zerstört, denn der 23-jährige Fallschirmspringer hatte eine enge Beziehung zu seinen jüngeren Halbgeschwistern gehabt. Hören zu müssen, dass die sechs Kinder tot waren, erschütterte ihn zutiefst. Ein Kriegskamerad, der bei ihm saß, als die Männer den Radiobericht hörten, erklärte später, dass Harald, »ein Mann von straffer Selbstdisziplin und kühler Reserviertheit«, anschließend stundenlang verzweifelt gewesen sei.[2]

Noch während seiner Gefangenschaft erhielt Harald Quandt dann zwei Abschiedsbriefe, offenbar kurz vor dem Tod der Absender verfasst. Der erste stammte von seiner Mutter Magda:

Mein geliebter Sohn!

Nun sind wir schon sechs Tage hier im Führerbunker, Papa, Deine sechs kleinen Geschwister und ich, um unserem nationalsozialistischen Leben den einzig möglichen, ehrenvollen Abschluss zu geben. Ob Du diesen Brief erhältst, weiß ich nicht. Vielleicht gibt es doch eine menschliche Seele, die es mir ermöglicht, Dir meine letzten Grüße zu senden. Du sollst wissen, dass ich gegen den Willen Papas bei ihm geblieben bin, dass noch vorigen Sonntag der Führer mir helfen wollte, hier herauszukommen. Du kennst Deine Mutter – wir haben dasselbe Blut, es gab für mich keine Überlegung. Unsere herrliche Idee geht zu Grunde – mit ihr alles, was ich Schönes, Bewundernswertes, Edles und Gutes in meinem Leben gekannt habe. Die Welt, die nach dem Führer und dem Nationalsozialismus kommt, ist nicht mehr wert, darin zu leben, und deshalb habe ich auch die Kinder hierher mitgenommen. Sie sind zu schade für das nach uns kommende Leben, und ein gnädiger Gott wird mich verstehen, wenn ich selbst ihnen die Erlösung geben werde. Du wirst weiterleben, und ich habe die einzige Bitte an Dich: Vergiss nie, dass Du ein Deutscher bist, tue nie etwas, was gegen die Ehre ist, und sorge dafür, dass durch Dein Leben unser Tod nicht umsonst gewesen ist.

Die Kinder sind wunderbar. Ohne Hilfe helfen sie sich selbst in diesen mehr als primitiven Verhältnissen. Ob sie auf dem Boden schlafen, ob sie sich waschen können, ob sie zu essen haben und was – niemals ein Wort der Klage oder ein Weinen. Die Einschläge erschüttern den Bunker. Die Größeren beschützen die noch Kleineren, und ihre Anwesenheit hier ist schon dadurch ein Segen, dass sie dem Führer hin und wieder ein Lächeln abgewinnen.

Gestern hat der Führer sein Goldenes Parteiabzeichen abgenommen und mir angeheftet. Ich bin stolz und glücklich. Gott gebe, dass mir die Kraft bleibt, das Letzte und Schwerste zu tun. Wir haben nur noch ein Ziel: Treue bis in den Tod dem Führer, und dass wir zusammen das Leben mit ihm beenden können, ist eine Gnade des Schicksals, mit der wir niemals zu rechnen wagten.

Harald, lieber Junge – ich gebe Dir das Beste noch auf den Weg, was das Leben mich gelehrt hat: Sei treu! Treu Dir selbst,

treu den Menschen und treu Deinem Land gegenüber. In jeder und jeder Beziehung!
Einen neuen Bogen anzufangen, ist schwer. Wer weiß, ob ich ihn ausfüllen kann. Aber ich möchte noch so viel Liebe Dir geben, so viel Kraft und Dir jede Trauer über unseren Verlust nehmen. Sei stolz auf uns und versuche, uns in stolzer, freudiger Erinnerung zu behalten. Einmal muss jeder Mensch sterben, und ist es nicht schöner, ehrenvoll und tapfer kurz zu leben, als unter schmachvoller Bedingung ein langes Leben zu führen?
Der Brief soll raus … Hanna Reitsch nimmt ihn mit. Sie fliegt nochmals raus! Ich umarme Dich in innigster, herzlichster, mütterlichster Liebe!

Mein geliebter Sohn
Lebe für Deutschland!
Deine Mutter[3]

Der zweite Brief stammte von Haralds Stiefvater, Joseph Goebbels:

Mein lieber Harald,

Wir sitzen eingeschlossen im Führerbunker in der Reichskanzlei und kämpfen um unser Leben und um unsere Ehre. Wie dieser Kampf ausgehen wird, das weiß nur Gott allein. Ich aber weiß, dass wir nur mit Ehre und Ruhm lebend oder tot daraus hervorgehen werden. Ich glaube kaum, dass wir uns noch einmal wiedersehen werden. Darum sind das wahrscheinlich die letzten Zeilen, die Du von mir empfängst. Ich erwarte von Dir, dass Du, wenn Du diesen Krieg überstehst, Deiner Mutter und mir nur Ehre machen wirst. Es ist gar nicht nötig,. dass wir lebend da sind, um auf die Zukunft unseres Volkes einzuwirken. Du wirst unter Umständen der Einzige sein, der unsere Familientradition weiter fort-

führt. Tue es immer so, dass wir uns dessen nicht zu schämen brauchen. Deutschland wird diesen furchtbaren Krieg überstehen, aber nur dann, wenn unser Volk Beispiele vor Augen hat, an denen es sich wieder aufrichten kann. Ein solches Beispiel wollen wir geben. Du kannst stolz darauf sein, eine Mutter wie die Deine zu besitzen. Der Führer hat ihr gestern das Goldene Parteiabzeichen, das er jahrelang an seinem Rock trug, gegeben, und sie hat es auch verdient. Du darfst in Zukunft nur eine Aufgabe kennen, Dich des schwersten Opfers, das wir zu bringen bereit und entschlossen sind, wert zu erweisen. Ich weiß, dass Du das tun wirst. Lass Dich nicht vom Lärm der Welt, der nun einsetzen wird, verwirren. Die Lügen werden eines Tages in sich zusammenbrechen und über ihnen wieder die Wahrheit triumphieren. Es wird die Stunde sein, da wir über allem stehen, rein und makellos, so wie unser Glaube und Streben immer gewesen ist.
Leb wohl, mein lieber Harald! Ob wir uns jemals wiedersehen werden, das steht bei Gott. Wenn nein, dann sei immer stolz darauf zu einer Familie zu gehören, die dem Führer und seiner reinen, heiligen Sache, auch im Unglück bis zum letzten Augenblick treu geblieben ist.

Alles Gute und meine herzlichsten Grüße,
Dein Papa[4]

Harald kannte zu diesem Zeitpunkt die grausamen Details zum Ende seiner Familie noch nicht; sie sollten erst später ans Tageslicht kommen. Am Abend des 28. April 1945 hatten Magda und Joseph Goebbels ihren jeweiligen Brief an den geliebten Harald verfasst.[5] Magda Goebbels übergab die Schreiben anschließend Hanna Reitsch, der bekanntesten Versuchspilotin des Deutschen Reichs, die noch im Führerbunker zu Besuch war, während sich die Sowjettruppen bereits dem Zentrum Berlins näherten. Hitler überreichte Reitsch als Abschiedsgeschenk zwei Zyankali-Kapseln.

Die beliebte Pilotin hob noch in dieser Nacht von einer improvisierten Startbahn auf der heutigen Straße des 17. Juni in der Nähe des Brandenburger Tors aus der Hauptstadt ab – mit dem letzten Flug, der Berlin verließ, bevor die Rote Armee die Stadt einnahm. Die Sowjets versuchten, das Flugzeug abzuschießen, da sie befürchteten, Hitler wolle fliehen, doch Reitsch gelang der Start. Sie wurde nach ihrer Landung in Österreich von US-Soldaten verhaftet; die Nachrichten für Harald trug sie noch immer bei sich. Während der Air Force Captain, der Reitsch verhörte, die Originale behielt, ließen die US-Behörden später Kopien der Briefe an Harald Quandt in Bengasi zustellen.[6]

Am 30. April 1945, zwei Tage nachdem Magda und Joseph Goebbels an Harald geschrieben hatten, schluckte Adolf Hitler zusammen mit seiner neben ihm sitzenden Frau Eva Braun Zyankali und schoss sich dann mit seiner Walther-Pistole in den Kopf. Das Paar hatte am Abend zuvor geheiratet, womit Hitlers Eid der Ehelosigkeit offiziell endete. Mit diesem Schwur hatte der ›Führer‹ seine Hingabe an das deutsche Volk ausdrücken wollen. Die beiden genossen ihre Ehe nicht allzu lange, denn Hitler wusste, dass die Rote Armee bereits in das Stadtgebiet von Berlin eingedrungen und nur noch wenige Straßenzüge davon entfernt war, den verstärkten Betonbunker einzunehmen. Ihre Leichen wurden, auf Anweisung Hitlers, im Garten der Reichskanzlei verbrannt.

Gemäß dem Willen des ›Führers‹ wurde Harald Quandts Stiefvater, Joseph Goebbels, zum neuen Reichskanzler Deutschlands ernannt. Allerdings übte er diese Position kaum einen Tag aus. Zwar war in Hitlers Testament festgehalten, dass sein Nachfolger mit seiner Frau und den Kindern aus Berlin fliehen sollte, doch Goebbels weigerte sich. Der Mann, der mehr als zwanzig Jahre lang seinem ›Führer‹ so untertänig gedient hatte, widersetzte sich Hitlers letztem Befehl.

Am Tag nach Hitlers Selbstmord kleidete Magda Goebbels ihre Kinder in weiße Nachthemden und bürstete ihnen die Haare. Der SS-Zahnarzt Helmut Kunz verabreichte jedem der Kinder eine

Morphiumspritze. Als sie von der Droge völlig benommen waren, schob Magda Goebbels jedem Kind eine Zyankali-Kapsel in den Mund und sorgte dafür, dass sie das Glas zerbissen, wobei ihr Dr. Ludwig Stumpfegger half, einer von Hitlers Leibärzten. Um die Besatzung des Bunkers nicht zu beunruhigen, beging sie diese Tat in den Privaträumen der Familie. Rochus Misch, einer von Hitlers Leibwächtern, sah Magda Goebbels später Patiencen legen; sie soll dabei sehr blass ausgesehen haben, mit blutunterlaufenen Augen, ihr Gesicht »erstarrt«.[7]

Einige Stunden nachdem Magda ihre Kinder ermordet hatte, gingen sie und Joseph Goebbels Arm in Arm aus dem Bunker die Stufen hinauf in den Garten der Reichskanzlei. Wenig später fand Goebbels' Adjutant Günther Schwägermann die leblosen Körper des Paars im Freien. Auch sie hatten Zyankali-Kapseln zerbissen. Das goldene NSDAP-Abzeichen des ›Führers‹ war noch immer an Magda Goebbels' Brust geheftet. Ein SS-Soldat übernahm es, wie von Goebbels zuvor befohlen, zur Sicherheit ein paar Schüsse auf die Körper der beiden abzufeuern, übergoss sie anschließend mit Benzin und zündete sie an. Am folgenden Tag fanden Soldaten der Roten Armee die verkohlten Leichen im eingeebneten Garten zwischen Betonmischern.

Zu den Menschen, die Magda Goebbels im Führerbunker zuletzt lebend sahen, gehörte Albert Speer, der Architekt, der zu Hitlers Reichsminister für Bewaffnung und Munition aufgestiegen war. »Sie war bleich und sprach nur leise Belangloses, obwohl zu spüren war, dass sie unter dem Gedanken an die unvermeidlich näherrückende Stunde des gewaltsamen Todes ihrer Kinder litt. [...] Erst gegen Ende deutete sie an, was sie wirklich bewegte: ›Wie glücklich bin ich, dass wenigstens Harald [...] am Leben ist‹«, erinnerte sich Speer später in seiner Autobiografie.[8]

2.

Anfang März 1945 hatte Magda Goebbels ihre beste Freundin Ello, Haralds Patentante, in einem Sanatorium auf den Elbhöhen am Stadtrand von Dresden besucht.[9] Von hier aus bot sich ein klarer Blick über das Trümmerfeld der Stadt: Knapp drei Wochen zuvor war die Stadt bei alliierten Bombenangriffen dem Erdboden gleichgemacht worden. Magda Goebbels fuhr nicht, wie gewöhnlich, mit der Limousine vor, sondern im Lieferwagen einer Zigarettenfirma, und sie saß vorn beim Fahrer. Sie war inkognito nach Dresden aufgebrochen, um sich von ihrer besten Freundin zu verabschieden. Die beiden Frauen waren sich vor 25 Jahren zum ersten Mal im ländlichen Pritzwalk begegnet, was nun wie aus einem anderen Leben wirkte. Beide waren sie Ehefrauen von Quandt-Männern gewesen, dann deren Ex-Ehefrauen. Ello jedoch hatte nicht wieder geheiratet. Später gab sie zu Protokoll, Günther Quandt habe angeboten, Magda Goebbels und ihren Kindern bei der Flucht aus dem Reich zu helfen. Laut Ello hatte er eine sichere Unterkunft in der Schweiz organisiert, wo er für ihre Versorgung und die Ausbildung der Kinder sorgen wollte. Doch Magda habe abgelehnt; ihre Kinder sollten gemeinsam mit ihr sterben. Nach dem Krieg erinnerte sich Ello an Magdas Monolog, in dem sie ganz rational erklärte, dass sie ihren Kindern das Undenkbare antun werde – in einem letzten Versuch, ihre Komplizenschaft bei den Massenverbrechen des ›Dritten Reichs‹ in Worte zu fassen:

> Wir haben vom deutschen Volk Unerhörtes verlangt, andere Völker mit unerbittlicher Härte behandelt. Dafür werden die Sieger gründliche Rache nehmen […]. Alle anderen haben das Recht weiterzuleben, wir nicht. Wir haben dieses Recht nicht …

wir haben versagt [...]. Ich selbst mache mich verantwortlich. Ich war dabei, ich habe an Hitler geglaubt und lang genug an Joseph Goebbels [...]. Von dieser kommenden Welt wird Joseph als einer der größten Verbrecher angesehen, die Deutschland je hervorbrachte. Seine Kinder müssten das täglich hören, man würde sie quälen, verachten und erniedrigen. Sie wären mit allem belastet, was er getan hat. An ihnen würde man Rache nehmen [...]. Weißt du noch ... ich hab' dir ja damals ganz aufgelöst erzählt ... wie der Führer im Café Anast in München, als er den kleinen Judenbuben sah, gesagt hat, er würde ihn am liebsten wie eine Wanze am Boden zerdrücken? [...] Ich konnte das nicht glauben, hielt es nur für provokatives Gerede. Aber er hat's dann viel später wirklich getan. Es ist so unsagbar Grausames geschehen, von einem System, das auch ich vertreten habe. Es hat sich soviel Rachsucht in der Welt angesammelt ... ich kann nicht anders, ich muss auch die Kinder mitnehmen, ich muss! Nur mein Harald wird übrigbleiben. Er ist nicht Goebbels' Sohn [...].[10]

Magda Goebbels verbrachte diese Nacht bei Ello im Sanatorium. Am nächsten Morgen begleitete Ello ihre Freundin zu ihrem Lieferwagen, in dem der Fahrer bereits wartete. Magda Goebbels fuhr durch das zerstörte Dresden davon, zurück in die Ruinen Berlins, zum Führerbunker, ihrem letzten Bestimmungsort. Bei der Abfahrt kniete sie sich auf dem Beifahrersitz und winkte Ello durch das Fenster zu, bis ihre Freundin aus dem Blickfeld verschwand.

3.

Am 25. April 1945, eine Woche bevor seine Ex-Frau ihre Kinder und anschließend sich selbst töten würde, floh Günther Quandt aus Berlin vor den heranrückenden sowjetischen Soldaten. Zunächst bemühte sich Quandt für »geschäftliche Besprechungen« noch um eine Einreiseerlaubnis in die Schweiz, doch da er bei der Eidgenössischen Fremdenpolizei als Geldgeber Hitlers registriert war, wurde ihm die Einreise verweigert.[11] Daraufhin wandte sich der Industrielle Richtung Bayern, denn es hatte sich herumgesprochen, dass in Süddeutschland eine amerikanische Besatzungszone entstehen sollte. Und es war nicht unrealistisch, von Männern wie Günther Quandt, Friedrich Flick und August von Finck, zu erwarten, dass die kapitalistischen Amerikaner eine ›unternehmerfreundliche‹ Politik betreiben würden.

Quandt mietete einen »bescheidenen Raum« in einem Schloss in Leutstetten, einem Dorf in der Nähe des Starnberger Sees, rund zwanzig Kilometer südlich von München.[12] Bald beschlagnahmten amerikanische und britische Soldaten das Schloss. Doch anstatt von den Alliierten verhaftet zu werden, kam der Unternehmer nun bei dem Bürgermeister des Städtchens unter, der idyllisch auf einem Berg lebte. Für den Augenblick hielt Quandt es »für das einzig Richtige, sich möglichst im Hintergrund zu halten«.[13] Er hatte auch allen Grund, unauffällig bleiben zu wollen. Neben seiner gewaltigen Waffenproduktion und der ›Arisierung‹ zahlreicher Firmen hatte der Magnat schätzungsweise bis zu 57.500 Zwangsarbeiter in seinen Firmen eingesetzt.[14]

Am 18. April 1945, eine Woche vor Günther Quandts Flucht aus Berlin, veröffentlichte das Office of Strategic Services (OSS), der Vorläufer der CIA, ein vierseitiges Memo über den Industriellen.

Der Geheimdienst hatte den kahlköpfigen Geschäftsmann seit Sommer 1941 im Auge behalten, als er so üppig seinen 60. Geburtstag gefeiert hatte. Das OSS beschrieb Quandt als »einen der führenden Industriellen Deutschlands, dessen Holdings, die schon vor 1933 beachtlich waren, seit Hitlers Aufstieg zur Macht noch einmal entschieden gewachsen sind«. Er »ist mitverantwortlich für die Ausformulierung und Durchführung der NS-Wirtschaftspolitik und die wirtschaftliche Ausbeutung der von Deutschland beherrschten Gebiete«.[15] Günther Quandts Geschäftsmethoden hätten ihm Erfolge »ohne großen Gefechtslärm« eingebracht.[16] Ermittler des US-Finanzministeriums fügten Quandts Namen wenig später einer Liste mit 43 deutschen Wirtschaftsführern hinzu, die in Nürnberg wegen Kriegsverbrechen angeklagt werden sollten.[17] Als der deutsche Industrielle erfuhr, dass sein Name auf dieser Liste stand, verfasste er einen wütenden Widerspruch und forderte, dass seine Entgegnung dem US-Senat vorgelegt werde.[18]

Bevor er an eine Flucht in die Schweiz oder nach Bayern gedacht hatte, war Quandt auf den Plan verfallen, von Berlin aus nach Bissendorf zu entkommen, ein Städtchen rund zwanzig Kilometer nördlich der AFA-Fabrik in Hannover, die kurz davorstand, von den Briten besetzt zu werden.[19] Er wollte vor Ort persönlich seine Batteriefabrik leiten, überlegte es sich dann aber doch anders. Der Druck auf den Wirtschaftsboss war schlicht zu groß. Schon seit Februar 1945 pendelte eine Gruppe seiner Manager zwischen Berlin und Bissendorf hin und her, um dort ein Ausweichquartier der Firmenzentrale in der Nähe der hochmodernen AFA-Fabrik einzurichten. Zu dieser Gruppe gehörte auch Günther Quandts ältester Sohn Herbert, der, nachdem er Ende Januar das nicht fertiggestellte Saganer AFA-Außenlager des Konzentrationslagers Groß-Rosen persönlich aufgelöst hatte, nun näher an die neue Fabrik seines Vaters heranrückte. Dort nahm das Leid der Menschen in den darauffolgenden Wochen sogar noch zu.[20]

Da die Alliierten immer weiter vorstießen, legte man Ende März 1945 die AFA-Fabrik Hannover still. Die Werksleitung verbrannte alle Unterlagen, mit Ausnahme einer Häftlingsliste. Etwa zur gleichen Zeit trafen Hunderte weitere kranke und schwache Gefangene aus dem Konzentrationslager Neuengamme im Außenlager der Fabrik ein. Eine Woche später, am 5. April, befand man die körperliche Verfassung von rund 1000 Häftlingen des AFA-Außenlagers für ›gut‹ genug, um sie auf einen Todesmarsch ins rund fünfzig Kilometer entfernte Konzentrationslager Bergen-Belsen zu schicken. Dabei waren die Gefangenen in einem desaströsen Gesundheitszustand und hatten weder ausreichend Essen noch Kleidung und Schuhe. Allein am ersten Tag des Marschs soll ein SS-Sanitäter bis zu fünfzig Häftlinge erschossen haben, die nicht mehr weiterlaufen konnten. In den darauffolgenden Tagen wurden immer wieder Menschen ermordet. Am 8. April erreichte die Gruppe Bergen-Belsen. Die Gefangenen, die eine Woche später noch am Leben waren, wurden von britischen Soldaten befreit.

Auch all jene, die im AFA-Außenlager in Hannover zurückgelassen worden waren, erwartete ein furchtbares Schicksal. Rund 600 Gefangene waren zu krank oder schwach gewesen, um sich dem Todesmarsch anzuschließen. Jetzt aber mussten sie fortgebracht werden. Am 6. April, einen Tag nach dem Beginn des Todesmarsches Richtung Bergen-Belsen, befahl ein SS-Kommandeur, das AFA-Lager zu räumen. Rund 48 Stunden später traf ein Güterzug ein, offenbar auf Anforderung der AFA, um die Häftlinge zu evakuieren. Doch der Zug blieb im ländlichen Sachsen-Anhalt stecken – die ausgebrannten Reste eines bombardierten Zugs blockierten die Gleise, und auch andere Gefangenentransporte aus Konzentrationslagern in ganz Deutschland waren hier gestrandet. Die Menschen mussten die Züge verlassen. Von den Häftlingen aus Hannover waren bereits 65 gestorben. Nun zwang man den Großteil aller Gefangenen, den Weg zu Fuß fortzusetzen. Nur die Schwächsten unter ihnen transportierte man mit einigen wenigen Fuhrwerken. Die Gefangenen erreichten so die Stadt Gardelegen, die bereits fast vollständig von der US-Armee eingekesselt war. Nachdem er die Situation mit den Befehlshabern von SS und Wehrmacht besprochen hatte, befahl der örtliche NSDAP-Kreisleiter, die Gefangenen in eine gemauerte Scheune am Stadtrand einzusperren und diese dann anzuzünden. SS-Angehörige warfen Handgranaten auf das brennende Gebäude und erschossen jene Häftlinge, die zu fliehen versuchten. Am 15. April 1945 entdeckten US-amerikanische Soldaten die verkohlten Leichen von 1016 Menschen. Viele waren bei lebendigem Leib verbrannt.

Zehn Tage später wandte sich US Army Colonel George Lynch an die Bewohner von Gardelegen: »Einige werden sagen, dass die Nazis verantwortlich für dieses Verbrechen sind. Andere werden auf die Gestapo verweisen. Die Verantwortung liegt aber bei keinem der beiden – sie liegt beim deutschen Volk. […] Die sogenannte Herrenrasse hat bewiesen, dass sie lediglich in den Bereichen Verbrechen, Grausamkeit und Sadismus führend ist. Den Respekt der zivilisierten Welt habt ihr verloren.«[21]

4.

In der Nacht vom 7. auf den 8. April 1945, einen Tag nachdem die SS das Außenlager der AFA-Fabrik in Hannover aufgelöst hatte, flohen Herbert Quandt und Horst Pavel zusammen mit zwanzig Mitarbeitern aus Berlin nach Bissendorf. Dort hatte man die provisorischen Büros der AFA im örtlichen Kurhaus eingerichtet, während die Kollegen selbst in einem Barackenlager im Pinienwald knapp außerhalb des Städtchens untergebracht wurden. Das improvisierte Arrangement war primitiv. Es gab wenig zu essen, das Gelände wurde bei Regen regelmäßig überflutet, und die Männer der AFA mussten Scherben eines Flakscheinwerfers als Rasierspiegel verwenden.[22]

Britische Soldaten besetzten das AFA-Werk in Hannover am 20. April 1945. Es war so gut wie nicht beschädigt, sodass die Armee die Produktion schnell wieder anfahren konnte. In den Werkshallen, in denen noch vor Kurzem Zwangsarbeiter unter den furchtbarsten Umständen gezwungen gewesen waren, Batterien für U-Boote und Torpedos zu bauen, stellte man nun Trockenbatterien für das britische Militär her. Herbert Quandt wurde unter Aufsicht gestellt, da man in ihm ein »Werkzeug seines Vaters« sah.[23] Die Briten verboten ihm das Betreten der Fabrik und jegliche Arbeit für die AFA. An seiner Stelle wurde Horst Pavel zum Treuhänder der Werke ernannt.

Es war nun an Pavel, die vollständige Demontage des AFA-Werks in Hannover zu verhindern. Günther Quandt hingegen konnte es kaum ertragen, dass er, in Bayern festsitzend, gezwungen war, alle Kontrolle aus den Händen zu geben. Er entwickelte paranoide Züge und befürchtete, sein Vertrauter Pavel plane von Hannover aus einen Komplott gegen ihn. Sogar Herbert verdächtigte er. Dieser schrieb daraufhin an seinen Vater, dieser müsse sein Misstrauen ablegen, wolle man all die derzeitigen Schwierigkeiten überwinden.[24]

Nur Wochen vor seiner Flucht aus Berlin hatte sich für Herbert Quandt noch die Möglichkeit ergeben, für sich selbst eine ›arisierte‹ Firma zu kaufen, als ihm die Sächsische Corsetschonerfabrik Max Franck, ein führender Unterwäschehersteller aus Chemnitz, zum Kauf angeboten wurde. Er erwog ernsthaft, den ehemals jüdischen Betrieb zu erwerben, um »einmal an einer Stelle nicht in dem Schatten des großen Vaters Entscheidungen« zu treffen.[25] Am Ende entschied er sich jedoch gegen den Kauf der geraubten Firma.

Trotz des unbeschreiblichen Leids, das die beiden Quandt-Männer verursacht hatten, sprach Herbert Quandt vor allem dankbar davon, während des Kriegs so viel von seinem Vater gelernt zu haben. »Ich glaube, dass ich gerade in diesen schwersten Jahren, industriell gesehen, auf diese Weise von meinem Vater mehr habe lernen können, als es mir sonst unter anderen, also normalen Umständen möglich gewesen wäre«, erinnerte er sich später.[26] Was von ihrem Geschäft übrig geblieben war, stand im Sommer 1945 auf wackeligen Füßen. Doch all ihre Sorgen verblassten im Vergleich zu den Schwierigkeiten, vor denen Friedrich Flick stand: gewissenhafte, gegen ihn persönlich gerichtete Ermittlungen sowie das Chaos, das einige seiner Firmen unter der Führung seines erneut versagenden Sohns Otto-Ernst Flick erfasste.

5.

Friedrich Flick floh im Februar 1945 aus Berlin nach Bayern.[27] Er suchte Schutz auf seinem Gut Sauersberg, das nur eine Stunde südlich von Leutstetten lag, wohin Günther Quandt sich zurückgezogen hatte. Das Gut hatte Flick Jahre zuvor dem unter Druck geratenen jüdischen Brauer Ignatz Nacher abgekauft. (Es gehört noch heute einer Enkelin Flicks.[28])

Kurz bevor die Alliierten im Spätsommer 1944 das französische Stahlwerk Rombach befreiten, entkam Otto-Ernst Flick nach Deutschland, wo ihm sein Vater eine neue Aufgabe anvertraute.[29] Dieses Mal sollte er die Waffenschmiede im sächsischen Gröditz leiten.[30] Mehr als 1000 unterernährte KZ-Häftlinge stellten hier Artilleriegeschütze und Granaten her. Die Menschen waren aus Flossenbürg und Dachau in Bayern, aus Mauthausen und Gusen (Österreich) und aus Auschwitz hierhergebracht worden. Sie mussten im Dachgeschoss der Fabrik schlafen, wo die SS die Gefangenen bewachte und misshandelte. Im Oktober 1944 inspizierte Flick die Fabrik in Gröditz, um bei dieser Gelegenheit gleich seinen 28-jährigen Sohn Otto-Ernst als Direktor einzusetzen. Anschließend veranstaltete man im Speisesaal des Werks anlässlich der Ernennung ein Abendessen. Doch wie schon im Fall Rombach führte auch dieses Mal die Übernahme durch Otto-Ernst Flick zu unerwünschten Konsequenzen.[31] Schon wenige

Wochen nach seiner Ankunft versuchte der unbesonnene neue Direktor, zwei langjährige vertraute Führungskräfte seines Vaters zu vergraulen.

Somit hatte er in jeder ihm anvertrauten Leitungsposition seit Ausbruch des Kriegs versagte. Und trotzdem beförderte ihn sein Vater ein weiteres Mal.[32] Am 1. Februar 1945 ernannte er seinen Sohn zum Geschäftsführer der Maxhütte, eines führenden Stahlunternehmens mit Hütten und Erzminen in Bayern und Thüringen. Wie in Rombach folgte Otto-Ernst Flick auch hier seinem Schwiegervater auf dem Posten nach, der vorzeitig in Rente geschickt wurde. Als der Flick-Erbe am 7. März seine neue Stelle antrat, versank die Welt um ihn herum bereits im Chaos.

In der Maxhütte hatten die Werksleiter die ›Ostarbeiter‹ und Kriegsgefangenen fast 100 Stunden pro Woche arbeiten lassen. Die Menschen waren derart geschwächt, dass sie unter solchen Umständen eigentlich nicht weiterarbeiten konnten. Und dennoch kürzten die Verantwortlichen die ohnehin schon winzigen Essensrationen zur Bestrafung weiter – mit der Begründung, die Häftlinge würden nur »vortäuschen«, arbeitsunfähig zu sein. »Der Russe isst viel, und soviel haben die nicht bekommen«, fasste es ein Angestellter der Maxhütte-Tochter Fella später prägnant zusammen.[33] Es kam häufig zu Unfällen und Todesfällen, etwa weil die weiblichen Zwangsarbeiterinnen in dem Stahlwerk barfuß arbeiten mussten – »bei schlechtem Wetter eine üble Sache«, wie ein führender Mitarbeiter der Firma trocken bemerkte.[34]

Mitte März 1945 tobte eine Fleckfieberepidemie durch Gröditz und tötete innerhalb weniger Tage rund 150 Gefangene. Nur Wochen darauf, als sich die Rote Armee und Verbände der US-Streitkräfte der Fabrik näherten, schickte die SS die verbliebenen Häftlinge aus Gröditz auf einen zehntägigen Todesmarsch Richtung Prag. Zuvor erschoss man etwa 185 Zwangsarbeiter, die als zu schwach für die Strapazen des Wegs erschienen, und verscharrte die Leichen in einer Kiesgrube in der Nähe.[35]

Während die Gefangenen in seinen Werkshallen verhungerten,

an Krankheiten starben oder erschossen wurden, setzte Flick – gesund und munter auf seinem Gut Sauersberg, westlich von Bad Tölz – das sogenannte Tölzer Programm in Gang.[36] Er hatte die Firmenzentrale bereits aufgespalten und auf Berlin, Düsseldorf und Bayern verteilt. Nun bemühte er sich darum, Vermögenswerte seines Konglomerats auf sich persönlich umschreiben zu lassen, um sich einen Notgroschen für die Zeit nach dem Krieg zu sichern. Doch das Manöver scheiterte.

Mitte Juni 1945 stellte das US Counter Intelligence Corps (CIC), der Militärgeheimdienst, der mit dem Aufgreifen und Befragen vieler bedeutender NS-Größen beauftragt war, Flick unter Hausarrest. Bis zu diesem Zeitpunkt war es dem Geschäftsmann nur in einem einzigen Fall gelungen, eine der Firmen in seinen direkten Besitz zu überführen. Es traf sich, dass die Fella-Werke das einzige seiner Maschinenbauunternehmen war, das während des Kriegs keine Waffen hergestellt hatte. Flicks Stahl- und Kohleimperium stand nun kurz davor, ihm gänzlich aus den Händen genommen zu werden. Mehr als die Hälfte seiner Fabriken und Minen lag in der sowjetischen Besatzungszone und würde bald enteignet werden. Der Rest der Flick-Unternehmen unterlag für den Augenblick der Kontrolle der Alliierten. Sein sich über ganz Europa erstreckendes Imperium aus Waffenfabriken, Zwangsarbeitern und Plünderungen lag in Trümmern.

Flicks Verhaftung wurde monatelang vorbereitet. In einem Memorandum vom Mai 1945 nannte ihn das OSS »den mächtigsten einzelnen Wirtschaftsführer, der an der Formulierung und Durchführung der NS-Wirtschaftspolitik beteiligt war«, und in einem weiteren Memorandum für Robert H. Jackson vom Juli 1945 kam die Rede auch auf »die Konfiszierung von Eigentum im Ausland«.[37] Nachdem er zunächst einige Wochen unter Hausarrest gestanden hatte, wurde Flick nun offiziell verhaftet und ins Schloss Kransberg nördlich von Frankfurt gebracht, einem Vernehmungszentrum der Alliierten (Deckname: »Dustbin«, also »Mülleimer«), in dem noch weitere bekannte Verdächtige wie Albert Speer, Hjalmar Schacht und Wernher von Braun untergebracht waren und verhört wurden.[38] Robert H. Jackson, Richter am Obersten Gerichtshof der Vereinigten Staaten und kürzlich zum US-amerikanischen Hauptanklagevertreter für den Nürnberger Hauptkriegsverbrecherprozess ernannt, stieß in dem erwähnten Memorandum mit den Hinweisen für ein Verfahren gegen die deutsche Wirtschaftselite nun auch auf Flick, »Deutschlands mächtigsten Industriellen«: Damit gehörte dieser fortan zu den möglichen Angeklagten.[39]

Anfang August 1945 wurde Flick von Kransberg nach Frankfurt verlegt und dem US-amerikanischen Office of Military Government for Germany (OMGUS) übergeben, das sich im Westend in den ehemaligen Bürogebäuden der IG Farben niedergelassen hatte. Kurz vor der Verlegung war in Potsdam die letzte Konferenz der alliierten Siegermächte zu Ende gegangen. Dabei hatten sich US-Präsident Harry S. Truman, der sowjetische Diktator Josef Stalin und der neue britische Premierminister Clement Attlee auf ihre Ziele für die Besatzung Deutschlands geeinigt: »Denazifizierung, Demokratisierung, Demilitarisierung und Dekartellisierung«.[40]

Truman hatte längst erste offizielle Richtlinien für eine amerikanische Besatzungspolitik in Deutschland beschlossen, durch die gewisse Teile der Industrie erhalten bleiben sollten, anstatt sie vollständig zu zerstören, und die ordentliche Gerichtsverfahren gegen NS-Kriegsverbrecher vorsahen anstatt die pauschale Hinrichtung der Verantwortlichen. Wenige Tage nach Ende der Potsdamer Konferenz unterschrieben die alliierten Siegermächte, jetzt inklusive Frankreich, die Charta zur Gründung des Internationalen Militärgerichtshofs (IMG). Vor dem IMG sollten 24 der wichtigsten politischen und militärischen Verantwortlichen des ›Dritten Reichs‹ der Prozess gemacht werden, die wegen Kriegsverbrechen, Verbrechen gegen den Frieden und die Menschlichkeit angeklagt waren. Geplant war, dass der IMG jedoch nur das erste einer Reihe von Verfahren in Nürnberg sein sollte, darunter womöglich ein zweiter, von den Alliierten angestrengter Prozess ausschließlich gegen deutsche Industrielle, Finanziers und führende Manager.[41] Angesichts der Verflechtung der NS-Kriegsmaschinerie mit den Konglomeraten und Kartellen des Deutschen Reichs – als Beispiele seien nur die Stahl- und Kohlekonglomerate von Flick und Krupp oder die gewaltige Bedeutung des Chemieriesen IG Farben genannt – entschieden sich die Alliierten für eine Teile-und-herrsche-Strategie: Sie wollten diese gigantischen Industrieunternehmen aufspalten und deren Eigentümer und Vorstände anklagen.

Nach der Verhaftung seines Vaters witterte Otto-Ernst Flick die Gelegenheit, das entstandene Machtvakuum zu füllen, und machte sich an eine übereilte Reorganisation des ihm anvertrauten Unternehmens.[42] Er entließ langjährige Führungskräfte der Maxhütte, denen er misstraute, und ersetzte sie durch eigene Vertrauensleute, darunter zwei ehemalige SS- und SA-Mitglieder. Die amerikanischen Aufsichtsbehörden in Bayern sahen dem nicht tatenlos zu. Umgehend verhafteten sie Otto-Ernst Flick für ein paar Tage und machten seine Personalentscheidungen rückgängig. Doch kaum aus der Haft entlassen, machte der Flick-Erbe genau dort weiter, wo er aufgehört hatte: Am 30. Juli 1945 setzte er sich und seine NS-Manager wieder ein. Die US-Behörden hatten nun genug und verboten dem 28-Jährigen den Zutritt zur Maxhütte. Otto-Ernst Flick wurde wenig später ein weiteres Mal verhaftet und in das Frankfurter Gefängnis gesteckt, in dem auch schon sein Vater einsaß. Nun, da beide inhaftiert und all ihre Minen und Fabriken beschlagnahmt waren, sah es in der Tat düster aus für das Flick-Imperium.

6.

August Baron von Finck verbrachte den Krieg wesentlich entspannter als Günther Quandt und Friedrich Flick. Die beiden jugendlichen Söhne des 1898 geborenen Aristokraten waren noch zu jung, als dass man sie bereits als seine Nachfolger hätte in Stellung bringen können, und er hatte die ›Arisierung‹ der Berliner Dreyfus-Bank und der Wiener Rothschild-Bank schon deutlich vor Kriegsausbruch vollzogen. Folglich konnte sich der Finanzier zurücklehnen und seine stetig wachsende Privatbank Merck Finck & Co. sowie die Familieninvestitionen in die Allianz und Münchener Rück beaufsichtigen. Er musste sich keine Sorgen über Rüstungsproduktion, Zwangsarbeit und all die anderen Kriegsprobleme machen, mit denen sich seine Kollegen herumschlugen. (Nur seine Scheidung sorgte während des Kriegs bei von Finck für Kopfzerbrechen.) Er sammelte weitere acht Millionen Reichsmark für das Münchener Haus der Deutschen Kunst ein, nachdem »Hitler den Wunsch ausgedrückt« hatte nach einem weiteren Gebäude, das für Architekturausstellungen genutzt werden sollte.[43] Nur der Ausbruch des Kriegs verhinderte, dass das Gebäude errichtet wurde. Außerdem frönte von Finck weiter seiner Vorliebe fürs Plündern von Unternehmen. Sogar ein verstorbener Freund Günther Quandts war vor dem Eifer des Aristokraten nicht sicher: 1941 rissen Merck Finck und die IG Farben ein österreichisches Magnesit-Unternehmen an sich, nachdem dessen Eigentümer Emil Winter verstorben war.[44] Winter war ein nichtjüdischer, ursprünglich deutscher Emigrant, der in Pittsburgh zum Stahlindustriellen geworden war. Günther Quandt verehrte Winter und dessen Unternehmen; er und seine damalige Ehefrau Magda hatten Winter in dessen stattlicher Villa in Pittsburgh besucht, als sie die Vereinigten Staaten bereist hatten.[45] Aber in dieser Welt hieß es nun einmal: fressen oder gefressen werden.

Von Fincks Ruhe und Frieden endeten abrupt mit der Kapitulation der Wehrmacht am 8. Mai 1945. Der antisemitische ›Arisierer‹ wurde augenblicklich von amerikanischen Soldaten auf seinem Gut Möschenfeld, östlich von München, unter Hausarrest gestellt. Bei ihrer Ankunft ließ von Finck rasch ein Foto von Hitler, mit einer persönlichen Widmung des ›Führers‹, von seinem Klavier verschwinden. Die Papiere des Aristokraten wurden beschlagnahmt und nach München geschickt, wo Merck Finck unter die Vermögenskontrolle der US-Amerikaner gestellt wurde. Die Behörden ernannten einen KZ-Überlebenden, den Ex-Bankier Harry Philippi, zum Treuhänder der Bank, außerdem wurde von Finck als Aufsichtsratsvorsitzender der beiden wichtigsten europäischen Versicherer, Allianz und Münchener Rück, abgesetzt. Doch er blieb der größte Anteilseigner der beiden Unternehmen, zumindest fürs Erste.[46]

Von Fincks Privatbank war bereits 1944 in einem Memo des US-Finanzministeriums über die Ablösung deutscher Bankfunktionäre hervorgehoben worden: »Genaue Überprüfung vor allem der [...] Privatunternehmen, die sich durch Arisierung bereichert haben (zum Beispiel Merck Finck und Co.).«[47] Die Alliierten waren besonders darauf erpicht, Deutschlands Handels- und Privatbanken aufzubrechen, die die zahllosen Rüstungsfabriken, ›Arisierungen‹ und Konzentrations- sowie Vernichtungslager im gesamten ›Dritten Reich‹ finanziert hatten. Dass Günther Quandt und Friedrich Flick jeweils Aufsichtsratsmitglieder bei der Deutschen Bank beziehungsweise Dresdner Bank gewesen waren, machte sie in den Augen der Siegermächte nur umso verdächtiger.[48]

Trotz Hitlers Untergang hielt von Finck dem ›Führer‹ bis zum Ende unverbrüchlich die Treue. Kurt Schmitt, ehemaliger Generaldirektor der Allianz und Reichswirtschaftsminister, der von Finck häufig bei dessen Besuchen bei Hitler begleitet hatte, erklärte gegenüber einem amerikanischen Vernehmungsbeamten:

»Auch noch während der letzten Kriegsjahre, als führende Persönlichkeiten mir gegenüber offen erklärten, Hitler […] habe Deutschland an den Rand des Abgrunds geführt, drückte v. Finck mir gegenüber […] niemals irgendwelche Zweifel oder Kritik an der Herrschaft des Führers aus.«[49] Hans Schmidt-Polex, ein weiteres Vorstandsmitglied der Allianz und alter Freund von Fincks, gab in einem Verhör durch die Amerikaner an, der adlige Banker habe ihm noch in den ersten Monaten 1945 gesagt, dass »er ein überzeugter Nationalsozialist geblieben sei«, der »für seinen Glauben sterben würde, falls dies notwendig ist«.[50]

Von Fincks enges Verhältnis zu Hitler sorgte dafür, dass seine Privatbank ins Fadenkreuz sowohl der US-Amerikaner als auch der Sowjets geriet. Im Mai 1945 hieß es in einem Bericht der Kriegswirtschaftsabteilung des US-Justizministeriums, die Von-Finck-Bank sei »Inhaber und Verwalter von Hitlers privatem Vermögen«.[51] Diese Behauptung konnte jedoch nicht belegt werden. Hitlers Name stand zumindest nicht auf einer bekannt gewordenen Liste prominenter NS-Größen, die bei Merck Finck & Co. ein Privatkonto besessen hatten. Die Sowjetpropaganda behauptete, von Finck habe während der NS-Zeit den ›Führer‹ zu einem Merck-Finck-Anteilseigner gemacht, was die Bank jedoch bestritt.[52]

Der Eindruck, den die US-Behörden von von Finck hatten, verschlechterte sich, je länger er unter Hausarrest stand. Ein Bericht des US-Finanzministeriums beschrieb den Banker als »Nazi in jeder Hinsicht, stolz, versnobt, reserviert, pedantisch und ein Bürokrat. Es wird gesagt, dass er von der Veranlagung her völlig cool, unsentimental bis hin zur Grausamkeit und übertrieben ehrgeizig sei.«[53] Ende Mai 1945 verlegten amerikanische Offiziere von Finck in ein Internierungslager und verhörten ihn dort. Sie stellten fest, der Banker sei ein »ziemlich gerissene[r] Kund[e], der über Jahre versuchte, das Beste aus der Situation zu machen, d. h. erheblich von der Neuorganisation der jüdischen Bankhäuser zu profitieren (Rothschild, Dreyfus etc.) unter dem Vorwand, dieselben zu beschützen«.[54] Doch nun, da sie diesen ausgekochten Geschäftsmann in Gewahrsam hatten, was hatten die Amerikaner mit von Finck vor? Recht wenig, wie sich herausstellte.

7.

Die Amerikaner entließen August Baron von Finck nach fünf Monaten Haft im Oktober 1945 aus dem Internierungslager. Ihn erwartete eine ungewisse Zukunft. Dem Aristokraten waren seine Bank und die Aufsichtsratssitze in den Unternehmen versperrt, zudem stand die juristische Aufarbeitung der ›Arisierungen‹, in die er involviert gewesen war, noch aus. Was von der Wiener Bank S. M. v. Rothschild übrig geblieben war, hatte man liquidiert.[55] Einige der Vermögenswerte wurden dem in die Vereinigten Staaten ausgewanderten Louis Baron von Rothschild schließlich erstattet.

Willy Dreyfus, der ehemalige Eigentümer der Familienbank J. Dreyfus & Co., hatte sich nicht so weit entfernt. Er war nach Basel geflohen, nachdem Merck Finck seine Berliner Niederlassung 1938 ›arisiert‹ hatte. Nach Kriegsende fing Dreyfus an, nach Möglichkeiten zu suchen, wie er und die Erben seines verstorbenen Geschäftspartners von Finck finanziell für die ›Arisierung‹ verantwortlich machen konnten. Da Dreyfus weder das Interesse noch die Möglichkeit hatte, die Bank neu zu eröffnen, strebte er eine Entschädigung an. Trotz eines »begreiflichen Widerstrebens, deutschen Boden wieder zu betreten«, überquerte Dreyfus die Grenze, um Möglichkeiten für seinen Ersatzanspruch zu prüfen[56] – und lief bei einem Treffen in München am 29. September 1946 prompt zufällig von Finck über den Weg. Dieser zeigte sich tief gekränkt, dass Dreyfus sich weigerte, ihn zu grüßen.

Von Finck »äußerte hierauf pikiert, im umgekehrten Falle wäre er heraufgekommen und hätte diese Gelegenheit benutzt, um sich für die anständige Geschäftsübernahme in 1937/38 zu bedanken«. Als Dreyfus' Rechtsbeistand von Finck den Grund für ihren Besuch in München darlegte – nämlich um einen Rückerstattungsprozess gegen ihn anzustrengen –, schaute der Baron »überrascht« und »recht betroffen«. Von Finck erklärte sich einverstanden, die Angelegenheit so schnell wie möglich zu klären. Doch Dreyfus zögerte. Er erklärte, er würde die Verhandlungen augenblicklich abbrechen, sobald der adlige Bankier »den Umstand der Arisierung weiter verharmlose«.[57]

Die Verhandlungen zwischen den beiden Männern fanden in »sehr frostiger« Atmosphäre statt, konnten aber bereits nach drei Tagen abgeschlossen werden.[58] Am 2. Oktober 1946 unterzeichneten Dreyfus und von Finck eine Vereinbarung: Dreyfus würde etwa zwei Millionen Reichsmark erhalten, vor allem in Allianz- und Münchener-Rück-Aktien. Mit diesem kulant aufgerundeten Betrag wären die rund 1,65 Millionen Reichsmark ausgeglichen, die Merck Finck im März 1938 für Dreyfus' Berliner Niederlassung zu wenig gezahlt hatte. Die Erben von Dreyfus' ehemaligem Geschäftspartner Paul Wallich, der bald nach der ›Arisierung‹ Selbstmord verübt hatte, sollten rund 400.000 Reichsmark erhalten, ebenfalls in Aktien.[59]

An dieser Stelle blieb der Deal zwischen Dreyfus und von Finck allerdings stecken. Merck Finck & Co. unterstand der amerikanischen Vermögensaufsicht, weshalb der Baron nicht einmal Zugang zu dem Vermögen seiner Privatbank bekam, geschweige denn die Erlaubnis erhielt, Anteile in die Schweiz zu transferieren, wo Dreyfus inzwischen als Staatsbürger lebte. Da es zu diesem Zeitpunkt noch kein Wiedergutmachungsgesetz der Amerikaner für das besetzte Deutschland gab, musste die Umsetzung der Vereinbarung einstweilen warten.[60] Für die amerikanischen Ermittler indes stand von Finck weiterhin im Mittelpunkt des Interesses. Auch wenn die Ergebnisse ihrer Untersuchungen ein gut gehütetes Geheimnis blieben, war es alles andere als gewiss, dass ein Prozess gegen den Baron angestrengt werden würde.

8.

Anfang April 1945 wurde die Arbeit im Volkswagenwerk eingestellt. In dem riesigen Komplex in Fallersleben gab es kaum noch Lebensmittel, und NS-Funktionäre begannen, ihn als Durchgangslager für Deportationen aus anderen Außenlagern zu nutzen. Am 7. April befahl die SS die Evakuierung der noch bestehenden Lager des Werks. Einhundert männliche Häftlinge aus einem der Lager starben, als man sie rund 140 Kilometer nördlich nach Wöbbelin in ein weiteres Außenlager des Konzentrationslagers Neuengamme verlegte. 650 weibliche jüdische Häftlinge, die in einer der Werkshallen untergebracht gewesen waren, wurden in Güterzügen eine Stunde Richtung Nordosten, nach Salzwedel, gebracht, wo ein reines Frauen-Konzentrationslager bestand. Eine Woche später sicherten US-Soldaten das Lager.[61]

Die im Volkswagenwerk verbliebenen Zwangsarbeiter wurden am 11. April 1945 befreit. Einen Tag vor dem Eintreffen der US-Soldaten verließ der sadistische Fabrikdirektor Anton Piëch den Werkskomplex, jedoch erst nachdem er mehr als zehn Millionen Reichsmark in bar aus der Konzernkasse genommen und etwa 250 Volkssturmkämpfer aus der Fabrik an die Front geschickt hatte.[62] Mit den Millionen floh er in sein Heimatland Österreich, wo der Porsche-Piëch-Clan ihn auf dem Familiengut in Zell am See erwartete. In den acht vorangegangenen Jahren hatte die Firma Porsche dem Volkswagenwerk für Entwurfs- und Entwicklungsarbeiten bereits Rechnungen in Höhe von rund 20,5 Millionen Reichsmark zukommen lassen. »Diese Summe dürfte den finanziellen Grundstock für die erfolgreiche Nachkriegsentwicklung des Hauses Porsche gelegt haben«, wird heute vermutet.[63]

Mitte Mai 1945 durchsuchte ein Team alliierter Ermittler das

400 Hektar große Grundstück in Zell am See sowie die provisorische Porsche-Firmenzentrale in Gmünd. Sie befragten Ferdinand Porsche und seine Ingenieure zur Entwicklung von Panzern und Militärfahrzeugen. Als die Verhöre intensiviert wurden, knickten Porsche und seine Mitarbeiter ein und übergaben die technischen Zeichnungen der Firma an die Alliierten.[64] Zum Zeitpunkt der Durchsuchung veröffentlichte das OSS ein Memorandum über den Waffen- und Automobildesigner. Porsche sei von Hitler »mit der Durchführung eines der wichtigen Anliegen der Nationalsozialisten betraut worden«: dem Volkswagen. Porsche habe zudem »eine bedeutende Rolle bei der Ausrüstung der NS-Kriegsmaschinerie gespielt«.[65]

Das CIC verhaftete den 50-jährigen Anton Piëch sowie Porsches Sohn Ferry am 29. Juli 1945 und ließ sie in ein Internierungslager bei Salzburg bringen; Ferdinand Porsche wurde fünf Tage später festgenommen, aber nach Schloss Kransberg nördlich von Frankfurt verbracht. Der 69-jährige Chefdesigner beschwerte sich bei den Ermittlern, er sei schon in Österreich ausführlich verhört worden. »Hitlers Unterstützung war einfach notwendig, um meine Ideen erfolgreich umzusetzen«, so seine Rechtfertigung.[66]

Es war nicht nur Ferdinand Porsches Rüstungsproduktion für die Nationalsozialisten, die ihm die Aufmerksamkeit der Ermittler eingebracht hatte. Die Alliierten wollten vor allem das Know-how seines Unternehmens für sich selbst nutzen. Porsches und Piëchs brutale Leitung des Volkswagenwerks, in dem rund 20.000 Zwangsarbeiter eingesetzt worden waren, darunter etwa 5000 Häftlinge aus Konzentrationslagern, spielte hingegen keine Rolle; die Alliierten kümmerten sich kaum um die grausamen Arbeitspraktiken der Industriellen. Die Ermittler interessierten sich vor allem für das Geld der Geschäftsleitung, und sie warfen den Männern vor, Firmenvermögen zu ihrem eigenen Vorteil gestohlen zu haben. Und da täuschten sie sich nicht. Nachdem Piëch bereits Millionen aus der Konzernkasse hatte mitgehen lassen, schickte er aus Österreich weiterhin Rechnungen an das britische Militär, das die Fabrik nun beaufsichtigte, und forderte mehr als 1,25 Millionen Reichsmark für die Dienste des Porsche-Büros, obwohl die Briten das Werk schon längst besetzt hatten. Da Piëch von den Besatzungsbehörden noch nicht offiziell als Fabrikdirektor abgesetzt worden war, fühlte er sich dazu berechtigt.[67]

Ferdinand Porsche bestritt bei den Vernehmungen, dass er das Unternehmen geplündert habe: Es sei schließlich sein Schwiegersohn gewesen, der den Diebstahl im Volkswagenwerk begangen habe. Nach fünf Wochen entließ man Porsche, der daraufhin nach Österreich zurückkehrte. Auch Anton Piëch und Ferry Porsche wurden bald aus dem Internierungslager freigelassen; Ferdinand Porsche hatte wochenlang bei den alliierten Behörden auf ihre Entlassung gedrungen. Doch auch wenn die amerikanischen und britischen Ermittler zunehmend das Interesse an diesem Fall verloren, blieb das Trio weiterhin unter Beobachtung einer weiteren alliierten Macht: Frankreichs.

9.

Rudolf-August Oetkers Heimatstadt Bielefeld wurde am 4. April 1945 von der US-Armee eingenommen. Bereits drei Tage später wurden drei Offiziere in seinem Haus einquartiert. Oetker versorgte sie mit reichlich Steinhäger, dem typisch westfälischen Wacholderschnaps, und erklärte den Amerikanern, er wolle mit ihnen zusammen »gegen die Russen« marschieren. Ganz offensichtlich hatten sie keine Ahnung, dass ein SS-Untersturmführer sie bewirtete und mit ihnen feierte.[68]

Der Spaß endete für Oetker, als das Deutsche Reich am 8. Mai 1945 kapitulierte. Bielefeld lag in der britischen Besatzungszone. Als Offizier der Waffen-SS musste der 28-jährige Rudolf-August Oetker umgehend verhaftet und aus allen beruflichen Ämtern entfernt werden. Er hatte seit dem Tod seiner Mutter, seines Stiefvaters und seiner Halbschwestern durch den amerikanischen Bombenangriff das Familienunternehmen geleitet. Ordnungsgemäß meldete er sich am 18. Mai bei den britischen Behörden in Bielefeld zur Befragung und wurde umgehend in Gewahrsam genommen. Man erklärte ihm, er würde am folgenden Tag in das große britische Internierungslager Staumühle rund dreißig Kilometer südlich von Bielefeld gebracht. Bis dahin wurden er und weitere Gefangene in einer nicht mehr genutzten Fabrik am Stadtrand einquartiert. Oetker erinnerte sich später: Nachts »erschienen plötzlich irgendwelche Kerle, die wild auf uns einprügelten. Später hieß es, es seien Polen gewesen, aber keiner wusste es genau. Ich habe auch nicht viel mitbekommen, weil ich gleich einen Schlag auf den Kopf erhielt und bewusstlos wurde.«[69]

Als Rudolf-August Oetker in dem Internierungslager wieder erwachte, war er teilweise gelähmt. Er wurde schnell in ein britisches Militärkrankenhaus verlegt, das in einem Schloss wenige Kilometer östlich der Grenze zu den Niederlanden untergebracht war. Während er sich von den Verletzungen erholte, las er Thomas Manns frühes Meisterwerk *Buddenbrooks*. Der Roman, für den man Thomas Mann 1929 den Nobelpreis für Literatur verliehen hatte, erzählt vom Verfall einer reichen norddeutschen Kaufmannsfamilie über vier Generationen. Bei der Lektüre fühlte Oetker sich »sehr deprimiert«.[70] Wenig verwunderlich: Er war der Erbe einer geschrumpften norddeutschen Geschäftsdynastie, dazu körperlich eingeschränkt und in seinem vom Krieg verwüsteten, von ausländischen Mächten besetzten Heimatland inhaftiert. Zumindest seine Frau Susanne blieb ihm. Sie besuchte ihn in der Gefangenschaft und schmuggelte dabei Tabak, Brettspiele und – natürlich – Schokoladenpuddingpulver ins Gefängnis. Nach acht Monaten Haft wurde Rudolf-August Oetker Mitte Januar 1946 entlassen. Obwohl es ihm mit der Zeit gelang, wieder laufen zu lernen, machten ihm die Ärzte deutlich, dass er für den Rest seines Lebens auf einen Gehstock angewiesen sein würde.

Der Unternehmererbe ging davon aus, er sei aus Gründen der »Sippenhaft« von den britischen Behörden inhaftiert worden, da er der Nachfolger seines NS-Stiefvaters Richard Kaselowsky war.[71] Unter Kaselowskys Leitung hatte die Familie und ihr Unternehmen Dr. Oetker von ›Arisierungen‹, der Rüstungsproduktion, dem Einsatz von Zwangsarbeitern sowie der engen Zusammenarbeit mit SS und Wehrmacht im Rahmen von Projekten zur Ernährungsverbesserung der Soldaten profitiert. Kaselowsky war zudem stets zahlendes Mitglied des Freundeskreises Reichsführer SS gewesen. Doch all diese problematischen Angelegenheiten hatten mit Kaselowskys Tod an Brisanz verloren. Die Briten zielten mit der Verhaftung nur auf Oetkers Rang als Waffen-SS-Offizier ab.

Während der Erbe in Haft saß, stellte man das Unternehmen Dr. Oetker und dessen Tochterfirmen unter britische Vermögenskontrolle und ernannte einen Treuhänder. Rudolf-August Oetker war bei seiner Verhaftung bereits verboten worden, das Familiengeschäft neu aufzubauen. Nun wurden auch seine Vermögenswerte eingefroren. Er besaß kein Unternehmen mehr, durfte nicht arbeiten, erwartete aufgrund seiner SS-Funktion ein Verfahren und war noch immer körperlich beeinträchtigt. Nach seiner Freilassung zog Rudolf-August Oetker mit seiner Frau und den Kindern in das Gästehaus auf dem Familiengut bei Bielefeld. Er empfand das Arbeitsverbot als »frustrierend« und war begierig darauf, wieder ins Geschäft einzusteigen.[72] Doch vorläufig blieb ihm im Grunde nicht viel anderes zu tun, als zu lesen und das Gehen zu üben. Er unternahm mit seinem Sohn lange Spaziergänge durch die ländliche Gegend, in der Schafe und Ziegen ein häufiger Anblick waren. Rudolf-August Oetker war allerdings nicht bereit, so einfach auf eine berufliche Perspektive zu verzichten. Der »Puddingprinz« wartete auf den rechten Augenblick für einen Neustart.

10.

Auch Günther Quandt hielt es nach dem verlorenen Krieg für das Beste, zunächst die Füße stillzuhalten. Während reihenweise andere Industrielle verhaftet wurden, war es ihm im ländlichen Bayern wie durch ein Wunder gelungen, den Alliierten aus dem Weg zu gehen. Er überlegte, ob er die Besatzungszonen wechseln und nach Hannover ziehen sollte, wo sein ältester Sohn Herbert in der Nähe der von den Briten besetzten AFA-Batteriefabrik lebte.[73] Zeitgleich zu den Überlegungen der Amerikaner, ihn in Nürnberg anzuklagen, geriet Quandt außerdem ins Blickfeld zweier deutscher Gerichte: eines in Hannover, eines in Starnberg, und damit ganz in der Nähe der Stadt, in die er sich geflüchtet hatte. Ende 1945 gab er seine Umzugspläne auf. Er schien besser beraten zu sein, an Ort und Stelle in Bayern zu bleiben.

Im Januar 1946 hoffte Quandt darauf, dass die bevorstehenden Zwischenwahlen in den Vereinigten Staaten zu einer Verbesserung seiner Lage in der amerikanischen Besatzungszone führen würden. »Die Republikaner werden ja den Standpunkt, dass Geld Diebstahl ist, nicht teilen. Man merkt schon einen frischen Wind«, schrieb er dazu einem Freund.[74] Doch als die Republikaner im Herbst die Demokraten mit einem Erdrutschsieg geschlagen und die Macht im Kongress übernommen hatten, war Günther Quandt schon längst verhaftet und in einem Internierungslager untergebracht.

Mitte März 1946 befragten CIC-Ermittler Günther Quandt zwei Stunden lang in Starnberg. In seinen Augen war das CIC nichts anderes als »der amerikanische Ausdruck für geh[eime] Staatspolizei«.[75] Als er beim Office of Military Government for Germany (OMGUS) seinen ausgefüllten Fragebogen einreichte, fügte er einen eigenen Abschnitt unter dem Titel »Politische Verfolgung des Dr. Günther Quandt« an, in dem er seine angebliche Misshandlung in Goebbels' Auftrag darlegte.[76] Die amerikanischen Fahnder konnte er damit nicht beeindrucken. Mitte Juni stellten sie ihn im Haus des Bürgermeisters in Leutstetten unter Hausarrest. »Eine ganze Menge Herren« zeigten nun Interesse an ihm.[77] Die Amerikaner konfiszierten all seine Unterlagen und schickten sie nach Nürnberg. Dann nahm das CIC Quandt am 18. Juli 1946, zehn Tage vor seinem 65. Geburtstag, in Haft. Dieses Jahr sollte es zu seinem runden Geburtstag keine üppige Feier geben.

Der Unternehmer wurde zunächst nach Starnberg gebracht. Ende August 1946 verlegte man ihn dann in das Internierungslage Moosburg, nordöstlich von München, wo er als »wanted for I. M.T.« galt, also für den noch immer geplanten Nürnberger Industriellenprozess vor dem IMG (engl. IMT, International Military Tribunal) vorgesehen war.[78] Auch die gerichtliche Untersuchung in Hannover endete in diesen Tagen. Die dortigen Ermittler bescheinigten ihm, er sei ein

> reaktionärer Kapitalist [...] und militärischer Aktivist. Sein Einfluss gegen die NS-Ideologie und die Kriegswirtschaft hätte entsprechend der Bedeutung seiner Stellung im Wirtschaftsleben aktiver sein müssen, um seine Behauptung, ein NS-Gegner zu sein, glaubhaft zu machen. [...] Seine private, persönliche Gegnerschaft zu Dr. Goebbels [...] kann keinesfalls als Entlastung gewertet werden.[79]

Die Ermittler erhielten zudem die »dringende Bitte« von Vertretern der AFA-Arbeiterschaft, Günther Quandt und seinen Sohn Herbert von jeglicher Position in der Batteriefabrik »ein für alle Male zu entfernen«. Abschließend hieß es in dem Bericht, Günther Quandt sei »für keinen Posten [in der neuen deutschen] Wirtschaft tragbar«.[80]

Nun begann der Beklagte, an seiner Verteidigung zu arbeiten. Im August 1946 engagierte er einen unerfahrenen Rechtsanwalt aus Starnberg. Es war zu diesem Zeitpunkt schwer, überhaupt einen Anwalt zu finden, von einem renommierten ganz zu schweigen, schließlich suchten Millionen Deutsche nach einem Rechtsbeistand. Anschließend wies er seinen Rechtsanwalt sowie seine Familie und Angestellten an, entlastende Aussagen und Dokumente zusammenzutragen.[81]

Eine der ersten Ansprechpartnerinnen des Anwalts war Ello in Berlin, Magda Goebbels' beste Freundin und eine ehemalige Quandt. Sie war 1935 aus der NSDAP ausgetreten, aber weiterhin gern gesehener Gast bei den Goebbels gewesen. Günther Quandt baute einen Teil seiner Verteidigungsstrategie auf der Darstellung als NS-Oppositioneller auf und stellte sich als Opfer von Goebbels dar, der ihn erpresst habe, in die NSDAP einzutreten. Ello war gern bereit, seine Lüge zu bestätigen. »Goebbels nahm jede Gelegenheit wahr, den ›verhassten Quandt‹ herabzusetzen und über ihn herzuziehen«, teilte sie Ende August 1946 in einer eidesstattlichen Erklärung mit. Sie spann die bekannte Geschichte rund um das Verhältnis zweier Männer: Quandt sei gezwungen gewesen, sich Goebbels' Forderung nach einem Eintritt in die NSDAP zu beugen, aus Angst, der Meister der Propaganda könne sonst die Vormundschaft für den jungen Harald erwirken, um »den Einfluss seines Vaters [...] auszuschalten« und ihn mit der NS-Ideologie zu indoktrinieren. Obwohl es Goebbels gelungen sei, Günther Quandts Sohn zu sich zu holen, so gab Ello an, sei Harald jedoch nie der NS-Weltanschauung erlegen. Trotz aller Widrigkeiten sei »die Liebe und Zuneigung zu seinem Vater« bestehen geblieben.[82]

Solche Erklärungen wurden bald als »Persilschein« bezeichnet, weil mit ihnen jeder Beschuldigte von dem Vorwurf der Kollaboration und NS-Anhängerschaft ›reingewaschen‹ werden konnte. Wer verdächtigt wurde, Nationalsozialist gewesen zu sein, ließ sich durch eidesstattliche Erklärungen von Familienmitgliedern,

Freunden oder Kollegen entlasten, mit denen vor Gericht die in der Anklage aufgeführten Verbrechen widerlegt wurden. Häufig war ein solcher Persilschein für einen der Mittäterschaft angeklagten Deutschen ausreichend, um einen Nachweis der Unbedenklichkeit zu erhalten. Damit konnten die Betroffenen in ihren Beruf zurückkehren beziehungsweise im Fall der Industriellen die Kontrolle über ihr Geschäftsimperium und die Vorstandsposten zurückerhalten. Natürlich benötigte Günther Quandt weit mehr als nur diesen einen Persilschein. Während sein Rechtsanwalt ganz offensichtlich an der Abfassung von Ellos Aussage beteiligt gewesen war,[83] wies Günther Quandt seinen jüngeren Bruder Werner, Ellos geschiedenen Ehemann, persönlich an, dass »keine Versprechungen oder Erwähnung irgendwelcher Geldsachen« gemacht werden durften, um von ihr oder anderen weitere Entlastungsaussagen zu erhalten: Der Anschein von Rechtschaffenheit sollte aufrechterhalten werden.[84]

Ende Oktober 1946 schickte Harald Quandt eine Erklärung aus dem britischen Kriegsgefangenenlager in Bengasi, die die ›Fakten‹ aus Ellos Aussage bestätigte: »In der NSDAP war ich nie, weder Mitglied noch Anwärter. Diese ablehnende Haltung der Partei und ihren Organisationen gegenüber ist allein auf den Einfluss meines Vaters zurückzuführen. Ich konnte sie mir erlauben, da man mich als ›Stiefsohn Dr. Goebbels‹ nicht oft nach solchen Dingen fragte.«[85] Harald Quandt wünschte sich einen Neustart. Für die Zeit nach seiner Freilassung fasste er eine Reise oder gar die Auswanderung nach Australien, Neuseeland oder Ägypten ins Auge.[86] Doch schon bald änderte er seine Meinung. Anfang 1947 war der 25-Jährige bereit, nach Deutschland zurückzukehren. Harald Quandt erlebte mit, wie Dutzende seiner Kriegskameraden aus dem Lager entlassen wurden, doch er war noch nicht an der Reihe. »Es macht eben alles keinen Spaß mehr. Man will nach Hause, wieder Mensch unter Menschen sein, und nicht P.O.W. [»prisoner of war«, dt. Kriegsgefangener] unter Herrenmenschen, die zwar freundlich sind, es aber keinen Moment vergessen, dass man ›Angehöriger der geschlagenen ehemaligen Wehrmacht‹ war«, schrieb er seinem Vater.[87]

Die kostbarsten Persilscheine stammten von Menschen mit jüdischer Familiengeschichte oder jüdischen Verbindungen; diese Menschen wurden bald abschätzig mit der Formulierung »Alibijuden« belegt.[88] Dabei lieferten einige auch Aussagen, die durchaus auf aufrichtigen Gefühlen beruhten. Im Oktober 1946 schrieb etwa Georg Sachs, ehemaliges Vorstandsmitglied in Günther Quandts Dürener Metallwerken, einen Brief aus den Vereinigten Staaten an einen früheren Kollegen. Quandt hatte ihn 1936 bei seiner Flucht aus NS-Deutschland finanziell unterstützt. Nun reagierte Sachs empathisch auf die Inhaftierung Quandts:

> Quandt tut mir leid, da er sich immer recht anständig benommen hat. Falls er es wünscht, kann ich ihm ein Affidavit zu diesem Zwecke, d. h. wenn er Schwierigkeiten erwartet, ausstellen. Ist sein Sohn dem Goebbels'schen Massenselbstmord entgangen? [...] Sie können nicht gut von mir verlangen, dass ich die Situation in Deutschland besonders milde beurteile. Selbstverständlich tun mir die vielen Menschen leid, die ohne direktes Verschulden jetzt solche entsetzlichen Schwierigkeiten haben. Auf der anderen Seite hätte jeder Gebildete und Ungebildete bald erkennen müssen, was für Schweine die Macht in der Hand hatten.[89]

Günther Quandt wollte Sachs' eidesstattliche Aussage unbedingt. Und Sachs, inzwischen Professor für Metallurgie in Cleveland, Ohio, gab sie für ihn ab. Er bezeugte, Quandt habe »eine großzügige finanzielle Regelung« vereinbart, die es ihm und seiner Familie ermöglicht habe, auszuwandern. Nun wünschte sich Sachs »aufrichtig, dass Dr. Quandt nicht als Kriegsverbrecher angesehen werden wird«.[90]

Während der Haft im Internierungslager Moosburg machte sich Günther Quandt daran, seine Memoiren zu verfassen. Er begann mit seiner Kindheit, berichtete von den Anfängen als Geschäftsmann, seinen Auslandsreisen und den Übernahmen unterschiedlicher Firmen während der Weimarer Republik. Fast dreißig Seiten widmete er seinem Leben mit Magda, nur um sich selbst als NS-Opfer darzustellen, da er, im Gegensatz zu seiner fanatischen Ex-Frau und Goebbels, niemals Hitler und dessen Ideen unterstützt habe. Über seine Geschäftsaktivitäten während des ›Dritten Reichs‹ verlor er kaum ein Wort. Drei Mal erwähnte er sein Rüstungsunternehmen Deutsche Waffen- und Munitionsfabriken, wenn auch einzig mit der verschleiernden Abkürzung DWM, die eher nichtssagend klang und keine militärischen Assoziationen verriet. Er insistierte zudem, die Firma habe Lokomotiven, Industrieteile und Maschinen produziert. Dass die Gesamtzahl der ›Angestellten‹ der DWM während des Kriegs auf 150.000 Menschen gestiegen war, damit brüstete sich Quandt hingegen in seinen Erinnerungen durchaus, ohne jedoch auch nur im Geringsten zu erwähnen, dass er in seinen Unternehmen Zehntausende Zwangsarbeiter eingesetzt hatte.[91] Sehr wohl erwähnte er die zusätzlichen Mühen, die das Kriegswachstum von ihm und all seinen ›Angestellten‹ verlangt habe, und fügte abschließend stolz hinzu: »Ich kann schon sagen: es reichte.«[92]

Die Autobiografie war Quandts wenig subtiler Versuch, seine Rolle im ›Dritten Reich‹ zu kaschieren und sich reinzuwaschen beziehungsweise bei den Amerikanern ins rechte Licht zu rücken, jetzt, da der Nürnberger Prozess bedrohlich näher rückte. Er verfasste ein ganzes Kapitel über seine Reisen durch die Vereinigten Staaten und schilderte seine Bewunderung für das Land, was in der schnulzigen Schlussbemerkung gipfelte: »Amerika! Wie oft denke ich: der Aufstieg dieses Erdteils ist eines der wunderbarsten Kapitel der Menschheitsgeschichte.«[93] Angesichts seines großen Vermögens und seiner Beziehungen gestand Günther Quandt an anderer Stelle in seinen Erinnerungen, er hätte NS-Deutschland jederzeit verlassen können, doch er habe sich, auch wenn er nie in einem Krieg gekämpft habe, stets als loyalen Soldaten verstanden:

»Ein Wirtschaftler wie ich hätte sich absetzen können. Ich besaß Freunde im Ausland, in Nord- und Südamerika, die mich jederzeit aufgenommen hätten. Das aber hätte ich als Desertion aufgefasst. Ich blieb auf meinem Posten. Ich stand in Tuchfühlung mit meinen engeren Mitarbeitern, sorgte für die große Zahl meiner Arbeiter und Angestellten und versuchte, die mir anvertrauten Betriebe und Gesellschaften intakt zu halten.«[94]

Sogar die einzige Stelle, in der Günther Quandt von seiner ›Schuld‹ spricht, erscheint wie ein Eigenlob. Er berichtet davon, schon früh Hitlers *Mein Kampf* gelesen zu haben, anders als viele seiner deutschen Landsleute:

> Darin stand zu lesen, was uns bevorstand, wenn dieser Mann zur Regierung käme. Es war darin nicht nur von Arbeit und Brot die Rede, sondern auch von Krieg und Unterdrückung anderer Völker. Leider haben die meisten Deutschen dieses Buch nicht rechtzeitig gelesen. Hätten sie es getan, wäre uns vielleicht das furchtbarste Kapitel der deutschen Geschichte erspart geblieben. Ich mache mir selber den Vorwurf, Hitler nicht ernst genommen zu haben. Hätten ich und einige andere Leute einen Auszug aus *Mein Kampf* drucken lassen und die Schrift millionenhaft verschenkt, mit der Auflage, sie auch zu lesen, wir wären billiger davongekommen![95]

Er, der jahrelang in großen Mengen Waffen hergestellt hatte, schrieb: »Dass wir wieder eine starke Wehrmacht bekamen, habe ich begrüßt; denn ich glaubte, nur durch sie könnte die Willkürherrschaft der Partei gezügelt werden. Dass sie einmal für einen neuen Weltkrieg gebraucht werden könnte, habe ich lange Zeit für unmöglich gehalten. Hitlers immer wiederholte Beteuerungen, er wolle den Frieden, haben mich getäuscht.«[96]

Deutschlands Niederlage machte sich bei Quandt materiell bemerkbar. Nicht nur, dass einige der Unternehmen, die er ›arisiert‹ hatte, an ihre rechtmäßigen Eigentümer oder überlebenden Erben zurückgegeben wurden. Der Industrielle beklagte zudem den Verlust seiner Berliner Stadtvilla, seines Landguts Severin sowie seiner ›Maschinen-‹, Batterie- und Textilfabriken. Viele waren zerstört oder beschlagnahmt worden oder befanden sich in der sowjetisch besetzten Zone. »Ich gebe zu, dass diese Verluste nicht viel wiegen angesichts der allgemeinen Katastrophe, die das deutsche Volk betroffen hat«, schrieb Günther Quandt in einem schwachen Versuch, sein Selbstmitleid zu zerstreuen. »In jedem verlorengegangenen Werk, in jeder Maschine waren Überlegungen, Planungen, Hoffnungen investiert.«[97] Er schrieb einem Freund, die Zahl der Toten sei »schlimm«, nur um dann zu fragen: »Aber wer hat auch nur die geringste Ahnung gehabt, wie viel Opfer der Nationalsoz. auf dem Gewissen hat.«[98]

Das Leben im Lager Moosburg, in dem mehr als 10.000 deutsche Gefangene einsaßen, war für den älteren Industriellen nicht leicht.[99] Günther Quandt teilte sich eine Baracke mit rund hundert Männern. Er stand um 5.30 Uhr auf, um sich an einem der beiden Wasserhähne, die im Schlafraum installiert waren, in Ruhe zu waschen. Er aß aus einem Blechnapf, trug schlecht sitzende Lagerkleidung und zu große Schuhe. Damit er besser in ihnen laufen konnte, stopfte er acht Lagen Pappe hinein. Immer mehr krümmte sich sein Rücken vom wochenlangen Sitzen auf Bänken und Stühlen ohne Rückenlehne. Damit er nicht in Gefahr geriet, »in Grübeln und Nachdenken über sein Schicksal«[100] zu verfallen, besuchte er Vorträge, die abends von der improvisierten Lageruniversität angeboten wurden: »Tibet 3x, Ostafrika 2x, China 1x, Landwirtschaft, Musik-Theorie 2x, Pädagogik 2x, Europ.-Amerikan. Bildungskreis 6x, Indien 2x, die christlichen Religionen im Wandel der Zeiten 3x und mindestens 20x Medizin von 7–8 Uhr.«[101]

Bis Mitte September 1946 gingen die US-amerikanischen und deutschen Untersuchungen zu Quandts Firmenimperium unvermindert weiter, Anklage wurde aber bis zu diesem Zeitpunkt noch nicht erhoben. Stattdessen wurde er von einem Lager ins nächste verlegt, darunter eines, das auf dem Gelände des ehemaligen Konzentrationslagers Dachau errichtet worden war. Die Umstände dort hatten sich seit dem Abzug der Nationalsozialisten deutlich verbessert. »Zentralheizung, große Waschräume, die man allein hat, wenn man Punkt 6 aufsteht, nicht schwierig, da 21–6 Nacht-, 13–15 Mittagsruhe. Fließend kalt, 3x wö. warmes Wasser, Duschen«, berichtete Günther Quandt einem Freund.[102] Als man den Großunternehmer wegen Problemen mit dem Herzen in das Dachau Military Hospital verlegte, schrieb er, er fühle sich wie ein »Gast der US-Regierung im besten Sanatorium Deutschlands. Es war nicht schlecht, die schön gewärmten Zimmer, das fließende Wasser, die Bäder und die gute und reichliche Kost. Dann die überragende ärztliche Betreuung.«[103]

11.

Vater und Sohn Flick dürften den US-Ermittlern im Verhör einige Kopfschmerzen bereitet haben. Die Befragungen der beiden in Frankfurt erwiesen sich als »nicht sehr befriedigend, insofern die Flicks meist ausweichende und widersprüchliche Antworten gaben«, so ein Memo der amerikanischen Untersuchungsbeamten.[104] Flick senior stellte sich als Opfer und Gegner des NS-Regimes dar, der nur unter Zwang mit diesem zusammengearbeitet habe. Er verdrehte die Wahrheit über die ›Arisierungen‹ derart, dass sie eine für ihn vorteilhafte Darstellung ergab: Es habe sich um Geschäfte gehandelt, mit denen er jüdischen Eigentümern die Flucht vor den Nationalsozialisten ermöglichte. Flick betonte zudem den angeblich dezentralen Aufbau seines Konglomerats und gab vor, alle Entscheidungsverantwortlichkeit habe bei den jeweiligen Managern vor Ort gelegen. Daher habe er keine Kontrolle über die Waffenproduktion oder die Anforderung von Zwangs- oder Sklavenarbeitern gehabt. Friedrich Flicks Vorstandsetage, die zum Großteil Anfang 1946 verhaftet wurde, setzte auf ähnliche Verteidigungsstrategien.[105]

Otto-Ernst Flick schob während der Befragung alle Verantwortung für die Arbeits- und Lebensbedingungen der Zwangsarbeiter im Stahlwerk Rombach auf die NS-Behörden und die anderen Führungskräfte. Die ›Ostarbeiter‹ seien in Räumen untergebracht gewesen, die »fast zu schön« gewesen seien, so der Flick-Erbe bei einem der Verhöre. Er sagte, er habe sich so wenig wie möglich mit den Arbeitsbedingungen befasst, gab zugleich aber an, bemerkt zu haben, wie »frei die Ostarbeiter umherlaufen« konnten und »wie gut genährt die Leute aussahen. Die Verpflegung war ausgezeichnet. Stacheldrahtumzäunung? Weiß ich nicht.« Otto-Ernst Flick bestritt, dass es Unterschiede in der Bezahlung zwischen den normalen Arbeitern und Zwangsarbeitern gegeben habe: »Das Reich hatte prinzipiell den Grundsatz gleiche Arbeit – gleiche Leistung, es war ganz gleichgültig, wer die Arbeit verrichtete.«[106]

Als Reaktion auf Otto-Ernst Flicks bizarre Antworten drohte ihm Josif Marcu, einer der dem Flick-Fall zugeordneten US-Ermittler, mit Zwangsarbeit oder zehn Jahren Gefängnis, sollte er bei seinen Lügen bleiben. Es half nichts. Vielmehr beklagte sich der Flick-Erbe darüber, auf demselben Flur inhaftiert zu sein wie die berüchtigten SS-Schlächter Oswald Pohl und Otto Ohlendorf.[107] Dabei waren diese Männer zusammen mit Otto-Ernsts Vater Mitglieder von Himmlers Freundeskreis gewesen. Und Flick senior hatte 1943 in Goebbels' Propagandaministerium sogar einen Vortrag von Ohlendorf gehört, in dem dieser unter anderem mit Filmaufnahmen vom Kriegsgeschehen an der Ostfront von seinen Aufgaben als Kommandeur der Einsatzgruppe D berichtete – diese war für den Massenmord an mehr als 90.000 Menschen verantwortlich, zumeist Juden aus der Sowjetunion.[108]

Im März 1946 ernannte US-Chefankläger Robert H. Jackson Telford Taylor zu seinem Stellvertreter für das erste Verfahren, den Prozess gegen die Hauptkriegsverbrecher vor dem Internationalen Militärgerichtshof in Nürnberg.[109] Taylor übernahm anschließend zudem die Leitung der für die Nachfolgeprozesse verantwortlichen Subsequent Proceedings Division, welche den Unterbau für das Office of Chief of Council for War Crimes bildete, eine amerikanische Strafverfolgungsbehörde in Deutschland, die unter anderem den Auftrag hatte, die Großindustrien zu untersuchen. Im gleichen Monat informierte Josif Marcu die Presse über Flicks offizielle Verhaftung und nannte ihn die »größte Einzelmacht hinter der NS-Kriegsmaschinerie«.[110] Er empfahl dabei nachdrücklich, Flick zusammen mit anderen Industriellen vor Gericht zu stellen.

Als er seine Ermittlungsergebnisse dem an der Harvard Law School ausgebildeten Taylor vorlegte, ließ Marcu keinen Zweifel daran, dass Flick in seinen Augen in Nürnberg vor Gericht gestellt werden müsse. Der US-Ermittler nannte Flick »den modernen, deutschen, aus eigener Kraft aufgestiegenen Räuberbaron«, der sich

> durch ein perverses Verlangen nach absoluter Macht auszeichnete. Sein industrieller Aufstieg basierte auf skrupellosen und rücksichtslosen Operationen; er unterstützte Personen und Handlungen, die heute von einer empörten Welt verurteilt werden; er beraubte ehrliche Arbeiter um die Früchte ihrer Anstrengungen; er nahm an Arisierungsprogrammen gewaltigen Ausmaßes teil; an Plünderungen von Gütern und Eigentum in brutal angeschlossenen und unterworfenen Ländern; er nutzte Zehntausende männliche und weibliche Zwangsarbeiter, die man gewaltsam aus ihren Häusern und ihrer Heimat verschleppte. Er war im NS-Eroberungskrieg der größte Einzelproduzent für Waffen.[111]

Zum Ende seiner Zusammenfassung für Taylor hielt Marcu fest, dass Flick, »der ukrainische Sklavenarbeiter in seinen geplünderten Unternehmen in Frankreich und französische Sklavenarbeiter in seinen geplünderten Unternehmen in der Ukraine beschäftigte, der Mann, der von seinem persönlichen Verlangen nach Macht angetrieben, die nationalen Grenzen Europas niederriss«, nun in Nürnberg auf die Anklagebank gehöre.[112]

Denn im November 1946 waren Vater und Sohn Flick aus dem Gewahrsam der Dekartellisierungsabteilung des OMGUS in Frankfurt nach Nürnberg verlegt und in die Hände des Kriegsverbrechergerichtshofs übergeben worden. Dies geschah einen Monat nach der Urteilsverkündung im ersten Nürnberger Prozess.[113] Flicks alter Kamerad Hermann Göring war zum Tode verurteilt worden, hatte sich in der Nacht vor der geplanten Hinrichtung allerdings selbst das Leben genommen. Somit rückte der ehemalige NS-Außenminister Joachim von Ribbentrop auf und wurde als erster der in Nürnberg Verurteilten durch den Strang hingerichtet. Von Ribbentrops gesellschaftlicher Aufstieg endete am Galgen. Der Sklaventreiber Fritz Sauckel wurde eine Stunde später gehenkt. Robert Ley, der Ferdinand Porsches Volkswagenfabrik finanziert hatte, beging schon vor Beginn des Prozesses Selbstmord. Günther Quandts alter Freund Walther Funk wurde zu zwanzig Jahren Gefängnis verurteilt, ebenso wie Porsches Rivale zu Kriegszeiten, Albert Speer. Der frühere Reichskanzler Franz von Papen, dessen Wunsch nach Rache Hitler den Weg zur Macht geebnet hatte, wurde freigesprochen, ebenso wie Flicks Freund Hjalmar Schacht, der ehemalige Reichsbankpräsident.

Flick hatte zwar bereits Schachts Verteidiger angeheuert, doch lag noch immer keine Anklageschrift vor. Es war nicht einmal sicher, dass es überhaupt zu einem Verfahren kommen würde. Flick stellte sich dennoch auf eine Auseinandersetzung ein.

Als das Hauptverfahren in Nürnberg zu Ende gegangen war, wurde immer deutlicher, dass es keinen zweiten, von den Alliierten gemeinsam geleiteten und gegen deutsche Geschäftsmänner gerichteten Prozess geben würde.[114] Zum einen hatte der Freispruch für Hjalmar Schacht einen negativen Präzedenzfall geschaffen. Zum anderen machten sich die Alliierten Sorgen über einen »sowjetisch dominierten, antikapitalistischen Schauprozess«[115] und das fehlende öffentliche Interesse an einer weiteren Reihe sich lang hinziehender Verhandlungen, die womöglich »von den wahren Leistungen des ersten [Nürnberger Prozesses] ablenken« könnten.[116] Die vom Krieg ermüdeten Briten scheuten darüber hinaus die zusätzlichen Kosten für ein solches Tribunal. Also entschieden die US-Amerikaner, das Verfahren alleine abzuhalten. Telford Taylor, der Robert H. Jackson als Chefankläger abgelöst hatte, sagte zu, zwölf Folgeprozesse in Nürnberg zu leiten – für die ausschließlich die Vereinigten Staaten zuständig sein sollten –, darunter drei gegen deutsche Industrielle und führende Wirtschaftsgrößen. Offen blieb die wichtige Frage, wen Taylor dafür aussuchen würde.

12.

Anfang November 1945 traf ein französischer Leutnant auf dem Porsche-Piëch-Gut im österreichischen Zell am See ein. Die amerikanischen und britischen Behörden hatten Ferdinand Porsche, seinen Sohn Ferry und Schwiegersohn Anton Piëch kurz zuvor freigelassen, während weiter gegen sie ermittelt wurde. Nun überbrachte der französische Offizier dem Trio eine Einladung: Eine französische Kommission, geleitet vom kommunistischen Industrieminister Marcel Paul, schlug Ferdinand Porsche eine Zusammenarbeit bei der Entwicklung einer französischen Version des Volkswagens vor, unterstützt von dem Automobilproduzenten Renault, der inzwischen wegen Kollaboration mit dem NS-Regime verstaatlicht worden war.

Da er begierig darauf war, wieder mit einer Regierung zusammenarbeiten zu können, lieferte Porsche den Franzosen prompt Zeichnungen und technische Daten in großem Umfang. Dann begann er die Verhandlungen mit der Kommission in Baden-Baden, dem grenznahen Sitz der französischen Besatzungsbehörden. Mitte

Dezember 1945 reisten Porsche senior, sein Sohn und Piëch für eine zweite Gesprächsrunde erneut dorthin. Kaum angekommen, wurden sie allerdings völlig überraschend von französischen Militäroffizieren in Zivil wegen des Verdachts auf Kriegsverbrechen verhaftet.[117]

Wie sich herausstellte, hatte sich Porsches Konkurrent Peugeot bei der Regierung beschwert, nachdem man Wind von den Verhandlungen bekommen hatte. Laut Peugeot sei es für die Franzosen unpatriotisch, sich angesichts von Ferdinand Porsches früheren Verbindungen zu Hitler und der engen Beziehung zwischen Volkswagen und dem NS-Regime auf ihn einzulassen. (Eigentlich aber fürchtete sich Peugeot vor der verstärkten Konkurrenz durch Renault.) Schwerwiegender war jedoch Peugeots Vorwurf, Porsche und Piëch hätten Kriegsverbrechen begangen: Sieben Führungskräfte einer von der Volkswagenwerk GmbH geplünderten Peugeot-Fabrik waren in Konzentrationslager verschleppt worden; drei von ihnen starben dort. All dies, während Porsche und Piëch für den Volkswagenkomplex verantwortlich gewesen waren und Tausende französische Zivilisten und Soldaten dort zur Arbeit gezwungen hatten. Und dennoch, wie es für die alliierten Behörden insgesamt so typisch war, zeigte die französische Regierung keinerlei Interesse an den brutalen Arbeitsbedingungen in den Fabriken des Porsche-Clans.

Die Verschleppung der Peugeot-Manager und der damit zusammenhängende Mordvorwurf brachten die Franzosen hingegen dazu, das Trio in Baden-Baden zu verhaften und festzuhalten. Ferry Porsche wurde im März 1946 aus der Haft entlassen, stand aber bis Juli in einem Dorf im Schwarzwald unter Hausarrest, bevor er dann nach Österreich zurückkehren durfte. In der Zwischenzeit hatte man seinen Vater und Piëch in die Nähe von Paris gebracht, wo sie in den Dienstbotenzimmern einer Villa lebten, die einstmals der Familie Renault gehört hatte. Anstatt ihn vor der Verhandlung in Haft zu nehmen, bat man Porsche um Rat bei der Entwicklung des Renault 4CV. Obwohl Porsche entscheidenden Anteil am Entwurf des Kleinwagens hatte, erklärte der Vorstandsvorsitzende von Renault der Regierung, Porsche habe einen sehr schlechten Job gemacht. Der Firmendirektor Pierre Lefaucheux, ein Held der französischen Resistance, konnte es schlicht nicht mitansehen, dass der deutsche Star-Konstrukteur, dem man Kriegsverbrechen gegen seine französischen Landsleute zur Last legte, auch nur ein wenig für die Mitwirkung am Bau eines französischen Autos gewürdigt wurde. Mitte Februar 1947 verlegte man Porsche und Piëch aus dem Pariser Vorort in ein raues Militärgefängnis in Dijon. Hier warteten sie auf ihren Prozess.

Während die beiden Männer weiter in Haft saßen, blieben Porsches Kinder, Louise Piëch und Ferry Porsche, bei der Rettung des Familiengeschäfts auf sich alleine gestellt. Sie standen vor großen Herausforderungen. Das Porsche-Werk in Stuttgart – das ungenutzt leer gestanden hatte, seit der Clan und seine Angestellten nach Österreich geflohen waren – war von der US Army als Werkstatt genutzt worden, nachdem es, zusammen mit Ferdinand Porsches privatem Vermögen, unter amerikanische Vermögenskontrolle geraten war. Da die Familie nach Österreich ausgereist war, zogen die Amerikaner sehr ernstlich eine Auflösung der Firma Porsche in Deutschland in Betracht. In der Zwischenzeit war Ferdinand Porsches Antrag auf die österreichische Staatsbürgerschaft abgelehnt worden, da er sich in Haft befand. Der österreichische Pass hätte es ihm erlaubt, seine Firma und sein Vermögen aus der US-Vermögenskontrolle zu befreien und nach Österreich zu transferieren. Nun musste er also einen anderen Weg finden, sich dem Zugriff der Amerikaner zu entwinden.[118]

Schwierige Zeiten verlangten entsprechende Maßnahmen. Anfang 1947 entschieden sich die Porsche-Geschwister, das Familiengeschäft formell aufzuspalten. Louise Piëch hatte durch ihre Heirat mit Anton Piëch die österreichische Staatsbürgerschaft erhalten. Sie ließ in Salzburg unter dem Namen Porsche eine neue Firma eintragen, auf die dann die österreichischen Vermögenswerte der Familie übertragen wurden. Ferry Porsche setzte auf seinen deutschen Pass, um das Porsche-Unternehmen in Stuttgart zu retten. Aufgrund der amerikanischen Vermögenskontrolle musste er dies jedoch von der sicheren Basis in den österreichischen Alpen aus versuchen, wo er sich zudem daranmachte, den Traum seines Vaters Wirklichkeit werden zu lassen: Er entwarf den ersten Sportwagen, der den Namen der Familie trug, den Porsche 356.[119]

Aus dem Gefängnis heraus schrieb Anton Piëch dem anderen Mitbegründer von Porsche, Adolf Rosenberger, und bat ihn um tausend Dollar als Beitrag zur geforderten Kautionssumme für Ferdinand Porsches und seine Freilassung. Und das, nachdem die beiden Rosenbergers Anteil an Porsche vor mehr als einem Jahrzehnt ›arisiert‹ hatten. Nun bot Piëch Rosenberger die Porsche-Patentlizenz für die Vereinigten Staaten an, obwohl er Rosenbergers Bitte darum 1938 noch kaltherzig abgelehnt hatte. Rosenberger war 1940 in die Vereinigten Staaten geflohen und lebte unter dem Namen Alan Robert in Los Angeles. Nach dem Krieg hatte er Louise Piëch ein Telegramm geschickt. In ihrer Antwort drückte sie die Hoffnung aus, dass die Geschäftsbeziehungen mit ihm wieder aufgenommen werden könnten, sobald die Vermögenskontrolle aufgehoben sei. Bald darauf schrieben die beiden sich regelmäßig. Rosenberger korrespondierte auch mit Ferry Porsche und schickte sogar Lebensmittelpakete an das Familiengut. Ganz offensichtlich hoffte Rosenberger, eines Tages wieder ins Unternehmen einzutreten.[120]

Und solange Ferdinand Porsche und Anton Piëch in Frankreich auf ihren Prozess warteten und die nachfolgende Generation für das Überleben der Firma Porsche kämpfte, schien diese Hoffnung durchaus realistisch.

13.

Nachdem er ein Jahr in Internierungslagern im Ungewissen verbracht hatte, teilte man Günther Quandt Mitte September 1947 mit, er werde nicht zu den Geschäftsmännern gehören, die man im Nürnberger Industriellenprozess anzuklagen plane.[121] Anschließend übergab Telford Taylors Büro für Kriegsverbrechen den 66-Jährigen der deutschen Justiz, samt all der Beweise, die man gegen ihn zusammengetragen hatte. »Unter den ersten 30 an die Deutschen Übergebenen [...] war Günther Quandt, deutscher Waffenproduzent und ehemaliger Gatte von Frau Paul Joseph Goebbels«, schrieb die *Associated Press* am 27. Oktober 1947 in einem Bericht von der Überstellung in Dachau.[122] Ein Ankläger in Starnberg hatte Klage gegen Günther Quandt eingereicht. Dem Industriellen wurden schwere Straftaten während der NS-Herrschaft vorgeworfen, allerdings klagte man ihn nur dafür an, von der Herstellung von Waffen und Munition profitiert zu haben.[123]

Mit dem Beginn des Kalten Kriegs Anfang 1947 verschoben sich die Schwerpunkte der Truman-Regierung. Nun stand nicht mehr die Bestrafung Deutschlands im Vordergrund, sondern dessen wirtschaftliche Erholung. Kurz gesagt: Die Vereinigten Staaten wollten ein Bollwerk gegen die Ausbreitung des Kommunismus in Europa errichten, und der Westteil Deutschlands, der das Potenzial hatte, zur größten Ökonomie Europas zu werden, wurde als Schlüssel dazu gesehen, die Sowjetunion in ihre Grenzen zu verweisen und den Rest des Kontinents wiederzubeleben. US-Außenminister George C. Marshall verkündete wenig später den Hilfsplan, der seinen Namen tragen sollte und über den Westdeutschland und andere westeuropäische Staaten insgesamt fünfzehn Milliarden US-Dollar erhalten würden. Der Militärgouverneur des OMGUS, Lucius D. Clay, ersetzte daraufhin die auf Bestrafung ausgerichtete Besatzungspolitik durch eine, die Deutschlands Selbstverwaltung zum Ziel hatte. Um diesen Politikwandel besser koordinieren zu können, hatte man die Besatzungszonen der Amerikaner und Briten in Westdeutschland bereits zusammengelegt.[124]

Das hatte weitreichende Folgen. Die Behörden der Alliierten übergaben nun vermehrt vermutete Kriegsverbrecher und NS-Sympathisanten an die sogenannten Spruchkammern der (West-)

Deutschen, also an regionale Gerichte, die ähnlich angelegt waren wie für einen Strafprozess. Sofern sie es sich leisten konnten, verpflichteten die Angeklagten Anwälte, um sie zu vertreten. Aufgrund der hohen Zahl von Beschuldigten musste man für die Besetzung von Richter- und Anklägerstellen immer wieder auf Laien zurückgreifen, es sei denn, es ging um wirklich schwerwiegende Fälle. Die Angeklagten wurden dabei von der Spruchkammer schließlich in eine der folgenden Kategorien eingeteilt: Hauptschuldiger, Belasteter, Minderbelasteter oder Mitläufer. Wurde ein Beschuldigter verurteilt, drohte ihm eine Gefängnis- oder Geldstrafe, Arbeitslager oder eine Kombination daraus. Die Freigesprochenen galten als ›entlastet‹.[125]

Natürlich waren die meisten Deutschen nicht sehr daran interessiert, ihre Landsleute zu verurteilen: Schließlich stellte man sie jetzt für Verbrechen vor Gericht, an denen so mancher der nun Richtenden ebenfalls teilgenommen hatte, beziehungsweise hatten Richter und Beschuldigte häufig dieselben politischen Überzeugungen geteilt. Noch weniger fühlten sich die Millionen von Angeklagten berufen, die Wahrheit über ihre NS-Sympathien oder Verfehlungen ans Tageslicht zu holen. So blieben unzählige Verbrechen und Geheimnisse unaufgeklärt.

Auch nach der Überstellung an die Deutschen wurde Günther Quandt weiter in Dachau festgehalten. Man erkannte bei ihm Fluchtgefahr und verlegte ihn daher innerhalb des Lagers in einen gesonderten Bereich, in dem mutmaßliche Kriegsverbrecher auf ihren Entnazifizierungsprozess warteten.[126] Von hier aus ging Quandt nun in die Offensive. Ende Oktober 1947 schrieb er einen Brief an seinen Anwalt, in dem er behauptete, er habe bei den DWM bereits nach dem Kauf der Firma 1928 die Rüstungsproduktion beendet und sie erst dann wieder aufgenommen, als ihm die NS-Behörden dies 1943 befohlen hätten.[127] Günther Quandts Anwalt leitete diese dreiste Lüge, zusammen mit einigen eidesstattlichen Erklärungen, die sie stützten, an die Kammer in Starnberg weiter. Der Trick funktionierte. Anfang Dezember 1947 reduzierte der Ankläger in Starnberg die Anklage gegen den Geschäftsmann von Hauptschuldiger auf Belasteter, wenn auch auf unklarer juristischer Grundlage basierend.[128] Quandt wurde zudem von Dachau ins komfortablere Internierungslager Garmisch-Partenkirchen, kurz vor der österreichischen Grenze, gebracht.

Doch Günther Quandt war damit noch nicht zufrieden. Am 10. Januar 1948 schrieb er einen weiteren Brief an das Gericht in Starnberg und beschwerte sich, »seit über 1 1/2 Jahren ohne wirklichen Grund in Haft« zu sein. Er bat darum, umgehend freigelassen und als Minderbelasteter behandelt zu werden. Zur Begründung gab er schamlos an, seine Parteimitgliedschaft sei »unter erpresserischen Umständen« zustande gekommen, außerdem sei er von der nationalsozialistischen Regierung »jahrelang auf das Schwerste verfolgt« worden.[129]

Zehn Tage später wurde Günther Quandt entlassen, auch wenn man das Verfahren nicht einstellte. Die Starnberger Spruchkammer ließ ihn ohne Kaution ziehen. Man erkannte, unbegreiflicherweise, bei dem Industriellen nun keine Fluchtgefahr mehr. [130] Im selben Monat wurde Julius Herf die Anklage in diesem Fall übertragen. In dem bekannten Ankläger Herf fand Günther Quandt einen fähigen Widersacher. Der »eiskalte Logiker« hatte vor 1933 als Staatsanwalt SA-Mitglieder in Berlin verfolgt und war inzwischen in Bayern mit den prominenten Entnazifizierungsverfahren betraut worden.[131] Mit »beißendem Witz, scharfen Formulierungen und schneidigem Staatsanwaltston«[132] sowie stets in schicke Anzüge gekleidet (er trug in seiner Jackentasche ein parfümiertes Tuch mit sich[133]), war Herf in ganz Deutschland gefürchtet.

Am 8. Februar 1948 legte Herf der Spruchkammer Starnberg eine überarbeitete Anklageschrift gegen Günther Quandt vor. Mit weitaus mehr Substanz ausgestattet als die ursprüngliche Klageschrift, begann Herf seinen Bericht mit der Aussage, dass, selbst wenn Quandts NSDAP-Mitgliedschaft das Ergebnis von Goebbels' Erpressung gewesen sei, »der Betroffene aus der angeblichen Feindschaft der Partei keinerlei Nachteile erlitten hat. Der Festigung und Ausweitung seiner kaufmännischen oder industriellen Interessen wurde seitens der Behörden oder seitens der Parteistellen kein Hindernis in den Weg gelegt, im Gegenteil erfuhr der Betroffene in seinen geschäftlichen Interessen in der Folgezeit die volle Unterstützung der zuständigen Reichsbehörden«, so Herf. Um dies zu verdeutlichen, führte der Staatsanwalt die 29 Positionen auf, die Günther Quandt im ›Dritten Reich‹ bei den von ihm kontrollierten Unternehmen innegehabt hatte, darunter die AFA und DWM sowie seine Aufsichtsratsposten bei der Deutschen Bank, Daimler-Benz und AEG.[134]

Neben den Tätigkeiten des Großunternehmers in der Waffen- und Munitionsproduktion stützte Herf seine Anklage auf den gescheiterten Versuch Quandts, einen Mehrheitsanteil von Accumulateurs Tudor S. A. zu übernehmen, einer in Brüssel ansässigen Batteriefabrik. Herf tat dies, obwohl ihm ausführliche Beweise für andere erfolgreiche und versuchte ›Arisierungen‹ und Enteignungen im gesamten von Deutschland besetzten Europa vorlagen, die Günther Quandt, sein Sohn Herbert und ihre AFA-Mitarbeiter unternommen hatten. Er entschied sich dafür, weil ihm in diesem Fall, anders als bei anderen, mit Léon Laval, dem größten Anteilseigner von Tudor, ein wichtiger Zeuge zur Verfügung stand. Günther Quandt und seine Verbündeten hatten Laval unter Druck gesetzt, seine Anteile zu verkaufen – und zwar während er sich in den Händen der Gestapo und sein Sohn sich in einem Konzentrationslager befunden hatte.[135]

Ende Februar 1948 ersetzte Günther Quandt seinen Rechtsanwalt durch einen anderen, ebenso unerfahrenen; der neue war gerade erst als Anwalt zugelassen worden.[136] Kein gutes Zeichen, denn der Prozess stand unmittelbar bevor. Der neue Verteidiger erreichte zunächst eine Verschiebung des Prozesses um einen Monat, um sich in den Fall einzuarbeiten und etwas Zeit zu gewinnen. Die Verteidigungsstrategie erwies sich dann aber als aggressiv. Als Widerlegung von Herfs Klageschrift verfasste Günther Quandt eine 164 Seiten umfassende Stellungnahme mit seinem Lebensweg und verlangte, freigesprochen zu werden. Herf warf er vor, seine Anklage auf Indizienbeweise und »Scheinargumente« zu stützen.[137] Er fügte rund 30 Persilscheine bei, darunter Entlastungsschreiben von Herbert Quandt und weiteren engen Geschäftspartnern, die Günther Quandts (und ihre eigene) moralische Integrität bestätigten. Genau die Gruppe von Männern, die Quandt beim Aufbau seines Rüstungsimperiums, seinen ›Arisierungen‹ und der Beschaffung von Zwangsarbeitern unterstützt hatte, rückte nun zusammen, um sich eine weiße Weste zu verschaffen.

14.

Günther Quandts Entnazifizierungsverfahren begann am 13. April 1948 vor der Spruchkammer Starnberg. Eine Woche vor Prozessbeginn war er aus Bayern in ein kleines Fertighaus in Stuttgart-Zuffenhausen gezogen, wo auch das Porsche-Werk lag.[138] Quandt wollte an den Verhandlungstagen, von denen zwischen Mitte April und Ende Juli acht angesetzt waren, nach Starnberg pendeln. Harald und Herbert Quandt waren aufgefordert worden, persönlich für ihren Vater auszusagen. Harald war im April 1947 aus dem britischen Kriegsgefangenenlager in Bengasi freigekommen. Der 26-Jährige hatte die Hälfte seines bisherigen Lebens im Haushalt der Goebbels', an der Front und in Kriegsgefangenschaft verbracht. Nach der Freilassung hatte er als Schweißer, Maurer und Gießer gearbeitet und wollte in Kürze in Hannover ein Maschinenbaustudium beginnen.[139] Da er nie der NSDAP beigetreten war, musste er sich keinem Entnazifizierungsverfahren stellen.

Haralds Halbbruder Herbert war Ende 1946 in Hannover ›entnazifiziert‹ worden: Er war freiwillig in die NSDAP eingetreten, hatte sich an ›Arisierungen‹ in Frankreich beteiligt, in Niederschlesien an der Planung und dem Bau von KZ-Außenlagern mitgewirkt und war verantwortlich für die Beschaffung von Hunderten weiblicher Konzentrationslagerhäftlinge gewesen, die in seinem Berliner Batteriewerk misshandelt worden waren. Doch die Spruchkammer wusste von alldem offenbar nichts und sprach Herbert Quandt frei. Die Richter urteilten, der Industrieerbe habe sich »niemals aktiv für die Partei eingesetzt, sondern im Gegenteil offene Kritik an den Parteirichtungen« geübt.[140] Herbert Quandt konnte als unbescholtener Mann weitermachen.

Günther Quandts Söhne waren die Ersten, die als Zeugen der Verteidigung auftraten. Harald sprach vor Gericht darüber, wie Goebbels seinen Vater verunglimpft habe, da dieser kein Nationalsozialist gewesen sei, wohingegen Herbert schilderte, wie Günther mit Magda wegen ihres Antisemitismus aneinandergeraten sei.[141] Schon bald nachdem die Geschwister für ihren Vater getan hatten, was sie konnten, trat Léon Laval in den Zeugenstand. Doch Herf hatte sich keinen Gefallen damit getan, die Anklage rund um Laval herum aufzubauen. Die Tudor-Situation war komplex und Laval kein idealer Zeuge.[142] Während der versuchten Tudor-Übernahme hatte Laval in Herbert Göring, dem korrupten Halbbruder des Reichsmarschalls, einen einflussreichen NS-Kontakt gefunden, was für die Anklage nicht gerade förderlich war. Noch weniger hilfreich war Lavals Verachtung für Günther Quandt. Er machte den Industriellen für seine Verhaftung durch die Gestapo verantwortlich. Laval hatte keinen Beweis für seine Behauptung, und seine Entrüstung störte den Ablauf der Verhandlung; die Zeugenvernehmungen entwickelten sich zu lautstarken Wortgefechten. Lavals eigener Rechtsbeistand tadelte ihn für seine emotionalen Ausbrüche und dafür, mehrere Geschäftspartner als Zeugen benannt zu haben, die dann den Fall weiter unterminierten.[143]

Günther Quandt verfolgte all dies mit hämischer Freude. Er glaubte, seine »völlige Rehabilitierung« stehe so gut wie fest.[144] In seinem Schlussplädoyer argumentierte Herf, Quandt habe versucht, Laval in einem Moment höchster Wehrlosigkeit zum Verkauf seiner Anteile zu zwingen. Der Staatsanwalt wies zudem auf

Quandts Bemühungen um ›Arisierungen‹ und Enteignungen in weiten Teilen des von Deutschland besetzten Europas hin, um zu zeigen, dass das »Machtstreben« des Industriellen den ganzen Kontinent umfasste und weit über Laval und Tudor hinausgereicht habe. Herf empfahl, Günther Quandt als Unterstützer der Nationalsozialisten und als Profiteur ihrer Politik zu verurteilen; er solle als Belasteter eingestuft werden. Als Strafmaß schlug er eine Zahlung von 500.000 D-Mark und eineinhalb Jahre Lagerarbeit vor, wobei die bereits verbüßte Zeit angerechnet werden solle.[145]

Die Spruchkammer sah das anders. In ihrem Urteil vom 28. Juli 1948, an Günther Quandts 67. Geburtstag, wurde er als bloßer Mitläufer klassifiziert. Seine einzige Strafe: Er musste für die Gerichtskosten aufkommen. Das Gericht sah Quandt als »unpolitischen Menschen«, der den Nationalsozialismus rundherum abgelehnt habe. Obgleich seine Auseinandersetzungen mit Magda und Joseph Goebbels nicht als »aktiver Widerstand« gezählt werden konnten, so zeigten sich die Richter doch überzeugt, der Propagandaminister habe Günther Quandt gezwungen, NSDAP-Mitglied zu werden. In den Augen des Laiengerichts war der Industrielle auch kein Profiteur des Hitler-Regimes. Die Richter erklärten, dass Quandt es »ablehnte, die von ihm geleiteten Werke in die Dienste der Rüstungspolitik der Gewaltherrscher einzuspannen« – obwohl er in Wirklichkeit einer der größten Waffenproduzenten des gesamten ›Dritten Reichs‹ gewesen war. Laut Urteilsspruch seien seine ›Arisierungsbemühungen‹ in ganz Europa nicht als »eine unzulässige Expansionspolitik« aufzufassen; zudem äußerten die Richter ihr Missfallen daran, dass Léon Laval eine geschäftliche Auseinandersetzung zu einem politischen Anliegen gemacht habe. Die zahlreichen eidesstattlichen Erklärungen zugunsten des Industriellen, insbesondere jene, die von Menschen mit jüdischem Hintergrund oder jüdischer Verbindung getätigt worden waren, beeindruckten die Richter. Diese Zeugenaussagen bestätigten Quandts »menschliche Gesinnung«, so die Spruchkammer. Und zur Krönung des Ganzen befanden die Richter, dass man in seinen Fabriken »für die Ausländer ordentlich gesorgt« habe. Nur ein einziges Opfer von Zwangsarbeit hatte etwas ausgesagt, und dieser Mann habe Günther Quandt keineswegs persönliches Fehlverhalten vorgeworfen, schlussfolgerte die Kammer (fälschlicherweise).[146]

Herf legte gegen das Urteil Berufung ein. Die entsprechenden Anhörungen fanden Ende April 1949 in München statt, bei denen Günther Quandt aus gesundheitlichen Gründen nicht persönlich anwesend war. In seinem Schlusswort bezog sich Herf auf Max Webers Buch *Die protestantische Ethik und der Geist des Kapitalismus*, um Quandts Persönlichkeit zu erklären: »Es ist der Rausch des Machtstrebens, der Rausch des Aufbaus eines gewaltigen Konzerns, die Besessenheit von der eigenen Bestätigung, die hier zugrunde liegt, und es ist der Glaube an den Wert der eigenen Arbeit, nicht nur, weil Arbeiten etwas Moralisches ist, sondern weil der Aufbau des Konzerns das schlechthin Gute ist, und weil alles das, was dem Aufbau widerstrebt, schlecht ist«, so der Staatsanwalt.[147]

Herf wiederholte seine Empfehlung, was das Strafmaß für Quandt anging. Doch die Berufungskammer für Oberbayern hielt das Urteil der untergeordneten Instanz aufrecht. Es fehle der »eindeutige Beweis«, dass der Unternehmer daraus »übermäßige Vorteile« für sich gezogen habe, so die Richter. Allerdings fügte das Gericht hinzu: »Dabei ist sich die Berufungskammer klar, dass dieser Begriff schwer abzugrenzen ist bei einem Manne, der bewiesen hat in seinem ganzen Leben, dass er es versteht, ein großes Vermögen und eine große Wirtschaftsmacht aufzubauen.«[148]

Am 23. Mai 1949, vier Wochen nach dem Urteil des Münchener Berufungsgerichts, spaltete sich das Land offiziell in zwei Teile: Die Bundesrepublik Deutschland entstand aus der Verschmelzung dreier Besatzungszonen – der amerikanischen, der britischen und der französischen – zu einem eigenständigen Staat mit der Hauptstadt Bonn, regiert von Bundeskanzler Konrad Adenauer. Im Sommer des Vorjahres hatte die Deutsche Mark die Reichsmark als offizielle Landeswährung abgelöst, in der Hoffnung, so die galoppierende Inflation aufzuhalten. Die sowjetische Besatzungszone wurde schon bald zur Deutschen Demokratischen Republik mit Ostberlin als Hauptstadt des sozialistischen Staates.

Staatsanwalt Herf ging ein letztes Mal gegen das Quandt-Urteil in Berufung. Im Dezember 1949 bestätigte der Kassationshof im Bayerischen Staatsministerium für Sonderaufgaben die Entscheidung des Berufungsgerichts und entschied, dass in Günther Quandts Fall kein »schlüssiger Schuldbeweis« vorliege.[149] Obwohl der Industrielle anfänglich verärgert war, dass er nicht gänzlich entlastet wurde, lobte er wenig später die Entscheidung dann doch als das »allerglänzendste Urteil«.[150]

Damit hatte er allerdings noch nicht alles überstanden. Ebenfalls im Dezember 1949 wurden in Berlin Fragen zu seiner Rolle bei der Misshandlung von Arbeitern in seiner Pertrix-Fabrik laut, in der gegen Kriegsende unter anderem rund 500 weibliche Konzentrationslagerhäftlinge eingesetzt und in einem nahe gelegenen Außenlager festgehalten worden waren.[151] Quandt behauptete, das Batteriewerk während des Kriegs nur zwei Mal besucht zu haben, und leugnete, etwas von »einem sogenannten Judenlager« bei Pertrix gewusst zu haben.[152] Auch hielt er eine schützende Hand über seinen Sohn Herbert; eine vergleichbare Untersuchung in Berlin, die sich um dessen Maßnahmen bei Pertrix gedreht hatte, war ergebnislos geblieben. In einem Brief an seinen Anwalt verstieg sich Günther Quandt zu weiteren Lügen und schrieb, dass Herbert, als kaufmännischer Direktor des Unternehmens während des Kriegs, nicht für das Personal verantwortlich gewesen sei. In Wahrheit jedoch musste Herbert Quandt über den Einsatz von Zwangs- und Sklavenarbeitern in dem Werk »genau Bescheid gewusst haben«.[153]

Am 24. Februar 1950 entschied ein Berliner Spruchausschuss, dass Günther Quandt rehabilitiert werden müsse, nachdem die verbliebene jüdische Gemeinde der Stadt keine Einwände erhoben hatte.[154] Der Industrielle stellte die 29.500 D-Mark Anwaltskosten der AFA in Rechnung und ging zurück an die Arbeit. Er war nun ein freier Mann. Ein neues Jahrzehnt hatte begonnen und damit eine neue Ära für Deutschland. Bald herrschten Wohlstand und Totenstille.

15.

Obwohl Julius Herf gezwungen war, den Quasi-Freispruch für Günther Quandt hinzunehmen, gab der hartnäckige Staatsanwalt seine Bemühungen bei der Verfolgung von Profiteuren des ›Dritten Reichs‹ noch nicht auf. Er erkannte eine weitere Gelegenheit, der Gerechtigkeit zum Durchbruch zu verhelfen, indem er August Baron von Finck anklagte. Trotz eingehender Prüfungen durch US-amerikanische Ermittler hatte sich Bayerns reichster Mann nicht als ernsthafter Kandidat für einen Prozess in Nürnberg herausgestellt. Anfang November 1948 klagte daher Herf von Finck als Belasteten an: Er sei ein überzeugter Nationalsozialist gewesen, der zwanzig Millionen Reichsmark für Hitlers Kunstmuseum gesammelt habe. Das Regime hatte von Finck für diese Bemühungen reichlich belohnt, wie Herf zeigen konnte. Seine ›Arisierungen‹ der beiden Banken, Dreyfus in Berlin und S. M. v. Rothschild in Wien, hätten die Bilanz der Privatbank Merck Finck & Co. vervierfacht: von 22,5 Millionen Reichsmark im Jahr 1933 auf dann 99,2 Millionen Reichsmark 1944.[155]

Der Entnazifizierungsprozess gegen von Finck fand Ende Dezember 1948 in München statt. Der Hauptzeuge gegen den Banker war Willy Dreyfus. Auch wenn Dreyfus und von Finck im Oktober 1946 rasch ein privates Übereinkommen erzielt hatten, war ihnen nicht gestattet worden, dieses auch umzusetzen; sie mussten das formelle Restitutionsverfahren nach amerikanischer Besatzungsrechtsprechung einhalten. Nachdem das Rückerstattungsgesetz im November 1947 verabschiedet worden war (als Militärregierungsgesetz Nr. 59), begannen die beiden Männer mit neuen Verhandlungen. Im August 1948 einigten sie sich nach erschöpfenden Gesprächsrunden auf ein Abkommen, das exakt so aussah wie das zwei Jahre zuvor ausgehandelte Übereinkommen.

Dreyfus sollte demnach ein Aktienpaket erhalten, um das auszugleichen, was Merck Finck für die Berliner Niederlassung seiner Bank zu wenig gezahlt hatte, Gleiches galt für die überlebenden Nachkommen von Dreyfus' ehemaligem Partner Paul Wallich. Willy Dreyfus war der Meinung, Wallich, der nach der ›Arisierung‹ Selbstmord begangen hatte, habe unter »Demütigungen vonseiten des Managements von Merck Finck & Co gelitten, die [...] zu großen Teilen dazu beitrugen, seinen Geist zu brechen«.[156] Wenig später verlangte Dreyfus jedoch eine Änderung in der Schlusspassage des neu geplanten Abkommens, nach der er und Wallichs Erben gezwungen worden wären, alle Wiedergutmachungszahlungen zurückzugeben, sollte ein späteres deutsches Gesetz die private Einigung für ungültig erklären. Von Finck erblickte nun die Chance, die versprochenen Anteile zu behalten, und zog sich gänzlich aus der Vereinbarung mit Dreyfus zurück. Mit einem Mal behauptete er, das amerikanische Gesetz zur Rückerstattung sei gar nicht auf ihren Fall anwendbar und jede Andeutung, seine Bank sei verantwortlich für Wallichs Selbstmord, anstößig. Damit war die Vereinbarung geplatzt.[157]

Als nun am 22. Dezember 1948 der Prozess begann, schwächte der sonst unerbittliche Herf aus Gründen, die nicht ganz nachvollziehbar sind, die Kategorie ab, nach der von Finck verurteilt werden sollte: von Belasteter auf Minderbelasteter. Noch am selben Tag wies von Finck vor Gericht alle Vorwürfe zurück. Nach Aussage des Bankiers sei die Dreyfus-Transaktion 1938 in gutem Glauben abgewickelt worden und der Erwerb von Rothschild als Schutz des Vermögens der Eigentümer gegen die Nationalsozialisten gedacht gewesen. Er argumentierte, seine Fundraising-Bemühungen als Vorsitzender des Museumskuratoriums, zu dem er auf Hitlers ausdrücklichen Wunsch ernannt worden war, seien keineswegs Ausdruck einer Sympathie für die NS-Ideologie gewesen. Vielmehr habe er hier einen guten Weg zur Förderung seiner Geschäftsinteressen gesehen, so von Finck. Er gab an, diese Art von Netzwerkbildung sei für das Wachstum seiner Bank während des ›Dritten Reichs‹ mitverantwortlich gewesen.[158]

Dem Gericht lagen rund vierzig Persilscheine vor, von denen jeder einzelne von Fincks apolitische, ja sogar antinationalsozialistische Haltung bezeugte; darunter waren mehrere eidesstattliche Erklärungen ehemaliger Kollegen und von Kunden jüdischen Glaubens. Diese Verteidigungstaktik war inzwischen in vielen Entnazifizierungsverfahren übliche Praxis. Doch dann nahm von Fincks Prozess eine Reihe seltsamer Wendungen.[159] Es war schon ungewöhnlich genug, dass Herf die Anklage gegen den Banker entschärft hatte. Nun aber war die vermutlich belastende Korrespondenz, die von US-Ermittlern auf dem Gut des Barons beschlagnahmt worden war, plötzlich nicht mehr in den Gerichtsakten zu finden. Anschließend ordneten die Richter unvermittelt an, dass jener Teil des Prozesses, der mit der ›Arisierung‹ der Rothschild-Bank zu tun hatte, aus »Gründen der Staatssicherheit« hinter verschlossenen Türen stattfinden sollte.[160] Und schließlich erschienen Zeugen der Anklage, die zu einer Aussage gegen von Finck einbestellt worden waren, nicht vor Gericht oder revidierten vor den Richtern plötzlich den Inhalt ihrer eigenen Aussage.

Ein ehemaliger Von-Finck-Vertrauter erklärte dem *Spiegel* gegenüber, einer der möglichen Belastungszeugen, »der sehr viel wusste und Finck hasste«, habe die atemberaubende Summe von 500.000 DM erhalten, um nicht vor Gericht zu erscheinen.[161] Es hieß, das Bestechungsgeld sei ohne Wissen des geizigen Bankiers gezahlt worden.

Die Machenschaften endeten hier noch nicht. Julius Herf war homosexuell – das war bereits ein offenes Geheimnis. Anfang der 1930er-Jahre war der Strafverfolger in der Berliner Unterwelt als »Die schwule Jule« bekannt gewesen.[162] Kurz vor dem Beginn des Von-Finck-Prozesses war in Herfs Büro ein Unbekannter aufgetaucht, der nicht nur eindeutige Anspielungen auf die sexuelle Orientierung des Anwalts machte, sondern »darüber hinaus Kenntnisse einiger Details wirklich sehr delikater Natur verriet, deren Bekanntwerden für den Ankläger vernichtend sein musste«, so der einstige Von-Finck-Vertraute gegenüber dem *Spiegel.* »Unter diesem Aspekt muss sein Verhalten vor der Kammer betrachtet werden.«[163] Homosexuelle Handlungen waren in der BRD eine Straftat (und blieben es bis 1994), viele Gerüchte machten die Runde. Auch über die Beziehungen von Herf und anderen Staatsanwälten zu jüngeren Männern kursierten Geschichten, und ganz zweifellos waren von Fincks Gefolgsleute begierig darauf, dies auszunutzen.[164]

Herf verringerte nicht nur die Anklagepunkte gegen von Finck, er kündigte auch gegen Ende des Verfahrens an, er würde die ›Arisierung‹ von Rothschild nicht in seiner Abschlusserklärung berücksichtigen, da er nun der Verteidigung des Bankiers glaube, dieser habe die Vermögenswerte nur deshalb übernommen, um sie zu schützen.[165] Während die Aussage von Willy Dreyfus als durchaus glaubwürdig galt, erklärten ehemalige Kollegen einen weiteren wichtigen Zeugen der Anklage, einen ›halbjüdischen‹ Dreyfus-Direktor, den Merck Finck nach der ›Arisierung‹ anfänglich noch weiterbeschäftigt hatte, zu einem unzuverlässigen Trinker.

Am 14. Januar 1949 urteilte die Münchener Spruchkammer X, von Finck sei nur ein NS-Mitläufer gewesen, und trug ihm auf, 2000 D-Mark an einen Wiedergutmachungsfonds zu zahlen. Die Richter folgten damit der Auffassung des Bankiers und akzeptierten die Behauptung, seine Funktion im Haus der Deutschen Kunst sei kein Ausdruck der Sympathie für das Regime gewesen, sondern habe allein der Förderung seiner Geschäftsinteressen gedient. Die Kammer gestand zu, dass Dreyfus schwere wirtschaftliche Nachteile durch die diskriminierende Gesetzgebung der Nationalsozialisten erlitten habe, vertrat aber zugleich die Meinung, dass von Finck weder persönlich für diese Gesetze verantwortlich gewesen sei noch Vorteile aus der Situation gezogen habe. In der Rothschild-Angelegenheit hieß es, von Finck »hat […] sich so vorbildlich verhalten, dass jedes Wort darüber zu viel wäre«. Laut Aussage der Richter hatte sich der 55-Jährige als »königlicher Kaufmann« verhalten, der sich bei dieser Transaktion angesichts der NS-Behörden selbst in beträchtliche Gefahr begeben habe. Die Richter gingen sogar so weit, seine ›Bemühungen‹ im Fall Rothschild als »aktive[n] Widerstand« zu bezeichnen.[166]

Schon bald bedauerte es Herf, der Erpressung nachgegeben zu haben. Einen Monat nach dem Urteil ging der Staatsanwalt gegen von Finck in Berufung. Doch auch dieses Mal erschien derselbe Besucher unvermittelt in seinem Büro, um ihn mit denselben angedeuteten Drohungen zu konfrontieren.[167] Eine Woche nachdem er Berufung eingelegt hatte, zog Herf sie wieder zurück, ohne Erläuterung und nur mit einer Mitteilung, die aus einem einzigen Satz an das Münchener Gericht bestand.[168]

Von Finck war nicht vollständig zufrieden mit dem Urteil und focht das Strafmaß an. Er bat um Amnestie und führte seine Knieverletzung aus dem Ersten Weltkrieg an, um keine Wiedergutmachung zahlen zu müssen.[169] Man gewährte ihm diese Amnestie. Auch von Finck war somit ›entnazifiziert‹ und kehrte ins Berufsleben zurück.

Herf und Dreyfus hatten nicht so viel Glück. Kurz nach dem Prozess wurde Herf als Staatsanwalt beurlaubt,[170] da man ihm homosexuelle ›Vergehen‹ vorwarf: Es waren zärtliche Briefe an die Öffentlichkeit gelangt, die er an jüngere Männer geschrieben hatte.[171] Und nach Dreyfus' eigener Aussage hinterging ihn sein Anwalt 1951 und kam mit von Finck zu einer Vereinbarung, allerdings nur über einen Bruchteil der ursprünglichen Entschädigung. Der Baron hatte die Einigung so lange hinausgeschoben, bis sich das Machtverhältnis zu seinen Gunsten verschoben hatte. Daraufhin strengte Dreyfus einen Prozess gegen von Finck vor amerikanischen Gerichten an. Sein Rechtsstreit ging durch alle Instanzen bis zum Obersten Gerichtshof, der sich jedoch 1976 weigerte, den Fall anzunehmen.[172] Im Folgejahr verstarb Willy Dreyfus im Alter von 91 Jahren.

16.

Die ›Entnazifizierung‹ von Rudolf-August Oetker wurde nicht einmal vor einem ordentlichen Gericht verhandelt. Er wurde durch einen internen Unterausschuss seiner Firma ›entnazifiziert‹, nachdem er gegen die Entlassung als Geschäftsführer von Dr. Oetker Einspruch erhoben hatte. Die britischen Behörden hatten ihn von diesem Posten entfernt, da er Offizier der Waffen-SS gewesen war. Am 9. April 1947 kam sein Fall vor den firmeneigenen Entnazifizierungsunterausschuss in Bielefeld, der ausschließlich mit Firmenmitarbeitern besetzt war. Die erschwindelte Verteidigung des Dreißigjährigen lautete in etwa: Ihm sei befohlen worden, den Truppenverpflegungsdienst der Wehrmacht zu verlassen und der Waffen-SS beizutreten. Dann habe er versucht, den Rang eines Offiziers wiederzuerlangen, der ihm bei dem »kommandierten« Wechsel zur Waffen-SS genommen worden war. Er habe dies in dem Glauben getan, der Rang eines Offiziers sei die Voraussetzung dafür, »Betriebsführer [...] bei einer großen Firma wie unserer« sein zu können.[173]

Es lagen bereits zahlreiche Persilscheine für ihn vor. Nun sagten vor dem Ausschuss auch noch mehrere Dr.-Oetker-Mitarbeiter zu seinen Gunsten aus. Die Anklage konnte keine Zeugen vorweisen, da »man von einer politischen Betätigung des O[etker] nichts bemerkt« haben wollte.[174] Die fünf Mitglieder des Entnazifizierungsausschusses akzeptierten Rudolf-August Oetkers Erklärung, sprachen ihn frei und fügten dem Hinweis, dass er in die Waffen-SS gezwungen worden sei, noch hinzu, dass der Unternehmersohn als untauglich für den Militärdienst erklärt worden war.

Wenige Monate später bestätigten die britischen Behörden den

Freispruch. Im August 1947 wurde Rudolf-August Oetker wieder als Geschäftsführer bei Dr. Oetker eingesetzt, was ihm mehr als zwei Jahre lang verboten gewesen war. Seine Aktienmehrheit am Unternehmen wurde im Folgemonat von den britischen Behörden freigegeben. Und nur wenige Tage später nahm der Unternehmer die letzte Hürde: Am 20. September 1947, Rudolf-August Oetkers 31. Geburtstag, wurde der von den Briten eingesetzte Treuhänder von seiner Aufsicht über das Unternehmen entbunden. Der neue Dr.-Oetker-Chef hatte wieder die Kontrolle über die familieneigene Backzutatenfirma übernommen.[175] Der »Puddingprinz« sollte in Kürze seinen erneuten Aufstieg beginnen.

17.

Sieben Wochen zuvor, am 31. Juli 1947, waren Ferdinand Porsche und Anton Piëch aus dem Militärgefängnis bei Dijon entlassen worden, nachdem Louise Piëch eine Million Franc als Kaution hinterlegt hatte. Fast zwei Jahre lang waren die beiden Männer beinahe ununterbrochen in Haft gewesen. Nun kehrten sie nach Österreich zurück, wo sie auf den Beginn ihres Prozesses in Frankreich wegen Kriegsverbrechen warteten. Sie waren wegen der ›Plünderung‹ einer Peugeot-Fabrik angeklagt, die von der Volkswagenwerk GmbH übernommen worden war, sowie aufgrund der Deportation von sieben führenden Peugeot-Angestellten in Konzentrationslager – wo drei von ihnen ermordet wurden.[176]

Am 5. Mai 1948 sprach ein Militärtribunal in Dijon Porsche und Piëch frei. Der Prozess, der ohnehin schon auf wackeligen Füßen gestanden hatte, brach ganz in sich zusammen, als französische Zeugen zugunsten der Industriellen aussagten. Das Gericht befand, keiner der beiden Männer habe bei der Plünderung der Peugeot-Fabrik oder der Deportation der Manager eine Rolle gespielt. Es hieß, beide hätten sich für die Freilassung der Gefangenen eingesetzt. Was auch in diesem Verfahren nicht einmal zur Sprache kam: der Einsatz Tausender französischer Zivilisten und Soldaten durch Porsche und Piëch als Zwangsarbeiter im Volkswagenkomplex.

Während der Haftzeit der beiden älteren Herren hatten die Geschwister Ferry Porsche und Louise Piëch alle Hände voll damit zu tun, das Familienerbe zu retten. Dazu spalteten sie es auf: Louise gründete unter dem Namen Porsche-Konstruktionen Ges. m. b. H. ein neues Unternehmen in Salzburg, Ferry ließ die ursprüngliche Firma Porsche in Stuttgart wiederaufleben. Eine Frage blieb jedoch unbeantwortet: Was sollte mit dem Volkswagenwerk geschehen? Die Fabrikanlagen in Fallersleben waren unter britische Militärkontrolle geraten, man hatte der um sie herum entstandenen Stadt den Namen Wolfsburg gegeben und mit der Massenproduktion des ursprünglichen Volkswagens begonnen. Aus Hitlers Auto für die Volksmassen wurde nun der geliebte Käfer. Doch den hatte immer noch Ferdinand Porsche entworfen, der während des Kriegs mit dem Volkswagenwerk einen Vertrag über zu zahlende Lizenzgebühren für den Fall ausgehandelt hatte, dass das Auto in die Massenproduktion gehen sollte.[177]

Und genau dieser Moment war nun endlich gekommen. Mitte September 1948, wenige Monate nachdem Porsche und Piëch in Frankreich freigesprochen worden waren, begannen die Familien Verhandlungen mit dem neuen Geschäftsführer von Volkswagen, Heinrich Nordhoff. Die jüngste Vergangenheit des von den Briten ernannten Managers hatte ebenfalls dunkle Flecken: Wie Ferdinand Porsche, Günther Quandt und Friedrich Flick war auch Nordhoff vom NS-Regime seinerzeit im Vorstand bei Opel zum »Wehrwirtschaftsführer« ernannt worden und hatte in seinem Werk auf rund 2000 Zwangsarbeiter zurückgegriffen.[178] Doch nach Nordhoffs ›Entnazifizierung‹ beachteten die britischen Behörden diese Sünden der Vergangenheit nicht länger.

Zu den Verhandlungen traf man sich im bayerischen Kurort Bad

Reichenhall, in der Nähe der österreichischen Grenze und nur wenige Kilometer von Hitlers ehemaligen Domizil auf dem Obersalzberg entfernt. Dort hatte Porsche zwölf Jahre zuvor dem ›Führer‹ den ersten Volkswagen vorgeführt und den Diktator überzeugt, das Auto produzieren zu lassen. Nun verhandelte man über ein anderes Abkommen: Wie sollte Porsche in den nächsten Jahren für das von ihm stammende Käfer-Design honoriert werden?[179]

Die Antwort lautete: äußerst großzügig. Das Auto wurde zu einem enormen Erfolg. Die Porsche-Familie konnte eine einprozentige Lizenzgebühr des Bruttoverkaufspreises für jeden verkauften Käfer aushandeln[180] – und bis zum Ende der Produktion 2003 sollten es rund 21,5 Millionen verkaufte Exemplare werden. Außerdem erhielt die von Louise und Anton Piëch neu gegründete Porsche-Firma in Salzburg das Exklusivrecht, Volkswagen aus Deutschland zu importieren. Ihr Unternehmen wurde Österreichs größter Automobilhändler und 2011 für 3,9 Milliarden Euro zurück an Volkswagen verkauft. Eine weitere ›Vereinigung‹ stärkte die Dynastie: Heinrich Nordhoffs Tochter heiratete wenig später einen Sohn von Louise und Anton Piëch.

Im Gegensatz zu anderen deutschen Wirtschaftsdynastien hatte der Porsche-Piëch-Clan zu Beginn der NS-Ära im Januar 1933 am Rande des Bankrotts gestanden. Nun, im Nachgang des Kriegs, sicherte die Vereinbarung von Bad Reichenhall ihm einen Platz auf Augenhöhe mit den anderen bedeutsamen Dynastien und machte die Familie Porsche-Piëch zu einer der reichsten sowohl in Deutschland als auch in Österreich. Und dies bereits Mitte September 1948, noch bevor überhaupt der erste Porsche-Sportwagen in Serie ging und während das Porsche-Werk in Stuttgart – jenes, das eines Tages Millionen der weltweit begehrten Autos herstellen sollte – noch immer der Vermögenskontrolle der US Army unterstellt war.

Aus Österreich vermeldete Ferdinand Porsche: »Meinem Stuttgarter Werk […] trauere ich täglich nach.«[181] Obwohl die amerikanische Kontrolle über Porsches Firma und Privatvermögen in

Stuttgart Anfang März 1949 aufgehoben wurde, erwies sich diese Erleichterung nur als kurzlebig. Adolf Rosenberger und das Unternehmen Porsche lieferten sich seit Sommer 1948 eine hitzige Justizschlacht.[182] Rosenberger war nicht in die Firma zurückgekehrt. Der jüdische Emigrant forderte nun eine Rückerstattung – er wollte als Anteilseigner wieder in das Unternehmen integriert werden, das er einst mit ins Leben gerufen hatte, und zwar mit genau dem Anteil, den Ferdinand Porsche und Anton Piëch ihm bei der ›Arisierung‹ 1935 abgeknöpft hatten. Nachdem das Unternehmen eine Einigung hartnäckig abgelehnt hatte, verlangte Rosenberger, das Vermögen des Stuttgarter Unternehmens müsse ein weiteres Mal eingefroren werden. Dem kamen die Behörden im Oktober 1949 nach.

Als der Fall Ende September 1950 vor Gericht verhandelt wurde, schlug der Anwalt von Porsche und Piëch Rosenbergers Rechtsbeistand eine Einigung vor: 50.000 D-Mark plus ein Auto. Dabei ließ man Rosenberger die Wahl: eine Luxusversion des Volkswagen-Käfers oder einen Porsche 356, den Porsches Sohn Ferry entworfen hatte. Rosenberger war zu diesem Zeitpunkt noch nicht nach Stuttgart zurückgekehrt; er war in Los Angeles geblieben, um sich um seine kranke Ehefrau zu kümmern. So nahm Rosenbergers Anwalt das Angebot an, ohne sich dazu mit ihm abzustimmen. Er informierte seinen Klienten vielmehr erst, nachdem die Angelegenheit per Brief abgeschlossen worden war. Das Unternehmen Porsche wurde erneut aus amerikanischer Vermögenskontrolle entlassen; Rosenberger nahm schlussendlich seinen Käfer in Empfang.[183]

Ferry Porsche war mit seinem Sportwagenentwurf bereits aus Österreich nach Stuttgart heimgekehrt. Nun konnte ihm sein Vater endlich folgen. Als die juristische Auseinandersetzung mit Rosenberger im Juni 1949 ihren Höhepunkt erreichte, hatte Ferdinand Porsche damit begonnen, seine eigene Entnazifizierung in die Wege zu leiten. Bis dahin hatte er auf seinem Gut in Österreich, wo derartige Maßnahmen großzügig, um nicht zu sagen: lasch gehandhabt wurden, darauf gewartet, dass der Aufklärungseifer um die NS-Verbrechen abflaute. Als es so weit war, lief die Verteidigungsstrategie seines Anwalts im Grunde auf dieselbe hinaus, die viele andere Deutsche schon vor ihm genutzt hatten: »Professor Porsche war von jeher nur Techniker, Konstrukteur [...] politische Tagesfragen lagen und liegen ihm noch heute völlig außerhalb seines Gedankenkreises.«[184] Am 30. August 1949 entlastete die Zentralspruchkammer bei Stuttgart den Autokonstrukteur, den Hitler einst zu seinem bevorzugten Ingenieur gemacht hatte.

Ferdinand Porsche war mit dem Urteil außerordentlich zufrieden, weil er somit nicht für die Gerichtskosten aufkommen musste, die sich auf 39.000 D-Mark beliefen. Da das Vermögen seiner Firma mehrfach eingefroren gewesen war, lebte er auf Kosten seiner beiden Kinder und von den Mieteinnahmen aus seiner Stuttgarter Villa: »Ich wurde kostenlos entbräunt. Das ›kostenlos‹ war sehr bedeutend für mich«, schrieb er einige Monate nach der Urteilsverkündung an einen Freund.[185] Abgeleitet von der Farbe der SA-Uniformen war ›entbräunt‹ eine andere Formulierung für ›entnazifiziert‹. Der ehemals freiwillig der SS beigetretene Ferry Porsche, der von einer Spruchkammer ebenfalls freigesprochen wurde, machte sich wenig Gedanken über die einstigen Uniformfarben seiner neuen Mitarbeiter (in diesem Fall das Schwarz und Feldgrau der SS): Um den ersten Porsche-Sportwagen auf den Markt zu bringen, verbündete sich Ferry Porsche mit Albert Prinzing, der schon früh Mitglied der NSDAP und Offizier in Heydrichs Sicherheitsdienst gewesen war sowie enge Kontakte zu Mussolinis faschistischer Partei in Italien gepflegt hatte.[186] Kurz: ein strammer Parteisoldat. Prinzing hatte drei Jahre in Internierungshaft der Alliierten verbracht, bis er im Mai 1948 von einer Spruchkammer als Minderbelasteter eingestuft wurde. Anschließend bot Ferry Porsche seinem Freund aus Kindertagen die Stelle als kaufmännischer Direktor von Porsche an. Nebenbei half Prinzing Ferdinand Porsche, dessen ›Entnazifizierung‹ erfolgreich zu meistern.

Prinzing wurde beauftragt, die Persilscheine für Ferdinand Porsche zu organisieren. Der Automobilkonstrukteur war seinem neuen Angestellten dafür äußerst verbunden. Mitte Januar 1950 schrieb Porsche an Prinzing, er sei ihm dankbar und sich darüber im Klaren, »wie stark Sie sich für uns eingesetzt haben und wie sehr auch Sie Anteil haben an allem, was erreicht wurde«.[187] Während der gebrechliche Porsche keine bedeutsame Rolle in dem nach ihm benannten Automobilunternehmen mehr spielen sollte, ging es für die beiden ehemaligen SS-Offiziere Ferry Porsche und Albert Prinzing nun erst richtig los. Im November 1949 begann die Produktion des Porsche 356 in Stuttgart. Innerhalb von achtzehn Monaten stellte man fünfhundert Stück her. Prinzing führte den Porsche 356 dann in den Vereinigten Staaten ein, dem zu dieser Zeit weltweit größten Automobilmarkt. Das Auto wurde zu einem großen Erfolg, und bald schon waren reiche US-Amerikaner Porsches wichtigste Kunden außerhalb Deutschlands. Somit war es schließlich nicht der verfolgte jüdische Mitbegründer und deutsche Emigrant Adolf Rosenberger, der den wertvollen Namen Porsche nach Amerika brachte. Es war Prinzing, ein ehemaliger SS-Hauptsturmführer.

18.

Während die meisten Großindustriellen des ›Dritten Reichs‹ nach dem Krieg kaum mehr als einen Klaps auf die Finger bekamen, gab es eine bemerkenswerte Ausnahme. Am 15. März 1947 wurde Friedrich Flick zur engen Anklagebank im Nürnberger Justizpalast geführt, zusammen mit fünf seiner Partner. Telford Taylor, der US-Chefankläger des Prozesses, verlas die Anklagen gegen sie: Flick und den anderen Beschuldigten warf man Kriegsverbrechen und Verbrechen gegen die Menschlichkeit vor, unter anderem

Abb. 21: Friedrich Flick zwischen Vollzugsbeamten bei seinem Prozess in Nürnberg (1947)

durch den massenhaften Einsatz von Zwangsarbeitern. Flick und vier der anderen Männer waren zudem angeklagt, enteignete Firmen im besetzten Frankreich und in Teilen der Sowjetunion geplündert zu haben. Flick, seine ehemalige rechte Hand Otto Steinbrinck sowie Flicks Cousin Konrad Kaletsch wurden darüber hinaus beschuldigt, vor dem Krieg mehrere große ›Arisierungen‹ im ›Dritten Reich‹ durchgesetzt zu haben. Und schließlich warf man Flick und Steinbrinck vor, die SS und deren Verbrechen als Mitglieder in Himmlers Freundeskreis Reichsführer SS finanziell gefördert zu haben. Alle sechs Angeklagten plädierten auf nicht schuldig.[188]

Der Flick-Prozess war der fünfte von zwölf Nachfolgeprozessen, die die Amerikaner in Form des Nürnberger Militärtribunals abhielten, und der erste von dreien, die gegen führende Industrielle geführt wurden. Die Verhandlungen gegen Alfried Krupp und seine Direktoren sowie gegen die Führungsriege des Chemiekonglomerats IG Farben rundeten das Wirtschaftstriumvirat ab. (NS-Wirtschaftsfunktionäre wie Wilhelm Keppler und Paul Pleiger wurden im sogenannten Wilhelmstraßen-Prozess jeweils zu rund zehnjährigen Haftstrafen verurteilt.) Flick war durch sein Stahl-, Kohle- und Maschinenkonglomerat einer der größten Rüstungsproduzenten, ›Arisierer‹ und Nutznießer von Zwangsarbeit im ›Dritten Reich‹ gewesen. Während des Kriegs dürfte die Zahl der Menschen, die in Flicks Fabriken zum Bau von Kanonen und Geschossen oder in seinen Minen zum Abbau von Kohle gezwungen wurden, bei bis zu 100.000 gelegen haben.[189]

Kein anderer Industrieller hatte von den Nationalsozialisten in Deutschland derart profitiert wie Flick. Nur Alfried Krupp, der andere Stahlriese, dessen Prozess später im Jahr beginnen sollte, sowie dessen Vater Gustav, der jedoch zu senil für ein Gerichtsverfahren war, konnten sich mit ihm messen, was das Volumen der Rüstungsproduktion und die gierige Ausbeutung von Zwangs- und Sklavenarbeitern anging. Allerdings hatte Flick sein Industrieimperium in nur dreißig Jahren von Grund auf selbst aufgebaut, anstatt eine über mehr als hundert Jahre stetig gewachsene Firma vererbt bekommen zu haben, wie es bei den Krupps der Fall war.[190] Hitler hatte die Krupps häufig öffentlich als Vorbild für die deutsche Industrie hervorgehoben und sogar ein Reichsgesetz (»Lex Krupp«) erlassen, um die Unternehmensnachfolge und Vermeidung der Erbschaftssteuer zu regeln –, Flick hingegen hatte seit 1933 unterhalb des Radars, still und heimlich, gewirkt. Der Magnat, der die Presse verabscheute, stand nun zum ersten Mal im Rampenlicht der weltweiten Öffentlichkeit.

Am 19. April 1947 begann die Hauptverhandlung. In seinen Eröffnungsworten betonte Telford Taylor die breite Mitverantwortung der deutschen Industriellen an den NS-Verbrechen und am Machterhalt Hitlers. »Eine Diktatur ist nicht deshalb erfolgreich, weil jedermann sich ihr entgegensetzt, sondern weil machtvolle Gruppen sie unterstützen«, stellte er fest. »Die Diktatur des Dritten

Reiches stützte sich auf diese unheilige Dreieinigkeit des Nationalsozialismus, Militarismus und Wirtschaftsimperialismus.«[191] Taylor zitierte dann eine Ansprache Hitlers, die dieser während des berühmt-berüchtigten Treffens im Februar 1933 in Berlin gehalten hatte, als er mit einer Gruppe Industrieller, darunter Flick, Günther Quandt und August von Finck, zusammengekommen war. Der ›Führer‹ hatte bei dieser Gelegenheit gesagt: »Privatwirtschaft im Zeitalter der Demokratie ist nicht aufrechtzuhalten.« Die Titanen der Industrie und Finanzwelt hatten Hitler zugestimmt, wie der Jurist nun festhielt. So wie ihre moralischen Werte korrumpiert worden seien, seien es auch ihre Geschäftspraktiken, lautete Taylors Argument.

Der Ankläger schloss seine Ausführungen mit einer ernsten Bemerkung:

> Die Geschichte dieses Prozesses ist letzten Endes eine Geschichte des Verrates. Die Angeklagten waren reiche Männer; viele Bergwerke und Fabriken waren ihr privates Eigentum. Sie werden Ihnen bestimmt erzählen, dass sie an die Unantastbarkeit privaten Eigentums glaubten, und vielleicht werden sie auch sagen, dass sie Hitler unterstützt haben, weil der Kommunismus in Deutschland diese Auffassung bedrohte. Aber die Fabriken in Rombach und Riga gehörten jemand anders. Die Angeklagten werden Ihnen erzählen, dass sie nicht antisemitisch waren und sogar einzelne Juden gegen die Nazis in Schutz genommen haben. Und doch war es nicht unter ihrer Würde, sich in der Öffentlichkeit mit Himmler zu zeigen und ihm ein fürstliches Lösegeld zu zahlen, ihm, der beinahe alle Juden in Europa ausgerottet hat. Sie mästeten sich an dem Unglück von wohlhabenden Juden. In ihren Bergwerken und Fabriken arbeiteten Menschen und gerade sie, vor allen anderen Menschen, sollten die wahre Würde der Arbeit gekannt haben. Aber sie drehten den Zeiger der Uhr zurück und führten wieder Sklaverei in Europa ein. Diese Männer haben schamlos die

> persönlichen Ideale verraten, die man von ihnen hätte erwarten können, und zum Schluss haben sie auch Deutschland verraten. Hierin liegt ihre wahre Schuld.[192]

In den folgenden fünf Wochen präsentierten Taylor und seine Stellvertreter die Beweise der Anklage gegen Flick und die fünf weiteren Beschuldigten. Es gab überwältigende Belege für den Einsatz von Zwangsarbeit in Flicks Konglomerat sowie für die ›Arisierungen‹ von Firmen durch das Unternehmen. Schwerer fiel es den Anklägern, Flick und den Mitangeklagten persönliches Wissen und Verantwortung für diese massenhaften Verstöße nachzuweisen.[193] Die drei von amerikanischen Bundesstaatsgerichten abgeordneten Richter waren dabei keine Hilfe: Die Komplexität des Falls und die Berge an übersetzten Unternehmensunterlagen überforderten sie hin und wieder.

Am 2. Juli 1947 hielt Rudolf Dix, Flicks Anwalt, das Eröffnungsplädoyer für die Verteidigung. Flick war Günther Quandt bei der Beauftragung von Dix zuvorgekommen und setzte weiter auf seinen Rechtsbeistand, nachdem er erfolgreich Hjalmar Schacht beim Hauptverfahren der Nürnberger Prozesse vertreten hatte. In einer ersten Stellungnahme sprach Dix über die Machtlosigkeit der deutschen Industrie und der beschuldigten Geschäftsmänner angesichts des übermächtigen NS-Staats. Er vertrat die Meinung, das Regime und nicht Flick sei für die Sklavenarbeit und ›Arisierungen‹ verantwortlich gewesen. Der Industrielle habe die enteigneten Firmen im Ausland auch nicht geplündert – er habe in sie investiert, so Dix. Und die Mitgliedschaft in einer Gruppe wie dem Freundeskreis um Himmler könne allein ja wohl kaum strafbar sein. Im Großen und Ganzen argumentierte Dix, dass die Amerikaner Flick stellvertretend für die gesamte deutsche Industrie angeklagt hätten, um ein Exempel zu statuieren.[194]

Drei Tage später wurde Flick als erster der Angeklagten in den Zeugenstand gerufen. Während der folgenden elf Tage verteidigte sich der gealterte Industrielle bis zu sechs Stunden pro Tag im

Kreuzverhör, wobei er die ganze Zeit aufrecht stehen blieb.[195] Flick zeichnete ein Bild von sich als jemanden, der sich 1933 beim Aufbruch in die NS-Zeit bereits viele Feinde gemacht hatte. Er gab an, landesweit dafür geächtet worden zu sein, dass er zur Hochphase der Wirtschaftskrise heimlich seinen Mehrheitsanteil an Deutschlands größtem Industriekonglomerat, den Vereinigten Stahlwerken, zu einem sehr guten Preis an einen geschwächten deutschen Staat verkauft hatte. Er argumentierte darüber hinaus, seine großen Spenden an politische Parteien und Kandidaten im politischen Spektrum jenseits der NSDAP, noch kurz vor der ›Machtergreifung‹ Hitlers, hätten ihn gebrandmarkt. Flick stritt ab, dass das NS-Regime ihm beim Aufbau seines Vermögens geholfen habe: »Ich war froh, wenn man mir meine Ruhe ließ und meine Sicherheit, mehr habe ich nicht gewollt, um in Ruhe und Frieden mein Lebenswerk weiterführen zu können. Dafür habe ich eine gewisse Abdeckung und Abschützung nötig gehabt, angesichts meiner politischen Vorbelastung.«[196]

Flick stellte sich als Opfer der Nationalsozialisten dar, als Mann mit Verbindungen zum Widerstand und als Verteidiger der Enteigneten und Unterdrückten. Er sagte, er sei »der Anwalt« der jüdischen Petschek-Familien gewesen – wobei er sich in Wirklichkeit deren umfangreiches Braunkohlevermögen angeeignet hatte –, und erklärte, er habe ihre »Interessen in dieser […] verzweifelten wirtschaftlichen Lage« vertreten.[197] Flick bezeichnete jegliche antisemitische Handlung oder Äußerung, die ihm zugeschrieben wurde, als »mit den Wölfen heulen«.[198] Er behauptete weiterhin, seine Mitgliedschaft im Freundeskreis Reichsführer SS habe teilweise seiner persönlichen Versicherung, teilweise dem Aufbau eines Netzwerkes und teilweise der Unterstützung der Hobbys und kulturellen Interessen des SS-Führers gedient. Flick gab zudem an, er habe in übernommene Unternehmen wie Rombach investiert und Verbesserungen bei der Lebensmittelversorgung jener durchgesetzt, die dort Zwangsarbeit leisteten.

Angesichts der großen Menge an Beweismaterial entschied sich die Verteidigung für ein breites Arsenal an Gegenmaßnahmen.[199] Zum einen versuchte sie, alle Verantwortung auf den staatlichen Zwang zu schieben. Zum anderen betonte sie die dezentrale Organisation von Flicks Konglomerat und ließ es so aussehen, als hätte alle Entscheidungsgewalt bei den einzelnen Managern vor Ort gelegen, nicht bei Flick selbst. Dazu überflutete die Verteidigung den Richter mit Persilscheinen: Sie legte 445 eidesstattliche Erklärungen für die Angeklagten vor, von denen viele deren apolitische oder antinationalsozialistische Einstellung bestätigten. Die Verteidigung bemühte sich auch, die Zeugen der Anklage zu diskreditieren, vor allem jene, die die Zwangsarbeit in Flicks Fabriken überlebt hatten. Dies führte mehrfach zu bizarren Konfrontationen. Ein Verteidiger belehrte eine ehemalige ›Ostarbeiterin‹, der durchschnittliche Deutsche habe derzeit weniger zu essen, als ihr in Rombach im Zwangsarbeiterlager zur Verfügung gestanden habe. Und Dix trivialisierte die Schilderung des Einsatzes französischer Zwangsarbeiter in einer von Flicks Fabrikküchen mit dem Hinweis, Franzosen seien schließlich »die besten Köche der Welt«.[200] Die Ignoranz des Vorsitzenden Richters war erschreckend – er fragte einen ehemaligen Konzentrationslagerhäftling aus Flicks Werk in Gröditz allen Ernstes, ob es denn zum Abendessen dort keinen Rotwein gegeben habe.[201]

Auch Flicks inkompetenter ältester Sohn Otto-Ernst hatte seinen Auftritt in dieser Farce. Es war ihm irgendwie gelungen, einer Verurteilung aufgrund seiner Führungsfunktionen in den Stahlwerken Rombach und Gröditz zu entgehen, nun wurde er als Zeuge der Verteidigung aufgerufen. Der 31-jährige Erbe sagte aus, wie er »spazierengehenderweise« das Gelände des lothringischen Werks in Rombach erkundet habe und dabei beobachten konnte, dass die Zwangsarbeiter mehr oder weniger komfortable Lebensbedingungen hatten. Er gab auch zu Protokoll, er habe unterbeschäftigten weiblichen Arbeiterinnen die Möglichkeit gegeben, sonntags in seinem Garten zu arbeiten, damit sie »etwas besonders Gutes zu essen bekämen«.[202]

Die Verteidigung brauchte drei Monate, um ihre Argumente für die sechs Angeklagten vorzulegen. Ende November 1947 begann die Anklage mit ihren Schlussplädoyers. Telford Taylor bat die amerikanischen Richter, nicht auf das Argument der Verteidigung einzugehen, dieser Prozess sei »ein reiner Anachronismus« in einem sich rasch verändernden Deutschland. Vielmehr hob Taylor darauf ab, dass »der Wiederaufbau, nach dem die zivilisierte Welt dringend verlangt [...], nicht nur in materieller, sondern auch in moralischer Hinsicht« wichtig sei.[203] Der Jurist erklärte, dass die Angeklagten, obgleich sie alle »Anhänger des Profitsystems sind, [...] durchaus nicht den gleichen Wert legen auf gewisse andere Grundsätze, auf die man sich im Geschäftsleben jeder zivilisierten Nation muss verlassen können«. Die Bemühungen, die Angeklagten als »überzeugte Anhänger des kapitalistischen Systems« darzustellen, waren in Taylors Augen »nichts anderes als ein wohlberechneter Versuch, die wirkliche Kernfrage zu verschleiern«. Er fuhr fort: »Das freie Unternehmertum verlässt sich nicht auf Sklavenarbeit, und kein anständiger Geschäftsmann sucht Geschäftserweiterung mit Hilfe von Diebstahl.« Dann fasste der Ankläger zusammen: »Man muss von Geschäftsleuten dieselbe Standhaftigkeit, dieselbe Abneigung gegen die Begehung von Verbrechen verlangen wie sie das Gesetz von jedem anderen Menschen verlangt, auch wenn die Geschäftsleute Versuchungen oder Drohungen ausgesetzt sind.«[204]

Dix fasste seine abschließenden Argumente bei der Verteidigung von Flick in genau die Worte, die er schon bei seiner ersten Stellungnahme gewählt hatte: »Die Angeklagten lebten im Dritten Reich unter einer Regierung, welche die Regierten auch zu Gottlosem und Ungerechtem zwangen. Das war ihre Tragik, aber nicht ihre Schuld, auch nicht ihre tragische Schuld.«[205] Der Anwalt von Flicks Neffen Bernhard Weiss war weniger subtil und stellte den »großen Umfang« der Beschuldigungen in dem Prozess infrage: »Dieser erste Prozess gegen Industrielle ist kein Angriff gegen Dr. Flick und seine Mitarbeiter, sondern ein Angriff gegen die ganze deutsche Wirtschaft, gegen den deutschen Kapitalismus und gegen seine Industriellen.«[206]

Dem stimmte Flick zu. Er hatte das letzte Wort an die Richter und durfte im Namen aller sechs Beschuldigten eine Erklärung abgeben. Er hatte an fast jedem Tag in den letzten acht Monaten einen finsteren Blick und eine schwarz umrandete Brille aufgesetzt sowie einen verblassenden grauen Zweireiher getragen. »Ich stehe hier als ein Exponent der deutschen Industrie«, donnerte der weißhaarige Magnat.

> Mit meiner Verurteilung sucht die Anklage sich den Stempel der Wahrheit zu verschaffen für ihre Behauptung, die deutsche Industrie habe Hitler in den Sattel gehoben, ihn zu Angriffskriegen ermuntert und zur rücksichtslosen Ausnutzung der Menschenkraft und der Wirtschaft in den besetzten Gebieten angestachelt. [...] Ich verwahre mich dagegen, dass in meiner Person die deutschen Industriellen zu Sklavenhaltern und Plünderern vor der Weltöffentlichkeit gestempelt werden sollen. [...] Niemand aus dem großen Kreise derjenigen Personen, die uns, die Mitangeklagten und mich, kennen, wird es glauben, dass wir uns gegen die Menschlichkeit vergangen haben, und nichts wird uns davon überzeugen, dass wir Kriegsverbrecher waren.[207]

Dann ordnete der Vorsitzende Richter eine Unterbrechung an. Die Richter wollten in vier Wochen zur Urteilsverkündung im Flick-Prozess zurückkehren – genau rechtzeitig zu Weihnachten.

19.

Am 22. Dezember 1947, mehr als neun Monate nachdem Telford Taylor die Anklageschrift gegen Flick und seine fünf Komplizen verlesen hatte, kamen die amerikanischen Richter zur Urteilsverkündung wieder zusammen. Sechs volle Monate hatte die Verhandlung gedauert, es waren fast 1500 Beweisstücke vorgelegt und fast sechzig Zeugen gehört worden, darunter die sechs Angeklagten. Das englische Protokoll des Verfahrens umfasst mehr als 11.000 Seiten. Es hatte sich zu einem gigantischen Prozess entwickelt.[208]

Das Urteil sollte enttäuschend ausfallen, für alle Beteiligten.[209] Friedrich Flick wurde zu sieben Jahren Haft verurteilt, wobei ihm die Zeit, die er seit Mitte Juni 1945 bereits eingesessen hatte, angerechnet wurde. Otto Steinbrinck erhielt fünf Jahre Gefängnis. Als Letzter wurde Flicks Neffe Bernhard Weiss zu zweieinhalb Jahren Haft verurteilt. Die drei übrigen Männer, darunter Flicks Cousin Konrad Kaletsch, wurden freigesprochen.

Von den sechs Beschuldigten waren nur Flick und Weiss des Einsatzes von Zwangsarbeit für schuldig befunden worden, und auch nur in einer ihrer Fabriken. Und nur bei Flick erkannte das Gericht die unlautere Aneignung von Fremdvermögen, jedoch allein im Fall des enteigneten Rombach-Stahlwerks in Frankreich. Die Anklagepunkte ›Arisierung‹ wurden in Gänze zurückgewiesen – die Transaktionen seien vor Kriegsbeginn abgeschlossen worden, und die Richter stellten fest, dass ihre Jurisdiktion es nur erlaubte, Verbrechen während des Kriegs und solche in Zusammenhang mit diesem zu beurteilen. Flick und Steinbrinck wurden der finanziellen Unterstützung der SS und deren Verbrechen durch den Freundeskreis Reichsführer SS für schuldig befunden.

Und Steinbrinck erhielt eine zusätzliche Strafe: Als SS-Offizier sei er Teil einer kriminellen Vereinigung gewesen.

In seinem Abschlussbericht zu den Nürnberger Folgeprozessen nannte Taylor das Urteil im Flick-Prozess »äußerst, um nicht zu sagen übertrieben milde und versöhnlich«.[210] Insbesondere im Hinblick auf das, was Alfried Krupp noch bevorstand: Er wurde zu zwölf Jahren Haft verurteilt, außerdem verlor er sein gesamtes Vermögen. In Flicks Fall waren die Richter im wichtigsten Punkt der Verteidigung gefolgt: dass das Programm der Zwangsarbeit vom NS-Regime organisiert und außerhalb der Kontrolle der sechs Angeklagten, oder der deutschen Industrie als ganzer, durchgeführt worden sei. Nur in einem Werk habe die Anklage zweifelsfrei darlegen können, dass Flick und Weiss sich persönlich um russische Kriegsgefangene zur Steigerung der Produktivität bemüht hätten, so die amerikanischen Richter.

Die Richter erklärten zudem, dass sich die in der Sowjetunion enteigneten Stahlwerke zuvor in staatlichem, nicht in privatem Besitz befunden hätten, weshalb die Übernahme durch Flick im Kontext des Kriegs statthaft gewesen sei. Dem Industriellen wurde in diesem Zusammenhang lediglich vorgeworfen, dass er das Stahlwerk Rombach den französischen Eigentümern vorenthalten habe. Die Richter kamen in diesem Zusammenhang gar zu dem Schluss, dass Flick das Unternehmen in einem besseren Zustand hinterlassen habe, als er es selbst vorgefunden hatte. Das Gericht verwarf zwar den Vorwurf der ›Arisierung‹, da es hier keine Jurisdiktion erkannte, übersah dabei aber den kriminellen Charakter der Transaktionen. Derartige Fälle seien Zivilrechtsachen, so die Richter: »Ein durch Druck oder Zwang herbeigeführter Verkauf mag in einem Zivilgericht angefochten werden können; aber unseres Wissens ist die Benutzung eines solchen Drucks selbst aus rassischen oder religiösen Gründen niemals als ein Verbrechen gegen die Menschlichkeit angesehen worden.«[211]

Allerdings nahmen die drei Richter Flick und Steinbrinck die Behauptung nicht ab, ihre Mitgliedsbeiträge für den Freundeskreis Reichsführer SS hätten nur Himmlers esoterische Hobbys und kulturellen Interessen gefördert. Obwohl das Gericht es als strafmildernd anerkannte, dass die Mitgliedschaft eine Art persönliche Versicherung für die beiden Männer dargestellt habe, so hätte den Beschuldigten dennoch klar sein müssen, dass ihre erheblichen jährlichen Zahlungen zumindest teilweise dazu gedient hätten, eine kriminelle Vereinigung am Leben zu erhalten, die dabei gewesen sei, Juden und andere Gruppen durch Massenhinrichtungen auszulöschen. Flick und Steinbrinck hätten Himmler »einen Blanko-Scheck« ausgestellt, und dabei sei es »unwesentlich, ob er für Gehälter oder tödliches Gas ausgegeben wurde«, so das Urteil.[212]

Flicks nächster Bestimmungsort war das Gefängnis in Landsberg, in dem mehr als zwei Jahrzehnte zuvor Hitler zwei Mithäftlingen nach dem gescheiterten Bürgerbräu-Putsch im nahe gelegenen München sein Buch *Mein Kampf* diktiert hatte. Auch Flick sollte der Wiederaufstieg gelingen. Schon lange vor der Urteilsverkündung hatte er bereits einen Anwalt in den Vereinigten Staaten engagiert. Flick war der einzige der in Nürnberg Verurteilten, der seine Strafe vor einem US-Gericht anfocht. Er zog damit bis vor den Obersten Gerichtshof. Doch 1949 weigerte sich der Supreme Court, den Fall zu verhandeln. Das Urteil hatte somit Bestand.[213]

20.

Von der Zelle aus war Flick gezwungen, Aufgaben zu delegieren, um das zu retten, was von seinem Industrieimperium noch übrig war. Rund die Hälfte seines Konglomerats war von den Sowjets in ihrer Besatzungszone enteignet worden, die andere Hälfte unterstand amerikanischer und britischer Vermögenskontrolle.

Letztere Hälfte musste umsichtig gelenkt werden, da die Alliierten eine Neustrukturierung der westdeutschen Stahl- und Kohlekonglomerate planten. Die US-Amerikaner und Briten wollten die deutsche Industrie aufbrechen und dezentralisieren, um so das Risiko einer Wiederbewaffnung einzudämmen. Nachdem im Dezember 1947 sein Prozess beendet war, entsandte Flick je einen freigesprochenen Mitarbeiter in die amerikanische beziehungsweise britische Besatzungszone: Die beiden sollten mit den alliierten und deutschen Behörden darüber verhandeln, wie die Restrukturierung aussehen könnte.

Die komplexen Verhandlungen waren noch in vollem Gange, als Flick aus der Haft in Landsberg entlassen wurde.[214] Nach der Gründung der Bundesrepublik hatte US-Präsident Truman John Jay McCloy, einen republikanischen Anwalt, der schon die US-Besatzungspolitik und das Nürnberger Tribunal entscheidend mitgeprägt hatte, zum ersten amerikanischen Hohen Kommissar für das besetzte Deutschland ernannt. Zwischen 1950 und 1951 war McCloy verantwortlich für eine Reihe kontroverser Gnadenentscheidungen, die mehr als hundert in Nürnberg Verurteilte betraf. So begnadigte er nicht nur Industrielle wie Alfried Krupp, der zudem sein Vermögen zurückerhielt, sondern reduzierte auch die Haftdauer vieler hochrangiger SS-Offiziere, die für die Ermordung Hunderttausender Menschen in ganz Europa verantwortlich waren, vor allem von Juden. Und er verwandelte einige Todesstrafen in Haftstrafen. McCloys Entscheidungen basierten auf politischen Überlegungen.[215] Die Absicht dahinter war, einen wichtigen neuen Verbündeten der Vereinigten Staaten zu beschwichtigen: die westdeutsche Regierung und Bevölkerung. Viele hatten auf die Reduzierung der Strafen gedrängt.

Telford Taylor war wütend. Anfang 1951 kritisierte der ehemalige Ankläger in Nürnberg McCloys Entscheidungen in einem Artikel in *The Nation* als »Verkörperung politischer Zweckdienlichkeit, entstellt durch eine gänzlich ungesunde Herangehensweise an Gesetze und Tatsachen, ganz zu schweigen von den Realitäten der gegenwärtigen Weltpolitik«.[216] Genau diese Politik half zu diesem Zeitpunkt den verurteilten deutschen Kriegsverbrechern. Die Truman-Regierung hatte sich im Kalten Krieg und im Koreakrieg festgefahren und benötigte eine gute Beziehung zur Bundesrepublik. Dafür mussten gewisse Opfer gebracht werden.

Am 25. August 1950 wurde Flick entlassen, nachdem McCloy seine Strafe wegen guter Führung um zwei Jahre reduziert hatte. Der 67-jährige Industrielle hatte fünf Jahre in Haft verbracht; zeitweise war er in der Gefängnisbibliothek von Landsberg an der Ausleihe beschäftigt gewesen. Diesen Job hatte Flick allerdings derart vernachlässigt, dass sein Nachfolger einen viermonatigen Rückstau von zurückgegebenen Büchern aufarbeiten musste. Nun war es für Flick an der Zeit, zu richtiger Arbeit zurückzukehren. Als sich die Gefängnistore öffneten, erwarteten Reporter und Fotografen den Magnaten sowie weitere in Nürnberg Verurteilte, die zusammen mit ihm freigelassen wurden. Flick, der noch immer die Aufmerksamkeit der Presse verabscheute, verbarg sich hinter einem Regenschirm und marschierte auf kürzestem Wege zu einer geparkten Limousine, in der seine Ehefrau Marie auf der Rückbank auf ihn wartete. Der große Wagen fuhr eilig mit ihm aus der Stadt davon. Friedrich Flick war ein freier Mann.[217]

Im Gespräch mit Freunden oder Kollegen äußerte sich Flick herablassend über seine Verurteilung in Nürnberg: »Mein Court war eindeutig ein amerikanisches Gericht. Alle, Sekretärinnen, Hilfsleute und Richter, waren Amerikaner. Außerdem haben sie doch zweimal täglich für die USA gebetet. Die Ablehnung meiner Revision entsprach nur der Staatsräson der USA.«[218] Flick hatte sich aus dem Gefängnis heraus dem Prozess der ›Entnazifizierung‹ unterzogen und war von den Behörden der britischen Besatzungszone als entlastet eingestuft worden.[219] Da er den Sitz seines Imperiums nach Düsseldorf verlegt hatte, das in dieser Zone lag, war es Flick direkt nach seiner Entlassung erlaubt, seine Arbeit wieder aufzunehmen und sich an den schwierigen Verhandlungen über die Neustrukturierung seiner Geschäfte zu beteiligen.

Und das tat er durchaus erfolgreich. Ende 1951 verkaufte Flick ein Viertel seines Stahlwerks Maxhütte an den bayerischen Staat. Ein Jahr später genehmigte das amerikanische Hohe Kommissariat den von Flick vorgelegten Restrukturierungsplan. Bis Mai 1954 veräußerte Flick die Mehrheitsanteile seiner beiden verbliebenen Kohleunternehmen, was ihm rund eine Viertelmilliarde D-Mark einbrachte. Einen Teil reinvestierte er in ein französisches und ein belgisches Stahlunternehmen, was Flick zu einem wenig beliebten Vorreiter der kommenden Wirtschaftsintegration Westeuropas machte. Und immer noch blieben ihm rund 150 Millionen D-Mark für weitere Investitionen.[220] Was sollte er mit all dem Geld anfangen? Rasch fand Flick ein passendes Investitionsobjekt, nämlich eine der größten Automobilfirmen der Welt: Daimler-Benz. Gegen Ende des Jahrzehnts war der verurteilte NS-Kriegsverbrecher wieder obenauf. Er war Deutschlands reichster Mann.

Teil V

»Neun Nullen«

1.

Am 27. Dezember 1954 reiste Günther Quandt nach Ägypten, um dort Urlaub zu machen. Nach seinem Entnazifizierungsprozess schuftete er härter denn je und arbeitete in einem nichtssagenden Frankfurter Büro an der Neustrukturierung dessen, was von seinem Industrieimperium übrig geblieben war. Doch seine Gesundheit war fragil. 1950 hatte er sich von einem leichten Schlaganfall zwar schnell erholt, doch andere gesundheitliche Probleme zwangen ihn, sich alle drei bis sechs Monate für jeweils mehrere Wochen ins Krankenhaus zu begeben. Dort erschien Quandt stets mit einem Koffer voller Arbeitsunterlagen. Jetzt wollte er dem rauen deutschen Winter entfliehen und ein paar Wochen in Afrika verbringen. Sein Trip zum Jahreswechsel sah unter anderem einen Besuch der Pyramiden von Gizeh unweit von Kairo vor. Er wohnte im Mena House, dem bekannten Luxushotel der Hauptstadt. Doch die Pyramiden sollte er nie erreichen. Am Morgen des 30. Dezember 1954 starb Günther Quandt in seiner Hotelsuite, von der aus man auf die Sphinx blickte.[1] Ob er alleine starb, ist ungeklärt. Lange hielten sich Gerüchte, der Magnat sei infolge eines »kleinen Todes« gestorben.[2] Günther Quandt wurde 73 Jahre alt.

Die Stimmung in Westdeutschland hatte sich gerade gewandelt. Man war wieder wer. Als die BRD im Finale der Fußballweltmeisterschaft gegen Ungarn siegte, schallte die erste Strophe des Deutschlandlieds durchs Stadion in Bern: »Deutschland, Deutschland über alles«.[3] Deutschland war wieder im Spiel, aber ohne Günther Quandt.

Die 1950er-Jahre waren mehr als nur ein neues Jahrzehnt. Für Westdeutschland waren sie der Beginn einer neuen Ära – alles dank der US-amerikanischen Regierung. Der Beginn des Koreakriegs 1950 war der Zündfunke, der den westdeutschen Wirtschaftsmotor wieder startete. Die Truman-Regierung steckte Milliarden Dollar ins US-Militär und verpflichtete zahlreiche amerikanische Unternehmen, ihre Produktion auf Rüstungsgüter umzustellen. Die Folge war, dass die Herstellung vieler anderer Waren ins Stocken geriet und es zu Engpässen kam. Hier konnte Westdeutschland einspringen und aushelfen. Als wichtige westliche Industrienation gelang es dem Land, das entstandene Produktionsvakuum zu füllen und gleichzeitig den Export hochzufahren, um die massive globale Konsumgüternachfrage zu bedienen. Bis 1953 vervierfachte sich das westdeutsche Wirtschaftsvolumen.[4] Hatte es im Ausland bis dahin noch Vorbehalte gegen den Kauf deutscher Produkte gegeben, so gehörten diese Bedenken nun immer mehr der Vergangenheit an.

In der jungen Bundesrepublik unter Konrad Adenauer leitete das Wirtschaftswunder eine Ära ungekannten Wachstums und großen Wohlstands für die meisten Westdeutschen ein. Insbesondere für die ›entnazifizierten‹ Großindustriellen und ihre Erben setzte mit den neuen globalen Geschäftsmöglichkeiten eine Zeit unermesslichen Wohlstands ein, die bis heute anhält. An den Millionen Bürgern der sowjetisch kontrollierten Deutschen Demokratischen Republik gingen die dicken Gewinne aus der florierenden Wirtschaft Westdeutschlands derweil vollständig vorbei. Diese Ungerechtigkeit schwelte im Verborgenen, gleichzeitig entwickelte sich im geteilten Deutschland eine Kultur des Schweigens. Man vergrub die Schrecken des ›Dritten Reichs‹ und die monströsen Taten, die viele Deutsche in dieser Zeit begangen hatten, so tief es nur ging. Während die westdeutschen Magnaten ihre Dutzende bis Hunderte Millionen Reichsmark in Milliarden Deutsche Mark oder Dollar verwandelten und beträchtliche Teile der deutschen und globalen Wirtschaft (wieder) unter ihre Kontrolle brachten, blickten sie selten, wenn überhaupt, zurück. Die alten Patriarchen hinterließen ihren Erben milliardenschwere Unternehmen und Vermögen – aber auch eine blutbefleckte Vergangenheit, die darauf wartete, ans Licht geholt zu werden.

2.

Die Trauerfeier für Günther Quandt fand am 8. Januar 1955 in der Aula der Frankfurter Goethe-Universität statt. Hermann Josef Abs, einer der einflussreichsten Bankiers NS-Deutschlands und jetzt als Vorstandsvorsitzender der Deutschen Bank auf dem besten Weg, Westdeutschlands mächtigster Finanzier zu werden, erklärte in seinem Nachruf auf den Verstorbenen: »Er hat sich niemals knechtisch dem übermächtigen Staat unterworfen.«[5] Was das genaue Gegenteil dessen war, was Abs 1941 bei Quandts opulenter Feier zu seinem 60. Geburtstag gesagt hatte. Damals hatte er vor der NS-Elite Quandts Staatstreue gepriesen: »Ihre hervorstechendste Eigenschaft aber ist Ihr Glaube an Deutschland und den Führer.«[6]

Ein weiterer Redner war Horst Pavel, Quandts engster Vertrauter und prägender Stratege hinter den ›Arisierungen‹ der AFA, der die NS-Zeit jedoch weitgehend ausließ und nur erwähnte, wie hart sein Chef und Mentor während des Kriegs gearbeitet habe. Pavel ließ sich lieber darüber aus, wie Quandt in »genialer Weise« aus den zahlreichen wirtschaftlichen und politischen Krisen Deutschlands Kapital geschlagen habe: »Er […] bereitete seine Aktionen sorgfältig vor und operierte dann ebenso geschickt wie zäh bis zur endgültigen Erreichung des gesteckten Zieles.«[7]

Obwohl die sowjetischen Behörden Quandts Vermögen, Firmen, Fabriken und Häuser in Ostdeutschland enteignet hatten, verblieb ihm in Westdeutschland weiterhin eine Reihe von Unternehmen: das AFA-Batteriewerk in Hannover, mehrere DWM-

Standorte samt den Tochterfirmen Mauser und Dürener Metallwerke und außerdem die Reste von Byk Gulden, dem großen Chemie- und Pharmakonzern, der bereits ›arisiert‹ gewesen war, als Quandt ihn während des Kriegs gekauft hatte, um nur einige wenige zu nennen.[8] Ferner hielt er immer noch knapp ein Drittel der Aktien des Öl- und Kaligiganten Wintershall sowie einen Anteil von fast vier Prozent an der Daimler-Benz AG. Bis 1945 hatte er bei dem Autobauer aus Stuttgart-Untertürkheim im Aufsichtsrat gesessen – ein weitsichtiger Schachzug, da die Motorisierung jetzt weltweit zunahm und Westdeutschlands ökonomische Zukunft aufs Engste mit der Autoindustrie verknüpft sein sollte. In den letzten Jahren vor seinem Tod widmete sich Quandt der Restrukturierung der AFA, um das Unternehmen als wichtigen Zulieferer von Startbatterien für Autos zu positionieren.

Bei Unternehmensumstrukturierungen in der Bundesrepublik wurde man stets mit hässlichen Wahrheiten konfrontiert. Die Deutschen Waffen- und Munitionsfabriken (DWM) wurden umbenannt in Industriewerke Karlsruhe (IWK), weil das deutlich harmloser klang. Abgesehen davon war dem Unternehmen verboten worden, Waffen und Munition herzustellen – jedenfalls bis auf Weiteres. Quandts Byk Gulden war bis Kriegsende zu einem der größten Pharmabetriebe Deutschlands herangewachsen, hatte dieses Wachstum jedoch teils ›arisierten‹ Tochtergesellschaften zu verdanken. Nach dem Krieg strengten die Erben der ursprünglichen jüdischen Besitzer Restitutionsverfahren an.[9] Nach diskret geführten Verhandlungen wurden Grundstücke, Gebäude und Maschinen an die Erben zurückgegeben. Quandts Anwalt sah die Dinge pragmatisch: »Kein deutsches Unternehmen hat nicht irgendwelche Arisierung im Krieg gemacht, da gab es also hier und dort Rückerstattungsverfahren, dazu brauchte man Anwälte«, erinnerte er sich später.[10]

Im Allgemeinen wehrte sich Quandt gegen diese Verfahren wann immer möglich und mit allen Mitteln. 1947 klagte Fritz Eisner, ein deutsch-jüdischer Chemiker, der nach London geflohen war, in der britischen Besatzungszone auf Wiedergutmachung gegen die AFA. Quandt hatte seine in der Nähe von Berlin angesiedelten elektrochemischen Betriebe 1937 ›arisiert‹ und sie für einen Spottpreis übernommen. Jetzt wollte Eisner dafür entschädigt werden. Leider lagen die Betriebe mittlerweile in der sowjetischen Besatzungszone und waren enteignet worden. Anstatt sich bei Eisner dafür zu entschuldigen, dass man ihn erpresst und mit einer lächerlichen Summe abgespeist hatte, setzte Quandt seine Anwälte darauf an, die Zuständigkeit des Gerichts anzuzweifeln und die Klage auf diesem Weg zu verhindern. Eisners Wiedergutmachungsklage wurde 1955, kurz nach Quandts Tod, zurückgewiesen.[11]

3.

Worin bestand Günther Quandts unternehmerisches Vermächtnis? Der Wirtschaftsjournalist Kurt Pritzkoleit, der das deutsche Großkapital der Wirtschaftswunderzeit 1953 kritisch unter die Lupe nahm, betitelte ein Buchkapitel über Quandt mit »Die Macht des großen Unbekannten«. Pritzkoleit war der erste Journalist, der die immensen Ausmaße von Quandts Industrieimperium und seine Neigung zum geheimen Handeln offenlegte:

> Quandt hat die Begabung, sein Wirken dem Einblick des Außenstehenden zu entziehen, zu einer Kunstfertigkeit entwickelt, wie sie sich selten findet. [...] Kaum jemand, der ihm nicht nahestand, [hat] die ganze Reichweite und Universalität seiner Tätigkeit überblickt. Seine Mimikry, die unter uns schwachen und eitlen Menschen so selten vorkommende Fähigkeit, die Schutzfarbe der Umgebung anzunehmen, ist zu hoher Vollendung entwickelt: Unter Textilfabrikanten erscheint er als Textilfabrikant, unter Metallfachleuten als Metallfachmann, unter

> Waffenspezialisten als Waffenspezialist, unter Elektrotechnikern als Elektrotechniker, unter Versicherungsexperten als Versicherungsexperte, unter Kalibergleuten als Kalibergmann, und in jeder Erscheinungsform wirkt er so echt und überzeugend, dass der Beobachter, der ihm in einem Gebiet seiner vielschichtigen Tätigkeit begegnet, die Schutzfarbe für die ursprüngliche und einzige, für angeboren und unwandelbar hält.[12]

Dynastische und unternehmerische Kontinuität waren Günther Quandt immer wichtig.[13] Der Magnat hatte bei anderen Wirtschaftsfamilien miterlebt, wie diese von internen Machtkämpfen um die Nachfolge zerrissen worden waren. Das wollte er um jeden Preis vermeiden, weshalb er für den Fall seines Todes alles detailliert regelte. Seine Söhne Herbert und Harald sollten jeweils einen klar abgegrenzten Teil des Firmenimperiums übernehmen. Harald war der technisch Versiertere der beiden, hatte 1953 sein Maschinenbaustudium abgeschlossen und bereits zu Studienzeiten in mehreren Unternehmen seines Vaters im Aufsichtsrat gesessen. Es war daher nur folgerichtig, ihm die Leitung der Rüstungs- und Maschinenbauunternehmen IWK, Mauser, Busch-Jaeger Dürener Metallwerke und Kuka zu übertragen. Haralds elf Jahre älterer Bruder Herbert sollte die AFA sowie die Wintershall- und Daimler-Benz-Beteiligungen kontrollieren.

Quandt hinterließ ein Vermögen in Höhe von mindestens 55,5 Millionen D-Mark (rund 143 Millionen Euro), der größte Teil davon Aktien.[14] Dieses vererbte er Herbert und Harald zu fast gleich großen Teilen in Form zweier Holdings. Doch da Quandt seinen Söhnen bereits in den zehn Jahren vor seinem Tod viele Vermögenswerte übertragen hatte – eine Strategie zur Reduzierung oder Umgehung der Erbschaftssteuer, die auch heute noch viele Reiche anwenden –, ließ sich die tatsächliche Größe seines Vermögens unmöglich genau beziffern. Es waren mehr als 55,5 Millionen D-Mark, so viel darf als sicher gelten.[15] Die Unternehmenskonstrukte der Quandts mit diversen Holdinggesellschaften zur

Besitz- und Schuldenverteilung waren so komplex, dass selbst erfahrene Wirtschaftsprüfer aufgaben. »Inwieweit im einzelnen der Erwerb der Beteiligungen aus eigenen Mitteln oder aus Bankkrediten erfolgte, kann nicht angegeben werden. […] Diese Vorgänge […] sind derartig miteinander verflochten, dass es unmöglich ist, einen Zusammenhang zwischen Wertpapierkäufen und einzelnen Kreditaufnahmen zu ermitteln«, war 1962 in einer von der Bundesregierung angeordneten Untersuchung zu lesen.[16]

Dennoch verlief die Übertragung der Geschäfte auf die nachfolgende Quandt-Generation reibungslos. Herbert Quandt bemerkte später halb im Scherz: »Bei aller Verehrung für meinen Vater: Hätte sein Tod nicht in der Zeitung gestanden, wirtschaftlich hätte es niemand gemerkt.«[17] Während der Trauerfeier für Günther Quandt ruhte in allen seinen Betrieben die Arbeit im Gedenken an den Konzernchef. Anschließend ging alles sofort weiter, als wäre nichts gewesen. Herbert und Harald Quandt wohnten beide nördlich von Frankfurt am Main in Bad Homburg, nur knapp hundert Meter voneinander entfernt. Sie waren versessen darauf, das Quandt'sche Wirtschaftsimperium zu vergrößern und ihr eigenes Vermächtnis zu erschaffen. Bereits kurz nach dem Tod ihres Vaters begannen die Brüder, ihr ererbtes Daimler-Benz-Aktienpaket auszubauen. Dabei ahnten sie nicht, dass ein anderer deutscher Magnat – einer mit noch mehr Geld – seine eigenen Investitionspläne für Daimler schmiedete und über die nötigen Millionen verfügte, um diese Pläne auch umzusetzen. Es war Friedrich Flick. Auch er hatte den größten deutschen Autobauer auf der Wunschliste. »Die Schlacht um Daimler«, wie ein Flick-Biograf es formulierte, sollte in Kürze losbrechen.[18]

4.

Mitte Juli 1955 nahmen an der Hauptversammlung der Daimler-Benz AG zwei neue Großaktionäre teil, die prompt in den Aufsichtsrat gewählt wurden: Herbert Quandt und Friedrich Flick. Quandt hatte im Vorfeld einen stolzen Anteil von 3,85 Prozent angemeldet, den er und sein Bruder Harald von ihrem Vater Günther geerbt hatten. Aber Flick sorgte für große Überraschung, als er einen Anteil von 25 Prozent präsentierte, womit er über eine Sperrminorität verfügte. Der Magnat, frisch aus dem Gefängnis entlassen, hatte heimlich Daimler-Aktien aufgekauft. Doch damit gaben sich die Geschwister Quandt und Flick noch nicht zufrieden. Die Brüder peilten 25 Prozent an, Flick liebäugelte gar mit der Idee, Mehrheitsaktionär zu werden. Als durchsickerte, dass zwei der wohlhabendsten deutschen Unternehmerdynastien darum buhlten, ihre Anteile zu vergrößern, schoss der Daimler-Kurs in die Höhe. Dann betrat im Januar 1956 mit dem Bremer Spekulanten und Holzkaufmann Hermann D. Krages, der acht Prozent an Daimler hielt, ein dritter großer Investor die Bühne. Er war bereit, sein Aktienpaket an eine der beiden Parteien zu verkaufen, verlangte dafür aber den doppelten Kurswert.[19]

Kurzerhand schlossen die Quandt-Brüder einen Waffenstillstand mit Flick und vereinbarten hinter verschlossenen Türen, den neuen Investor zu verdrängen. Flick lehnte das Angebot des Spekulanten ab, was diesen zwang, seine Anteile zu einem deutlich günstigeren Preis an Herbert und Harald Quandt zu verkaufen. Im Anschluss teilten die Quandts und Flick das erworbene Aktienpaket untereinander auf und fuhren jeweils fort, ihre Anteile weiter aufzustocken. Bei der darauffolgenden Hauptversammlung im Juni 1956 traten zusätzlich Harald Quandt und

Flicks Sohn Otto-Ernst in den Aufsichtsrat des Stuttgarter Autobauers ein.

Ende 1959 war Flick größter Daimler-Aktionär und hielt rund 40 Prozent am Unternehmen. Die Quandts verfügten über etwa 15 Prozent. Zwischen ihnen rangierte die Deutsche Bank mit 28,5 Prozent. Das Triumvirat aus Hermann Josef Abs – Vorstandsvorsitzender der Deutschen Bank *und* Daimler-Aufsichtsratschef –, den Flicks und den Quandts sollte Europas größtes Automobilunternehmen für die kommenden Jahrzehnte beherrschen. Man arbeitete sogar gut zusammen. Flick platzierte einen Teil seines Daimler-Pakets in einer Holding von Herbert Quandt, was diesem Steuererleichterungen verschaffte. Die beiden Dynastien machten nun auch offiziell gemeinsame Sache.

Doch trotz der engen Kooperation zwischen Herbert Quandt und Friedrich Flick bei Daimler standen sich die beiden Männer bei dem Versuch, die BMW AG zu retten, als Kontrahenten gegenüber. Dem Münchener Autobauer drohte gegen Ende der 1950er-Jahre aufgrund einer zu schmalen Modellpalette und miserablem Management die Pleite. Herbert Quandt informierte seinen Bruder, dass er auf eigene Rechnung und unabhängig von der Quandt-Gruppe BMW-Anteile kaufen würde. Das Investment war riskant, aber Herbert, der schnelle Autos liebte, wollte sich an einer Neustrukturierung des Konzerns versuchen.[20]

Er begann, Anteile und Wandelanleihen aufzukaufen. Zunächst vermutete die Presse angesichts des steigenden Aktienkurses, dass Flick seine Hände im Spiel habe, aber dieser verneinte. Trotzdem wurde bei der BMW-Hauptversammlung im Dezember 1959 ein von Flick initiierter Rettungsplan vorgeschlagen. Dieser beinhaltete unter anderem die Emission neuer Aktien, die exklusiv an Daimler-Benz gehen sollten, was das Unternehmen zum Mehrheitseigner bei seinem Konkurrenten gemacht hätte. Daimler-Großaktionär Flick sah darin einen kostengünstigen Weg, BMW unter seine Kontrolle zu bringen. Doch der von Flick lancierte Sanierungsplan wurde auf der Versammlung in München nach langer und mitunter hitziger Diskussion schließlich abgelehnt. Nach Flicks versuchtem Coup nahm Herbert Quandt die Zügel fest in die Hand und machte sich, nachdem er zum größten Aktionär geworden war, selbst an die Umstrukturierung des BMW-Konzerns.

Die knapp zehn Jahre dauernde Neuaufstellung des Unternehmens durch Herbert Quandt erwies sich als Erfolg. Er erneuerte das Management, erweiterte die Bandbreite der angebotenen Fahrzeugmodelle und kaufte weiter Aktien. 1968 erzielte BMW einen Umsatz in Höhe von einer Milliarde D-Mark, während 40 Prozent der Unternehmensanteile in der Hand von Herbert Quandt lagen. Im Sommer desselben Jahres verkaufte er die von seiner Familie seit den 1920er-Jahren gehaltenen Anteile an Wintershall für 125 Millionen D-Mark an den Chemiegiganten BASF. Einen Teil des Erlöses setzte er ein, um sich endgültig die Mehrheit an der BMW AG zu sichern.[21] Mittels dieser haben zwei seiner Kinder, Susanne Klatten und Stefan Quandt, bis heute das Sagen bei BMW. Sie sind das reichste Geschwisterpaar Deutschlands.

5.

Die Schatten des ›Dritten Reichs‹ holten die Quandts ebenso wie viele andere deutsche Wirtschaftsdynastien immer wieder ein. Allerdings trugen sie die Verantwortung dafür häufig selbst. Harald Quandt ergänzte sein Haushaltspersonal in Bad Homburg um ein Ehepaar, das in der NS-Zeit bereits für die Familie Goebbels gearbeitet hatte.[22] »Derselbe Mann, der in den dreißiger Jahren seine Mutter chauffiert hatte, brachte nun seine Töchter mit dem Auto in die Schule«, schrieb ein Biograf der Quandts später.[23] Solche Anstellungen beschränkten sich nicht auf Haralds Privatleben. In den frühen 1950er-Jahren holte er zwei von Joseph Goebbels' engsten Mitarbeitern im Propagandaministerium auf hohe Posten in der Quandt-Gruppe. Der bekanntere der beiden war Werner Naumann, den Hitler in seinem politischen Testament zu Goebbels' Nachfolger auserkoren hatte. Naumann war außerdem einer der Liebhaber von Haralds Mutter Magda gewesen. Als Harald ihn als Vorstandsmitglied der Busch-Jaeger Dürener Metallwerke AG einstellte, war Naumann gerade von den britischen Behörden in Deutschland aus dem Gefängnis entlassen worden – 1953 hatte er zusammen mit einer Gruppe von Altnazis versucht, den nordrhein-westfälischen Landesverband der FDP zu unterwandern, aber die Briten hatten diese Pläne durchkreuzt. Den Quandt-Erben störte das offenbar nicht. Im Gespräch mit einem Freund verteidigte er die Wahl Naumanns und verstieg sich zu der Einschätzung, dieser sei »ein kluger Kopf und kein Nazi gewesen«.[24] Dabei war Naumann schon 1928 der NSDAP beigetreten und 1933 zum SS-Brigadeführer ernannt worden. Er war zweifelsohne ein überzeugter Anhänger der NS-Ideologie.

Und Quandt war nicht der Einzige, der im Bestreben um die Vermehrung des Familienvermögens keine Berührungsängste kannte, wenn es um Deutschlands dunkle Vergangenheit ging. Die beiden ehemaligen SS-Offiziere Ferry Porsche und Albert Prinzing waren in den 1950er-Jahren eifrig damit beschäftigt, den Porsche 356 zu einem Welterfolg zu machen. In seinem Stuttgarter Unternehmen umgab sich Ferry Porsche mit einer Reihe weiterer ehemaliger SS-Männer.[25] 1952 übertrug er Fritz Huschke Baron von Hanstein die Verantwortung für die internationale Öffentlichkeitsarbeit von Porsche und machte ihn zum Leiter des Rennwagenteams. Von Hanstein war während des Kriegs eine Ikone des Motorrennsports gewesen und hatte einen von der SS gesponsorten BMW 328 – Himmlers Lieblings-BMW – gefahren. Auf den Türen des Fahrzeugs sowie auf seinem Overall prangten SS-Runen, von denen er trocken behauptete, sie stünden für »Super Sport«.[26] Aber von Hansteins SS-Karriere beschränkte sich nicht auf Autorennen. Als SS-Hauptsturmführer hatte er sich an der ›Umsiedlung‹ von Juden und Polen in den besetzten polnischen

Gebieten beteiligt. Doch von Hanstein war bei Himmler in Ungnade gefallen, nachdem ihm ein SS-Gericht wegen versuchter Vergewaltigung einen Verweis erteilt hatte.

Im Januar 1957 trat außerdem Joachim Peiper ins Unternehmen Porsche ein. Erst vier Wochen zuvor war er aus dem Gefängnis in Landsberg entlassen worden, da ein amerikanisch-deutsches Begnadigungskomitee die gegen ihn verhängte Todesstrafe abgemildert hatte. Peiper, ein früherer Adjutant Himmlers, war nach dem Krieg von einem US-Militärgericht in Deutschland für schuldig befunden worden, 1944 die SS-Panzerkampfgruppe geführt zu haben, die während der Ardennen-Offensive für das Malmedy-Massaker und somit die Ermordung von 84 US-Kriegsgefangenen verantwortlich war. Auf Bitte von Albert Prinzing stellte die Firma Porsche den verurteilten NS-Kriegsverbrecher für die Verkaufsabteilung ein. Peiper war mit seiner neuen Stelle überaus zufrieden. »Sie sehen also […], dass ich in den Schlammfluten des bundesrepublikanischen Wirtschaftswunders so stillvergnügt mitschwimme. Nicht in der Spitzengruppe und nicht am Ende. So immer munter in der Mitte und ohne große Wellen zu schlagen«, schrieb er an seinen Bewährungshelfer.[27] Am Ende wirbelte Peipers Beschäftigung bei Porsche dann doch zu viel Staub auf, selbst für ein Unternehmen, in dessen Belegschaft kein Mangel an früheren SS-Offizieren herrschte (Erich Kempka, Hitlers ehemaliger Chauffeur, und SS-Brigadeführer Franz Six waren weitere Neueinstellungen). 1960 befürchtete man bei Porsche, dass seine Weiterbeschäftigung den internationalen Ruf des Unternehmens schädigen könnte, besonders auf dem wichtigsten Exportmarkt: den Vereinigten Staaten. Peiper wurde gefeuert.

Etwa zur selben Zeit profitierte mit Rudolf-August Oetker noch ein anderer Ex-SS-Offizier gewaltig vom westdeutschen Wirtschaftswunder. 1950 meldete sein Familienunternehmen Dr. Oetker einen Rekordumsatz, nachdem man rund 1,25 Milliarden Päckchen Back- und Puddingpulver abgesetzt hatte.[28] Mithilfe dieser Profite verwandelte Oetker sein Bielefelder Backwarenunternehmen in einen internationalen Konzern.[29] Er erhöhte den Familienanteil an der Reederei Hamburg Süd und verstärkte sein Investitionsengagement im Brauereisektor. Auch in neue Branchen stieß er vor: Er erwarb das Bankhaus Lampe und machte den NS-Bankier Hugo Ratzmann zum Gesellschafter und Geschäftsführer.[30] Ratzmann war im ›Dritten Reich‹ Günther Quandt, Friedrich Flick, August von Finck und weiteren Industriellen bei ›Arisierungen‹ und anderen Übernahmen in Deutschland und dem besetzten Polen zur Hand gegangen.

1964, vier Jahre nach Ratzmanns Tod durch einen Autounfall, ernannte Oetker dann Rudolf von Ribbentrop zum neuen geschäftsführenden Direktor des Bankhauses Lampe. Von Ribbentrop war der älteste Sohn des vormaligen NS-Außenministers, dem ersten Kriegsverbrecher, den man in Nürnberg gehängt hatte. Oetker und er waren seit 1940 befreundet, allerdings war von Ribbentrops SS-Karriere weit erfolgreicher verlaufen als die des »Puddingprinzen«. Von Ribbentrop hatte als hochdekorierter Panzerkommandant in der elitären 1. SS-Panzer-Division Leibstandarte SS Adolf Hitler gedient. Seine Mutter war eine Henkell und hatte einen Teil des gleichnamigen Unternehmens geerbt, das zu den größten Sektkellereien Deutschlands zählte. Nach der Freilassung ihres Sohnes aus der Kriegsgefangenschaft hatte sie ihn als geschäftsführenden Gesellschafter installieren wollen, was aber am Widerstand von Verwandten und dem Henkell-Beiratsvorsitzenden Hermann Josef Abs gescheitert war. Sie waren der Meinung, der Name Ribbentrop sei schlecht fürs Geschäft. Rudolf-August Oetker hegte da keine Bedenken. Er »überredete mich, dem Familienklüngel fernzubleiben, und bei ihm tätig zu werden«, schrieb von Ribbentrop junior später in seinen Memoiren. »Er hat mir schließlich eine berufliche Chance eröffnet, wie ich sie mir herausfordernder nicht hätte vorstellen können. Es wird ihm niemals vergessen werden!«[31]

Oetker verschaffte von Ribbentrop zunächst einen Job in einer Fabrik für Handspielpuppen, in die er investiert hatte.[32] Unterdessen pflegte von Ribbentrop die Verbindungen zu seinen Waffen-SS-Gefährten von früher. Im Januar 1957 bat er Rudolf-August Oetker um finanzielle Unterstützung für Veteranen aus seiner alten SS-Division, die für das Malmedy-Massaker verurteilt und kürzlich aus der Haft entlassen worden waren. Zu dieser Gruppe von NS-Kriegsverbrechern gehörte auch der frühere kommandierende SS-Führer der erwähnten Kampfgruppe der Division und Porsche-Neuzugang Joachim Peiper. Wie klein die Welt doch war. Oetker erklärte sich sofort bereit, die alten SS-Kameraden zu unterstützen, allerdings scheute der knauserige Magnat vor direkten Zahlungen zurück, denn diese waren steuerlich nicht absetzbar. Stattdessen schlug Oetker vor, die Zahlungen über seinen Konzern abzuwickeln – was man auch früher schon getan habe, ließ er wissen – und Geld an die »Stille Hilfe für Kriegsgefangene und Internierte« zu spenden, einen meist im Verborgenen agierenden und damals noch gemeinnützigen Verein zur Unterstützung von verurteilten und flüchtigen SS-Mitgliedern, der bis heute existiert.

Bald darauf beförderte Oetker von Ribbentrop an die Spitze des Bankhauses Lampe. 1986 schloss sich der Kreis dann endgültig: In diesem Jahr übernahm Dr. Oetker für 130 Millionen D-Mark das Sektgeschäft der Henkell-Familie.[33]

6.

Zumindest einer der deutschen Magnaten bekam die Nachwirkungen seiner Taten in der NS-Zeit geschäftlich deutlich zu spüren, und er reagierte rigoros. Im November 1954 sann August von Finck am Fuß der Alpen auf Rache. Sein Leibjäger, ein Mann namens Bock, hatte im bayerischen Mittenwald unweit der österreichischen Grenze die Schneeketten auf den alten Jeep gezogen. Begleitet von Diener, Köchin und Jagdhund Dingo, wagte sich von

Finck die halsbrecherischen Wege zur Vereiner Alm hinauf, wo seine rustikale und mit Geweihen dekorierte Berghütte lag. Nach dem ersten Schlagabtausch im Machtkampf um zwei der weltweit größten Versicherungsgesellschaften, der gerade erst hinter ihm lag, brauchte er eine Verschnaufpause in der verschneiten Einsamkeit unter der Karwendelwand.[34]

Bereits seit geraumer Zeit stand der 56-jährige Aristokrat wieder an der Spitze seiner Privatbank Merck Finck & Co. Aktuell war er damit beschäftigt, die feindliche Übernahme der beiden von seinem Vater mitbegründeten Versicherungsgiganten Allianz und Münchener Rück zu organisieren. Dieser dreiste Versuch eines Coups beruhte auf einer nur wenige Jahre zurückliegenden Degradierung. 1945 hatten die US-amerikanischen Besatzungsbehörden den Baron vom Vorsitz in den Aufsichtsräten der beiden Versicherer entfernt. Zwar hatte er schon bald nach Abschluss seines Spruchkammerverfahrens als einfaches Mitglied in den Aufsichtsrat der Münchener Rück zurückkehren dürfen, aber das genügte von Finck nicht. Er wollte in *beide* Aufsichtsräte zurück, und zwar als Vorsitzender. Doch angesichts seiner Vorgeschichte als treuer Hitler-Vasall und Profiteur von ›Arisierungen‹ im Privatbanksektor war es undenkbar, dass die zwei international bekannten Großversicherer ihn als Vorsitzenden akzeptieren würden. Verärgert kündigte er seinen Posten bei der Münchener Rück. »Das Jahr 1945 hat ja soviel Tradition über Bord geworfen, und die neuen Männer der Allianz wollten eben ihren eigenen Kreis für sich. Damals rasselten ja die amerikanischen Panzer durch das Land, und die Köpfe mussten rollen«, klagte von Finck in seiner abgelegenen Hütte gegenüber einem *Spiegel*-Reporter.[35]

Durch das Erbe seines Vaters und seine Bank war von Finck immer noch größter Anteilseigner der beiden Gesellschaften, deren Aktienkapital stark miteinander verflochten war. Als Reaktion auf die Schmach hatte der Bankier im Laufe des Jahres 1954 über Strohmänner heimlich Allianz-Aktien aufkaufen lassen. Sein Ziel dabei: den existierenden Anteil von acht auf mindestens 25 Prozent aufzustocken, um so eine Sperrminorität zu erlangen und die beiden Unternehmen kontrollieren zu können. Von den deutschen Großbanken, die eng mit den Versicherern verbunden waren, erhielt von Finck dafür keine Unterstützung. Doch der reichste Mann Bayerns verfügte selbst über ausreichende Mittel. Ganz untypisch für ihn ging der sparsame Finanzier so weit, seinen Anteil an der Allianz aus eigener Tasche auf 16,5 Prozent zu erhöhen. Doch die Versicherungsgesellschaft verweigerte den Eintrag seiner neuen Aktien ins Namensregister, sodass er sein Stimmrecht nicht voll ausüben konnte. Gleichzeitig scheiterte der reservierte Adlige, der nicht gerade ein Mann des Volkes war, damit, eine ausreichende Zahl kleinerer Aktionäre auf seine Seite zu ziehen, um gemeinsam eine Sperrminorität zu bilden.

Eine Lösung musste her. Nach zähen Verhandlungen erreichten von Finck und die Versicherer im Januar 1955 eine Einigung: Für die Eintragung seiner Aktien ließ von Finck im Gegenzug von dem Plan ab, auf der von ihm initiierten außerordentlichen Allianz-Hauptversammlung über Vorschläge zur Unternehmensrestrukturierung abstimmen zu lassen. Dennoch blieb der Finanzier weiterhin Großaktionär beider Gesellschaften und somit aus ihrer Sicht ein potenzielles Ärgernis. Weitere Gespräche folgten, in denen man schließlich einen anderen Deal mit dem früheren Aufsichtsratsvorsitzenden aushandelte: Im Tausch gegen einen großen Teil seiner Allianz- und Münchener-Rück-Anteile erhielt von Finck eine beträchtliche Minderheitsbeteiligung an der Stahlwerke Südwestfalen AG.

Zu von Fincks großem Missfallen musste er sich bei Südwestfalen bald mit einem neuen Hauptaktionär auseinandersetzen. Dabei handelte es sich um niemand Geringeren als seinen alten Bekannten Friedrich Flick.[36] Der Wirtschaftskapitän hatte in den 1950er-Jahren fast überall seine Finger im Spiel und bemühte sich, die ihm während seiner Haft entgangenen Profite wettzumachen. Das Düsseldorfer Flick-Konglomerat hatte sich fast vollständig vom Geschäft mit dem Kohleabbau verabschiedet und verstärkte nun sein Investitionsengagement im Stahlsektor, flankiert von Vorstößen in die Automobil- und Chemiebranche. Zur selben Zeit witterte in Westdeutschland eine andere Branche, in der sich der Magnat nur zu gut auskannte, Morgenluft: die Rüstungsindustrie. Flick wollte sein Stück vom Kuchen, und damit war er nicht allein, denn die lukrativen Rüstungsaufträge lockten viele der deutschen Großindustriellen. Das internationale Wettrüsten hatte auch Deutschland erfasst.

7.

Harald Quandt, der ehemalige Fallschirmjäger und Oberleutnant a. D. der Luftwaffe, verantwortete im weitverzweigten Konzern seiner Familie den Waffen- und Munitionsbereich. Er war Vorstandschef der IWK (ehemals DWM), die nun ein rasantes Comeback als einer der größten deutschen Rüstungsbetriebe feierten. Die BRD verdankte ihre Wiederaufrüstung den USA und deren Beteiligung am Koreakrieg sowie am Kalten Krieg. Nach dem Ende des Einsatzes in Korea verlangte die Regierung Eisenhower von ihren westlichen Verbündeten, im Kalten Krieg mehr militärische Verantwortung zu übernehmen, woraufhin Bundeskanzler Konrad Adenauer die Gelegenheit ergriff, die Wiederbewaffnung Westdeutschlands anzuregen. Im Mai 1955 trat das Land der NATO bei und erhielt die Erlaubnis, wieder eine Armee aufzubauen. Sechs Monate später wurde die Bundeswehr gegründet. Bald darauf durften auch Quandts IWK und der Gewehrhersteller Mauser, ein IWK-Tochterunternehmen, wieder Waffen produzieren.

Die Wiederbewaffnung bot dem technikbegeisterten Harald Quandt ein neues Betätigungsfeld, das ihm sehr zusagte.[37] Er verfügte über einen voll automatisierten Schießstand im Keller, und unter einer der Familienvillen in Bad Homburg befand sich ein strahlensicherer Bunker. 1957 erhielt der studierte Ingenieur sogar die Gelegenheit, selbst einen Panzerprototyp zu entwickeln. Das französische und das deutsche Militär planten, gemeinsam einen Panzer zu produzieren, und riefen einen Wettbewerb für das beste Modell aus. Ein Konsortium unter Leitung von Quandts IWK gewann. Am Ende kam es aber doch nicht zu der französisch-deutschen Kooperation, da die BRD sich aus dem Projekt zurückzog – man wollte für das Land doch lieber einen eigenen Panzer bauen lassen: den Leopard.

Westdeutschland brauchte neue Kampfpanzer, und zwar eine Menge. Die Bundeswehr war bereit, zwischen 1000 und 1500 Leopard-Panzer zum Stückpreis von 1,2 Millionen D-Mark zu bestellen, womit sich der Gesamtauftragswert auf bis zu 1,8 Milliarden D-Mark belief. Harald Quandt zeigte sich zuversichtlich, den Auftrag an Land ziehen zu können, obwohl er sich zwei starken Konkurrenten gegenübersah, die weit mehr Erfahrung beim Entwurf und Bau von Panzern mitbrachten als er: Friedrich Flick und Ferry Porsche. Auch wenn Flicks rechte Hand Konrad Kaletsch der Presse 1956 erklärte, der verurteilte Rüstungsproduzent habe »eine tiefe Abneigung gegen jede Art Rüstung«, stieg er noch im selben Jahr wieder in die Branche ein.[38] Eine von Flicks Stahlbau-Tochterfirmen begann, Teile für die von der neuen Luftwaffe bestellten Noratlas-Transportmaschinen, den Kampfjet Fiat G.91 und den Abfangjäger Lockheed F-104 zu bauen.

Und das war nur der Anfang von Flicks Rüstungsplänen. Als bei Krauss-Maffei, wo Flick Mehrheitsaktionär war, die Lokomotivbestellungen ausblieben, veranlasste er die Teilnahme an der Leopard-Ausschreibung und somit den Einstieg in die Waffenproduktion.[39] Zu diesem Zweck tat man sich mit Daimler-Benz (für den Motor) und Porsche (für die Konstruktion) zusammen. Die Porsche KG hatte in der Zwischenzeit zwei ihrer Gründer verloren. Ferdinand Porsche war 1951 im Alter von 75 Jahren gestorben, im Jahr darauf gefolgt von Anton Piëch, der völlig unerwartet mit 57 Jahren einem Herzinfarkt erlegen war. Die beiden

Männer hatten sich von ihrer Zeit in französischer Militärhaft nie wieder ganz erholt.[40]

An ihre Stelle traten Ferry Porsche und seine Schwester Louise Piëch mit ihren jeweiligen Porsche-Firmen, die sie kräftig ausbauten. Nachdem er bereits das erste Auto mit dem Namen der Familie konstruiert hatte, gelang Ferry Porsche nun zum zweiten Mal etwas, woran sein Vater gescheitert war: den Prototyp eines Porsche-Panzers in Serie zu schicken. Während eines Skiurlaubs 1951 im schweizerischen Davos traf sich Porsche mit einem Mitglied des Tata-Clans, einer indischen Industriellenfamilie. Diese wollte in Kooperation mit Daimler-Benz Lastwagen und Panzer in Indien bauen, nachdem sie gute Erfahrungen bei der Produktion von Lokomotiven mit Krauss-Maffei gemacht hatte. Natürlich war es westdeutschen Firmen zu jener Zeit verboten, Panzer zu produzieren. Also schlug Porsche die Nutzung eines Schlupflochs vor: Für die Konstruktion des Panzers würde man gemeinsam mit Daimler-Benz ein Joint Venture in der Schweiz gründen, um das für Deutschland geltende Waffenproduktionsverbot zu umgehen. Das Ergebnis war eine Tata-Daimler-Fabrik in Indien, die Panzer nach Ferry Porsches Plänen fertigte.[41]

Ein Jahrzehnt später erwiderten Krauss-Maffei und Daimler-Benz, nun beide kontrolliert von Flick, den Gefallen von damals, indem sie die Firma Porsche im Rahmen der Leopard-Ausschreibung für die Konstruktion an Bord holten. Harald Quandt dachte, er habe den besseren Plan, aber er unterschätzte Flicks Verbindungen zur Politik. Quandt wollte die Leopard-Produktion im linksregierten Hamburg ansiedeln, Flick hingegen schlug Bayern vor, die konservative Heimat von Franz Josef Strauß, dem ehemaligen deutschen Verteidigungsminister und mächtigen Vorsitzenden der CSU. Mit Strauß' Unterstützung gelang es Flick und Porsche, Harald Quandt auszustechen. 1963 erhielten sie den Zuschlag für den Bau des Leopard.

Dieser entwickelte sich zu einem enormen Erfolg.[42] Flicks Krauss-Maffei schätzte den Auftragswert aus dem ersten Vertrag auf 408 Millionen D-Mark. Schon bald bestellten auch die Streitkräfte anderer NATO-Länder den neuen Panzer. Bis 1966 wurden rund 3500 Leopard gebaut, und bald plante man ein verbessertes Nachfolgemodell. Ferry Porsche bereitete es gewiss keine schlaflosen Nächte, dass sein Automobilunternehmen in die Rüstung zurückgekehrt war. »Wir wissen nie, in welche Richtung sich die Politik entwickelt. Unsere Armee beruht nach dem Konzept, nach dem sie aufgebaut ist, auf dem Grundsatz der Verteidigung. Für diese Aufgabe müssen wir sie mit den besten verfügbaren Waffen ausrüsten«, schrieb er in einer seiner Autobiografien.[43]

Auch wenn Harald Quandt das Rennen um den Leopard verloren hatte, engagierte er sich unbeirrt weiter im Rüstungsbereich. Erneut übernahm er die Leitung eines Konsortiums, diesmal ging es um einen gemeinsam von Deutschland und den USA zu entwickelnden Panzer.[44] Doch auch aus diesem teuren Projekt wurde nichts. Davon abgesehen verfolgten sowohl Harald Quandt als auch Ferry Porsche Pläne für ein Amphibienfahrzeug. Ferry Porsches militärischer Prototyp – dem Kübelwagen seines Vaters nicht unähnlich – wurde von der Bundeswehr abgelehnt. Harald Quandts ziviles »Amphicar« wurde zwar gebaut, floppte aber weltweit.[45] Mit der Herstellung von Landminen durch seine IWK hatte er weit größeren Erfolg: Das Unternehmen versorgte die westdeutsche Armee und viele ihrer Verbündeten mit mehr als einer Million Antipersonen- und Panzerabwehrminen. Ein Teil der Antipersonenminen aus der Produktion der IWK wurde direkt in Kriegsgebiete in Afrika exportiert oder dorthin weiterverkauft. Noch lange danach hat man nichtdetonierte IWK-Minen in Äthiopien, Eritrea und Angola gefunden, um nur einige Länder zu nennen. Obwohl sie Soldaten verstümmeln oder töten sollen, dürften ihnen in der Mehrzahl Kinder und andere Zivilisten zum Opfer gefallen sein.[46] Vermutlich schlummern noch heute, Jahrzehnte nach Harald Quandts Tod, zahlreiche dieser Minen in afrikanischer Erde.

8.

Am 22. September 1967 um 22.30 Uhr hob Harald Quandts Beechcraft King Air vom Frankfurter Flughaben ab.[47] Ziel des Flugs war Nizza, von wo aus es weitergehen sollte zu Quandts Villa an der Côte d'Azur, die er verkaufen wollte. Mit an Bord waren seine Geliebte und zwei weitere Gäste. Es gewitterte und stürmte über Frankfurt an dem Abend, und schon bald verloren die Piloten den Funkkontakt mit der Flugsicherung. Am nächsten Tag fand ein Schäfer die Trümmer des Privatflugzeugs in den Ausläufern der piemontesischen Alpen. Es war unweit von Turin an einem Berg zerschellt. Harald Quandt, die anderen Passagiere und die Piloten kamen ums Leben.

Quandt war erst 45 Jahre alt, als er starb. Er hinterließ seine Ehefrau Inge, fünf Töchter im Alter von zwei Monaten bis sechzehn Jahren und dazu 22 Vorstands- und Aufsichtsratssitze. Das alles wurde von Haralds Halbbruder Herbert noch übertroffen: Er hatte sechs Kinder aus drei Ehen und saß in mehr Vorständen und Aufsichtsräten als irgendein anderer westdeutscher Industrieller. Als Harald Quandt starb, war der einzige Deutsche, der reicher war als die Quandts, Friedrich Flick.

Flick sowie hochrangige Vertreter des westdeutschen und US-amerikanischen Militärs wohnten der Trauerfeier für Harald Quandt in Frankfurt bei. Sie erwiesen einem als mutig und charmant geltenden Industriellen die letzte Ehre, der Menschen und Partys geliebt hatte. Quandts engste Partner waren »erfüllt [...] mit Entsetzen« über seinen vorzeitigen Tod, wenn auch nicht sonderlich überrascht.[48] Lange schon hatten sie befürchtet, dass es eines Tages so kommen würde. Quandt hatte immer gern gefährlich gelebt. Trotz allem, was er erlebt und erlitten hatte, genoss er das

Leben mit kindlicher Begeisterung. Diese Haltung stand in scharfem Kontrast zur Einstellung seines konservativen älteren Halbbruders Herbert, des sehbehinderten BMW-Retters, der Fremden misstraute. Doch in Wahrheit war Harald Quandt derjenige, der die Last des Schicksals trug. Eine seiner Töchter fragte ihn irgendwann, ob sie deshalb so viele Geschwister habe, weil er selbst ursprünglich auch sechs gehabt habe. Er reagierte unwirsch auf die Frage. Auch wenn diese tragischen Ereignisse nicht gänzlich tabu waren, wurde doch nur selten über sie gesprochen. Aber Quandts grausige Vergangenheit folgte ihm, wo auch immer er sich aufhielt.[49]

Eine deutsche Journalistin beschrieb die Begegnung mit Harald Quandt auf einer Party des berühmten jüdischen Architekten Richard Neutra in Frankfurt einmal so:

> Zwischen den angeregten, heiteren Gesichtern starrte eins, mondbleich, in die Runde, unbewegt, still, mit wässrig hellen Augen […]. Das bleiche Gesicht, nun höflich aber mühsam lächelnd, blieb reglos. Mir schien es, als zucke hinter den wächsernen Zügen ein fernes Wetterleuchten, Erinnerung an ein unheilbares Unglück. […] Harald Quandt, reicher Erbe, Sohn der Magda Goebbels […]. Jeder, der ihn ansah, erinnerte sich an das grauenhafte Baalsopfer, das seine Mutter im Führerbunker gebracht hatte, als alles zu Ende ging […].[50]

Harald Quandt vergab seiner Mutter und seinem Stiefvater nie, dass sie ihre eigenen Kinder und damit seine geliebten Geschwister ermordet hatten, noch war er je über den erweiterten Suizid hinweggekommen. Als Goebbels' Nachlassverwalter ihn wegen des Erbes seines Stiefvaters kontaktiert hatte, wollte er nichts damit zu tun haben.[51] Quandt ließ den Anwalt wissen, er ziehe es vor, die Erinnerungen an das Leben im Haus auf Schwanenwerder wachzuhalten – als seine sechs Geschwister und seine Mutter noch gelebt hatten.

Harald Quandts Tod zerriss die Familie. Zur selben Zeit rumorte es auch im Flick-Clan. Eine der beiden Dynastien würde die internen Querelen überleben. Die andere zerfallen.

9.

August Baron von Finck trug an jenem kühlen Frühlingstag 1970, an dem ihn ein Journalist des *Spiegel* auf seinem Gut Möschenfeld östlich von München besuchte, einen schlichten blauen Anzug und braune Schuhe mit abgetretenen Absätzen. Der Reporter arbeitete für einen Artikel über die Bodenreform an einem Porträt des 71-Jährigen. Der Hemdkragen und die Manschetten des Bankers wirkten verschlissen, seine Krawatte war nachlässig gebunden. »Das Bürgerwort zu desavouieren, dass Kleider Leute machen, fällt dem Greis nicht schwer. Jenseits der Milliarden-Grenze gelten wieder Bauernregeln«, hieß es gleich zu Anfang des zwölfseitigen Artikels mit dem Titel »Neun Nullen«. Der Aristokrat »trinkt wenig und raucht mäßig – allenfalls billige Strohhalm-Virginias, die auch das sprichwörtliche Gerede widerlegen, dass Geld nicht stinkt«.[52] 1970 waren Friedrich Flick, August von Finck, Herbert Quandt und Rudolf-August Oetker – in dieser Reihenfolge – die vier reichsten Geschäftsmänner Westdeutschlands.[53] Alle vier waren sie ehemalige Mitglieder der NSDAP; einer war freiwillig in die Waffen-SS eingetreten; alle waren zu Milliardären geworden.

Die Privatbank Merck Finck & Co. des aristokratischen Financiers wurde auf eine Milliarde D-Mark geschätzt, doch ein Großteil seines Vermögens bestand aus Grundbesitz. Das größte Stück Grund und Boden in von Fincks Hand erstreckte sich über eine Länge von rund zwanzig Kilometern entlang der Münchener Peripherie. Die fast geschlossen zusammenhängenden zweitausend Hektar vor den Toren der reichsten Stadt Deutschlands – das

Abb. 22: August von Finck (1974)

entspricht zwanzig Millionen Quadratmetern potenziellem Bauland im damaligen Wert von zwei Milliarden D-Mark – setzten sich aus einem Drittel Wiesen und Ackerland und zwei Dritteln Wald zusammen. Sonntags fuhr der Baron in seinem in die Jahre gekommenen Volkswagen ins bayerische Land und stapfte im grünen Lodenmantel kilometerweit durch seine Wälder. In Bayern war August von Finck omnipräsent. »Es ist wie im Märchen von Hase und Igel«, erklärte der Geschäftsführer der gewerkschaftseigenen Wohnungsbaugesellschaft Neue Heimat Bayern dem *Spiegel*-Reporter, »wo wir auch hinkommen – Finck ist schon da.«

Bayerns reichster Mann war auch weiterhin Bayerns geizigster. Von Finck hatte nie Kleingeld bei sich. Brauchte er dennoch einmal ein paar Münzen, bohrte er die ungepflegten Finger in die Westentaschen und murmelte: »Ach, habe ich denn nichts eingesteckt?« Dafür nahm er gerne Münzgeld von all jenen entgegen, die gerade in der Nähe standen, und ließ sich in ein nahe gelegenes Dorf mitnehmen, da dort der Frisör fünfzehn Pfennig günstiger war als in München. Er erwies sich als ein Mensch, »der die Welt des notwendigen Sozialwandels nicht versteht und auch gar nicht verstehen will«, so der *Spiegel*-Journalist. »Wie in einem Museum lebt er weiter in der Epoche, der er entstammt«.[54] Und von Finck war nicht der einzige Magnat, der an einer dunkleren Zeit festhielt.

Der frühere Offizier der Waffen-SS Rudolf-August Oetker suchte noch immer die Nähe von NS-Anhängern. Er hatte seinen alten SS-Kameraden von Ribbentrop eingestellt und an die »Stille Hilfe« gespendet, doch das war noch nicht genug. Anfang der 1950er-Jahre verließ ihn seine zweite Frau Susanne (»Susi«), um Karl-Walrad Prinz zu Salm-Horstmar zu heiraten, der bald als Politiker der rechtsextremen Nationaldemokratischen Partei Deutschlands (NPD) in Erscheinung trat.[55] Im Jahr 1967, als sich die Neonazi-Partei auf ihrem Popularitätshöhepunkt befand, machte *Der Spiegel* öffentlich, dass sich Rudolf-August Oetker privat mit einigen der rechtsextremen Parteipolitiker getroffen hatte. Er kam durch den neuen Mann seiner Ex-Frau mit dem NPD-Chef Fritz Thielen in Kontakt und empfing einen weiteren NPD-Mann in seiner Hamburger Villa.[56] Im Mai 1968 führte die Wochenzeitung *Die Zeit* die Konglomerate Dr. Oetker und Flick auf einer Liste von Unternehmen, die die NPD förderten. Beide Konzerne stritten ab, die Partei zu unterstützen.[57]

Trotz massiver Proteste eröffnete Ende September 1968 eine neue Kunsthalle in Bielefeld ihre Tore, die den Namen von Richard Kaselowsky trug, Rudolf-Augusts geliebtem Stiefvater, NSDAP-Anhänger und Mitglied in Himmlers Freundeskreis.[58] Mit dem

Entwurf des Museumsgebäudes hatte Rudolf-August Oetker den amerikanischen Stararchitekten Philip Johnson beauftragt, der ebenfalls ein Unterstützer der Nationalsozialisten gewesen war.[59] Als Jahrzehnte später der Namensstreit erneut hochkochte, entschied sich der Bielefelder Stadtrat, Kaselowskys Namen für das Kunstmuseum zu streichen. Als Reaktion darauf beendete Rudolf-August Oetker die finanzielle Förderung des Hauses und zog alle Kunstwerke ab, die er dort als Leihgaben zur Verfügung gestellt hatte.

10.

Im Dezember 1967 starb Adolf Rosenberger, der unter dem Namen Alan Robert in Los Angeles gelebt hatte, an einem Herzinfarkt. Der verfolgte Mitbegründer von Porsche und Emigrant wurde nur 67 Jahre alt. Nach seiner Übereinkunft mit der Automobilfirma und dem Tod von Ferdinand Porsche und Anton Piëch Anfang der 1950er-Jahre war Rosenberger nach Stuttgart gereist, um sich mit Ferry Porsche zu treffen.[60] Rosenberger bot ihm Patente an und hoffte, Porsche in Kalifornien repräsentieren zu können. Nach allem, was sich zugetragen hatte, wollte Rosenberger noch immer Teil jenes Unternehmens sein, das er mit aus der Taufe gehoben hatte. Ferry gab sich unverbindlich, und die ganze Sache verlief im Sande.

1976, fast ein Jahrzehnt nach Rosenbergers Tod, veröffentlichte Ferry seine erste Autobiografie *We at Porsche* in den USA, die zwei Jahre später auch auf Deutsch unter dem Titel *Porsche. Ein Traum wird Wirklichkeit* erschien. In der amerikanischen Ausgabe verdrehte der Sportwagendesigner nicht nur die Wahrheit über die ›Arisierung‹ von Rosenbergers Anteil und dessen Flucht aus dem ›Dritten Reich‹, sondern auch die Geschichten anderer deutscher

Juden, die ihre Unternehmen verkaufen und sich vor Hitlers Regime in Sicherheit bringen mussten.[61] Ferry Porsche warf Rosenberger sogar Erpressung nach dem Krieg vor. Darüber hinaus griff der ehemalige SS-Offizier auf offensichtlich antisemitische Stereotype und Vorurteile zurück, wenn er in seinem verzerrten Bericht anmerkte: »Nach dem Krieg wirkte es so, als würden diese Menschen, die von den Nazis verfolgt worden waren, es als ihr Recht ansehen, zusätzlichen Gewinn zu machen, selbst in Fällen, in denen bereits eine Entschädigung gezahlt worden war. Rosenberger war keineswegs ein Einzelfall.« Der Mittsechziger Ferry Porsche lieferte dann noch das Beispiel einer jüdischen Familie, die ihre Firma angeblich freiwillig verkauft hatte, nachdem sie NS-Deutschland in Richtung Mussolinis Italien verlassen hatte, nur um nach dem Krieg zurückzukehren und »zum zweiten Mal eine Bezahlung« zu verlangen, zumindest nach Porsches Sicht der Dinge. Er fuhr fort: »Man kann Rosenberger nur schwerlich einen Vorwurf daraus machen, auch so zu denken. Er hatte sicherlich das Gefühl, ihm stünde, da er Jude war, vertrieben aus Deutschland von den Nazis, die so viel Leid verursacht haben, ein Extra-Profit zu.«[62]

Schließlich behauptete Porsche fälschlicherweise, seine Familie habe Rosenberger vor der Inhaftierung durch die Nationalsozialisten bewahrt. Doch waren es weder Ferry noch sein Vater oder sein Schwager Anton Piëch gewesen, die Rosenberger Ende September 1935 aus der KZ-Haft holten, nur Wochen nachdem sie seinen Anteil an Porsche ›arisiert‹ hatten. Vielmehr war es Rosenbergers Nachfolger bei Porsche, Hans Baron von Veyder-Malberg, der dessen Freilassung bei der Gestapo erwirkt und später Rosenbergers Eltern bei der Flucht aus Deutschland geholfen hatte.[63] Doch Ferry Porsche schrieb die moralisch bewundernswerten Taten des verstorbenen Barons ohne Skrupel der eigenen Familie zu: »Wir hatten so gute Beziehungen, dass wir ihm helfen konnten, und er wurde freigelassen. Leider war all das vergessen, als Herr Rosenberger die vermeintliche Gelegenheit für sich erkannte, mehr Geld herauszuholen. Wie dem auch sei, nicht nur Juden, sondern die meisten Emigranten, die Deutschland verlassen hatten, fühlten so.«[64]

11.

Als Günther Quandt starb, schworen sich seine Söhne Herbert und Harald, »einen Bruderkrieg im Hause Quandt sollte es nicht geben«.[65] Doch nach Haralds Tod 1967 verschlechterte sich das Verhältnis zwischen seiner Witwe Inge und seinem Halbbruder Herbert. Inge begann, sich mit dem besten Freund ihres verstorbenen Mannes zu treffen, der mit Herberts Geschäftsentscheidungen nicht einverstanden war. Die beiden Zweige der Quandt-Familie bereiteten eine Aufsplittung des Vermögens vor. Nach langen, schwierigen Verhandlungen erhielten Inge und ihre fünf Töchter vier Fünftel des 15-Prozent-Anteils an Daimler-Benz von Herbert. Auch andere Beteiligungen und Werte wurden bald zwischen den beiden Familien aufgeteilt.[66]

Inge war allerdings nicht für das Leben einer Quandt-Erbin geschaffen. Sie entwickelte eine Medikamentenabhängigkeit und rauchte fast hundert Zigaretten täglich. Heiligabend 1978 fand man sie morgens tot in ihrem Bett – sie war im Alter von fünfzig Jahren an Herzversagen gestorben. Sie muss mit einer brennenden Zigarette in der Hand gestorben sein, denn zwei ihrer Finger waren angesengt. Damit waren ihre Töchter zu Waisen geworden, und schon bald sollte ein weiteres Drama auf die Mädchen zukommen. Am Abend des darauffolgenden ersten Weihnachtstags legte sich Inges neuer Ehemann Hans-Hilman von Halem neben seine tote Frau, die man zu Hause in Bad Homburg aufgebahrt hatte. Er schob sich eine Pistole in den Mund und drückte ab. Eine seiner Stieftöchter fand die Leiche am nächsten Tag.[67]

Bei all dem Unglück waren Harald Quandts Töchter immerhin gut versorgt. Die Quandts hatten etwa 1973 begonnen, ihre Aktien von Daimler-Benz anzubieten. Die Familie Flick zeigte sich nicht interessiert; sie hatte mit eigenen Problemen zu kämpfen. Die Quandts fanden rasch einen anderen Käufer und verkauften im November 1974 ihren Anteil. Wer die Aktien erworben hatte, blieb anfangs ein Geheimnis, wurde dann aber doch bekannt: die Kuwait Investment Authority, der älteste Staatsfonds der Welt. In der Bundesrepublik wurde dieser Verkauf kritisch gesehen, kam er doch kurz nach der Ölkrise 1973 zustande. Dafür brachte er der Quandt-Familie fast eine Milliarde D-Mark ein – die bis dato größte Aktientransaktion der deutschen Geschichte.[68] Quandts Töchter hatten damit für den Rest des Lebens ausgesorgt. Aber wie das Leben so spielt, wurde ihr Verkauf schon nach sechs Wochen von einem noch größeren Deal in den Schatten gestellt, als ein Flick-Erbe ein doppelt so großes Daimler-Aktienpaket für zwei Milliarden D-Mark veräußerte. Der Flick-Konzern und die dahinterstehende Familie kollabierten ebenfalls.

12.

Anfang der 1960er-Jahre brach eine hitzige Justizschlacht zwischen Friedrich Flick und seinem ältesten Sohn Otto-Ernst aus. Die Nachfolge Otto-Ernsts stand ebenso auf dem Spiel wie die Zukunft des Flick-Konzerns, der größten deutschen Firmengruppe in Privatbesitz. Wie für Günther Quandt hatten auch für Friedrich Flick dynastische und unternehmerische Kontinuität einen enorm hohen Stellenwert. Doch anders als Quandt hatte Flick nie Strukturen für den reibungslosen Übergang des Unternehmens in die Hände seiner Söhne geschaffen. Um alles noch schlimmer zu machen, war Otto-Ernst bestrebt, sich von seinem übermächtigen

Vater abzusetzen, und trat deshalb in manchen Vorständen der Flick-Firmen autoritär und schroff auf, was ihn von all jenen entfremdete, mit denen er zusammenarbeitete.

Otto-Ernst Flick war das Gegenteil seines kühlen, vernunftgesteuerten und berechnenden Vaters. Während eines angespannten Familientreffens in Düsseldorf, das einberufen worden war, um die berufliche Zukunft von Otto-Ernst zu besprechen, warf er seinem Vater vor, ein Feigling zu sein. Friedrich Flick entgegnete, er »sei der gutmütigste Mensch auf dem Erdboden, aber kein Feigling«, um dann hinzuzufügen, dass sein Sohn das vor Gericht schon noch erleben werde. Das Urteil, das Flicks Frau Marie über ihren Sohn traf, war besonders vernichtend: »Du warst ein Mensch, der zu großen Hoffnungen berechtigte. Deine wenigen schlechten Eigenschaften haben sich aber im Laufe deines Lebens so verstärkt [...], zur Nachfolgeschaft deines Vaters fehlen dir die charakterlichen Voraussetzungen und die sachliche Eignung.«[69]

Nach weiteren Jahren der Auseinandersetzung kam Flick senior Ende 1961 zu dem Schluss, dass Marie recht hatte: Sein ältester Sohn war einfach nicht aus dem richtigen Holz geschnitzt. Flick änderte den Gesellschaftervertrag seines Konglomerats zugunsten seines jüngeren Sohns Friedrich Karl, der damit an seinem elf Jahre älteren Bruder vorbeizog. Als Reaktion darauf verklagte Otto-Ernst seinen Vater und Bruder wegen Vertragsbruchs und verlangte vor Gericht die Auflösung und Aufteilung des Flick-Konzerns.[70]

Der Prozess in Düsseldorf zog sich über Jahre hin. Otto-Ernst verlor zwei Verfahren. Im Herbst 1965 einigte man sich dann außergerichtlich. Otto-Ernst wurde mit rund achtzig Millionen D-Mark aus dem Familien-Konglomerat abgefunden und sein 30-Prozent-Anteil auf seine drei Kinder übertragen. Sein jüngerer Bruder Friedrich Karl hielt nun den Mehrheitsanteil am Konzern. Flick senior hielt auch von diesem Sohn nicht sonderlich viel, doch ihm fehlten die Zeit und weitere Söhne, um eine bessere Lö-

Abb. 23: Die Familie Flick 1960: Otto-Ernst (ganz links), Marie und Friedrich (Mitte) und Friedrich Karl (ganz rechts)

sung für seine Nachfolge zu finden. Nun setzte er alle Hoffnungen auf seine beiden Enkel Gert-Rudolf und Friedrich Christian – die beiden Söhne von Otto-Ernst –, die alle meist nur Muck und Mick nannten.[71]

Nur Monate nachdem jene Einigung erreicht worden war, die ihre Familie auseinanderriss, verstarb Marie Flick. Sie war mehr als fünfzig Jahre lang mit ihrem Mann verheiratet gewesen und hielt ihre beiden noch lebenden Söhne für ungeeignet, ihrem Mann nachzufolgen: »O. E. ist stets begabt, tüchtig und fleißig gewesen, aber er verträgt sich nicht; F. K. war nicht begabt, tüchtig und fleißig, aber er verträgt sich.«[72] Eine gnadenlose Beurteilung.

Nach dem Tod seiner Ehefrau zog Flick, der wegen der billigen Zigarren, die er sein Leben lang geraucht hatte, an einer Bronchialerkrankung litt, für die frische Alpenluft von Düsseldorf nach Süddeutschland. Er richtete sich dauerhaft in einem Hotel am

Bodensee ein, nur wenige Autominuten von der Schweizer Grenze entfernt. Dort starb Flick am 20. Juli 1972 in seiner Suite, zehn Tage nach seinem 89. Geburtstag.

13.

Als er starb, war Friedrich Flick der reichste Mann Westdeutschlands und einer der fünf reichsten Männer der Welt. Er kontrollierte das größte deutsche Konglomerat in Privatbesitz mit 103 Mehrheits- und 227 beträchtlichen Minderheitsbeteiligungen, einem jährlichen Umsatz von fast sechs Milliarden Dollar und mehr als 216.000 Angestellten, eingerechnet die Daimler-Benz-Belegschaft.[73]

Und doch weigerte sich Flick, auch nur einen Cent Entschädigung an jene zu zahlen, die in den von ihm kontrollierten Fabriken und Minen Zwangs- und regelrechte Sklavenarbeit geleistet hatten. Anfang der 1960er-Jahre reichte die Jewish Claims Conference Entschädigungsklage gegen die Dynamit Nobel AG ein, einen ehemaligen Sprengstoffproduzenten, der inzwischen auf Kunststoff umgesattelt hatte und Flick gehörte. Während des Kriegs hatte das Unternehmen rund 2600 jüdische Frauen aus Ungarn, der Tschechoslowakei und Polen als Zwangsarbeiterinnen für die Herstellung von Munition in unterirdischen Fabrikationsanlagen eingesetzt. Die Frauen waren aus den Konzentrationslagern Auschwitz und Groß-Rosen in die Außenlager von Buchenwald gebracht worden, wo sie für das Sprengstoffunternehmen arbeiten mussten. Nur rund die Hälfte der Frauen überlebte die Torturen. Wie sich herausstellte, gehörte Dynamit Nobel während des Kriegs allerdings noch nicht Flick. Erst 1959 hatte er den Mehrheitsanteil übernommen. Aus eiskalter Berechnung lehnte er die Forderung der Frauen nach Entschädigung nicht einfach rundheraus ab. Vielmehr täuschte er die Unterhändler, indem er sie jahrelang hinhielt, ehe er sich dann ganz aus den Gesprächen zurückzog. Sogar John J. McCloy, der ehemalige Hohe Kommissar für das besetzte Deutschland, der Flicks vorzeitige Entlassung aus der Haft angeordnet hatte, wurde hinzugezogen. Er appellierte an Flicks moralische Verantwortung, doch natürlich erreichte auch er nichts.[74]

In den fünfzehn Jahren vor der Klage gegen Dynamit Nobel hatte Flick bereits reichlich Erfahrung mit Restitutionsverhandlungen gesammelt. In dieser Zeit gelang es dem Magnaten, drei höchst komplexe Fälle von ›Arisierung‹ beizulegen. Ohne jegliches Schuldeingeständnis gab Flick den emigrierten Familien Hahn und Petschek einen Bruchteil der großen Industrieunternehmen zurück, die er ihnen unter Zwang abgekauft oder bei deren Übernahme er geholfen hatte. Dabei gelang es Flick nicht nur, den Rest weiterhin in seinem Besitz zu behalten, er schaffte es auch, staatliche Kompensationen für die Steinkohlebeteiligungen, die er im Zusammenhang mit der ›Arisierung‹ der Ignaz-Petschek-Gruppe an die Reichswerke Hermann Göring abgetreten hatte, herauszuhandeln.[75]

Es war deshalb keine Überraschung, dass Hermann Josef Abs, der allgegenwärtige Aufsichtsratsvorsitzende der Deutschen Bank, in seiner Trauerrede bei Flicks Gedenkfeier in Düsseldorf einen deutlich nüchterneren Ton anschlug als bei ähnlicher Gelegenheit für Günther Quandt in Frankfurt. Nachdem er sich mit den Erben von Ignaz Petschek in Bezug auf seine eigene dubiose Rolle bei der ›Arisierung‹ verständigt hatte, vermittelte Abs im Auftrag der Erben zwischen diesen und der Bundesregierung sowie Flick. Später trat er erneut als Mediator auf, diesmal allerdings für Flick, als es um den kaltherzigen Deal mit der Jewish Claims Conference ging. Bei Flicks Beerdigung erklärte Abs nun, jegliche Bewertung der Lebensleistung des Magnaten solle man einer »objektiveren Geschichtsschreibung überlassen als sie derzeit in unserem so gequälten und geschlagenen Lande üblich« sei.[76]

Es waren nicht nur Flicks – oder seine eigenen – unrühmlichen Geschäfte während des ›Dritten Reichs‹, die Abs Ende Juli 1972 zu dieser untypisch missmutigen Bemerkung veranlassten. In den 1960er-Jahren hatte die Studentenbewegung in Westdeutschland für einen kulturellen Umbruch gesorgt. Eine progressivere Generation war herangewachsen, eine, die nach dem Krieg geboren worden war und den Machtstrukturen des Landes kritisch gegenüberstand. Man prangerte an, dass hohe Positionen in fast allen Gesellschaftsbereichen nach wie vor fest in der Hand von Männern mit mindestens zweifelhafter Vergangenheit lägen und im Land nie eine ernsthafte Aufarbeitung der NS-Zeit stattgefunden habe. Die alten Reaktionäre, die die großen bundesrepublikanischen Industrien leiteten, waren perplex. Sie waren in einer Zeit aufgewachsen, in der man Autoritäten nicht infrage gestellt und schmerzliche Angelegenheiten unter den Teppich gekehrt hatte. Hinzu kam noch, dass sich der westdeutsche Wirtschaftsboom nach fast fünfundzwanzig Jahren abkühlte. Flick hinterließ ein schnell alterndes Konglomerat und eine sich auflösende Familie, die vor der Aufgabe stand, alles zusammenzuhalten.

Otto-Ernst Flick nahm nicht an der Trauerfeier für seinen Vater in Düsseldorf teil. Rund achtzehn Monate später erlag er einem Herzinfarkt, mit nur 57 Jahren. Sein jüngerer Bruder Friedrich Karl zögerte nicht und machte das Familienkonglomerat zu seinem Unternehmen, indem er seinem verstorbenen Vater als Chef der Flick KG nachfolgte.[77] Mitte Januar 1975 erklärte er, einen 29-Prozent-Anteil an Daimler-Benz für zwei Milliarden D-Mark an die Deutsche Bank verkauft zu haben. Im Vorfeld hatten Gerüchte die Runde gemacht, dass Friedrich Karl Flick die Daimler-Aktien der Familie an den Schah von Persien verkaufen wolle – was die Bundesregierung jedoch für unannehmbar hielt, vor allem, da nur sechs Wochen zuvor der Daimler-Anteil der Familie Quandt an Kuwait gegangen war. Also schaltete sich die Deutsche Bank ein. Friedrich Karl benötigte die Liquidität für dringende Familienangelegenheiten. Im Folgemonat zahlte er seine Neffen

Friedrich Christian (»Mick«) und Gert-Rudolf (»Muck«) sowie seine Nichte Dagmar für 405 Millionen D-Mark aus. Damit waren die drei Kinder von Otto-Ernst raus aus dem Familiengeschäft, und Friedrich Karl herrschte allein über das Flick-Imperium.[78]

Anders als sein strenger, arbeitssüchtiger Vater, der einen kargen Lebensstil gepflegt hatte, genoss Friedrich Karl die Vorteile des Reichtums. Er jettete zwischen seinen Anwesen in Bayern und Düsseldorf, seinem Jagdrevier in Österreich, einer Villa an der Côte d'Azur, einem Penthouse in New York, einem Schloss bei Paris und einer 63-Meter-Jacht mit Namen »Diana II« hin und her. Seine Partys in München waren als reinste Orgien bekannt. Der Flick-Erbe war intelligent, aber faul und nicht sonderlich daran interessiert, das Familiengeschäft am Laufen zu halten. Das überließ er meist seinem Freund aus Kindertagen, Eberhard von Brauchitsch, einem schneidigen Anwalt, den Flick senior in die Führungsetage befördert hatte. Die beiden besten Freunde saßen jetzt auf einem Berg aus Geld.

Viel Geld bedeutete aber auch hohe Steuerlast, daher einigten sie sich mit dem Bundesfinanzministerium und erreichten eine weitgehende Steuerbefreiung für die Milliarden aus dem Verkauf der Daimler-Benz-Anteile, sofern das Geld innerhalb von zwei Jahren in die deutsche Wirtschaft oder in förderwürdige Anlagen im Ausland investiert würde. Folglich floss in den darauffolgenden Jahren viel Geld in mehrere deutsche Firmen im Flick-Besitz, außerdem wurden Hunderte Millionen in US-amerikanische Unternehmen wie die Chemiefirma W.R. Grace investiert. Die Steuervergünstigungen für Westdeutschlands größtes Konglomerat in Privatbesitz wurden gerade noch rechtzeitig gewährt.[79]

Denn Anfang November 1981 stürzte alles in sich zusammen, als die Steuerfahndung das Büro von Flicks Chefbuchhalter in Düsseldorf durchsuchte, weil man diesen des Steuerbetrugs verdächtigte. Was die Beamten jedoch fanden, war weit verfänglicher: Dokumente, die bewiesen, dass von Brauchitsch seit mehr als zehn Jahren mit fast 26 Millionen D-Mark die drei größten Parteien der

Bundesrepublik bestochen hatte, um Steuererleichterungen zu ermöglichen.[80] Die katholische Steyler Mission war genutzt worden, um Flicks Spendengelder zu ›waschen‹ und zurück in eine schwarze Kasse des Flick-Konglomerats zu leiten, von wo aus es dann in bar an die Hauptempfänger ging: die Schwesterparteien CDU/CSU. Von Brauchitsch beschrieb diese Schmiergelder beschönigend als »Pflege der politischen Landschaft«.[81]

Die Flick-Affäre, Deutschlands bis dato größter politischer Korruptionsskandal, erschütterte das Land bis ins Mark. *Der Spiegel* sprach von der »gekauften Republik«.[82] Bei den anschließenden Ermittlungen gerieten Hunderte damalige und frühere Parlamentsabgeordnete in Verdacht, darunter auch der frisch gewählte Bundeskanzler Helmut Kohl.[83] Er konnte sich im Amt halten, doch sein Wirtschaftsminister Otto Graf Lambsdorff wurde wegen der Annahme von Bestechungsgeldern des Flick-Konglomerats angeklagt und trat daraufhin zurück. Friedrich Karl Flick bestritt, von den Bestechungen gewusst zu haben, und schob die Schuld seinem Freund von Brauchitsch in die Schuhe. Der entlassene Flick-Direktor wurde 1987 wegen Steuerhinterziehung zu zwei Jahren Gefängnis auf Bewährung und einer Geldstrafe verurteilt. Eberhard von Brauchitsch zog nach Zürich und Monaco. Er und Friedrich Karl blieben enge Freunde, aber wohl nur notgedrungen. Später veröffentlichte er seine Memoiren unter dem vielsagenden Titel *Der Preis des Schweigens*.[84]

Doch zu diesem Zeitpunkt existierte das Flick-Konglomerat bereits nicht mehr.[85] Im Dezember 1985 – die Ermittlungen in der Flick-Affäre dauerten noch an – veräußerte Friedrich Karl Flick sein gesamtes Geschäft für 5,4 Milliarden D-Mark an die Deutsche Bank, womit ein neuer Rekord für die größte Unternehmenstransaktion in Westdeutschland aufgestellt wurde. Mit fast sechzig Jahren hatte Friedrich Karl genug vom Big Business. Er kassierte und zog bald darauf ins steuerfreundliche Österreich. Fast siebzig Jahre nach der ersten Übernahme eines Stahlunternehmens durch seinen Vater löste sich der Flick-Konzern auf. Die Schmiergeld-

Abb. 24: Eberhard von Brauchitsch und Friedrich Karl Flick (1982)

affäre entpuppte sich als der eine Skandal zu viel für das ohnehin berüchtigte Familienunternehmen. Alles, was von Friedrich Flicks einst mächtigem Imperium übrig blieb, waren »das gewaltige Privatvermögen seiner Erben und der schlechte Klang eines Namens«.[86]

Wie schon sein Vater weigerte sich auch Friedrich Karl Flick beharrlich, die Menschen zu entschädigen, die für das Flick-Konglomerat zur Arbeit gezwungen worden waren. Er überließ es der Deutschen Bank, die Ansprüche der Jewish Claims Conference gegenüber Dynamit Nobel zu erfüllen. Die Bank tat das umgehend im Januar 1986 und zahlte fünf Millionen D-Mark an jene jüdischen Frauen, die noch am Leben waren.[87] Deutschland stand kurz vor einem Wandel, in dessen Zuge die verschüttete NS-Vergangenheit seiner herausragenden Wirtschaftspatriarchen wieder ausgegraben werden würde.

14.

Während das Flick-Imperium zerbröckelte, implodierten andere deutsche Wirtschaftsdynastien. Der Porsche-Piëch-Clan sorgte in den 1970er- und 1980er-Jahren für Schlagzeilen, aber nicht etwa mit spektakulären Entwürfen für neue Sportwagen.[88] Es waren vielmehr schäbige innerfamiliäre Beziehungsdramen und Kämpfe um die Nachfolge, die Aufsehen erregten. Weit ernster als diese für Dynastien womöglich typischen Plänkeleien war allerdings die Gefahr, entführt zu werden. Im Dezember 1976 wurde Rudolf-August Oetkers Sohn Richard auf dem Parkplatz der Universität Weihenstephan in Bayern gekidnappt. Der Student musste zusammengekrümmt in einer Holzkiste liegen, in der er mit Stromschlägen misshandelt wurde. Nachdem sein Vater die Summe von 21 Millionen D-Mark Lösegeld gezahlt hatte, kam der junge Mann nach rund 48 Stunden frei, doch die erlittenen schweren Verletzungen sorgten dafür, dass er bis heute gehbehindert ist.[89]

Doch von allen Tragödien, die eine Wirtschaftsdynastie erschüttern können, ist der Tod des Patriarchen noch immer die gefährlichste. Ende April 1980 brach August Baron von Finck hinter seinem Schreibtisch in seinem Haus in Möschenfeld zusammen und starb. Er wurde 81 Jahre alt. Zum Zeitpunkt seines Todes galt der reaktionäre Aristokrat mit einem geschätzten Vermögen von mehr als zwei Milliarden D-Mark als reichster Banker Europas. Er hinterließ die Privatbank Merck Finck & Co. sowie Tausende Hektar Land rund um München, das zum teuersten Bauland weltweit gehörte. Der Baron hatte fünf Kinder aus zwei Ehen. Der »knauserige Tyrann […] war für seine fünf Kinder die teutonische Version eines liebevollen Vaters, er war geizig und fordernd, kalt und distanziert«, so ein Porträt in der Zeitschrift *Fortune*.[90] Von Finck kaufte seiner einzigen Tochter für ein paar Krümel ihre Erbansprüche ab und enterbte 1978 seinen Sohn Gerhard, da dieser nach seiner Auswanderung nach Kanada »einen ehrlosen Lebenswandel« führe.[91] (Gerhard von Finck arbeitet heute als Immobilienmakler für gehobene Ansprüche in Toronto, wo er seinen Kunden eine »Mischung aus deutscher Effizienz und kanadischer Höflichkeit« anbietet.[92])

Folglich oblag es von Fincks drei anderen Söhnen, den Rest untereinander aufzuteilen.[93] Die beiden älteren, August junior und Wilhelm, traten pflichtgemäß in die Fußstapfen ihres Vaters und übernahmen Merck Finck & Co. Ihr jüngerer Halbbruder Helmut entschied sich für einen anderen Weg. Er schloss sich der esoterischen Sekte von Bhagwan Shree Rajneesh (Osho) in Oregon an. Was seinen erzkonservativen Brüdern ganz und gar nicht gefiel. Im Februar 1985 luden sie Helmut nach München zu einem Notartermin ein, bei dem sie ihn baten, ihnen per Unterschrift für 65 Millionen D-Mark seinen Erbteil abzutreten. Er willigte ein, verließ die Bhagwan-Bewegung und baute ein Gestüt in der Lüneburger Heide auf. 1990 verkauften seine Halbbrüder Merck Finck & Co. für 600 Millionen D-Mark an die Barclays Bank.

Zwanzig Jahre später fiel Helmut dann ein, dass er alkohol- und drogenabhängig gewesen war, als er der Abfindung durch seine Brüder zugestimmt hatte, weshalb er nach eigener Ansicht nicht geschäftsfähig gewesen sei. Zudem hätten seine Halbbrüder gegen den erklärten Willen ihres Vaters gehandelt, als sie die Familienbank und andere Vermögenswerte veräußert hatten. Er klagte und verlangte von den beiden mehrere Hundert Millionen Euro Entschädigung. Im Jahr 2019 entschied ein Gericht, Helmut sei bei der Unterschrift unter die Abfindung durchaus geschäftsfähig gewesen; er verlor den Prozess. In der Zwischenzeit war August von Finck junior noch in anderer Hinsicht in die Fußstapfen seines Vaters getreten. Er hatte begonnen, rechtsextreme Politiker zu finanzieren.

15.

Während andere Wirtschaftsdynastien stritten, strauchelten oder sogar stürzten, gelang es den Quandts, irgendwie weiterzumachen. Anfang Juni 1982, einige Wochen vor seinem 72. Geburtstag, erlag Herbert Quandt jedoch während eines Besuchs bei Verwandten in Kiel überraschend einem Herzversagen. Er hinterließ sechs Kinder aus drei Ehen. Wie sein Vater hatte er einen Großteil seines Vermögens bereits vor dem Tod verteilt.[94] Seine älteste Tochter, eine Malerin, erhielt Aktien und Immobilien. Drei weitere seiner Kinder erbten eine Aktienmehrheit an Varta, dem Batterieriesen, der einst unter dem Namen AFA firmiert hatte. Die Juwelen seines Portfolios hinterließ Quandt seiner dritten Frau Johanna und ihren beiden gemeinsamen Kindern Susanne und Stefan. Sie erbten rund die Hälfte von BMW sowie Altana, ein Pharmazie- und Chemieunternehmen, das einst unter dem Namen Byk Gulden begonnen hatte. Nach Friedrich Karl Flicks Auswanderung nach Österreich stiegen die drei zur reichsten Familie Deutschlands auf.

Obwohl Herbert Quandt den Erfolg seines Vaters durch die Rettung und den Kauf von BMW noch übertrumpfte, gelang es dem sehbehinderten Sohn nie wirklich, aus Günther Quandts Schatten herauszutreten. Bei einer Gedenkfeier im Mozartsaal der Frankfurter Alten Oper erinnerte sich Herberts engster Vertrauter Hans Graf von der Goltz an seinen Chef als jemanden, der »in seinem Innersten der Sohn [blieb], der seinen Stolz darin findet, die Erwartungen des Vaters nicht enttäuscht zu haben«.[95]

Nach Herberts Tod begannen die beiden Zweige der Quandt-Dynastie, ihr Vermögen in benachbarten Bürogebäuden am Stadtrand von Bad Homburg zu managen. Weit auseinander liegen die Erben von Herbert und Harald Quandt hingegen nicht nur mit

Abb. 25: Herbert Quandt an seinem 70. Geburtstag (1980)

ihren jeweiligen Nettovermögen – die Differenz beträgt Milliarden –, sie unterscheiden sich auch ganz grundsätzlich in der Art und Weise, Geschäfte zu betreiben, und in ihrem Blick auf die Welt: Die einen schauen in die Vergangenheit, die anderen in die Zukunft. Während Susanne Klattens und Stefan Quandts Büro in einem schlichten brutalistischen Gebäude aus den 1960er-Jahren untergebracht ist, das den Namen ihres Großvaters Günther trägt, verwalten Haralds Erben ihre Investments in eleganten bungalowartigen und begrünten Büros, die sie nach ihren Eltern getauft haben. Sie beauftragten Andy Warhol mit Porträts von Harald und seiner Frau Inge. Haralds Bild hängt im Foyer ihres Family-Office.

Der andere Quandt-Zweig hat ein Porträt des ernst dreinschauenden Günther Quandts über den Empfangstresen platziert, dazu eine Büste des Patriarchen sowie seines Sohns Herbert in der Eingangshalle.[96] Susanne Klatten und Stefan Quandt erbten mit ihrer Kontrolle über BMW und Altana gewaltige wirtschaftliche Verantwortung. Haralds Töchter wiederum investieren ihr Geld freier, unterstützt durch ihr Family-Office. Einmal bot man ihnen das Chrysler Building in New York zum Kauf an, doch ihre Mutter konnte sich nicht zu einer Entscheidung durchringen. Die beiden Quandt-Zweige sind so verschieden, wie Herbert und Harald es waren: der ältere Sohn konservativ und stets bemüht, seinem Vater zu gefallen, der jüngere modern und immer in die Zukunft blickend, trotz allem – oder gerade deswegen.

Im moderneren Zweig der Quandts kam es durch die Konvertierung einer der fünf Töchter von Harald Quandt zum Judentum zu einer bemerkenswerten historischen Wendung. Als Colleen-Bettina Quandt 1978 zur Waise wurde, war sie erst sechzehn Jahre alt. Erst zu Beginn desselben Jahres hatte sie erfahren, dass ihre Großmutter Magda Goebbels gewesen war. Es war jedoch nicht ihre Familie, die sie darüber aufgeklärt hatte, sondern ihr jüdischer Freund. Ganz ähnlich wie Magda in ihrer Berliner Jugendzeit hatte sich Colleen-Bettina in Frankfurt mit einer Gruppe junger Juden angefreundet. Auch sie fühlte sich im elterlichen Zuhause wie eine Fremde, suchte nach Menschen, denen sie sich zugehörig fühlte, und entwickelte eine Faszination für das Judentum.[97] Die Nachricht, dass die Enkelin von Magda Goebbels einen jüdischen Geliebten habe, verbreitete sich wie ein Lauffeuer durch Frankfurts eng verbundene religiöse Gemeinschaft. »Am Ende wusste es die gesamte Mischpoke«, erklärte sie später gegenüber einem Biografen der Quandt-Dynastie.[98] Nicht jeder in der jüdischen Gemeinde begrüßte sie mit offenen Armen. Die Eltern einiger ihrer Freunde weigerten sich gar, mit ihr zu reden.

Colleen-Bettina zog schließlich nach New York, um an der Parsons School of Design Schmuckdesign zu studieren. Wie schon in

Frankfurt waren auch in New York die meisten ihrer Freunde Juden, und hier entschloss sie sich, zum orthodoxen Judentum zu konvertieren. 1987 bekannte die 25-jährige Enkelin von Magda Goebbels ihren Entschluss vor drei Rabbinern. Bald darauf lernte sie Michael Rosenblat kennen, einen deutschen Juden, der nach New York gezogen war, um in der Textilbranche zu arbeiten. Rosenblat war in einer orthodoxen jüdischen Familie in Hamburg aufgewachsen. Sein Vater war ein KZ-Überlebender. Nun musste sich die Familie daran gewöhnen, dass die Freundin des Sohnes nicht nur eine Konvertierte war, sondern auch noch die Enkelin der berüchtigtsten Mutter des ›Dritten Reichs‹.

Doch die Liebe setzte sich am Ende durch. 1989 heiratete das deutsche Paar in einer New Yorker Synagoge. Colleen-Bettina zeigte sich erleichtert darüber, ihren Mädchennamen ablegen zu können: »Quandt, dieser Name hat nur genervt und zerstört. Bodyguards, Streit, unendliche Einsamkeit. Schreckliche Neider und Heuchler – damit will ich nie mehr zu tun haben«, sagte sie einer deutschen Journalistin 1998.[99] Sie und Rosenblat hatten sich zwar ein Jahr zuvor scheiden lassen, doch seinen Namen trägt sie bis heute.

Teil VI

Die Aufarbeitung

1.

Im Jahr 2019 konnten Stefan Quandt und Susanne Klatten, Herbert Quandts jüngste Kinder und Erben seiner BMW-Anteile, nicht mehr von sich behaupten, Deutschlands reichste Familie zu sein.[1] Eine andere, noch öffentlichkeitsscheuere Familie übernahm Platz eins: die Reimanns. Es gab kein Foto von ihnen in der Presse. Man wusste nicht einmal, wo die Familie wirklich lebte. Der Aktionärsclan kontrolliert die JAB Holding Company S. à r. l., die aus Steuergründen in Luxemburg angesiedelt ist.[2] Seit 2012 hat JAB mehr als 50 Milliarden US-Dollar ausgegeben, um US-amerikanische und britische Nahrungsmittelmarken wie Snapple, Dr Pepper, Krispy Kreme Doughnuts, Peet's Coffee, Einstein Bros. Bagels, Stumptown Coffee Roasters, Keurig Green Mountain, Panera Bread und Pret a Manger zu übernehmen. In Europa investierte JAB in den niederländischen Kaffee- und Teeproduzenten Douwe Egberts. Die Reimann-Familie kontrolliert zudem den Kosmetikkonzern Coty und die Schuhmarke Bally. Auch Jimmy Choo gehörte zeitweilig zum Konzern.

Doch die Wurzeln des Reimann'schen Familienvermögens reichen tiefer als Donuts, Bagels, Kaffee, Lippenstift und High Heels. Sie liegen in der eher reizlosen Industriestadt Ludwigshafen am Rhein: Hier besaß und kontrollierte die Reimann-Dynastie über vier Generationen Joh. A. Benckiser (JAB), ein Unternehmen der Spezialchemie. Unter der Führung von Albert Reimann junior (geboren 1898) stieß die Familienfirma in den 1960er-Jahren in die neue Branche der Haushaltsprodukte vor, wodurch die Basis für ein Firmenimperium geschaffen wurde, das aus dem heutigen Alltag der Konsumenten kaum mehr wegzudenken ist. Albert Reimann junior, der Vater der heutigen Reimanns, verstarb

1984. Wie so viele deutsche Magnaten seiner Generation führte er ein Doppelleben und verbarg seine dunklen Geheimnisse. Seine NS-Vergangenheit war nur eine Facette einer bizarren Geschichte, die nach und nach ans Licht kam, während vier seiner Erben zur reichsten Familie Deutschlands wurden.

Berichte über die NS-Vergangenheit der Reimanns erschienen zuerst 2018 im britischen Boulevardblatt *Mail on Sunday* und deckten auf, dass Albert Reimann NSDAP-Mitglied gewesen war. Journalisten hatten seinen Parteiausweis in einem deutschen Archiv gefunden, in dem sie anlässlich der zwei Milliarden Dollar recherchiert hatten, die JAB für Pret a Manger ausgegeben hatte – eine weltweit operierende Sandwichkette, die von dem jüdischen Geschäftsmann Jeffrey Hyman aus London gegründet worden war. Der Firmengründer war bereits 2017 verstorben, konnte also auf den Bericht der Boulevardzeitung nicht mehr reagieren, doch seine Schwester erklärte: »Ich bin entsetzt [...]. Mein Bruder hätte sich geschämt. Wir sind eine jüdische Familie.«[3] Sprecher von JAB und der Familie Reimann sagten auf Anfrage der Zeitung, man wisse, dass Albert Reimann Mitglied der NSDAP gewesen sei, und bestätigten auch, dass sein Unternehmen Zwangsarbeiter und Kriegsgefangene eingesetzt habe. Für den Augenblick beließ man es dabei. Der Artikel enthielt keine weiteren Details.

Nachdem ich den Bericht im Herbst 2018 gelesen hatte, rief ich die langjährige Sprecherin der Familie Reimann in Düsseldorf an. Ich hatte bereits Jahre zuvor, als ich noch für *Bloomberg News* arbeitete, über die globalen Einkaufstouren von JAB geschrieben. Schon die allererste Story, die ich 2012 für *Bloomberg* verfasst hatte, beschäftigte sich mit JAB. Meine Kollegin und ich identifizierten nicht nur die vier öffentlichkeitsscheuen Reimann-Aktionäre hinter dem Unternehmen und fanden ihre Namen und Geburtsdaten heraus, sondern konnten in Erfahrung bringen, dass fast alle ausgebildete Chemiker waren, die gemeinsam eine Stiftung für Kinder leiteten und nie im Konsumgüterunternehmen ihres Vaters gearbeitet hatten. Ihr Family-Office war in Wien angesiedelt.

Die Reimanns hatten ihren deutschen Pass gegen die österreichische Staatsbürgerschaft getauscht, was unter reichen Deutschen aus Steuerersparnisgründen nicht ungewöhnlich ist. (Zu den vielen steuerlichen Vorteilen in Österreich zählt auch, dass dort keine Erbschaftssteuer erhoben wird.) Damals gelang es uns nicht, noch mehr offenzulegen.[4]

Im Herbst 2018 versicherte mir nun die Reimann-Sprecherin am Telefon, dass an der NS-Geschichte der Familie nicht mehr dran sei als das, was die britische Zeitung veröffentlicht habe. Ja, Albert Reimann sei NSDAP-Mitglied gewesen, aber das sei auch schon alles, so ihre Aussage. Obwohl mir meine journalistischen Instinkte etwas anderes sagten, akzeptierte ich ihre Erklärung. Schon seit einem Jahr arbeitete ich am vorliegenden Buch über die deutschen Wirtschaftsdynastien und ihre Geschichten im ›Dritten Reich‹. Das Letzte, was ich wollte, war, noch eine Familie hinzufügen zu müssen.

Das sollte sich schnell ändern. Ende März 2019 machte die *Bild am Sonntag* mit einer großen Geschichte von sich reden: Darin ging es um die nationalsozialistische Vergangenheit der Reimann-Dynastie. Ein Reporter hatte im Archiv ausgegraben, dass Albert Reimann, seine Schwester Else *und* ihr Vater Albert Reimann senior schon früh Anhänger der NSDAP und scharfe Antisemiten gewesen waren.[5] Vater und Sohn spendeten bereits 1931 an die SS, beide traten 1932 in die NSDAP ein. Die beiden Männer hatten nacheinander für die Partei im Stadtrat von Ludwigshafen gesessen. Und im Mai 1933 hatte Alberts Vater seinen Angestellten erklärt: »Der Jude Karl Marx versammelte um sich zur Ausführung seiner Idee nur die schlechtesten Menschen, Hitler dagegen die besten.« Im Juli 1937 schrieb Albert Reimann junior einen Brief an Heinrich Himmler, in dem es hieß: »Wir sind ein über hundertjähriges, rein arisches Familienunternehmen. Die Inhaber sind unbedingte Anhänger der Rassenlehre.«[6] Albert Reimann junior war zu diesem Zeitpunkt 38 Jahre alt und der Generaldirektor der Firma. Seine Schwester Else heiratete einen SS-Mann.

Der *Bild*-Journalist fand zudem heraus, dass 1943 rund dreißig Prozent – das waren 175 Menschen – der Belegschaft in Reimanns Chemiewerk aus französischen Kriegsgefangenen bestanden hatte, die zur Arbeit gezwungen wurden. Der Werksmeister Paul Werneburg misshandelte die Gefangenen auf brutalste Weise und folterte gar eine russische Frau im Kohlenkeller von Albert Reimanns Privatvilla. Dieser ermutigte seinen Angestellten sogar noch zu solchen Misshandlungen. Werneburg befahl etwa den weiblichen Zwangsarbeiterinnen, mitten in der Nacht nackt anzutreten, damit er sie betatschen konnte. Während eines alliierten Bombenangriffs 1945 trieb er Dutzende Arbeiter aus dem Luftschutzkeller des Werks hinaus. Ein Russe wurde bei dem Angriff getötet, andere wurden verletzt.

Nach dem Krieg lag Ludwigshafen in der französischen Besatzungszone. Die Alliierten verhafteten Albert Reimann junior und brachten ihn in ein Internierungslager. Das Vermögen der Familie wurde eingefroren, ihre Aktien wurden beschlagnahmt. Im Februar 1947 verwiesen die französischen Behörden Vater und Sohn Reimann aus ihrer eigenen Firma und verhängten ein Berufsverbot über sie. Doch die beiden Männer wussten die Unterschiede zwischen den verschiedenen Besatzungszonen geschickt zu nutzen: Statt in Ludwigshafen gingen sie in Heidelberg in Berufung gegen das Urteil – Heidelberg lag in der amerikanischen Besatzungszone, und die Reimanns besaßen dort ein zweites Haus. Wie so viele andere Deutsche legten auch Vater und Sohn Reimann dem Gericht Persilscheine vor, in denen ihnen eine ablehnende Haltung gegen das NS-Regime und sogar ihre aktive Beteiligung am Widerstand attestiert wurden. Die beiden wurden in ihren Entnazifizierungsprozessen als NS-Mitläufer klassifiziert und mussten eine geringe Strafe zahlen, bekamen dafür aber ihr Unternehmen zurück. In den folgenden Jahrzehnten verwandelte Albert Reimann junior seine familiengeführte Firma in Ludwigshafen zu einem der ganz großen Unternehmen in der Konsumgüterbranche – es produzierte unter anderem die Kukident-Haftcreme und mit Calgonit ein bekanntes Geschirrspülmaschinenmittel.

Kein Mitglied der Reimann-Familie kommentierte die Enthüllungen der *Bild am Sonntag*. Doch Peter Harf, einer der JAB-Geschäftsführer und langjähriger Vertrauter der Reimanns, bestätigte die Berichte und fügte hinzu, Vater und Sohn Reimann »gehörten eigentlich ins Gefängnis«. Harf kündigte an, das Unternehmen werde zehn Millionen Euro an eine passende Organisation spenden. Er informierte zudem, die Familie Reimann habe bereits vor längerer Zeit einen prominenten deutschen Geschichtsprofessor mit der Untersuchung der NS-Familiengeschichte beauftragt; der unabhängige Forschungsbericht solle der Öffentlichkeit zugänglich gemacht werden. Einige Wochen vor dem *Bild*-Bericht habe der Historiker fünf Mitgliedern der Reimann-Familie und Harf einen Zwischenbericht vorgelegt: »Wir haben uns geschämt und waren weiß wie die Wand. Da gibt es nichts zu beschönigen. Diese Verbrechen sind widerlich«, so Harf.[7]

Dem Erdbeben folgten prompt einige Nachbeben. Die meisten der von der Familie kontrollierten Marken sind in den Vereinigten Staaten heimisch und tief in der amerikanischen Kultur verankert. Überschriften wie »Krispy-Kreme-Besitzer gestehen NS-Verbindungen der Familie ein«[8] tauchten überall auf dem Globus auf. Schon bald wurden die ersten Boykottaufrufe laut. Im *Boston Globe* schrieb eine jüdisch-amerikanische Food-Journalistin eine beißende Kolumne unter dem Titel »Ich habe erfahren, dass mein Lieblingskaffee mit NS-Geld gemacht wird. Soll ich ihn weiter trinken?«[9] Mein persönlicher Favorit war eine Parodie in *McSweeney's* mit dem Titel: »Wie peinlich, aber unsere gefakte jüdische Bagelkette wurde von Nazis finanziert«.[10] Die Familie Reimann musste dringend Schadensbegrenzung betreiben, ehe ihre Reputation und ihre Marken unwiderruflich in Mitleidenschaft gezogen wurden. Sie musste eine Antwort liefern. Als sie das schließlich tat, sorgte sie erneut weltweit für Schlagzeilen.

Die Reimanns verließen sich auf Peter Harf – womöglich zu sehr. Der in Köln geborene, unter anderem an der Harvard Business School ausgebildete Ökonom ist einer der Hauptverantwortlichen für das Vermögen der Reimanns, das 2020 auf rund 32 Milliarden Euro geschätzt wurde.[11] Die Verwaltung ihres Vermögens ließ auch ihn zum Milliardär werden. Albert Reimanns Erben ernannten ihn 1988 zum Geschäftsführer des Familienunternehmens, sieben Jahre nachdem er die Boston Consulting Group verlassen und sich der Firma in Ludwigshafen angeschlossen hatte. Im Laufe der nächsten Jahrzehnte bauten Harf und ein niederländischer Vertrauter das Familienunternehmen in Reckitt Benckiser um, einen der weltweit größten Konsumgüterkonzerne. 2012 nutzten Harf und zwei Partner das Geld der Reckitt-Dividende und aus dem Verkauf von Aktien, um JAB als Holding der Reimanns zu etablieren, deren Strategie sich auf Kaffee, Fast Food, Schönheitsprodukte und Luxusgüter konzentriert. 2019 stieg JAB in das Geschäft mit Haustierprodukten ein.

Harf ist kahlköpfig, hat einen intensiven Blick und stets ein Lächeln auf den Lippen. Er hat eine Vorliebe für Jeans, bunte Designerhemden, die er über der Hose trägt, und eine Brille mit breitem Rand, wie man sie sonst vor allem bei Architekten und Künstlern sieht und eher nicht in deutschen Vorstandsetagen. Er ist kosmopolitischer als der durchschnittliche Topmanager – lebt abwechselnd in London, Mailand und New York – und ist dazu noch besser vernetzt. Harf formte JAB nach dem Vorbild Berkshire Hathaway, der Firma seines großen Idols. Auch wenn Harfs Erlöse nicht so beeindruckend sind wie die von Warren Buffett, so scheint doch plötzlich jeder, der etwas auf sich hält, sein Geld bei JAB anlegen zu wollen. Von Buffett und seinem Lieblingsbanker, dem ehemaligen Goldman-Sachs-Partner Byron Trott, bis hin zur brasilianischen Investmentfirma 3G, von der französischen Peugeot-Familie bis hin zu belgischen und kolumbianischen Bierdynastien: Alle haben bei JAB investiert und mit Harf zusammengearbeitet. Während meiner ersten Recherchen zu der Firma waren Harfs kurze E-Mail-Antworten stets sorgfältig formuliert und so allgemein gehalten, dass sie wenig durchblicken ließen. Alles, was mit JAB und den Reimanns zu tun hatte, blieb ein Geheimnis – eine von Harf orchestrierte Kommunikationsstrategie, die fürs Geschäftliche von einer teuren New Yorker PR-Agentur und fürs Familiäre von der Sprecherin in Düsseldorf umgesetzt wird. Die Enthüllungen der *Bild*-Zeitung sorgten für die ersten Risse in diesem akribisch kontrollierten Image. Doch sie boten auch die Möglichkeit für einen Wandel. »Indem wir Verantwortung für die Vergangenheit übernahmen, konnte Schaden für die Firma in der Gegenwart und der Zukunft abgewendet werden«, schrieb Harf mir später. »Hätte ich zwischen den Interessen des Unternehmens und der Verantwortung für die Vergangenheit wählen müssen, hätte ich mich für Letzteres entschieden.«[12]

2.

Während der 1990er-Jahre waren deutsche Unternehmen durch Druck von außen gezwungen, sich jenem Teil ihrer NS-Vergangenheit zu stellen, den sie jahrzehntelang unter den Teppich zu kehren versucht hatten: dem brutalen Einsatz von Millionen Zwangsarbeitern. Die Berliner Mauer fiel, und die Sowjetunion ging unter. Der Kalte Krieg fand sein Ende, und Deutschland wurde endlich wiedervereinigt. Mehr als eine Million Zwangsarbeiter wurden damit nach Jahrzehnten hinter dem Eisernen Vorhang befreit, und einige von ihnen richteten ihre Wut gegen jene deutschen Unternehmen, die sie während des ›Dritten Reichs‹ ausgebeutet hatten. In den Vereinigten Staaten wandten sich Überlebende mit Sammelklagen gegen deutsche Firmen, während öffentliche Kampagnen zum Boykott deutscher Unternehmen und ihrer Produkte aufriefen. In der globalisierten Welt spürten deutsche Firmen mit einem Mal, welchen Schaden ihre unaufgearbeitete Verstrickung mit dem Nationalsozialismus an ihren Aktienkursen, ihrem Absatz und Standing anrichten konnte.[13] Einige Unternehmen öffneten ihre Archive und ermöglichten es Historikern so, ihre Rolle während des ›Dritten Reichs‹ zu untersuchen; einige gaben entsprechende Studien sogar selbst in Auftrag. Daimler-Benz, Volkswagen, Allianz und Deutsche Bank gehörten zu den bekanntesten, die ihre Vergangenheit aufarbeiten ließen.

Zu dem Zeitpunkt, als diese Studien in Auftrag gegeben wurden, war unter den deutschen Firmen, die sie anstießen, keine, die von einer Familiendynastie kontrolliert wurde. Die Flicks und Quandts waren schon lange bei Daimler-Benz ausgestiegen, Gleiches galt für die von Fincks bei der Allianz und der Münchener Rück. Der dynastische Einfluss auf Volkswagen beschränkte sich auf Ferdinand Piëch, einen Nachkommen von Anton Piëch und Ferdinand Porsche. Er übernahm seine machtvolle Führungsrolle bei der Volkswagengruppe 1993 und damit einige Jahre nachdem eine Studie zur Geschichte von Volkswagen im ›Dritten Reich‹ in Auftrag gegeben worden war. Als er Vorstandsvorsitzender wurde, ließen seine Konzernrivalen, die sich übergangen fühlten, durchsickern, Piëch sei eine unangemessene Wahl für die Führung des Unternehmens, da sein Vater und Großvater Zehntausende Zwangsarbeiter eingesetzt hätten. Piëchs Feinde ließen weiterhin durchblicken, seine Ernennung könne zu schlechter Presse in den USA führen, dem für Volkswagen wichtigsten Wachstumsmarkt.[14] Doch Piëch überstand die Angriffe, und auch keine der anderen deutschen Wirtschaftsdynastien unternahm während der 1990er-Jahre Anstrengungen, die Rolle ihrer Familie während des ›Dritten Reichs‹ zu erhellen.

Ein Zweig der Flick-Dynastie – nämlich die Söhne von Otto-Ernst, Gert-Rudolf »Muck« Flick und Friedrich Christian »Mick« Flick – gehörte zu den Ersten, die öffentlich Gegenwind verspürten, als sie ihren Familiennamen mit philanthropischen Zuwendungen für wissenschaftliche und künstlerische Zwecke verbinden wollten. Die beiden waren 1975 für Hunderte Millionen D-Mark von ihrem Onkel Friedrich Karl Flick aus dem Flick-Konglomerat herausgekauft worden – zusammen mit ihrer Schwester Dagmar, die deutlich weniger Geld bekam als ihre Brüder, weil sie nur einen halb so großen Anteil am Familienunternehmen besessen hatte.[15]

1992 wurde Gert-Rudolf Flick in den Stifterkreis der Universität Oxford aufgenommen, nachdem er 350.000 Pfund Sterling gespendet hatte.[16] Das Geld war für die Einrichtung eines Lehrstuhls mit dem Namen Flick am Balliol College vorgesehen. 1996 zog »Muck« seinen Namen und das Geld aber wieder zurück, nachdem es aufgrund der historischen Rolle der Familie Flick zu einer Protestwelle gekommen war. Besonders verärgert zeigten sich Flicks Gegner darüber, dass die Familie sich noch immer weigerte, ehemalige Zwangsarbeiter zu entschädigen. Obwohl der Multimillionär Gert-Rudolf Flick in einem offenen Brief an den *Daily Telegraph* seine »völlige Abscheu vor dem [ausdrückte], was in Deutschland während des Dritten Reichs geschah«, und von seiner »tiefen persönlichen Scham« über »die Beteiligung meines Großvaters an diesen entsetzlichen Ereignissen«[17] sprach, so erklärte er doch dem *Jewish Chronicle* gegenüber, eine Kompensation würde ihn »mittellos« zurücklassen, und fuhr fort: »Wie kann man eine menschliche Tragödie mit Geld wiedergutmachen?«[18]

Auch wenn in Oxford wieder Ruhe einkehrte, nachdem Gert-Rudolf Flick sein Geld zurückgezogen hatte, war die Sache zugleich der Startschuss für eine weitaus größere Kontroverse über Kompensationszahlungen. Die deutsche und die US-amerikanische Regierung einigten sich zunächst auf ein Abkommen, das Entschädigungszahlungen an überlebende Zwangsarbeiter unter der Bedingung vorsah, dass vor amerikanischen Gerichten in diesem Zusammenhang keine Klagen mehr gegen deutsche Firmen verhandelt würden. Eine Historikerin schrieb dazu:

> Auf diese Art und Weise entwickelten die deutsche Regierung und die deutsche Industrie gemeinsam eine Rhetorik der Verantwortung, jedoch erneut ohne explizit oder individuell die gesetzliche Haftung dafür zu übernehmen. [...] Die deutsche Regierung sah sich moralisch im Recht, wohingegen maßgebliche Täter praktischerweise hinter einem Vorhang aus scheinbarem Verantwortungsbewusstsein verschwinden konnten, ohne sich wirklich zu einer Schuld zu bekennen.[19]

Verhandlungsführer auf deutscher Seite war Otto Graf Lambsdorff, der einzige Minister, der nach dem Flick-Bestechungsskandal hatte zurücktreten müssen. Der frühere FDP-Politiker war in dieser Angelegenheit sogar wegen Steuerhinterziehung rechtskräftig verurteilt worden, doch war dies offensichtlich kein Hinderungsgrund, um nicht die Gespräche über Kompensationszahlungen zu leiten.

Anschließend wurde im August 2000 in Berlin vom deutschen Staat und der Stiftungsinitiative der deutschen Wirtschaft die Stiftung »Erinnerung, Verantwortung und Zukunft« (EVZ) ins Leben gerufen.[20] Zwischen 2001 und 2006 zahlte die EVZ rund 4,4 Milliarden Euro an mehr als 1,66 Millionen Menschen aus, die im ›Dritten Reich‹ zur Arbeit gezwungen worden waren.[21] Die rund 300.000 überlebenden Zwangsarbeiter aus Konzentrationslagern und Ghettos erhielten maximal je 7670 Euro, für die 1,35 Millionen anderen überlebenden Zwangsarbeiter gab es je rund 2560 Euro. Insgesamt trugen der deutsche Staat und die deutsche Wirtschaft je 5,2 Milliarden Euro zum Stiftungsvermögen bei. Allerdings stammten mehr als sechzig Prozent des Anteils der Wirtschaft von nur 17 Unternehmen, dabei waren rund 6500 deutsche Firmen an der EVZ beteiligt. Zu diesen 17 Unternehmen gehörten weltweit bekannte Namen wie Allianz, BMW, Daimler, Volkswagen, Siemens und Krupp. Rund 1560 deutsche Firmen spendeten der Stiftung nur 500 Euro – kaum mehr als eine symbolische Geste.

Die deutschen Unternehmen und ihre Eigentümer hatten versprochen, ihr Geld zum Zeitpunkt der Stiftungsgründung im Jahr 2000 bereitzustellen. Doch als die EVZ-Stiftung in diesem Jahr ihre Aufgaben anpackte, fehlten noch immer Hunderte Millionen Euro, die verschiedene Firmen und Eigentümer eigentlich zugesagt hatten. Die von den Quandts und Reimanns kontrollierten Unternehmen hatten eingezahlt, wie auch der Porsche-Piëch-Clan und die Oetkers. Nun forderte die Stiftung auch die Flicks auf, sich dem anzuschließen. Eine Reaktion ließ allerdings auf sich warten.

Als Friedrich Christian Flick, Gert-Rudolfs jüngerer Bruder, 2001 den Bau eines Museums in Zürich ankündigte, das von Rem Koolhaas entworfen werden und seine zeitgenössische Kunstsammlung aufnehmen sollte, kochte die Debatte um Entschädigungszahlungen wieder hoch. Zahlreiche Stimmen wurden gegen das vorgeschlagene Museum laut. Friedrich Christian Flick zog den Plan zurück und lieh seine Sammlung 2004 stattdessen dem Museum Hamburger Bahnhof in Berlin. Und auch dies zog Proteste nach sich. Auf dem Höhepunkt der Kontroverse schrieb Friedrich Christians Schwester Dagmar Ottmann einen offenen Brief an *Die Zeit*, in dem sie erklärte, sie habe Anfang 2001 anonym einen Millionenbetrag an die EVZ gespendet und inzwischen auch eine Gruppe deutscher Historiker damit beauftragt, die Geschichte der Firma und Familie Flick im 20. Jahrhundert aufzuarbeiten.[22] Dagmars Brüder Gert-Rudolf und Friedrich Christian Flick folgten ihrem Beispiel, insbesondere Letzterer: »Mick« spendete ebenfalls zunächst Millionen an die EVZ und finanzierte dann die Arbeit von fünf Historikern, die die Aktivitäten des Flick-Konglomerats während des ›Dritten Reichs‹ erforschten.[23]

3.

Trotz all der Aufregung, die sie verursachten, handelte es sich bei diesen drei Flick-Geschwistern mit ihren mickrigen Millionen doch nur um die ›kleinen Fische‹ der Flick-Dynastie. Die Milliarden der Familie lagen in den Händen ihres Onkels, Friedrich Karl Flick. Nachdem er einige Jahre zuvor das Flick-Konglomerat für rund 5,4 Milliarden D-Mark an die Deutsche Bank verkauft hatte, zog er nach Österreich, wo er 2006 im Alter von 79 Jahren verstarb.

Doch auch nach seinem Tod fand Friedrich Karl Flick keine Ruhe: 2008 stahlen Grabräuber den 300 Kilogramm schweren Sarg mit seinem Leichnam aus dem Familienmausoleum in Velden am Wörthersee. Sie verlangten sechs Millionen Euro Lösegeld von seiner Witwe Ingrid, einer zarten Frau, die stets von Leibwächtern umgeben war.[24] Die sterblichen Überreste von Friedrich Karl Flick tauchten später in Ungarn wieder auf und wurden erneut in Velden beigesetzt. »Endlich ist mein Mann wieder daheim«, erklärte Ingrid Flick einer deutschen Boulevardzeitschrift. »Das Hoffen und Bangen hat ein Ende. Die Gebete wurden erhört.«[25]

Wie sein Vater weigerte sich Friedrich Karl Flick hartnäckig, noch lebende Zwangsarbeiter zu entschädigen; er zahlte auch nie in die Stiftung EVZ ein. Seine vier Kinder, je zwei von verschiedenen Frauen, erbten 2006 je ein Viertel seines auf sechs Milliarden Euro geschätzten Vermögens. Die beiden jüngsten Kinder, ein Zwillingspärchen, waren erst sieben Jahre alt, als er starb. Bei seinem Tod wurden der Junge und das Mädchen zu den weltweit jüngsten Milliardären.[26] Ihr Geld wird durch das Flick-Family-Office im Zentrum von Wien, ganz in der Nähe der Staatsoper, angelegt. Ihre Mutter Ingrid, die Tochter eines Zimmermanns und

Abb. 26: Ingrid Flick (2017)

ehemalige Hotelrezeptionistin, verwaltet ihr Vermögen und auch ihre Stiftung.

Ingrid Flick stellt ihre menschenfreundliche Großzügigkeit gern heraus. »Ich helfe überall dort, wo ich es für sinnvoll und notwendig erachte«, erklärte sie 2019 einer österreichischen Lokalzeitung.[27] Fünf Jahre zuvor hatte sie dem Tel Aviv Museum of Art eine »sehr bedeutende Summe« zukommen lassen. Das Museum sollte das Geld unter anderem für ein »Kulturaustauschprogramm zwischen jüdischen, muslimischen und christlichen Kindern mit dem Namen ›The Art Road to Peace‹« nutzen.[28] Hilfe für die Opfer des Flick-Imperiums war jedoch offenbar nie ein Anliegen, dessen sich die milliardenschwere Linie der Flick-Familie annehmen wollte, auch nicht nach dem Tod von Friedrich Karl Flick. Trotz ihres Reichtums haben Ingrid und Flicks zwei ältere Töchter aus früherer Ehe nicht einen Cent zur Stiftung EVZ beigetragen.

Inzwischen leitet Ingrid Flick das Kuratorium der Friedrich Flick Förderungsstiftung in Düsseldorf. Sie unterstützt Projekte in den Bereichen Bildung, Medizin und Kultur, vor allem in Deutschland und Österreich – und zwar durch eine Familienstiftung, die nach einem verurteilten NS-Kriegsverbrecher benannt ist, in dessen Fabriken und Minen Zehntausende Zwangsarbeiter schufteten, darunter Tausende Juden, und viele starben. Beim Blick auf die Website der Stiftung lässt sich jedoch nichts über die befleckte Vergangenheit des Flick-Vermögens oder des Gründerpatriarchen finden. Dabei ist es das »große Anliegen der Kuratoriumsvorsitzenden Ingrid Flick […], die Förderungstätigkeit der Stiftung ganz im Sinne des Stifters Dr. Friedrich Flick sowie ihres Mannes Dr. Friedrich Karl Flick fortzuführen«[29] – zwei Männer, die für vieles bekannt sind, doch sicher nicht für Wohltätigkeit.

Der Patriarch Flick rief die nach ihm benannte Stiftung 1963 ins Leben, ganz augenscheinlich, um sich reinzuwaschen.[30] Durch sein karitatives Engagement hoffte der in Nürnberg Verurteilte sein Renommee zu retten und seinem Familiennamen jenen Glanz zu verleihen, den es brauchte, damit er zu seinem 80. Geburtstag einen der höchsten Verdienstorden der Bundesrepublik, das Große Bundesverdienstkreuz mit Stern und Schulterband, verliehen bekommen konnte. Der Plan ging 1963 auf. 2006 übernahm Ingrid Flick die Leitung des Kuratoriums und hielt an dem bisherigen Namen der Stiftung fest[31] – wohingegen eine andere Institution sich für einen alternativen Weg entschied: 2008 legte das Gymnasium in Friedrich Flicks Geburtsstadt Kreuztal nach jahrelanger intensiver Debatte den Namen des Industriellen ab, was bundesweit Aufmerksamkeit erregte.[32] Jene, die für eine Umbenennung eintraten, hatten argumentiert, eine Schule solle nicht nach einem rechtmäßig verurteilten Kriegsverbrecher benannt sein.

Eine deutlich bekanntere Bildungseinrichtung hingegen hat sich in jüngster Vergangenheit weitaus weniger darum bemüht, den Tatsachen der Geschichte ins Auge zu blicken. Seit 2015[33] kofinanziert die Friedrich Flick Förderungsstiftung mehrere prominente Wissenschaftsinitiativen an der renommierten Frankfurter Goethe-Universität, darunter ein prestigeträchtiges Stipendienprogramm.[34] 2018 übernahm die Stiftung dann die Kofinanzierung einer Stiftungsgastprofessur zu finanzhistorischer Forschung von der Edmond de Rothschild Group, dem aus der französischen Schweiz stammenden Zweig der jüdischen Finanzier-Dynastie. Das Flick-Geld hat seitdem dafür gesorgt, dass Professoren aus Princeton, Berkeley und Oxford an der Goethe-Universität lehren konnten.[35] Die Großzügigkeit blieb nicht ohne Gegenleistung: Die Friedrich Flick Förderungsstiftung bekam einen Sitz im Stiftungskuratorium der Universität.[36]

Es war nicht das erste Mal, dass die Goethe-Universität Frankfurt Geld von einer Stiftung annahm, die nach einem NS-Profiteur benannt ist, und ihm damit Ehre zuteilwerden ließ: Die Universität taufte 2015 eine Lounge auf dem Campus nach dem Namensgeber der Adolf-Messer-Stiftung, nachdem diese der Hochschule rund zehn Jahre lang hatte Gelder zukommen lassen. Dabei war es kein Geheimnis, dass Messer schon früh in die NSDAP eingetreten war und mit seiner Zulieferfirma von der Rüstungsproduktion und dem Einsatz von Zwangsarbeitern profitiert hatte. Die Studierenden wehrten sich gegen diese Farce. »Adolf Messer ist in keiner Weise ein Vorbild für Studierende und Lehrende der Goethe-Universität«, argumentierte eine Studierendengruppe.[37] Der Aufschrei zeigte Wirkung: Nach vier Jahren der Proteste und Debatten wurde der Raum 2019 umbenannt.[38] Auch die Familie Messer gab ihrer Stiftung einen neuen Namen.[39] Zuwendungen der Friedrich Flick Förderungsstiftung flossen jedoch weiterhin, unauffällig und doch vor aller Augen – bis heute.

Viele weitere Stiftungen in Deutschland wurden nach Geschäftsmännern benannt, die das NS-Regime stützten, von ihm profitierten und dafür nach dem Krieg verurteilt wurden. Zu nennen sind beispielsweise die nach Alfried Krupp und Fritz Thyssen benannten Stiftungen. Ihnen kann man allerdings nicht vorwerfen, die Vergangenheit zu verheimlichen. Während die Friedrich Flick Förderungsstiftung weiterhin ihr Erbe aus dem ›Dritten Reich‹ verleugnet, sind die mit Krupp und Thyssen assoziierten Wohltätigkeitsorganisationen transparenter; beide liefern auf ihren Websites Informationen über die nationalsozialistischen Überzeugungen oder Verbrechen ihrer Namenspatrone.[40] So kann jeder, der eine Förderung dieser Stiftungen erhält, zumindest ein wenig über die Person in Erfahrung bringen, die mit der Namensgebung geehrt wird.

Ingrid Flick sagte einmal über ihre Zwillinge: »Die Kinder müssen lernen, dass sie nichts Besonderes sind, der Name Flick allerdings verpflichtet.«[41] Aber wozu genau, insbesondere in Ingrids Fall? Wenn man als Maß die ›Buße‹ heranzieht, die die Flick-Matriarchin aufgrund des befleckten Vermögens ihrer Familie und deren bösartiger Vergangenheit geleistet hat, dann verpflichtet der Name offenbar zu nicht sehr viel.

Ingrid Flick wirkt daran mit, dass die dem ererbten Vermögen anhaftenden Sünden im Dunkeln bleiben, und dabei ist die österreichische Erbin bei Weitem nicht die Einzige, die so handelt.

4.

Am Abend des 30. September 2007, kurz vor Mitternacht, strahlte die ARD ohne Ankündigung eine TV-Dokumentation aus. Sie trug den Titel *Das Schweigen der Quandts*. Eine unheilvolle Stimme aus dem Off setzte den Ton, als in der Einleitung gefragt wurde, ob die Quandts, Deutschlands reichste Dynastie, vorsätzlich die Vergangenheit ihrer Familie im Verborgenen halte.[42] In den 25 Jahren seit dem Tod Herbert Quandts hatten die reichsten und sichtbarsten Erben – jene, die heute noch BMW kontrollieren – sich von den Medien fast vollständig abgeschottet und eine Mauer des Schweigens errichtet. Obwohl viele grausige Tatsachen über die Handlungen ihres Patriarchen während des ›Dritten Reichs‹ mit der Veröffentlichung einer erfolgreichen Familienbiografie 2002 ans Tageslicht gekommen waren, kommentierten Herbert Quandts Erben die offengelegte dunkle Seite der Familiengeschichte nicht.[43] Jetzt zwang die Ausstrahlung der TV-Dokumentation alle Quandts schließlich zu Stellungnahmen.

Die emotionale Kraft der Sendung lag in den Zeugenaussagen zweier Überlebender, die als Sklavenarbeiter in der AFA-Fabrik in Hannover hatten arbeiten müssen und dazu in deren Außenlager untergebracht gewesen waren. Einer von ihnen, der 82-jährige Däne Carl-Adolf Soerensen, wird in der Dokumentation am Standort des einstigen Quandt-Werks und des von der SS beaufsichtigten Lagers interviewt. Dort spricht er davon, dass dieser Ort für ihn und seine Kameraden die Hölle gewesen sei. »Immer wenn ich träume, bin ich hier im Lager«, erklärt er und blickt sich entsetzt um. »Das bleibt, solange ich lebe.«[44]

Varta, das Nachfolgeunternehmen der AFA, lehnte 1972 die Bitte einer Gruppe überlebender dänischer Zwangsarbeiter um finanzielle Unterstützung ab. »Da wir weder eine rechtliche noch eine moralische Verpflichtung erkennen, die aus einem schuldhaften Verhalten unseres Unternehmens hergeleitet werden könnte, bitten wir um Ihr Verständnis, wenn wir Ihrem Antrag nicht Rechnung tragen«, schrieb das Unternehmen im Besitz der Quandts.[45] In der TV-Dokumentation beschreibt der Däne Soerensen die Reaktion von Varta auf die Anfrage: »Sie reagierten hart und arrogant, gaben noch nicht einmal zu, dass wir dort für ihre Firma gearbeitet hatten. Sie haben uns gedemütigt.«[46]

Ende der 1980er-Jahre gewährte Varta schließlich doch eine Unterstützung, allerdings für einen anderen Zweck, der aber immerhin mit dem Thema in Zusammenhang stand: die Erhaltung des Konzentrationslagers Neuengamme als Mahnmal.[47] Selbst in diesem Fall musste der Vorsitzende der anfragenden Stiftung hart darum kämpfen, Varta von diesem Engagement zu überzeugen. Und nachdem der Batteriegigant einen Scheck für die Unterstützung der Gedenkstätte geschickt hatte – nur 5000 Mark, eine so läppische Summe, dass der Vorsitzende dies zunächst für ein Versehen hielt –, bat Varta darum, im Gegenzug einen Spendenbeleg zu erhalten, um die Ausgaben von der Steuer absetzen zu können.

Während sich die reichsten Quandts weigerten, für die Dokumentation Interviews zu geben, erklärte sich eines von Herbert Quandts anderen Kindern bereit, vor der Kamera zu sprechen. Sven Quandt hatte einen Teil von Varta geerbt und saß im Aufsichtsrat des Unternehmens. Im Film weist er lächelnd alle moralische Verantwortung für das ererbte Vermögen von sich und redet die Beteiligung seines Vaters und Großvaters an den Verbrechen des ›Dritten Reichs‹ klein. Der Quandt-Erbe fordert Deutschland zudem auf, die NS-Vergangenheit hinter sich zu lassen: »Wir müssten endlich mal versuchen zu vergessen. Es gibt in anderen Ländern ganz ähnliche Dinge, die passiert sind. Auf der ganzen Welt. Da redet keiner mehr drüber.«[48]

Die Ausstrahlung erreichte Millionen von Zuschauern. Für die Quandts bedeutete dieser Erfolg ein PR-Desaster. Die bewegenden Aussagen der noch lebenden Zwangsarbeiter und Sven Quandts gering schätzende, unpassende Kommentare erzeugten eine Dissonanz, über die man nicht hinweggehen konnte. Unglücklicherweise ist die Dokumentation ebenfalls nicht einwandfrei: Sie erweckt fälschlicherweise den Eindruck, als seien die Anfänge des Quandt'schen Reichtums auf die Profite zurückzuführen, die man während der NS-Zeit erzielte – ein Vermögen, entstanden auf den Rücken der Zwangsarbeiter. Im Film wird dies als Erklärung für das Schweigen der Familie herangezogen. Diese Schlussfolgerung ist irreführend: Günther Quandt war bereits einer der reichsten Männer Deutschlands, als Hitler an die Macht gelangte.

Am 5. Oktober 2007, fünf Tage nach der Fernsehausstrahlung, gaben die Erben von Herbert und Harald Quandt eine knappe Presseerklärung heraus. Die Vorwürfe der Dokumentation habe die Familie »bewegt«, hieß es. Die Quandts gestanden zu, sich ihrer NS-Vergangenheit nicht gestellt zu haben. Sie wollten nun einen Zeithistoriker beauftragen, der die Geschichte der Familie zur Zeit des ›Dritten Reichs‹ unabhängig klären und aufarbeiten sollte. Dazu wollten sie ihre Archive öffnen und die Ergebnisse publizieren. Am Ende baten sie die Medien »um Sorgfalt und Fairness im Umgang mit unserer Geschichte als deutsche Unternehmerfamilie«.[49] Das war eine starke Ansage, die von einer Dynastie kam, die weiterhin den noch lebenden früheren Zwangsarbeitern ihrer ehemaligen Firmen den grundlegendsten Respekt verweigerte. Die Erklärung der Familie enthielt nicht einmal eine an die Überlebenden gerichtete Entschuldigung.

Obwohl Deutschlands reichste Familie nur selten Interviews gewährt, verleihen Herbert Quandts Erben seit 1986 einen Journalismus-Preis – den Herbert Quandt Medien-Preis, jährlich dotiert mit 50.000 Euro und nach dem Mann benannt, dem einst ein »fast krankhafter Hang zu Geheimnistuerei« attestiert wurde.[50] Einige Monate nachdem die erwähnte Dokumentation im Fernsehen zu sehen war, traten drei dem Kuratorium der Quandt-Stiftung angehörende Chefredakteure zurück. Sie wollten nicht länger mit einer Auszeichnung in Verbindung gebracht werden, die in Herbert Quandts Namen verliehen wurde, solange die Untersuchung der NS-Geschichte der Familie andauerte. Die BMW-Quandts verleihen den Preis weiterhin, bis heute.

Während der Zeremonie zur Preisverleihung 2008 war Stefan Quandt, Deutschlands reichster Erbe, der erste seiner Dynastie, der öffentlich sein Bedauern über den Einsatz von Zwangsarbeitern in den zum Quandt-Konzern gehörenden Werken während des ›Dritten Reichs‹ zum Ausdruck brachte. Auch wenn es ihm gelang, sich nicht zu entschuldigen, so formulierte Stefan Quandt doch seinen Kummer über die vielen Zwangsarbeiter, die während des Kriegs in Quandt-Fabriken gelitten hatten und gestorben waren. Es sollte noch drei weitere Jahre dauern, bis die von der Familie in Auftrag gegebene Studie fertiggestellt sein würde, dennoch verteidigte Herbert Quandts jüngster Sohn bereits zu diesem Zeitpunkt seine Ahnen und wies jegliche Kritik an ihnen zurück. Während des ›Dritten Reichs‹ seien Günther und Herbert Quandt gezwungen gewesen, »in einem Klima der Angst und Verunsicherung« zu operieren, so Stefan Quandt.[51] Eine verblüffende Behauptung angesichts der Tatsache, dass selbst Günther Quandt dies anders gesehen hatte: In seiner Autobiografie schrieb der Patriarch, dass er den NS-Staat jederzeit hätte verlassen können, doch geblieben war, um seine Firmen und Fabriken am Laufen zu erhalten.[52]

Weitere fünf Monate später, im November 2008, öffnete sich Stefans ältere Schwester, Susanne Klatten, Deutschlands reichste Frau, zum ersten Mal einem Journalisten, um von ihrem Privatleben zu erzählen. Es gab mehrere Gründe für die plötzliche Offenheit der *Financial Times Deutschland* gegenüber. Zum einen hatte Susanne Klatten gerade eine hässliche Affäre hinter sich: Im Herbst zuvor, noch während der Dokumentarfilm über die NS-Vergangenheit ihrer Familie das Land bewegte, war die verheiratete Quandt-Erbin von ihrem ehemaligen Geliebten Helg Sgarbi erpresst worden.[53] Der Schweizer Betrüger hatte einen Komplizen beauftragt, das Paar beim Sex in einem Hotelzimmer zu filmen, und verlangte nun für sein Schweigen Millionen von ihr. Sollte sie sich weigern zu zahlen, werde er die intimen Aufnahmen an ihre Familie schicken, außerdem an die Presse und an das Management von BMW – wo sie im Aufsichtsrat sitzt. Am Ende informierte Susanne Klatten doch die Polizei, und Sgarbi wurde verhaftet. Nun erregte der Fall der versuchten Erpressung weltweit Aufsehen.

Insofern berührte das FTD-Interview nur am Rande die dunkle Vergangenheit der Familie. Susanne Klatten spielte, anders als ihr jüngerer Bruder, das Thema nicht herunter oder zog voreilige Schlüsse. »Auf etwas Dunkles ist ein Licht geworfen worden«, erklärte die Quandt-Erbin. »Das ist immer besser, als wenn es im Dunkeln seine Kraft entwickelt. […] Dann ist es besser, man kennt, was da war, als dass man es negiert.« Und dann kam die 46-Jährige zur Schlussfolgerung: »Den Respekt und die Liebe zu meinem Vater werde ich nicht verlieren. Niemand kann beurteilen, was es hieß, damals zu leben.«[54]

Es sollte noch drei Jahre dauern, bis der von den Quandts beauftragte Historiker Joachim Scholtyseck, Professor an der Universität Bonn, und seine Mitarbeiter ihre Untersuchung abschlossen. Das 1183 Seiten dicke Buch, veröffentlicht im September 2011, bot eine Vielzahl an Beweisen für die Mittäterschaft von Günther und Herbert Quandt, ihren obersten Führungskräften und den von Quandt kontrollierten Firmen an den Verbrechen des ›Dritten Reichs‹. Günther Quandt sei ein rücksichtsloser Opportunist gewesen, kein überzeugter Nationalsozialist, so Scholtyseck. Ganz unabhängig davon sei sein Unternehmertum »untrennbar« mit den NS-Verbrechen verbunden gewesen.[55] Quandts Verlangen danach, seinen Reichtum zu mehren, sei so stark gewesen, dass »für grundsätzliche Fragen nach Recht und Moral kein Raum blieb«.[56] Scholtyseck kam zu dem Schluss: »Der Familienpatriarch war Teil des NS-Regimes.«[57]

Günther Quandt habe sich von jüdischen Mitarbeitern »leichten Herzens und beschämend früh« getrennt, so der Historiker.[58] Er stieß zudem auf weitere ›Arisierungen‹, die Vater wie Sohn durchgeführt hatten: »Quandt gehörte dabei nicht zu den ›freundlichen‹ Käufern, die ihre Verpflichtungen erfüllten […]. Er gehörte vielmehr zu der großen Gruppe von ›Arisierern‹, die eine Notlage der jüdischen Besitzer bewusst und kühl ausnutzten, um die zur Verfügung stehenden Unternehmen zu übernehmen«, stellte Scholtyseck fest. »Zweifel an der Berechtigung der ›Arisierungen‹ oder moralische Bedenken lassen sich aus den Quellen weder bei Günther Quandt, seinem Sohn Herbert, noch ihrem Führungspersonal erkennen.«[59] Der Historiker fällte ein strenges Urteil über Herbert Quandts Rolle in der NS-Ära:

> Es können also keine Zweifel daran bestehen, dass Herbert Quandt sich über den Umfang der Mitwirkung der Quandt-Gruppe an den Unrechtstaten des Regimes in Bezug auf den Einsatz von Zwangsarbeitern und KZ-Häftlingen, aber auch mit Blick auf die ›Arisierungen‹ im Klaren war. Bedenken ge-

genüber der Unternehmensführung seines Vaters hat er nach heutigem Kenntnisstand weder zeitgenössisch noch im Rückblick verlauten lassen, mehr noch: Im Zuge seiner Heranführung an die Unternehmensspitze trug er selbst unmittelbar Verantwortung für das begangene Unrecht.[60]

5.

Im September 2011 setzten sich Stefan Quandt und seine Cousine Gabriele, eine Tochter Harald Quandts, mit zwei Journalisten der *Zeit* zusammen und gaben das erste und, bis zum Zeitpunkt der Entstehung dieses Buches, einzige Interview zu den Ergebnissen der Studie. Einer der Interviewpartner war Rüdiger Jungbluth, Verfasser der Bestsellerbiografie über die Familie Quandt aus dem Jahr 2002 und jener Journalist, der die NS-Vergangenheit der Familie einer breiteren Öffentlichkeit bekannt gemacht hatte.

Gabriele drückte angesichts der Behandlung von Zwangsarbeitern in den Quandt-Unternehmen während des ›Dritten Reichs‹ Entsetzen und Scham aus: »Es tut weh. Günther Quandt ist unser Großvater. Aber wir hätten gerne einen anderen gehabt. Besser gesagt: Wir hätten ihn gerne anders gehabt.« Der Dokumentarfilm von 2007 habe, auch wenn er fehlerbehaftet gewesen sei, die Dinge in Bewegung gebracht, so Gabriele Quandt. »Die Unterstellung, unsere Öffentlichkeitsscheu beruhe darauf, dass wir Dreck am Stecken und unser Geld aus unlauteren Quellen hätten, fand ich schmerzhaft und unerhört. Aber das hat uns aufgerüttelt.«[61]

Doch offenbar waren nicht alle wachgerüttelt. Stefan Quandt hielt an der defensiven Haltung fest. Das Interview begann damit, dass der reichste Erbe Deutschlands aufzählte, was Günther Quandt laut Scholtysecks Erkenntnissen *nicht* gewesen war, nämlich dass er »kein Antisemit war. Kein überzeugter Nationalsozialist. Und kein

Kriegstreiber.« Günther Quandts zahlreiche ›Arisierungen‹ waren für den 45-jährigen Firmenerben neu. Er beschrieb die Erkenntnisse als »schmerzhaft«. Und doch wollte er sich den Schlussfolgerungen des Historikers, sein Großvater sei Teil des NS-Regimes gewesen, nicht anschließen: »Ich würde ›Teil des NS-Systems‹ vorziehen. ›Regime‹ interpretiere ich als politische Führung, zu der gehörte er nicht. Er hat die Möglichkeiten, die das System Industriellen bot, ausgenutzt, aber er hat nicht dessen ideologische Ziele mitverfolgt.«

Und obwohl Stefan Quandt zugestand, dass die Zwangsarbeiter in den familieneigenen Firmen unter furchtbaren Umständen arbeiten mussten und es »eine traurige Wahrheit [ist], dass Menschen die Zwangsarbeit in Quandtschen Unternehmen nicht überlebt haben«, so schob der BMW-Erbe doch gleich nach, Günther Quandt habe »nicht das Ziel verfolgt [...], Menschen zu töten. Das liegt mir als Enkel am Herzen. Diese Grenze wurde nicht überschritten. Die Beschäftigung von Zwangsarbeitern war im damaligen System notwendig, um die Produktion aufrechtzuerhalten. Die deutschen Männer waren ja an der Front.« Stefan Quandt verschloss die Augen vor der Tatsache, dass Günther Quandt direkt von dem Töten an der Front profitiert hatte, schlicht dadurch, dass er einer der größten Produzenten von Waffen und Munition im nationalsozialistischen Deutschland gewesen war.

Während Stefan Quandt einräumte, dass sein Vater Herbert ebenfalls Teil des NS-Systems gewesen war und ebenso von der Zwangsarbeit profitiert hatte, so war für ihn der Zeitabschnitt unter den Nationalsozialisten zu kurz, »um die gesamte Persönlichkeit [Herbert Quandts] aus den Handlungen zu verstehen. Er stand im Schatten seines Vaters.« Stefan Quandt kündigte an, er werde zusammen mit seiner Mutter Johanna und seiner Schwester Susanne das Dokumentationszentrum NS-Zwangsarbeit in Berlin-Schöneweide mit einer Spende fördern. Das Zentrum ist in intakt gebliebenen Lagerbaracken aus dem ›Dritten Reich‹ untergebracht: Hier lebten 200 Frauen, die für Pertrix arbeiten mussten – eine Firma, für die Herbert Quandt während des Zweiten Weltkriegs verantwortlich war. Seine Erben zahlten nun mehr als fünf Millionen Euro für die Renovierung der Anlagen, für den Aufbau einer Begegnungsstätte sowie für Ausstellungen, darunter eine zum Einsatz von Zwangsarbeitern bei Pertrix.[62] Stefan Quandt hatte das Lager besucht und zeigte sich von der Erinnerungsarbeit, die dort geleistet wird, beeindruckt.

Als die *Zeit*-Journalisten Stefan Quandt mit den Aussagen seines Halbbruders Sven Quandt konfrontierten, der in der TV-Dokumentation erklärt hatte, Deutschland solle mit seiner NS-Vergangenheit abschließen, machte er deutlich, dass diese Aussage unglücklich gewesen sei: »Ich sehe in Deutschland keinen Zeitpunkt, zu dem wir sagen könnten: Wir sollten über die NS-Zeit nicht mehr nachdenken, nicht mehr reflektieren. Es kann aber auch nicht sein, dass sich dieses Land nur über die zwölf Jahre Nationalsozialismus definiert.«[63] Zuvor hatte er Sven Quandt jedoch verteidigt und erklärt, dieser sei »auf diese Fragen nicht vorbereitet« gewesen. Offenbar empfand Stefan Quandt es als unfair, dass ein Journalist ihm oder einem seiner Verwandten eine Frage ohne Vorwarnung stellte beziehungsweise keine Gelegenheit gab, die Fragen im Vorfeld zu prüfen. Und das vom Schirmherr eines Journalismus-Preises.

Stefan Quandt beschrieb die Anstrengungen der Familie, sich von ihrem Vater und Großvater zu distanzieren, als notwendig, aber auch als »riesigen und schmerzhaften« Zwiespalt. Und doch, trotz all dieser Zugeständnisse, schien sich bei den jüngeren, reumütigeren Quandts der Wille zur Veränderung in Grenzen zu halten. Die BMW-Quandts beließen es bei dem Namen Günther-Quandt-Haus für ihre Niederlassung in Bad Homburg. »Wir können und wollen Günther Quandt nicht aus unserer Geschichte löschen, sondern werden uns an ihn mit seinen hellen und dunklen Seiten erinnern. Alles andere ist zu einfach«, erklärte Stefan Quandt in dem Interview. Deutschlands reichste Familie entschied auch, Herbert Quandts Namen für den Medien-Preis und eine ihrer Stiftungen beizubehalten. Stefan Quandt zeigte sich überzeugt, das »Lebenswerk« seines Vaters als »Gesamtbild« würde dies rechtfertigen. Der Quandt-Erbe fand es demnach nicht seltsam, einen Medien-Preis im Namen eines Mannes zu vergeben, der kaum mit der Presse gesprochen hatte, ganz zu schweigen davon, dass dieser laut Scholtyseck »unmittelbare Verantwortung« für Verbrechen des ›Dritten Reichs‹ trug. Wie schon Herbert Quandt war offenbar auch Stefan Quandt nicht willens oder in der Lage, aus dem Schatten seines Vaters herauszutreten.

In dem Gespräch mit der *Zeit* erklärte Stefan Quandt, die wichtigsten Ziele der Familie bei der Vergabe der Studie über ihre Vergangenheit seien »Offenheit und Transparenz« gewesen. Doch auch nach dieser Äußerung wurden die NS-Aktivitäten auf der Website des Herbert Quandt Medien-Preises noch ganze zehn Jahre lang beschwiegen: In der dort veröffentlichen Biografie des Namensgebers stand lediglich, dass er 1940 in den Vorstand der AFA eingetreten sei. Von seinen Verbrechen war hier nichts zu lesen; und auch die seines Vaters und die der Quandt-Unternehmen wurden nicht angesprochen. Die Hinweise auf die Forschungen von Scholtyseck blieben auffällig vage. Der Anlass für die historische Untersuchung und deren schwerwiegende Ergebnisse wurden nicht genannt, auch das ›Dritte Reich‹ fand keine einzige Erwähnung. Das sprach Bände, wie es zu der Studie gekommen war – öffentlicher Druck hatte sie hervorgebracht, nicht ein ehrliches Bedürfnis, sich einer schwierigen Vergangenheit zu stellen. Die einzige Aussage auf der Website, die einer Erklärung für den Grund der Studie halbwegs nahekam, war dieser euphemistische Satz: »Wie bei anderen bedeutenden Unternehmen und Unternehmerfamilien des 20. Jahrhunderts wurde der Ruf nach einer Gesamtdarstellung der familiären Unternehmens-Geschichte laut.«[64]

Erst in der letzten Oktoberwoche des Jahres 2021, und damit mehr als ein Jahrzehnt nach Veröffentlichung der Studie und nur wenige Tage nach der jüngsten meiner wiederholten Anfragen, wurde Herbert Quandts reingewaschene Biografie auf der Website schließlich durch einen überarbeiteten längeren Text ersetzt, der einige seiner Aktivitäten während des ›Dritten Reichs‹ erwähnt, teilweise die Forschungsergebnisse von Scholtyseck berücksichtigt und zugesteht, was zur Publikation der Studie geführt habe: öffentlicher Druck.[65]

6.

Zunächst sah es so aus, als würden die Dinge für die Mitglieder der Oetker-Dynastie problemloser laufen, als sie die Sünden ihres Vaters beichteten. Mitte Oktober 2013, zwei Jahre nach dem Interview mit den Quandt-Erben, saßen erneut zwei Journalisten der *Zeit* mit einem öffentlichkeitsscheuen Unternehmersohn zusammen, um die Ergebnisse einer weiteren, von der betroffenen Familie selbst in Auftrag gegebenen Studie über die Verwicklungen der Familie während des ›Dritten Reichs‹ zu diskutieren.[66] Wieder war einer der Journalisten Rüdiger Jungbluth. Er hatte nach seiner Biografie über die Quandts eine über die Oetkers vorgelegt, die 2004 erschien. Obgleich Jungbluth der Zugang zu den Oetker-Archiven verwehrt geblieben war, hatte er eine Menge über die Beziehungen der Familie zum NS-Regime ausgraben können.[67] Jetzt, da der Tod des Patriarchen bereits einige Jahre zurücklag und die familieneigene Untersuchung kurz vor der Veröffentlichung stand, war endlich ein Oetker bereit zu reden.

Rudolf-August Oetker war im Januar 2007 im Alter von 90 Jahren in Hamburg gestorben – der letzte der NS-Milliardäre. Der frühere Waffen-SS-Offizier, der unter anderem in Dachau ausgebildet worden war, hinterließ einen global agierenden Mischkonzern mit Sitz in Bielefeld und jährlichen Einnahmen von mehr als 12 Milliarden Euro aus den Bereichen Logistik, Lebensmittel, Getränke, Privatbanking und Luxushotels. Die Dr.-Oetker-Tiefkühlpizzas und das Backpulver waren inzwischen weltweit bekannt. Seine acht Kinder aus drei Ehen hatten alle einen gleich großen Anteil des Familiengeschäfts geerbt, was jedes von ihnen zum Milliardär und oder zur Milliardärin gemacht hatte.[68] Nach dem Tod Rudolf-August Oetkers hatten sie allerdings noch einige Fragen.

Der Vater hatte nur selten mit seinen Kindern über die NS-Zeit und den Weltkrieg gesprochen, doch sie wussten, dass er in Dachau gewesen war. Im Jahr vor seinem Tod veröffentlichte Rudolf-August Oetker unter dem Titel *Vom Glück verwöhnt* eine private Autobiografie, die nur für die Familie bestimmt war, in kleiner Auflage gedruckt wurde und offenbar kaum etwas aus dieser Phase seines Lebens verriet. 2008, ein Jahr nach dem Tod des Patriarchen, beauftragten Oetkers Kinder aus eigener Initiative drei Historiker mit der Aufarbeitung der Firmengeschichte sowie der NS-Vergangenheit ihres Vaters und dessen Stiefvaters, Richard Kaselowsky. Zu seinen Lebzeiten hatte ihr Vater stets sein Veto gegen eine solche Untersuchung eingelegt, doch die TV-Dokumentation über die Quandts veranlasste auch die Oetkers dazu, etwas Klarheit in die Angelegenheit bringen zu wollen, ehe die Presse es tat.[69]

Klarheit herrschte dann im Herbst 2013. Die Geschichtswissenschaftler kamen in ihrer Untersuchung zu dem Schluss: »Kaselowsky und mit ihm die Familie und die Firma Oetker trugen Verantwortung für das politische System, in dem sie lebten. Sie waren Stützen der NS-Gesellschaft, sie suchten die Nähe des Regimes und profitierten von dessen Politik.«[70] Es war Oetkers ältester Sohn August, der im Oktober 2013 mit Jungbluth und einer weiteren *Zeit*-Journalistin über die bevorstehende Veröffentlichung der Studie und die Vergangenheit seines Vaters sprach. August Oetker kam 1944 zur Welt, während sein Vater gerade zum Offizier der Waffen-SS ausgebildet wurde. Er war seinem Vater als Geschäftsführer des Familienkonglomerats nachgefolgt und hatte jetzt kein Problem damit, sich von dem Patriarchen zu distanzieren. »Mein Vater war ein Nationalsozialist«, erklärte August Oetker den

Journalisten. »Jetzt wird der Nebel gelichtet.«[71] Er bestätigte auch, dass sein Vater noch lange nach dem Krieg rechtsextreme Sympathien gehegt hatte. Was hingegen nicht angesprochen wurde: Die Oetker-Erben führten weiterhin zwei Stiftungen unter dem Namen ihres Vaters und ihrer Großeltern, die alle begeisterte Nationalsozialisten gewesen waren.

Während des Interviews wurde ein Riss zwischen den Generationen der Oetker-Familie offenbar. Die fünf älteren Geschwister – geboren in den 1940er- und zu Beginn der 1950er-Jahre – hätten darauf bestanden, die Studie in Auftrag zu geben, wohingegen die drei jüngeren Kinder – geboren Ende der 1960er- und in den 1970er-Jahren – anfänglich nur zögerlich zugestimmt hätten, so August Oetker. Er berichtete, dass seine jüngeren Halbgeschwister sich noch nicht in gleichem Maße von ihrem Vater distanziert hätten wie er und seine Geschwister.

Am 22. Oktober 2013, dem Veröffentlichungstag des Forschungsberichts, kritisierte Maja Oetker, die Witwe des Patriarchen und Mutter der drei jüngsten Erben, das 624 Seiten starke Buch und ihren Stiefsohn August in einem Interview mit einer Regionalzeitung in Ostwestfalen. Die Matriarchin gab an, den Historikern sei es nur um den Beweis gegangen, dass ihr verstorbener Mann und sein Stiefvater, Kaselowsky, überzeugte Nationalsozialisten gewesen seien. Auch die Behauptung ihres Stiefsohns, Oetker sei nach dem Krieg weiterhin anfällig für rechtes Gedankengut gewesen, stritt sie ab. »Konservatives Gedankengut haben wir immer richtig gefunden. Linke empfinden konservatives Gedankengut vielleicht als negativ. Für uns hieß konservativ: Man hält an guten Traditionen, die sich über einen sehr langen Zeitraum bewährt haben, und an christlichen Werten fest«, sagte sie der Bielefelder Zeitung.[72] Maja Oetker gestand freimütig zu, nur jene Teile des Buches gelesen zu haben, in denen es um ihren Mann ging, behauptete zugleich aber, mehrere unbewiesene Unterstellungen gefunden zu haben. Welche genau das waren, ließ sie offen.

Die beiden Interviews gaben einen Vorgeschmack darauf, was noch kommen sollte. Drei Monate später, Ende Januar 2014, wurde in deutschen Medien von einem Machtkampf zwischen den zwei Lagern der Oetker-Geschwister berichtet, der die behäbige Geschäftswelt des Landes aufrüttelte.[73] Der Streit drehte sich um die Frage, wer aus der Reihe der Geschwister die Nachfolge des Geschäftsführers bei Dr. Oetker antreten solle.[74] Auch hier verlief die Front zwischen den Generationen: die fünf älteren Oetkers gegen ihre drei jüngeren Halbgeschwister. Es folgten jahrelange Auseinandersetzungen. Man bereitete Prozesse vor; es wurden Vermittlungsgespräche vereinbart. Zum ersten Mal in seiner Geschichte stellte das Unternehmen schließlich jemanden an die Spitze, der nicht zur Familie gehörte. Doch damit war das Hickhack noch nicht vorüber.

Ende Juli 2021 wurde dann Rudolf-August Oetkers schlimmster Albtraum war: Acht seiner Erben kündigten an, das Dr. Oetker-Konglomerat in zwei voneinander unabhängige Gruppen aufzuspalten.[75] Das Familienunternehmen fiel auseinander; man war versucht, wieder an die *Buddenbrooks* zu denken, deren Lektüre Oetker seinerzeit so »sehr deprimiert« hatte. Obgleich die Milliardäre das Oetker-Wirtschaftsimperium nun zerstückelt haben, befriedigt es noch immer eine Menge Gelüste: die nach Kuchen und Pizza, nach Bier (Radeberger, Jever, Schöfferhofer) und Sekt (Henkell Trocken, Deinhard, Freixenet) sowie nach berühmten Luxushotels wie dem Lanesborough in London, dem Le Bristol in Paris und dem Cap-Eden-Roc in Antibes.

Nach der Spaltung änderten die älteren Oetker-Erben den Namen der Stiftung, die nach ihren Großeltern, den überzeugten Nationalsozialisten Richard und Ida Kaselowsky, benannt war. Die drei jüngeren Kinder von Rudolf-August Oetker hingegen ließen die Titel ihrer Stiftung und Kunstsammlung unangetastet, die damit weiterhin den Namen eines ehemaligen Offiziers der Waffen-SS tragen. Und auch in diesem Fall lässt sich kaum etwas über die Vergangenheit des Namensgebers erfahren, wenn man sich auf die Darstellung auf der Website ihres neuen Konzerns verlässt – eine weitere dunkle Vergangenheit, die unausgeleuchtet bleibt.[76]

7.

Im März 2019 verkündete die Ferry-Porsche-Stiftung, sie wolle an der Universität Stuttgart Deutschlands erste Professur für Unternehmensgeschichte finanzieren. Das Unternehmen Porsche hatte die Stiftung ein Jahr zuvor ins Leben gerufen – siebzig Jahre nachdem Ferry Porsche den ersten Porsche-Sportwagen entworfen hatte –, in der Hoffnung, damit »unsere bisherigen sozialen und gesellschaftlichen Aktivitäten nachhaltig« stärken zu können.[77] In einer Pressemitteilung erklärte der damalige Vorstandsvorsitzende der Stiftung nun: »Die Auseinandersetzung mit der eigenen Geschichte ist eine permanente Aufgabe. Dies gilt für die Porsche AG genauso wie für andere Unternehmen. Die Ferry-Porsche-Stiftung möchte genau diese kritische Reflexion unterstützen, denn: Zukunft braucht Herkunft.« Dann fügte er hinzu, die Finanzierung des Lehrstuhls sei eine Einladung vor allem an Familienunternehmen, »sich noch intensiver und unvoreingenommen mit ihrer Historie, den Erkenntnissen daraus und möglichen Konsequenzen zu befassen«.[78] Ein ziemlich gewagtes Statement angesichts von Ferry Porsches Lügen über seine SS-Bewerbung, seiner unverhohlenen Verwendung antisemitischer Stereotype und Vorurteile in seiner ersten Autobiografie und dem beharrlichen Schweigen der Porsche-Familie zu alldem.

1998 war Ferry Porsche im Alter von 88 Jahren in Zell am See friedlich verstorben. Die weltweit bekannte Sportwagen-Ikone hatte ihre zweite Autobiografie zehn Jahre zuvor ausschließlich auf Deutsch veröffentlicht. Verglichen mit der ersten war der Ton in dieser Version ein ganz anderer. Die antisemitischen Aussagen waren verschwunden, die Affäre um Adolf Rosenberger war auf zwei Absätze reduziert. Der Milliardär leugnete weiterhin, sein Vater Ferdinand Porsche und dessen Schwager Anton Piëch hätten Rosenbergers Anteil an Porsche ›arisiert‹. Stattdessen zog Ferry Porsche die Mitleidskarte: »So schlimm diese Vorgänge auch damals für Rosenberger waren, unter den gegebenen Umständen haben wir uns stets ihm gegenüber fair und korrekt verhalten. Auch für uns war diese Situation damals alles andere als einfach.«[79]

Eine Konstante in Ferry Porsches späterer Autobiografie ist die Behauptung, er habe nie den Rang eines SS-Offiziers bekleiden wollen; Himmler habe ihm den Rang verliehen, der ein reiner Ehrentitel gewesen sei. Er sprach zudem explizit davon, sich nicht freiwillig für die SS gemeldet zu haben. Ferner argumentierte er, dieser »Ehrentitel« sei kein Beweis, dass er ein überzeugter SS-Mann gewesen sei: »Wenn Sie jetzt zum Ehrenbürger von Salzburg ernannt werden, sind Sie dann Österreicher?«[80] Doch Ferry Porsches Schutzbehauptungen lösten sich 2017 in nichts auf, als drei deutsche Historiker in einer Untersuchung zu den Anfängen der Firma Porsche herausfanden, dass Ferry Porsche sich 1938 sehr wohl selbst um die Aufnahme in die SS bemüht hatte.[81] Die Forscher hatten das SS-Formular ausgegraben, das Ferry Porsche ausgefüllt und unterschrieben hatte, womit sie die »Abstreitung einer aktiv betriebenen SS-Mitgliedschaft als eine der weit verbreiteten Ausflüchte, die eigene Vergangenheit zu vernebeln«, entlarvten.[82] Ferry Porsches lebenslange Lüge lag nun offen zutage. Und doch verlor die Porsche-Familie weiterhin kein Wort darüber.

Die Forschungen zur Anfangszeit des Unternehmens hatte die Porsche AG selbst in Auftrag gegeben.[83] 2012 war der Stuttgarter Sportwagenbauer eine vollständige Tochter der vom Porsche-Piëch-Clan kontrollierten Volkswagen AG geworden.[84] Der Wolfsburger Autoriese erzielt jährliche Umsatzerlöse von rund 222 Milliarden Euro und beschäftigt mehr als 665.000 Mitarbeiterinnen und Mitarbeiter,[85] die nicht nur Luxusautos wie Audi, Bentley und Lamborghini herstellen und verkaufen, sondern auch die ›Familienmarken‹ Volkswagen und Porsche. Der Reichtum der Familie beläuft sich mittlerweile auf 18 Milliarden Euro.[86]

Der wahre Grund, weshalb die Ferry-Porsche-Stiftung die Professur für Unternehmensgeschichte an der Universität Stuttgart finanziert,[87] ist, dass es Mitarbeiter der Geschichtsfakultät in Stuttgart waren, die die vom Unternehmen in Auftrag gegebene Studie zur Porsche-Geschichte erstellt hatten. Das Automobilunternehmen war mit deren Ergebnissen zufrieden, auch wenn niemand aus dem Porsche-Piëch-Clan öffentlich dazu Stellung nahm. Als Reaktion auf die Untersuchungsergebnisse brachte man eine Gedenktafel am Porsche-Werk in Stuttgart an, um an die Zwangsarbeiter zu erinnern, die während des Zweiten Weltkriegs hier ausgebeutet worden waren. Doch in der Öffentlichkeit kam schnell die Frage auf: Basiert die Studie tatsächlich auf unabhängigen, objektiven Analysen der historischen Unterlagen?

Im Juni 2019 wurde im SWR eine Dokumentation über Porsches vergessenen Mitgründer Adolf Rosenberger ausgestrahlt.[88] Die Sendung machte deutlich, welch entscheidende Rolle Rosenberger bei der Gründung des Unternehmens gespielt hatte, wie die anderen Mitgründer, Ferdinand Porsche und Anton Piëch, seinen Anteil 1935 ›arisiert‹ hatten, wie Rosenberger um Wiedergutmachung gekämpft hatte und wie man ihn schließlich aus der Unternehmensgeschichte von Porsche herausschrieb.

Die Macher des Films konfrontierten dabei auch Wolfram Pyta, Professor für Neuere Geschichte an der Universität Stuttgart und Hauptverfasser der von Porsche in Auftrag gegebenen Studie, mit der Tatsache, dass einige von Rosenbergers persönlichen Unterlagen nicht in die Untersuchung miteingeflossen waren. Pyta erklärte, eine Verwandte von Rosenberger in Los Angeles habe ihm den Zugang zu den Unterlagen verweigert, die sie geerbt hatte. In der Dokumentation bestritt Rosenbergers Cousine dies allerdings. Sie erzählte, eine Mitarbeiterin Pytas habe sie ein Mal kontaktiert, doch dann habe sie nie wieder etwas von Pyta gehört, der auch nie um einen Termin für die Einsicht in die Dokumente gebeten habe.

Ähnlich fragwürdig ist eine weitere Erkenntnis aus der Studie – beziehungsweise das Fehlen derselben: Rosenberger war 1935 für exakt den Nominalwert aus Porsche herausgekauft worden, den er für seinen zehnprozentigen Gründungsanteil am Unternehmen 1930 bezahlt hatte. Dabei waren die Profite und damit der Marktwert von Porsche in der Zwischenzeit deutlich gestiegen. Kurz gesagt: Rosenberger war betrogen worden und hatte nicht den korrekten Wert seines Anteils ausbezahlt bekommen. Obwohl Pyta schreibt, dass »es keine Scheu [gab], einen wirtschaftlichen Vorteil aus Rosenbergers prekärer Lage zu ziehen«,[89] und »man sich des Eindrucks nicht [wird] erwehren können, dass Rosenberger [...] übervorteilt worden ist«,[90] so weigerte sich der Historiker dennoch, die Transaktion als das zu bezeichnen, was sie war: eine ›Arisierung‹.

In der TV-Dokumentation spricht Wolfram Pyta davon, dass Ferdinand Porsche und Anton Piëch den Übertrag durchgeführt hätten, um das Konstrukt des Familienunternehmens zu stärken, und nicht etwa, weil Rosenberger Jude gewesen sei. Doch den jüdischen Anteilseigner einer deutschen Firma im Hitler-Deutschland von 1935 weit unter dem tatsächlichen Wert seines Anteils aus dem Unternehmen herauszukaufen, konnte nur eines bedeuten: Der Vorgang war definitiv eine ›Arisierung‹. 82 Jahre später entschied sich ein von Porsche finanzierter Historiker bewusst, diese Tatsache nicht anzuerkennen.

8.

Ende November 2018 titelte *Der Spiegel:* »Der Milliardär und die AfD«. Die Geschichte schlug wie eine Bombe ein.[91] Bei den Bundestagswahlen 2017 war die Alternative für Deutschland (AfD) zur größten Oppositionspartei im Parlament geworden und zugleich zur ersten rechtsextremen Partei, die seit fast 65 Jahren dort Sitze erringen konnte. Seit ihrer Gründung 2013 hatte sie immer mehr Aufmerksamkeit auf sich ziehen können.

Der in der Titelzeile erwähnte fast 90-jährige Milliardär, August Baron von Finck junior, hingegen mied die Öffentlichkeit. Nachdem er 1990 die Privatbank der Familie, Merck Finck & Co., für 600 Millionen D-Mark an Barclays verkauft hatte, war der Aristokrat zu einem der weltweit reichsten und zugleich medienscheuesten Investoren geworden. Zu seinen bekannt gewordenen Investitionen gehörten deutsche und Schweizer Firmen wie das Bauunternehmen Hochtief, die Hotelkette Mövenpick, das Prüflabor SGS und der Technologiekonzern Von Roll. Von Fincks auf mehr als 7,5 Milliarden Euro gewachsenes Vermögen wird von der Zentrale des Familienkonzerns am schicken Münchener Promenadeplatz verwaltet.[92] Auch wenn dem Vernehmen nach die halbe Münchener Innenstadt sowie eine Menge Land rund um die Stadt zum Von-Finck-Vermögen gehört, hat er doch die meiste Zeit im Ausland gelebt.[93] 1999 zog August von Finck mit seiner Ehefrau Francine und den vier gemeinsamen Kindern ins Steuerparadies Schweiz. Einer ihrer Wohnsitze dort war ein mittelalterliches Schloss, das sein Vater noch gekauft hatte. Es überragt die Stadt Weinfelden, ganz in der Nähe der deutschen Grenze.

Von Finck junior war noch öffentlichkeitsscheuer als sein Vater. Der Erbe, oft nur »Gustl« genannt, gab der Presse nie ein Interview. Auch die exzentrische Sparsamkeit des Vaters fand sich bei ihm wieder, zumindest teilweise. Zwar pendelte er zwischen seinen stattlichen Häusern bevorzugt mit einem Hubschrauber hin und her, aber seine Autos fuhr er ansonsten so lange, bis sie vollständig durchgerostet waren und zusammenbrachen. Zu Partys brachte er sein eigenes Fleisch, eigenen Käse und eigenes Brot mit und servierte bei Familienfeierlichkeiten seinen wohlhabenden Gästen auch mal eine Scheibe Leberkäse.[94] August von Finck junior beauftragte niemals eine Kommission, um die Verherrlichung Hitlers, die ›Arisierungen‹ von Privatbanken und die dubiose ›Entnazifizierung‹ seines Vaters aufzuarbeiten. Zu den Dingen, die er von

Abb. 27: August Baron von Finck junior in den 2000er-Jahren

seinem Vater übernahm, gehörte auch die Vorliebe für reaktionäre Politik. Während sein Vater zwanzig Millionen Reichsmark für Hitlers Haus der Deutschen Kunst organisierte, wurde von Finck junior als großzügiger Spender für deutsche Rechtspopulisten und rechtsextreme Organisationen bekannt.

Der dokumentierte Beginn von August von Fincks politischen Finanzgeschenken datiert auf die Zeit kurz nach dem Verkauf der familieneigenen Bank. 1993 formulierte es ein befreundeter Banker dem *Spiegel* gegenüber so: »Rechts vom Gustl steht bloß noch Dschingis Khan.«[95] Nach der Abwicklung des Geschäfts mit Barclays war der aristokratische Investor mit reichlich Liquidität versorgt, die er in der Folge zur Förderung reaktionärer Anliegen einsetzte. Zwischen 1992 und 1998 spendete er circa 8,5 Millionen D-Mark in bar an Manfred Brunner, den Gründer einer rechten Splitterpartei, die unter dem Namen »Bund Freier Bürger« firmierte und gegen die Einführung des Euro wetterte. Brunner wurde später wegen Steuerbetrugs verurteilt, was auch mit den Von-Finck-Spenden zusammenhing.[96] Diese wurden des Öfteren von Ernst Knut Stahl, der rechten Hand des Bankers, persönlich übergeben.

Nachdem dieser erste Anlauf gescheitert war, entschloss sich von Finck junior, fortan Parteien zu unterstützen, die bereits etablierter waren. Um eine gewisse Anonymität zu wahren, spendete er nur ein einziges Mal unter eigenem Namen. Alle weiteren Zuwendungen stammten von Gesellschaften, die er kontrollierte.[97] Zwischen 1998 und 2008 spendeten einige seiner Tochterunternehmen rund 3,6 Millionen Euro an die konservative CSU. 2009 überwies eine seiner Gesellschaften 1,1 Millionen Euro in drei Tranchen an die FDP. Schon kurz darauf entschloss sich die schwarz-gelbe Koalition, Steuererleichterungen für das Hotelgewerbe durchzusetzen;[98] zufällig gehörte August von Finck junior zu diesem Zeitpunkt ein Teil der Mövenpick-Hotelkette. Man verspottete die FDP als »Mövenpick-Partei«.[99] In den Medien wurde dieser Skandal als kleinere Version der Flick-Affäre behandelt, in Deutschland ein Synonym für käufliche Politik.

Von Finck junior spendete für Anliegen, die sich unter den Kategorien Neoliberalismus, Konservatismus, Anti-EU und Anti-Euro subsumieren lassen; seine politischen Ansichten könnte man wohl am besten als ›libertär‹ beschreiben. 2003 ließ er dem »Bürgerkonvent«, einer Lobbyorganisation, die sich für eine kleinere Bundesregierung einsetzte, Millionen zukommen.[100] Die langjährige Vorsitzende der heute aufgelösten Organisation war Beatrix von Storch, heute eine der Führungsfiguren der AfD. Das Ludwig von Mises Institut Deutschland – nach jenem Ökonomen benannt, dessen Schriften über den Goldstandard zur Lieblingslektüre der Libertären gehören, die gern in das Edelmetall Gold investieren – hat seinen Sitz in von Fincks Zentrale in München.[101] Als sich Europa 2010 auf dem Höhepunkt der Finanzkrise befand, wurde August von Finck im Goldhandel aktiv. Sein unternehmerisches Vorhaben zeichnete sich – wenig überraschend – durch einen Mangel an historischer Feinfühligkeit aus.

Um sein neues Goldhandelsunternehmen zu benennen, bezahlte eine von von Fincks Tochterfirmen zwei Millionen Euro für die Nutzungsrechte an der Marke Degussa, einem Akronym für Deutsche Gold- und Silber-Scheide-Anstalt.[102] Das berühmt-berüchtigte Chemiekonglomerat Degussa hatte den Nationalsozialisten geholfen, das auf Blausäure basierende Pestizid Zyklon B zu produzieren und das vom NS-Regime geraubte Edelmetall einzuschmelzen. In einer 2004 von dem Unternehmen in Auftrag gegebenen Studie legte Peter Hayes, Professor für Geschichte an der Northwestern University in Evanston, Illinois, detailliert dar, wie ein Tochterunternehmen der Degussa das Schädlingsbekämpfungsmittel entwickelte und die SS zu einem der treuesten Kunden wurde.[103] Zwischen 1941 und 1945 nutzte die SS Zyklon B, um mehr als eine Millionen Menschen, vor allem Juden, in Vernichtungslagern zu vergasen. Und nachdem sie in den Lagern und Ghettos Millionen von Menschen getötet hatten, entnahmen die Schergen des NS-Regimes den Leichen die Goldzähne und -füllungen. Ein Großteil dieses Metalls landete in den Schmelzöfen der Degussa – häufig in komprimierter Form, nicht selten aber auch im Originalzustand. Die Degussa raffinierte Gold und Silber im Wert von mehreren Millionen Reichsmark und verkaufte es weiter; einiges davon war von den Nationalsozialisten in ganz Europa geraubt worden, einiges stammte von Juden, die in Konzentrations- und Vernichtungslager deportiert worden waren.

Es wirkt wie eine perverse Wendung der Geschichte, dass August von Finck junior, ein rechtslastiger Milliardär, dessen von Hitler besessener, antisemitischer, vom Nationalsozialismus überzeugter Vater durch ›Arisierungen‹ während des ›Dritten Reichs‹ seine Privatbank zum Aufblühen brachte, sich den Namen der berüchtigten Degussa aneignete. Inzwischen werden Gold und Silber von Degussa in edlen Shopping-Locations in ganz Europa vermarktet.[104] Einer der Degussa-Shops befindet sich in unmittelbarer Nachbarschaft zu von Fincks Firmensitz in München – hier kann jeder Edelmetalle kaufen oder verkaufen. Doch damit noch nicht genug. Von

Finck junior berief zudem mit Markus Krall einen Vertreter des politischen Rechtsaußenlagers in die Geschäftsführung von Degussa, einen Mann, der aus seiner Ablehnung der Geldpolitik der Europäischen Zentralbank (EZB) keinen Hehl macht und diese als »Maschinenraum des Völkerselbstmords« bezeichnet hat.[105]

9.

August Baron von Fincks politische Investitionen waren weitaus weniger erfolgreich als seine unternehmerischen. Doch dann bot sich eine Möglichkeit, die beiden Interessenssphären zuträglich sein könnte: Anfang 2013 wurde die Anti-Euro-Partei Alternative für Deutschland gegründet. Nur Tage nach dem ersten Parteitag spekulierte ein der CDU von Kanzlerin Merkel nahestehender Thinktank in einem Memo, dass von Finck junior einer der wichtigsten Spender für die AfD werden könnte.[106] Bis heute liegt kein direkter Beleg dafür vor, dass sich diese Vorhersage der Konrad-Adenauer-Stiftung bewahrheitet hat, doch viele Anzeichen deuten darauf hin.

Deutschland kennt keine Obergrenze für Parteispenden. Private Spender wie auch Unternehmen dürfen einer politischen Partei allerdings höchstens 10.000 Euro überweisen, ohne dass ihre Identität öffentlich gemacht werden muss. Überschreitet eine Spende diesen Betrag, muss die Partei in ihrem jährlichen Rechenschaftsbericht den Namen und die Adresse des Spenders bekannt geben. Hat sie im Einzelfall sogar mehr als 50.000 Euro erhalten, muss die Spende umgehend der Bundestagspräsidentin oder dem Bundestagspräsidenten angezeigt werden, dabei werden auch Name und Adresse des Spenders veröffentlicht.[107] So lässt sich leicht nachvollziehen, dass etwa die BMW-Quandts seit mindestens 2002 mehrere Millionen Euro gespendet haben, zumeist an die CDU. August von Finck junior hingegen setzte auf heimlichere, tendenziell anonymitätswahrende Methoden, um in erheblichem Maße politische Parteien zu finanzieren.

Schon vor ihrem ersten, gescheiterten Versuch, im September 2013 in den Bundestag einzuziehen, stand die AfD kurz vor dem Bankrott. Sie verfügte über wenige zahlende Mitglieder und kaum über Spender. Zu dieser Zeit war die AfD-Sprecherin Dagmar Metzger, die einige der Parteiveranstaltungen und -ausgaben finanzierte, zugleich auch leitende Mitarbeiterin der Degussa-Öffentlichkeitsarbeit. *Der Spiegel* folgte der Spur des Geldes und konnte später berichten, dass ein Teil der Kosten für die Partei offenbar von August von Finck übernommen worden war, über den Umweg seiner rechten Hand Ernst Knut Stahl.[108] Und dies, obwohl die Weiterleitung von Parteispenden in Deutschland verboten ist. Um sich weitere Einnahmen zu sichern, eröffnete die AfD einen Online-Goldshop und schürte weiter Ängste vor dem drohenden Kollaps des Euro. Die Journalisten des *Spiegel*, noch immer auf von Finck juniors Spur, fanden heraus, dass einer der beiden Lieferanten der Goldprodukte aus dem AfD-Shop die Degussa war.

In den Jahren 2014 und 2015 verkaufte die AfD über die Website Goldprodukte im Wert von zwei Millionen Euro und förderte damit den Umsatz der Degussa. Gleichzeitig strich sie staatliche Fördermittel ein: Diese stehen politischen Parteien in Deutschland zu, sofern es ihnen gelingt, durch Spenden, Mitgliedsbeiträge oder andere Einnahmen eine eigene, selbst erwirtschaftete Finanzierung zu generieren. Eine Änderung der Regelungen zur Parteienfinanzierung im Dezember 2015 sorgte dann allerdings dafür, dass der Online-Goldshop der AfD nicht mehr für die Gewährung der staatlichen Zuschüsse berücksichtigt wurde. Doch nicht allein die angepasste Gesetzgebung in Deutschland sorgte für eine Veränderung der Partei. Auch die politische Richtung der AfD wandelte sich. Während der europäischen Flüchtlingskrise 2015 gab sie sich einen neuen Schwerpunkt: Sie präsentierte sich nicht länger als Anti-Euro-Partei, sondern argumentierte nun gegen Migranten und befeuerte Ängste, dass Angela Merkels Entscheidung, mehr als eine Million Flüchtlinge vorwiegend aus muslimischen Ländern aufzunehmen, Deutschlands kulturelle Identität verändern würde, um diese Sorgen dann in Wählerstimmen umzumünzen.

Im Februar 2016, zwei Monate nachdem die staatlichen Zuwendungen für die AfD gekürzt worden waren, erhielt die Partei wie aus dem Nichts neue Unterstützung in Form von Wahlwerbung. In Baden-Württemberg und Rheinland-Pfalz tauchten Tausende Großplakate und Poster auf – beide Bundesländer befanden sich mitten im Landtagswahlkampf. Auch eine kostenlose Flugschrift, das *Extrablatt*, wurde an rund zwei Millionen Haushalte verteilt. Die Botschaft war überall die gleiche: Wählt AfD. Das Material stammte aber nicht von der AfD selbst. Bezahlt wurde es von einer geheimnisvollen Organisation, der »Vereinigung zur Erhaltung der Rechtsstaatlichkeit und bürgerlichen Freiheiten«, einer Non-Profit-Interessengruppe, die ähnlich wie die US-amerikanischen Dark-Money-Netzwerke agierte. Die Vereinigung konnte unbegrenzt Geld empfangen und ausgeben, ohne dass sie gesetzlich gezwungen gewesen wäre, ihre Förderer namentlich zu nennen, solange sie nicht direkt mit einer politischen Partei oder einem Kandidaten zusammenarbeitet beziehungsweise diese unterstützt. Hätte sich allerdings eines Tages herausgestellt, dass es doch eine Zusammenarbeit gegeben hatte, wären die Kampagnen der Vereinigung als illegale Parteispenden gewertet worden. Der AfD hätten in diesem Fall massive Strafzahlungen gedroht, und die Förderer der Vereinigung hätten öffentlich gemacht werden müssen. In den Jahren 2016 und 2017 organisierte die Vereinigung in ganz Deutschland Wahlkampfhilfe für die AfD. Die Partei selbst bestritt jede Kooperation mit der Interessengruppe.

Die Geschichte wird noch trüber. Im September 2016 deckte *Der Spiegel* auf, dass die Kampagnen der erwähnten Vereinigung von der Goal AG entworfen worden waren, einem Schweizer Polit-PR-Unternehmen.[109] Alle Briefe, die an die Stuttgarter Adresse der »Vereinigung zur Erhaltung der Rechtsstaatlichkeit und bürgerlichen Freiheiten« gingen, wurden an eine andere Adresse weitergeleitet: und zwar an die von Goal.[110] Eigentümer von Goal ist der Deutsche Alexander Segert, der als PR-Berater für mehrere Parteien des rechten Spektrums gearbeitet hat. Er konzipierte Wahlkampagnen für die rechtspopulistische Schweizerische Volkspartei (SVP), die Freiheitliche Partei Österreichs (FPÖ) sowie einige der bekanntesten AfD-Kandidaten; seine Kampagnen sind für ihre scharfe Rhetorik und Bildsprache gegen Zuwanderung bekannt.[111] Die Büros von Goal sind in Segerts moderner Villa im idyllischen Städtchen Andelfingen untergebracht und werden von aufwendigen Sicherheitsmaßnahmen geschützt.[112] Segerts Haus befindet sich kaum zwanzig Autominuten westlich von Weinfelden, wo August von Fincks Schweizer Schloss steht.

Das verworrene Netz von Zufällen ist noch größer. Seit 2016 ist David Bendels Vorsitzender des »Vereins zur Erhaltung der Rechtsstaatlichkeit und bürgerlichen Freiheiten e. V.«, dem Nachfolger der fast gleichnamigen Vereinigung. Bendels trifft man häufiger in der Öffentlichkeit zusammen mit Segert an. Im Juli 2017 wurde Bendels zudem Chefredakteur des *Deutschland-Kurier*, einer neu gegründeten Zeitung, die ursprünglich von seinem Verein publiziert wurde und auch heute noch als Sprachrohr der AfD fungiert. Möchte man dem Ganzen noch mehr den Charakter einer Verschwörung verleihen, sollte man hinzufügen, dass laut *Spiegel* Ernst Knut Stahl an der Gründung des *Deutschland-Kurier* beteiligt war. Demnach habe Stahl bei einem Mittagessen im Mai 2017 versucht, einen Herausgeber für die Zeitung zu rekrutieren. »Gefahr ist in Verzug«, habe von Fincks Vertrauter ausgeführt: »Es gibt da so einen Straßenzug in New York, da sitzen lauter Investmentbanker, Rechtsanwälte und so weiter. Zufälligerweise alles Juden, aber das tut hier nichts zur Sache. Die wollen Deutschland ins Verderben stürzen. Die steuern alles.«[113]

Im September 2017 ging die AfD als große Gewinnerin aus den Bundestagswahlen hervor. Sie zog zum ersten Mal ins Parlament ein und wurde auf Anhieb drittgrößte Partei. In kürzester Zeit war sie danach dann auch in allen sechzehn Landtagen vertreten. Die landesweiten Kampagnen des Vereins hatten die nationale Bedeutung der immer weiter nach rechts rückenden Partei gefördert, während die Großspender verschleiert blieben. Bendels gab an, sein Verein werde von kleinen Spenden getragen, lieferte dafür allerdings nie Beweise.[114] Nach einer Schätzung von LobbyControl hat der »Verein zur Erhaltung der Rechtsstaatlichkeit und bürgerlichen Freiheiten e. V.« bislang mehr als zehn Millionen Euro an Wahlwerbung für die AfD ausgegeben.

Bendels und die AfD leugnen weiterhin jegliche Zusammenarbeit. Allerdings geriet die Partei 2018 in den Strudel mehrerer Skandale, die mit Parteispenden in Zusammenhang standen. In zwei davon war auch Segerts Goal involviert: Der PR-Berater hatte als Strohmann agiert, um Wahlkampfhilfen für zwei prominente AfD-Politiker, Jörg Meuthen und das Bundesvorstandsmitglied Guido Reil, zu finanzieren. Im April 2019 wurde die AfD im Rahmen dieser Affäre zur Zahlung von mehr als 400.000 Euro Bußgeld verurteilt.[115] Nur Tage später erklärte die Staatsanwaltschaft Berlin, Ermittlungen gegen den Bundesschatzmeister der AfD in Zusammenhang mit der von Goal entworfenen Wahlkampagne für die AfD aufgenommen zu haben.[116] Sollte die Staatsanwaltschaft beweisen können, dass der Verein und die AfD kooperiert haben, wäre dies Deutschlands größter Parteispendenskandal seit der Flick-Affäre. Zum jetzigen Zeitpunkt (Januar 2022) laufen die Untersuchungen noch.[117] Bislang musste die AfD fast eine Million Euro für Verstöße gegen das Parteiengesetz bezahlen.[118]

Die AfD radikalisiert sich indes immer weiter. Parteimitglieder attackieren die Erinnerungskultur und die Aufarbeitung der NS-Vergangenheit Deutschlands. Oder wie es der damalige AfD-Parteivorsitzende Alexander Gauland 2018 ausgesprochen feinfühlig in einer Rede formulierte: »Hitler und die Nazis sind nur ein Vogelschiss in über 1000 Jahren erfolgreicher deutscher Geschichte.«[119] Und er gehört noch zum gemäßigten Teil seiner Partei.

Der extreme Flügel der AfD zeigt in aller Öffentlichkeit Sympathien für Antisemitismus, Islamophobie und historischen Revisionismus, dazu gehört auch das Relativieren der NS-Verbrechen und das Herunterspielen des Holocaust. Gleichzeitig nehmen in Deutschland die Bedrohungen und tätlichen Angriffe auf Migranten, Juden und Politiker zu.[120] Zu den bekanntesten Taten gehört die Attacke vom Februar 2020 in Hanau, als ein Bewaffneter neun Menschen ermordete, allesamt mit Migrationshintergrund, zudem seine Mutter. Zuvor hatte im Oktober 2019 ein Angreifer die Synagoge in Halle beschossen und zwei Unbeteiligte getötet. Und im Juni 2019 wurde Walter Lübcke, Regierungspräsident im Regierungsbezirk Kassel, der für sein Engagement für Flüchtlinge Aufmerksamkeit erregt hatte, vor seinem Privathaus erschossen. All diese Angriffe wurden von Rechtsextremen begangen; einige hatten Verbindungen zu Neonazi-Gruppen.

Ebenfalls im Juni 2019 saß von Finck junior bei einem Geburtstagsessen in München neben dem bayerischen Ministerpräsidenten Markus Söder. Die beiden verbindet etwas: Wolfgang Lazik, ein Vertrauter von Söder, war einige Monate zuvor in »Gustls« Family-Office gewechselt.[121] Nun feierten sie zusammen den 70. Geburtstag des bekannten Anwalts und Euroskeptikers Peter Gauweiler. August von Finck hatte dem Anwalt »Beraterhonorare« in Höhe von mehr als elf Millionen Euro überwiesen, als Gauweiler noch im Deutschen Bundestag gesessen hatte.[122] Doch während sich die Karriere des ehemaligen Bundestagsabgeordneten dem Ende näherte, strebte Söder nach Höherem. Zwar zog er sich im Frühjahr 2021 aus dem Wettbewerb um die Nachfolge von Angela Merkel als Unionskanzlerkandidat zurück, ist damit aber keineswegs von der Bildfläche verschwunden. Ende November 2021 verstarb August Baron von Finck junior 91-jährig in London.

10.

Die Überschrift des Artikels aus der *New York Times* vom 14. Juni 2019 hätte auch zu einem schnulzigen Roman gepasst: »Nazis töteten ihren Vater. Dann verliebte sie sich selbst in einen«. Der Artikel hatte dann aber einen weitaus seriöseren Ton. Zum ersten Mal hatten zwei Repräsentanten der Reimann-Dynastie, inzwischen Deutschlands reichste Familie, *on the record* mit einem Reporter gesprochen. Die Geschichte, die sie zu erzählen hatten, war ebenso tragisch wie bizarr. Während des Weltkriegs oder kurz danach hatte Albert Reimann – der Patriarch der Familie, Antisemit und örtliche NSDAP-Größe – eine Beziehung mit Emily Landecker begonnen, eine seiner Angestellten und Tochter eines Juden. Die Beziehung sollte Jahrzehnte halten. Emily Landecker war 1941 von Reimanns Firma in Ludwigshafen eingestellt worden. 1942 verhafteten Gestapo-Männer ihren Vater Alfred in seinem Haus in Mannheim; wenig später wurde er ermordet. Alfred Landeckers letzte Nachricht stammte aus dem Ghetto Izbica im von NS-Deutschland besetzten Polen, das als Durchgangsstation für die Vernichtungslager Sobibor und Belzec diente.

Ab 1951 bekam Albert Reimann drei Kinder mit Emily; zwei von ihnen sind derzeit Anteilseigner am Familienkonsortium JAB. Nun erklärten sich einige Reimanns bereit, von dieser Familiengeschichte zu erzählen. Sie waren die Nachfahren eines überzeugten Nationalsozialisten und eines von den Nationalsozialisten ermordeten Juden. Sie waren das Produkt von Täter und Opfer, und ihre Geschichte umfasste sowohl Abrechnung wie Trauer. Doch sie erwies sich als weitaus komplexer. Während seiner Beziehung zu Emily Landecker war Albert Reimann mit einer anderen Frau verheiratet gewesen, doch diese Verbindung blieb kinderlos.

Reimann adoptierte 1965 formell seine Kinder aus dem Verhältnis zu Emily und setzte die Beziehung zu ihr fort. Albert und Emily Reimann sprachen mit ihren Kindern zeitlebens nur wenig über den Krieg. Das Einzige, was der Vater ihnen erzählte, war, dass man den französischen Kriegsgefangenen im Betrieb »an Samstagen oft etwas Rotwein gab« und »die Zwangsarbeiter die Firma so sehr liebten, dass sie weinten, als der Konflikt zu Ende ging und sie nach Hause mussten«.[123]

Wolfgang Reimann, der Sohn von Emily und Albert, erzählte der *New York Times*, dass ihre Mutter auf Fragen zu den jüdischen Wurzeln der Familie hin nur vage davon gesprochen habe, in einem »jüdischen Milieu« aufgewachsen zu sein. Dann tadelte sie ihre Kinder, dass sie über »diese alten Dinge« sprechen wollten. Die Reimann-Kinder erfuhren erst aus dem Zwischenbericht, den der von der Familie beauftragte Wirtschaftshistoriker Paul Erker ihnen im Januar 2019 vorlegte, dass ihr Vater ein glühender Nationalsozialist gewesen war. Emily habe Albert Reimann geliebt, trotz allem. »Ich habe nie verstanden, warum«, so Wolfgang Reimann gegenüber der *New York Times*. »Aus meiner Sicht war er nicht sehr liebenswert.«

Im selben Artikel offenbarte der JAB-Vorsitzende und Reimann-Vertraute Peter Harf, der genau ein Jahr und einen Tag nach Ende des Zweiten Weltkriegs geboren wurde, dass sein Vater ebenfalls überzeugter Nationalsozialist gewesen sei. Harf zeigte sich besorgt über den zunehmenden Nationalismus im Westen und meinte, es sei an der Zeit, Stellung zu beziehen. In den Augen des Milliardärs würden sich in der Wirtschaft zu wenige Stimmen deutlich vernehmbar gegen das Wiedererstarken des Populismus erheben. »In der Vergangenheit haben Geschäftsleute Populisten zu Macht verholfen«, so Harf gegenüber der *New-York-Times*-Journalistin. »Wir dürfen diesen Fehler heute nicht wiederholen.«

Als bedeutender Durchbruch in der Aufarbeitung des ›Dritten Reichs‹ vonseiten der deutschen Wirtschaft kann der Entschluss der reichsten Unternehmerdynastie des Landes verstanden werden, im Jahr 2019 ihre Familienstiftung in Alfred Landecker Foundation umzubenennen. Man wolle fortan nicht mehr die beiden überzeugten Nationalsozialisten Reimann (Vater und Großvater väterlicherseits) ehren, sondern an den jüdischen Großvater mütterlicherseits erinnern, der vom NS-Regime ermordet wurde. Darüber hinaus konzentriert sich die neue Alfred Landecker Foundation auf die Aufklärung über den Holocaust. Die Reimann-Erben machten ihre Verpflichtung auf dieses Ziel mit einem großzügigen Stiftungskapital deutlich: Sie wollen in den ersten zehn Jahren ab Gründung 250 Millionen Euro aus dem Familienvermögen zur Verfügung stellen und sich dauerhaft engagieren. Das wissenschaftliche Kuratorium der Stiftung ist mit international bekannten Persönlichkeiten aus Forschung, Wirtschaft und Politik besetzt und legte ein neues Programm auf, mit dem an der Oxford University die Verfolgung von Minderheiten in Europa erforscht werden soll. Und die Familie ging noch weiter. Die Foundation begann, Überlebende der Zwangsarbeit aus dem Familienunternehmen ausfindig zu machen und ihnen Entschädigungen zu zahlen. Kurz und gut: Deutschlands reichste Wirtschaftsdynastie ließ ihren Worten tatsächlich Taten folgen, und dies alles im Namen eines Mannes, den die Gründerväter der Familie einst dämonisiert hatten. Auch die Website der Alfred Landecker Foundation ist im Hinblick auf die NS-Patriarchen der Reimanns und ihre Verbrechen vorbildlich transparent.[124]

Ganz anders dagegen die BMW-Quandts. Am 20. Juni 2019, sechs Tage nach Erscheinen des Reimann-Artikels in der *New York Times*, veröffentlichte das deutsche *manager magazin* ein Interview mit zwei Mitgliedern der Familie Quandt als Titelgeschichte. Zum ersten Mal hatten sich Susanne Klatten und Stefan Quandt, die jüngsten Kinder von Herbert Quandt, zu einem solchen Interview bereit erklärt. Die Zeitschrift schätzte ihr Vermögen damals auf rund 26,5 Milliarden Euro, was sie nach den Reimanns zur zweitvermögendsten Familie Deutschlands machte.[125] Die beiden Geschwister kontrollieren, neben vielen weiteren Investments, rund 47 Prozent von BMW.[126] Das Automobilunternehmen zahlte ihnen

Abb. 28: Stefan Quandt im Jüdischen Museum Berlin (2018)

2019 eine Dividende von fast 800 Millionen Euro aus, trotz eines schwächelnden Aktienkurses. In dem Gespräch blieb die NS-Vergangenheit der Familie außen vor. Offenbar hielt man aufseiten der Journalisten dieses Thema schon längst für erschöpft.

Stefan Quandt nutzte das Interview lieber dazu, die Sinnhaftigkeit der Erbschaftssteuer infrage zu stellen. Susanne Klatten zeigte sich überzeugt, dass eine Vermögensumverteilung ein Ding der Unmöglichkeit sei, und plädierte für eine Meritokratie, indem sie forderte, eine gerechte Gesellschaft müsse es erlauben, dass Menschen Gelegenheiten entsprechend ihren Fähigkeiten ergreifen. »Unser Potenzial offenbart sich nun mal in der Rolle, ein Erbe angetreten zu haben und es zu entwickeln«, erklärte sie der

Zeitschrift. »Wir arbeiten jeden Tag hart dafür. Diese Rolle als Hüter des Vermögens hat auch persönliche Seiten, die nicht so schön sind.« Einer dieser unangenehmen Aspekte, so das vielfache Milliardärs-Geschwisterpaar, sei es, mit dem Neid auf ihr enormes Erbe umzugehen. »Manche glauben, dass wir ständig auf einer Jacht im Mittelmeer herumsitzen«, so Susanne Klatten.[127] Ihr Bruder hatte fast acht Jahre zuvor in einem Gespräch mit der *Zeit* über die NS-Vergangenheit der Familie einen ähnlichen Kommentar gemacht: »Ich habe keinen großen Geldspeicher wie Dagobert Duck. Wir verbringen nicht den ganzen Tag am Strand.«[128] Er schien sein Erbe als große Last zu empfinden, die er schultern musste. Die Überschrift des Artikels im *manager magazin* war ein Zitat von Susanne Klatten, das ohne jegliche Spur von Ironie eine weitere frühere Äußerung ihres Bruders aufgriff: »Wer würde denn mit uns tauschen wollen?«

Am 22. Juni 2019, zwei Tage nach der Veröffentlichung des Interviews, wurde der jährliche Herbert Quandt Medien-Preis vergeben, wie üblich am Geburtstag des Industriemagnaten. Am selben Tag veröffentlichte Stefan Quandt eine Version seiner Rede zur Preisverleihung als Kolumne in der *Frankfurter Allgemeinen Zeitung*. Der Titel seines Beitrags lautete: »Schützt das Privateigentum!«.[129] Darin protestierte er gegen eine vermeintliche Bedrohung des Privateigentums, gegen die drohende Erhöhung der Erbschaftssteuer und das Schreckgespenst der Enteignungen, das derzeit in Deutschland umgehe. Die Tatsache, dass sein Großvater und Vater sich über das Recht am Privateigentum ihrer Opfer aus der NS-Zeit hinweggesetzt und massiv von der staatlich geförderten Enteignung profitiert hatten, war dem BMW-Erben offensichtlich entgangen. Zehn Tage später wurde Stefan Quandt Mitglied des Aufsichtsrats der *FAZ*.[130]

Bis heute kontrollieren die beiden Quandt-Geschwister ihr Unternehmensimperium aus dem Günther-Quandt-Haus in Bad Homburg. Stefan Quandt verleiht jedes Jahr den Herbert Quandt Medien-Preis an deutsche Journalisten. 2016 fasste man bei BMW das gesellschaftliche Engagement in der BMW Foundation Herbert Quandt zusammen. Das Vermögen der Stiftung stieg auf 100 Millionen Euro; Stefan Quandt und Susanne Klatten unterstützten sie im selben Jahr mit weiteren 30 Millionen.[131] Der Auftrag der Foundation lautet, Führungspersönlichkeiten zu »gesellschaftlicher Verantwortung« zu inspirieren,[132] und zwar im Namen eines Mannes, der bei der ›Arisierung‹ von Firmen in Frankreich half, der eine Fabrik in Berlin überwachte, in der Sklavenarbeiterinnen gehalten wurden, und der die Planungen sowie den Bau eines KZ-Außenlagers im von Deutschland besetzten Polen beaufsichtigte. Offenbar ist dies für BMW kein Widerspruch. Glaubt man der Stiftung, dann besteht Herbert Quandts vollständige Biografie im Grunde aus einer Maßnahme: Er »sicherte […] die Eigenständigkeit von BMW.«[133] Die Triumphe und Travestien seines Lebens werden auf diesen einen knappen Satz reduziert.

Im Frühjahr 2021 berichtete die *Süddeutsche Zeitung* darüber, dass eine nach Herbert Quandt benannte Straße in München – die groteskerweise zwischen dem früheren Standort eines Lagers für russische Kriegsgefangene und jenem Friedhof liegt, auf dem die Geschwister Scholl und weitere Widerstandskämpfer gegen das NS-Regime begraben sind – auf einer Liste mit Straßen stand, die womöglich umbenannt werden sollten.[134] Als ein AfD-Mitglied des betroffenen Bezirksausschusses argumentierte, Herbert Quandts geschäftliche Verdienste nach dem Krieg sollten in die Überlegungen miteinfließen, erwiderte der Historiker Andreas Heusler, der die Umbenennungsvorschläge erarbeitet hatte, dass jemand, der sich »als Profiteur des NS-Systems betätigt« und damit gegen Grundwerte »versündigt« habe, »keine relativierende Gesamtschau der Lebensleistung« verdiene.[135]

Bis heute schlägt das Pendel eher in Richtung von Geld und Macht aus. Viele deutsche Unternehmerdynastien scheuen eine vollständige Aufarbeitung der dunklen Geschichte, die ihr Vermögen befleckt. Und so werden die Geister des ›Dritten Reichs‹ sie weiterverfolgen.

Epilog: Das Museum

Ende 2019 flog ich für eine Woche nach Tel Aviv, um dort meine deutsche Freundin zu besuchen. Sie ist Journalistin bei der ARD und vertrat zu dieser Zeit in Israel und den palästinensischen Autonomiegebieten einen Monat lang einen Kollegen. An einem Abend Anfang Dezember besuchten wir das Tel Aviv Museum of Art, ein labyrinthisches Gebäude, erbaut in einer Stilmischung aus brutalistischer und modernistischer Architektur. Auf die Empfehlung eines New Yorker Freundes hin wollten wir uns die Ausstellung des amerikanischen Künstlers Raymond Pettibon ansehen. Draußen war es noch warm. Trotzdem bekam ich am Eingang der Ausstellung eine Gänsehaut. Wir wollten gerade reingehen, als ich eine Liste mit auf Deutsch und Hebräisch geschriebenen Namen an der Wand bemerkte. Darüber stand: GALERIE DER DEUTSCHEN FREUNDE DES TEL AVIV MUSEUM OF ART.

Unter den aufgeführten Familiennamen, etwa Gottesdiener und Gleitman, fielen mir einige besonders ins Auge. Ziemlich weit oben: Gabriele Quandt. Gabriele, die Enkelin von Magda Goebbels und Tochter von Harald Quandt, des Erben, der zwar im Haushalt der Goebbels' aufgewachsen, aber nie der NSDAP beigetreten war – der sich bemühte, in die Zukunft zu schauen, aber nie den Tragödien seiner Vergangenheit entkommen konnte.

Ganz am Ende der Liste: Ingrid Flick, die dritte Ehefrau von Friedrich Karl Flick, dem Hauptverantwortlichen im größten Korruptionsskandal der Bundesrepublik, dem dritten und jüngsten Sohn von Friedrich Flick. Friedrich Flick – der mächtigste und rücksichtsloseste aller deutschen Industriellen, der in Nürnberg verurteilt worden und in drei unterschiedlichen Phasen der deutschen Geschichte zum reichsten Mann des Landes aufgestiegen war. Der seine Schöpfung nicht aus den Händen geben wollte, was zum Zerfall seines Imperiums und seiner Familie führte. Sein Sohn Friedrich Karl – der Mann, der sich wie sein Vater stets weigerte, auch nur einem der Zehntausenden von Zwangsarbeitern in den Flick-Fabriken oder -Minen eine Entschädigung zu zahlen; Tausende von ihnen starben dort, darunter viele Juden, die man aus Konzentrationslagern herbeigeschafft hatte. Friedrich Karl ließ sich seine Milliarden auszahlen, floh nach Österreich und überließ die öffentliche Auseinandersetzung mit den Geistern der Familiengeschichte seiner Nichte und seinen Neffen. In der Zwischenzeit setzt Ingrid die zweifelhafte Arbeit ihres verstorbenen Mannes fort. Sie hält noch immer eine Stiftung aufrecht, die nach ihrem verstorbenen Schwiegervater benannt ist, einem verurteilten NS-Kriegsverbrecher, der so viele Menschen ihrer Existenzgrundlage beraubte, um sein Imperium auszuweiten.

Die Namen Quandt und Flick hier zu sehen, wie sie in einem israelischen Museum geehrt werden, wie ihre Namen auf Hebräisch an der Wand zu lesen sind, kam mir, wie man auf Deutsch sagen würde, ›unheimlich‹ vor. Die derzeitige Generation der Erben hat noch immer die Möglichkeit, den Lauf der Dinge zu beeinflussen, bevor sie ihre Imperien weitergibt – sie können sich noch immer für historische Transparenz und moralische Verantwortung entscheiden und sich bedingungslos darum bemühen, ihre gewaltigen Schulden bei der Gesellschaft zu begleichen, die ihre Väter hinterlassen haben. Die Kinder dieser Erben wiederum werden die Möglichkeit erhalten, ihre Macht und ihren Reichtum dafür zu nutzen, eine bessere Welt zu schaffen, eine, in der ihre Großväter keinen Platz hätten.

Unter den Namen von Gabriele und Ingrid standen die ihrer Kinder: Gabrieles Söhne, heute Anfang dreißig, dazu die Flick-Zwillinge, die jüngsten Milliardäre der Welt, derzeit Anfang zwanzig. Sie gehören zur nächsten Generation – meiner Generation. »Wir werden es besser machen«, sagte ich wie zu mir selbst. Meine Freundin lächelte mir zu. Wir verzichteten auf die Ausstellung, verließen das Museum und traten hinaus in einen warmen Dezemberabend und ein neues Jahrzehnt.

Anhang

Stammbäume

Die Quandt-Dynastie

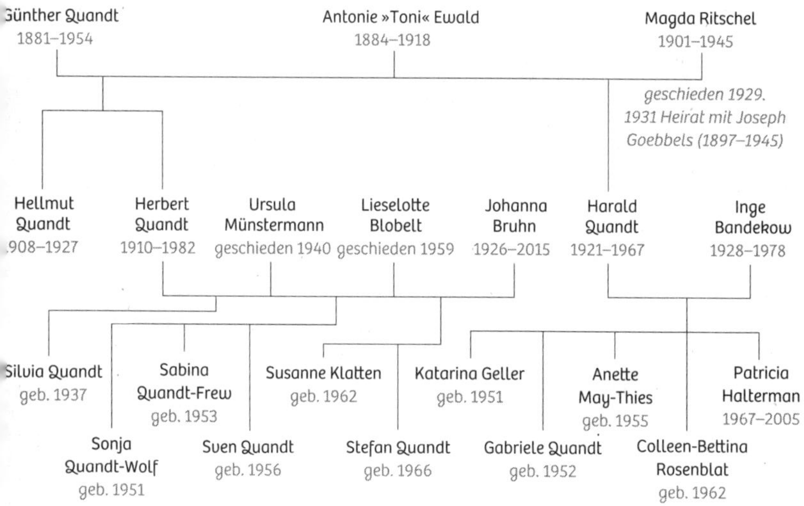

Anmerkung: Angegeben sind alle bekannten Lebensdaten.

Die Flick-Dynastie

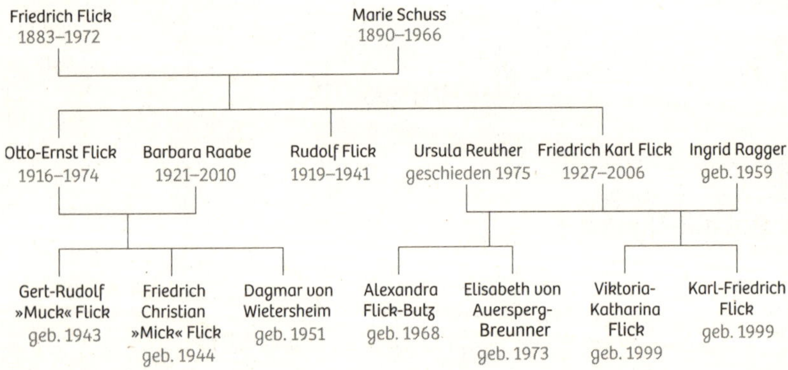

Anmerkung: Angegeben sind alle bekannten Lebensdaten.

Die Von-Finck-Dynastie

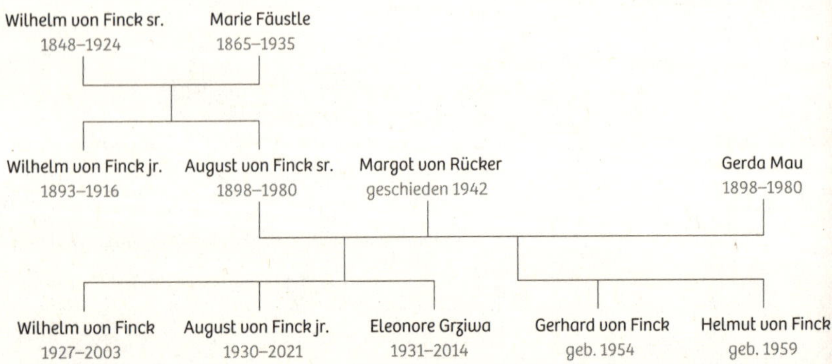

Anmerkung: Angegeben sind alle bekannten Lebensdaten.

Die Porsche-Piëch-Dynastie

Ferdinand Porsche
1875–1951

Aloisia Johanna Kaes
1878–1959

Louise Porsche
1904–1999

Anton Piëch
1894–1952

Dorothea »Dodo« Reitz
1911–1985

Ferdinand »Ferry« Porsche
1909–1998

Ernst Piëch
geb. 1929

Louise
Daxer-Piëch
1932–2006

Ferdinand
Piëch
1937–2019

Hans Michel
Piëch
geb. 1942

Ferdinand
Alexander
Porsche
1935–2012

Gerhard
Porsche
geb. 1938

Hans-Peter
Porsche
geb. 1940

Wolfgang
Porsche
geb. 1943

Anmerkung: Angegeben sind alle bekannten Lebensdaten.

Die Oetker-Dynastie

Ida Oetker (geb. Meyer)
1891–1944
Mutter von
Rudolf-August Oetker

Richard Kaselowsky
1888–1944
Stiefvater von
Rudolf-August Oetker

Rudolf-August Oetker
1916–2007

Marlene Ahlmann
geschieden 1941

Susanne Jantsch-Schuster
geschieden 1951

Marianne
Maja von Malaisé
geb. 1934

Rosely
Schweizer
geb. 1940

August
Oetker
geb. 1944

Bergit
Douglas
geb. 1946

Christian
Oetker
geb. 1948

Richard
Oetker
geb. 1951

Alfred
Oetker
geb. 1967

Carl Ferdinand
Oetker
geb. 1972

Julia
Oetker
geb. 1979

Anmerkung: Angegeben sind alle bekannten Lebensdaten.

Danksagung

Den Kern dieses Buches bilden Artikel, die ich zwischen April 2012 und Mai 2018 für *Bloomberg News* verfasste. Obwohl ich diesen Job aufgab, um das vorliegende Buch zu schreiben, wäre ich wohl nie so tief in dieses Thema eingetaucht, wenn mich nicht viele Leute bei *Bloomberg* dazu ermutigt hätten. Matthew (G.) Miller lieferte mir nicht nur unwissentlich den englischen Buchtitel *Nazi Billionaires* (»De Jong, haben wir nicht noch einen Nazi-Milliardär im Giftschrank?«), sondern er und Peter Newcomb (sein Titelvorschlag *Nazillionaires* landete auf Platz zwei) gaben mir auch die Chance, mich auf diesem Feld zu beweisen. Dank an euch beide. Matt, wahrscheinlich habe ich deinen Auftrag »Finde das Nazi-Gold« ein bisschen zu ernst genommen. Dank auch an Rob LaFranco und Pierre Paulden für ihre redaktionelle Unterstützung und an Pamela Roux Castillo und Jack Witzig, zwei treue Mitstreiter des *Bloomberg-Billionaires*-Teams (jetzt *Bloomberg Wealth*).

Max Abelson danke ich dafür, dass er mich – ohne es zu wissen – sowohl zum Anfang als auch zum Ende dieses Buches geführt hat: indem er mich im Herbst 2011 bei Bloomberg vorstellte und indem er mir im Herbst 2019 den Tipp gab, mir die Raymond-Pettibon-Ausstellung im Tel Aviv Museum of Art anzusehen. Ein großes Dankeschön an Donal Griffin, meinen knurrigen Lieblings-Iren, der sich die Zeit nahm, frühe Entwürfe zu lesen. Dank auch an Caleb Melby, der mir vor Urzeiten sagte, ich solle ein Buch über das Thema schreiben, und die Idee damit in meinem Kopf einpflanzte. Dank an meine damaligen Redakteure Simone Meier, Elisa Martinuzzi und Neil Callanan für die Ermutigung, ins kalte Wasser zu springen und das Buch zu schreiben. Dank auch an Annette Weisbach und Matthew Boyle, mit denen ich für einige meiner ersten Artikel über die Reimanns und die Quandts zusammengearbeitet habe.

Ich danke meinem Agenten Howard Yoon, dass er von Anfang an von dem Projekt überzeugt war und mich immer wieder motiviert hat, ebenso wie den Mitarbeitern der Ross Yoon Agency, insbesondere Dara Kaye. Ein gewaltiges Dankeschön geht an Alexander Littlefield, meinen scharfsichtigen Lektor bei Houghton Mifflin Harcourt/HarperCollins, den nichts aus der Ruhe brachte und der nie das große Ganze aus dem Blick verlor. Dank ebenfalls an Zach Phillips, Marleen Reimer und Lisa Glover für ihre riesige Hilfe sowie an Susanna Brougham für ihre makellose Redaktion. Dank an David Eber für die juristische Prüfung und Mark Robinson sowie Chloe Foster für das Cover und die Textgestaltung. Dank auch an Glen Pawelski und das Team von Mapping Specialists. Ebenso danke ich Arabella Pike und Jo Thompson von William Collins in London für ihre Hilfe mit dem Buch.

Vielen Dank an meine Bürokollegen in Berlin, vor allem Gerben van der Marel, Jan Zappner und Peter Wollring, für Jahre der Freundschaft und den Newsroom-Ersatz. Pauline Peek, ein wahres Multitalent, half bei den Recherchen zum Buch und übernahm die Faktenprüfung. Mein großer Dank gilt außerdem Martin Breitfeld und seinen Kollegen von Kiepenheuer & Witsch in Köln für all die Hilfe. Ein großes Dankeschön geht auch an die Übersetzer Jörn Pinnow und Michael Schickenberg für ihre fantastische Arbeit und an Gesa Steinbrink für ihre sorgfältige redaktionelle Betreuung.

Dank auch an Rüdiger Jungbluth, der mir vor langer Zeit bei einem Mittagessen in Hamburg klargemacht hat, dass diese dunklen Geschichten über Geld und Macht außerhalb Deutschlands weitgehend unbekannt sind. Dank an alle deutschen Historiker, die sich die Zeit genommen haben, ausführlich mit mir über das Thema des Buches zu diskutieren, allen voran Tim Schanetzky, Kim Christian Priemel und Sven Keller.

Dank aus unterschiedlichen Gründen an Alex Cuadros, Alice Pearson, Ben und Jenny Homrighausen, Volker Berghahn, Yana Bergmann, Brittany und Sam Noble, Ruby Bilger, Daniel Sedlis, Nina Majoor, Eric Gade, Evan Pheiffer, Sven Becker, Janette Beckman, Daniel Steinmetz-Jenkins, Norman Ohler, Taunton und Nikki Paine, Sam Moyn, Majlie de Puy Kamp, Patrick Radden Keefe, Mary Vromen, Mathew Lawrence, Hayden Miller, Ryan Alexander Musto, Heather Jones, Joe Dolce, Lauren Streib, Henry Seltzer, Line Lillevik und Max Raskin. Die düstere Vergangenheit Deutschlands lag in Berlin nie weit entfernt, und manchmal rückte sie fast unglaubwürdig nah heran. Ein großes »Danke!« gilt auch der ganzen ›Hauptstadtclique‹: Elsa Wallenberg, Alexander Esser, Laura Stadler, Cäcilie von Trotha, Richard Meyer zu Eissen, Finn Weise und all den anderen Verrückten. Nicht zuletzt ein besonderer Dank an meine lieben Freunde in Amsterdam.

Beim Schreiben des Buches wurde mir noch einmal bewusst, wie glücklich ich mich schätzen darf, von solch wunderbaren Familien umgeben zu sein. Ich danke von Herzen meinen Eltern Helen und Philip für ihre bedingungslose Liebe und Unterstützung und ebenso meiner Tante Jacqueline, den de Zwarts, den Velaises und den Tanns.

Zum Schluss mein großer Dank an Sophie, eine echte Naturgewalt. Stets unermüdlich, immer auf Erkundung. Ich bin froh, dass dein Wirbelwind mich mitreißt. Bin höchst gespannt, wo er uns als Nächstes absetzt.

Hinweise zu den Quellen

Die meisten Mitglieder der deutschen Unternehmerdynastien, um die es in diesem Buch geht, wollten keinen Kommentar abgeben oder haben ein Interview abgelehnt; andere haben auf Interviewanfragen oder Fragen an ihre Sprecher beziehungsweise Family-Offices gar nicht erst reagiert – mit einer bemerkenswerten Ausnahme.

Jörg Appelhans, der langjährige Sprecher der beiden Quandt-Geschwister, die BMW kontrollieren, lehnte meine Bitte um ein Interview mit Stefan Quandt mit der Begründung ab, dass die wissenschaftliche Studie, die von der Familie in Auftrag gegeben worden sei, um die Aktivitäten der Familienpatriarchen im ›Dritten Reich‹ zu beleuchten, »bahnbrechend und erschöpfend«[1] gewesen sei. Man habe »keine weiteren oder neuen Erkenntnisse erlangt, die über die Ergebnisse der 2011 veröffentlichten Studie hinausgehen. Diese gehören seitdem zum Allgemeinwissen.« Auf die Frage, inwiefern und für wen die Ergebnisse seiner Meinung nach zum »Allgemeinwissen« zählen würden, antwortete Appelhans: »Allgemeinwissen in dem Sinn, dass sie veröffentlicht wurden und somit für jeden zugänglich sind.«

Zugänglich für jeden, der Deutsch beherrscht, muss man einschränkend sagen. Die Quandt-Studie von Joachim Scholtyseck, ebenso wie viele der von anderen Familien beauftragten ähnlichen Studien, ist bislang nicht in andere Sprachen übersetzt worden – obwohl die meisten Opfer ihrer Machenschaften zur NS-Zeit keine Deutschen waren und die geschäftlichen Interessen damals wie heute globaler Natur sind. Nichtsdestotrotz schrieb Appelhans: »Die Familie Quandt ist überzeugt, dass der Offenheit und Transparenz Genüge getan wurde. […] Wir glauben nicht, dass die Umbenennung von Straßen, Plätzen und Institutionen ein verantwortungsvoller Umgang mit historischen Personen ist, da eine solche ›damnatio memoriae‹ […] eine bewusste Auseinandersetzung mit ihrer geschichtlichen Rolle verhindert und stattdessen eine Vernachlässigung dieser Auseinandersetzung befördert.« Gleiches gilt allerdings auch, wenn historischer Personen gedacht wird, ohne auch nur mit einem Wort ihre NS-Vergangenheit zu erwähnen.

Auf meine schriftlichen Fragen an die BMW-Gruppe, unter anderem, warum die wohltätige Stiftung des Münchener Autobauers, die sich »responsible leadership« auf die Fahnen geschrieben hat, selbst nach Aufdeckung der NS-Aktivitäten von Herbert Quandt weiterhin dessen Namen trage, schrieb mir ein Mitarbeiter der BMW Foundation Herbert Quandt, dass die Stiftung »sich auf die unternehmerischen Leistungen BMWs und Herbert Quandts stützt, weshalb sie bewusst entschieden hat: Die nachhaltigen und zukunftsorientierten Taten Herbert Quandts ab 1959 bis zu seinem Tod 1982 […] sollen sich im Namen der Stiftung widerspiegeln.«

Harald Quandts Töchter Gabriele Quandt und Colleen-Bettina Rosenblat, die ich um ein Interview bat, ließen mich durch den Sprecher ihres Family-Office Ulrich von Rotenhan wissen, dass sie sich »gegen ein Interview entschieden« hätten.

Die Unterlagen zu Günther Quandts Spruchkammer- und Berufungsverfahren, darunter zahlreiche Dokumente zu den ›Arisierungen‹, die Quandt, sein Sohn Herbert und ihre Manager während des Zweiten Weltkriegs in den von Deutschland besetzten Ländern durchführten, finden sich als Mikrofichekopien der Kartons 1362 und 1363 im Bayerischen Staatsarchiv München (STAM). Die Dokumente aus dem Familienarchiv der Quandts, auf die Joachim Scholtyseck in seiner Auftragsstudie verweist und die die Quandts als hinreichend relevant für die Forschung ansahen, sind im Hessischen Wirtschaftsarchiv (HWA) in Darmstadt einsehbar.

Deutsche Antiquariate entpuppten sich als Goldgrube für Primärquellen. Man verkaufte mir dort Günther Quandts gebündelte

Briefe aus dem Jahr 1938, seine Nachkriegsmemoiren, Quandt'sche Geschäftsbücher aus den 1930er-Jahren und vieles mehr. Eine besondere Genugtuung war es, Herbert Quandts private Biografie, die er 1980 hatte schreiben lassen, zu erwerben, wenn man die intensiven Bemühungen seiner Vertrauten bedenkt, das Buch nicht in die Hände von Journalisten gelangen zu lassen, wie in der archivierten Korrespondenz anschaulich beschrieben. Joseph Goebbels' Tagebücher aus den Jahren 1923 bis 1945 wurden von Elke Fröhlich herausgegeben und sind gegen eine Jahresgebühr beim Verlag Walter de Gruyter online zugänglich.

Rüdiger Jungbluths Biografien über die Quandts, erschienen 2002 und 2015, waren für dieses Buch eine ebenso unverzichtbare Quelle wie Joachim Scholtysecks Studie aus dem Jahr 2011.

Das Wiener Family-Office von Ingrid Flick und ihren Zwillingen lehnte es ab, meine Fragen zu Ingrid Flicks philanthropischen Tätigkeiten im eigenen Namen sowie jener im Namen ihres als NS-Kriegsverbrecher verurteilten Schwiegervaters zu kommentieren. Von der Frankfurter Goethe-Universität wollte ich wissen, wie man die jährlichen Zuwendungen der Flick-Stiftung an die Universität mit der problematischen Geschichte des Stiftungsnamensgebers vereinbare, worauf ich von einem Hochschulsprecher dieses Statement erhielt:

> Die Goethe-Universität arbeitet seit sechs Jahren mit der Friedrich-Flick-Förderstiftung zusammen und hat diese als fairen, verlässlichen und großzügigen Partner kennengelernt. Dank des vorbildlichen Engagements der Stiftung konnten Projekte in Forschung und Lehre sowie Stipendien finanziert werden, für die ansonsten keine anderen Mittel bereitgestanden hätten. Die Kooperation stellt einen wichtigen Baustein im Kontext des vielfältigen Engagements von Förderern für die Stiftungsuniversität dar.[2]

Friedrich Karl Flicks älteste Töchter Alexandra Flick-Butz und Elisabeth von Auersperg-Breunner reagierten weder auf eine Interviewanfrage noch antworteten sie auf Fragen, die ich an ihre jeweiligen Münchener Family-Offices schickte.

Von allen deutschen Wirtschaftsdynastien, um die es in diesem Buch geht, stellte sich nur ein einziges Familienmitglied meinen Fragen: Gert-Rudolf »Muck« Flick. Er antwortete sehr offen. Friedrich Flicks ältester Enkel und Otto-Ernsts ältester Sohn ist fast achtzig Jahre alt und lebt seit Jahrzehnten in London, wo er über die Kunst der alten Meister schreibt und lehrt. Gert-Rudolf Flick wurde 1943 im besetzten Lothringen geboren, als sein Vater dort auf desaströse Weise das enteignete Rombacher Hüttenwerk leitete. Er stand seinem Großvater Friedrich bis zu dessen Tod 1972, als Gert-Rudolf knapp dreißig war, sehr nah. Der Patriarch Friedrich Flick hatte gehofft, dass sein Enkel und dessen jüngerer Bruder Friedrich Christian (»Mick«), die er beide besonders förderte, eines Tages die Geschicke des Familienkonzerns lenken würden. Aber es kam anders als geplant.

Mit Erlaubnis von Gert-Rudolf Flick gebe ich hier einen Teil unserer E-Mail-Korrespondenz wieder. »Wir haben zu seinen Lebzeiten nie über den Krieg gesprochen; mein Bruder und ich haben meinen Großvater sehr bewundert und verehrt, denn er war in mehr als nur einer Hinsicht ein Genie«, schrieb mir Gert-Rudolf Flick. »Jetzt sind neue hässliche Dinge ans Licht gekommen. Man könnte ihn kritischer sehen, aber ich habe ihn als sehr begabten Menschen in Erinnerung, und ich kann meine Gefühle nicht rückwirkend ändern. Ich bin zutiefst dankbar, ihn gekannt zu haben, und das nicht nur wegen des Reichtums, den er uns geschenkt hat.« Gert-Rudolfs Geschwister antworteten nicht auf die Interviewanfragen, die ich an die Stiftungen von Friedrich Christian Flick in Potsdam und Zürich beziehungsweise an Dagmar von Wietersheims Family-Office in München schickte.

Die Akten des 1947 in Nürnberg geführten Prozesses gegen Friedrich Flick und seine Führungskräfte, einschließlich zahlreicher Dokumente, sind online (allerdings nur in englischer Sprache) verfügbar. Als Sekundärquellen dienten mir vor allem Kim Christian Priemels 2007 erschienene Dissertation über den Flick-Konzern sowie die Studien, mit denen Dagmar von Wietersheim und Friedrich Christian Flick getrennt voneinander zwei deutsche Historikerteams beauftragten: das 2009 veröffentlichte Buch über das Flick-Konglomerat im 20. Jahrhundert von Norbert Frei, Ralf Ahrens, Jörg Osterloh und Tim Schanetzky sowie die 2008 erschienene und von Johannes Bähr, Alex Drecoll, Bernhard Gotto, Harald Wixforth und – erneut – Kim Christian Priemel verfasste Studie über den Konzern in der NS-Zeit. Günther Oggers Flick-Biografie von 1971 erweist sich auch heute noch als erstaunlich wertvoll. Das Berlin-Brandenburgische Wirtschaftsarchiv (BBWA) verfügt über ein Flick-Forschungsarchiv, das Original- und kopierte Dokumente enthält, die von Frei et al. in ihrer Auftragsstudie verwendet wurden. Es mutet wie ein bizarrer Zufall an, dass das Flick-Archiv in Berlin-Wittenau in einem Gebäude von Günther Quandts ehemaligem DWM-Rüstungskomplex untergebracht ist.

Annemarie Thoene, die langjährige Sekretärin im Privatbüro von August »Gustl« von Finck junior, ließ mich im Juni 2021 am Telefon wissen, dass sich an der »Kommunikationspolitik« nichts geändert habe – von Finck junior stehe nach wie vor nicht für Interviews oder Kommentare zur Verfügung, eine gesonderte Mailadresse für solche Anfragen existiere nicht. In der Vergangenheit hatte man mir eine Faxnummer genannt, wenn ich von Finck um eine Stellungnahme bitten wollte, für das vorliegende Buch riet man mir aber zu einem Brief. Auf meine Interviewanfrage und weitere Fragen, im Sommer und Frühherbst 2021 per Kurier an sein Privatbüro in München gesendet, erhielt ich keine Antwort. August von Finck junior starb Ende November 2021 in London. Seine rechte Hand Ernst Knut Stahl reagierte ebenfalls nicht auf Anfragen, ebenso wenig seine Halbbrüder, Helmut und

Gerhard, und Alexander Segert, Chef der PR-Beratung Goal AG. Auch David Bendels reagierte nicht auf eine Interviewanfrage, um mit ihm über die mutmaßlichen Verbindungen zwischen der AfD und dem mysteriösen »Verein zur Erhaltung der Rechtsstaatlichkeit und bürgerlichen Freiheiten« zu sprechen. Der AfD-Sprecher Peter Rohling lehnte es ab, mir zu diesem Thema einen Interviewpartner in der Parteiführung zu vermitteln.

Die Originalakten des Entnazifizierungsverfahrens gegen August von Finck sr. befinden sich in Karton 409 des STAM. Viele der Dokumente, die die ›Arisierungen‹ der Banken Dreyfus und Rothschild durch Merck Finck & Co. belegen, sind im US-Nationalarchiv (National Archives and Record Administration, NARA) in College Park, Maryland, oder über dessen Onlinepartner Fold3 einsehbar, der Millionen von Unterlagen digitalisiert hat. Ingo Köhlers Dissertation aus dem Jahr 2005 über die ›Arisierungen‹ jüdischer Privatbanken in Deutschland war eine ergiebige Quelle, ebenso wie die 2001 erschienene Studie von Gerald Feldman über die Rolle der Allianz in der NS-Zeit. Für das Kapitel über die Verbindungen zwischen AfD, dem »Verein zur Erhaltung der Rechtsstaatlichkeit und bürgerlichen Freiheiten«, der Goal AG und dem Personenkreis um August von Finck junior konnte ich mich auf die wegweisenden Arbeiten verschiedener Journalisten stützen: Melanie Amann, Sven Becker, Ann-Kathrin Müller und Sven Röbel (*Der Spiegel*); Anna Jikhareva, Jan Jirat und Kaspar Surber (*Wochenzeitung*); Friederike Haupt (*Frankfurter Allgemeine Zeitung*); Christian Fuchs und Paul Middelhoff (*Die Zeit*); Roman Deininger, Andreas Glas und Klaus Ott (*Süddeutsche Zeitung*).

Der Porsche-Konzern in Stuttgart lehnte es ab, mir ein Interview mit Wolfgang Porsche, dem jüngsten Sohn von Ferry Porsche und Sprecher der Porsche-Seite des Porsche-Piëch-Clans, zu vermitteln. In einer schriftlichen Antwort auf meine Fragen charakterisierte Sebastian Rudolph, Leiter der Öffentlichkeitsarbeit der Porsche AG, Ferry Porsches antisemitische und diskriminierende

Aussagen in seiner Autobiografie *We at Porsche* (1976) als »empathielos seitens Ferry Porsche gegenüber dem Schicksal von Adolf Rosenberger und anderen jüdischen Familien, die Deutschland verlassen mussten […]. Ferry Porsche hat geglaubt, dass Adolf Rosenberger zumindest vom Unternehmen anständig behandelt und entschädigt wurde. Nur so lässt sich seine Verärgerung über die erneuten Vorwürfe nach dem Zweiten Weltkrieg verstehen.«

Die 1996 vorgelegte Studie über das Volkswagenwerk im ›Dritten Reich‹ von Hans Mommsen und Manfred Grieger war eine unschätzbar wertvolle Quelle, ebenso wie Bernhard Riegers Geschichte des VW Käfer von 2013. Nützlich waren auch mehrere Biografien über die Familie Porsche-Piëch, geschrieben von den deutschen und österreichischen Journalisten Stefan Aust, Thomas Ammann, Georg Meck und Wolfgang Fürweger, sowie die TV-Dokumentationen über den jüdischen Porsche-Mitgründer Adolf Rosenberger von Eberhard Reuß.

Die 2017 erschienene Studie von Wolfram Pyta, Nils Havemann und Jutta Braun über die Ursprünge der Porsche AG darf trotz einiger deutlicher Mängel als verlässlich gelten. Sie ist gründlich recherchiert, was die Entscheidung Pytas und seiner Kollegen, die privaten Papiere von Adolf Rosenberger nicht einzusehen, umso erstaunlicher und bedauernswerter erscheinen lässt. Obwohl Pyta et al. es in ihrem Buch versäumen, die Übernahme der Unternehmensanteile von Adolf Rosenberger durch Ferdinand Porsche und Anton Piëch 1935 korrekt als ›Arisierung‹ zu entlarven, bestätigte der Historiker mir per Zoom-Interview, dass es sich bei der Transaktion um einen »Arisierungsgewinn« gehandelt habe.

Wenige Tage vor Ende des Faktenchecks dieses Buches schickte mir der Sprecher der Porsche AG unerwartet den Zugangscode zu einer nur digital verfügbaren englischen Übersetzung von Pytas Studie. Nach vier Jahren Recherche war ich höchst überrascht, von dieser Fassung zu erfahren. Sie war mir bis dato nicht untergekommen, da online so gut wie überhaupt nichts darüber zu finden ist. Wie sich herausstellte, wird der Zugang zu dieser englischen

Übersetzung nur auf Anfrage durch Porsche gewährt beziehungsweise wenn das Unternehmen sich entschließt, sie zur Verfügung zu stellen. Dies ist der eine Grund, warum die englische Übersetzung von Pytas Studie nicht als glaubwürdige Quelle angesehen werden kann. Der zweite und wichtigere Grund ist, dass mindestens zu einem zentralen Absatz Wörter hinzugefügt worden sind, wodurch sich die Stelle so liest, als ob Ferry Porsche lediglich unmittelbar nach dem Krieg über seine SS-Bewerbung gelogen habe. In Wahrheit hat er den Rest seines Lebens über seine freiwillige Mitgliedschaft in der SS gelogen. Himmler habe ihm einen SS-Ehrenrang aufgezwungen, so Ferry Porsche. Dieses Märchen findet sich sowohl in seinen beiden Autobiografien als auch in seiner eidesstattlichen Erklärung an das US-amerikanische Konsulat in Stuttgart aus dem Jahr 1952, die mir die Porsche AG zur Verfügung stellte.

Jörg Schillinger, Sprecher des Oetker-Konzerns in Bielefeld, lehnte es ab, mir ein Mitglied der Familie Oetker als Interviewpartner zu vermitteln. Christoph Walther, Sprecher der drei jüngsten Kinder von Rudolf-August Oetker, schrieb mir: »Sie haben nicht die Absicht, sich über das bereits Veröffentlichte hinaus zu diesem Thema zu äußern.«

Die 2013 veröffentliche Studie zu Dr. Oetker und der Familie Oetker/Kaselowsky in der NS-Zeit, vorgelegt von Jürgen Finger, Sven Keller und Andreas Wirsching, war für mich eine unentbehrliche Quelle, ebenso wie das Buch von Rüdiger Jungbluth über die Dynastie und den Konzern der Oetkers (erschienen 2004). Das Unternehmensarchiv in Bielefeld steht Forschern offen, ist aber seit Ausbruch der COVID-19-Pandemie geschlossen, sodass ich es nicht besuchen konnte.

Auch die Sprecherin der Wiener Familie Reimann wollte mir kein Familienmitglied für ein Interview vermitteln. Sie ermöglichte mir aber Interviews in Berlin mit Peter Harf und zwei weiteren Führungskräften der Alfred Landecker Stiftung. Wie ich es bereits erwartet hatte, erschien Harf nicht zum vereinbarten Termin. Er erklärte sich zwar bereit, die meisten meiner Fragen schriftlich zu beantworten, aber meine Bemühungen, mich eines Tages persönlich mit dem schwer greifbaren Milliardär Harf zu unterhalten, dauern an. Die Veröffentlichung der von den Reimanns in Auftrag gegebenen Untersuchung der Familiengeschichte im ›Dritten Reich‹ wird 2023 erwartet. Parallel dazu wird eine Biografie über Alfred Landecker erscheinen. Die Bahlsen-Studie soll laut einem Unternehmenssprecher voraussichtlich im Sommer 2023 abgeschlossen werden, aber er konnte noch keinen genauen Veröffentlichungstermin nennen. In einem Interview mit der *Süddeutschen Zeitung* im September 2021 schien Verena Bahlsen ihre Ansichten geändert zu haben. Gegenüber der Zeitung sagte sie: »Wir haben es über Jahrzehnte versäumt, Transparenz zu schaffen über unsere NS-Historie. Ich glaube, das wird sich auch so weiterziehen, wenn wir diese Chance jetzt nicht nutzen. Und ich muss in meiner Familie forcieren, dass wir darüber reden.«[3]

Das vorliegende Buch ist ein erzählendes Sachbuch. Es enthält umfassende Quellenangaben und wurde von unabhängiger Seite auf faktische Korrektheit überprüft. In Fällen, in denen sich in den angegebenen Quellen voneinander abweichende Darstellungen ein und desselben Ereignisses finden, habe ich mich für die plausibelste Version entschieden. Sämtliche verbleibenden Fehler liegen allein in meiner Verantwortung.

Anmerkungen

Abkürzungen

CIC: Counter Intelligence Corps (US-Militärgeheimdienst)

CLL: Cornwall Law Library

HWA: Hessisches Wirtschaftsarchiv (Darmstadt)

IMG: Internationaler Militärgerichtshof, Berlin (engl. IMT: International Military Tribunal)

NARA: National Archives and Records Administration (Washington, D. C.)

NMT: Nuernberg Military Tribunals (dt. Nürnberger Militärtribunale)

NND: Kennzeichnung für freigegebene Dokumente

OMGUS: Office of Military Government for Germany, United States (dt. meist US-Militärregierung für Deutschland)

OSS: Office of Strategic Services (dt. Amt für strategische Dienste)

RG: Record Group (Bestandskennzeichnung NARA)

STAM: Bayerisches Staatsarchiv München

USACA: United States Allied Commission for Austria (US-Zweig der Alliiertenkommission für Österreich)

USHMM: United States Holocaust Memorial Museum (Washington, D. C.)

Anm. d. Übers.: Alle Zitate wurden in Orthografie und Interpunktion vereinheitlicht und behutsam modernisiert. Sofern keine deutschsprachigen Quellen angegeben sind, stammen sämtliche Übersetzungen fremdsprachiger Zitate von uns, M. S. und J. P.
Alle Verweise auf die NMT-Prozessakten in diesem Buch beziehen sich auf die mehrbändige englische Edition; https://www.loc.gov/rr/frd/Military_Law/NTs_war-criminals.html. Für die vorliegende Übersetzung wurden Zitate daraus den deutschen Originalakten (Mikrofiche) entnommen.

Prolog: Das Treffen

1. Cornelius Tacitus, *Agricola* (Stuttgart: Reclam, 1973; Übers. Robert Feger), S. 45.
2. Éric Vuillard, *Die Tagesordnung* (Berlin: Matthes & Seitz, 2018; Übers. Nicola Denis), S. 20.

3. Zwei (unvollständige) Anwesenheitslisten finden sich in: Dirk Stegmann, »Zum Verhältnis von Großindustrie und Nationalsozialismus, 1930–1933«, in: *Archiv für Sozialgeschichte* 13 (1973), S. 478, 481; Henry Ashby Turner jr., *Die Großunternehmer und der Aufstieg Hitlers* (Berlin: Siedler, 1985; Übers. Hildegard Möller, u. Marina Münkler), S. 531f., Fn. 81.
4. NMT, Bd. VII, »The I.G. Farben Case« (Washington, D.C.: US Government Printing Office, 1953; https://www.loc.gov/rr/frd/Military_Law/pdf/NT_war-criminals_Vol-VII.pdf [abgerufen am 5. Oktober 2021]), S. 557.
5. Vgl. Stegmann, »Verhältnis«, S. 478.
6. Vgl. NMT, Bd. VII, S. 557–560.
7. Ebd., S. 558.
8. Ebd., S. 560.
9. Ebd., S. 561.
10. Ebd., S. 562.
11. Ebd., S. 561f.
12. Ebd., S. 562.
13. Vgl. Stegmann, »Verhältnis«, S. 480.
14. Zit. n. Louis P. Lochner, *Die Mächtigen und der Tyrann. Die deutsche Industrie von Hitler bis Adenauer* (Darmstadt: Schneekluth, [2]1955 [Original 1954]; Übers. Theodor Büchner, J. K. Thiel), S. 172, der allerdings keinen Beleg dafür liefert.
15. Vgl. Günter Ogger, *Friedrich Flick der Große* (Bern u.a.: Scherz, 1971), S. 132.
16. Vgl. NMT, Bd. VII, S. 567f.
17. Joseph Goebbels, *Die Tagebücher von Joseph Goebbels*, Hg. Elke Fröhlich (München: Saur, 1993–2008), 21. Februar 1933.

Einleitung

1. Verena Bahlsen, »Über die Zukunft der Kekse«, Keynote zum OMR Festival Hamburg, 15. Mai 2019, 18:53 Min.; https://www.youtube.com/watch?v=TauCu-oaJ5Vs (abgerufen am 2. Januar 2022).
2. »Verena Bahlsen: Zwangsarbeiter-Zoff um Keks-Erbin« [o. V.], in: *Bild*, 12. Mai 2019; https://www.bild.de/geld/wirtschaft/wirtschaft/zwangsarbeiter-zoff-um-keks-erbin-verena-bahlsen-61859050.bild.html (abgerufen am 5. Januar 2022).
3. Vgl. die Unternehmenswebsite von Bahlsen, »1933–1945: Bahlsen während des NS-Zeit«; https://www.thebahlsenfamily.com/?id=558 (abgerufen am 2. Januar 2022).
4. Vgl. Felix Bohr, Jürgen Dahlkamp, Jörg Schmitt, »Die Bahlsens und die SS«, in: *Der Spiegel*, 17. Mai 2019; https://www.spiegel.de/wirtschaft/die-bahlsens-und-die-ss-dunkle-familiengeschichte-a-00000000-0002-0001-0000-000163955837; Nils Klawitter, »So wurden die NS-Zwangsarbeiter bei Bahlsen wirklich behandelt«, in: *Der Spiegel*, 5. Juli 2019; https://www.spiegel.de/wirtschaft/bahlsen-wurden-ns-zwangsarbeiter-wirklich-gut-behandelt-a-00000000-

0002-0001-0000-000164759153 (beide abgerufen am 5. Januar 2022).

5. Vgl. Rob van den Dobbelsteen, »De Engelandvaarders die het niet haalden«, in: *Provinciale Zeeuwse Courant*, 9. Oktober 1993; https://krantenbankzeeland.nl/issue/pzc/1993-10-09/edition/0/page/21 (abgerufen am 4. Januar 2022).
6. Vgl. Peter de Waard, *Schoonheid achter de Schermen* (Amsterdam: Querido, 2014), S. 105–119, 192–195.
7. Vgl. David de Jong, »Nazi Goebbels' Step-Grandchildren Are Hidden Billionaires«, in: *Bloomberg News*, 28. Januar 2013; https://www.bloomberg.com/news/articles/2013-01-27/nazi-goebbels-step-grandchildren-are-hidden-billionaires (abgerufen am 7. Januar 2022).
8. Rüdiger Jungbluth, Giovanni di Lorenzo, »NS-Vergangenheit der Quandts: Man fühlt sich grauenvoll und schämt sich«, in: *Die Zeit*, 22. September 2011; https://www.zeit.de/2011/39/Interview-Quandt (abgerufen am 23. Dezember 2021).
9. Vgl. die Pressemeldung der Bahlsen GmbH & Co. KG: »Generationenübergang und neuer CEO bei Bahlsen«, 11. März 2020; https://www.thebahlsenfamily.com/fileadmin/user_upload/Bahlsen_Germany/Presse meldungen/2020_Unternehmen/2020-03-11_PM_VBahlsen_PhRumbol.pdf (abgerufen am 4. Januar 2022).

Teil I: »Vollendeter Durchschnitt«

1. Vgl. Joachim Scholtyseck, *Der Aufstieg der Quandts. Eine deutsche Unternehmerdynastie* (München: C. H. Beck, 2011), S. 57.
2. Günther Quandt, *Günther Quandt erzählt sein Leben* (München: Mensch und Arbeit, 1961), S. 27.
3. Vgl. Scholtyseck, *Aufstieg*, S. 36;
4. Vgl. Quandt, *Leben*, S. 41 f.
5. Ebd., S. 70–72.
6. Zit. n. ebd., S. 71.
7. Ebd., S. 111.
8. Ebd., S. 112.
9. Ebd., S. 114.
10. Vgl. Hans-Otto Meissner, *Magda Goebbels. Ein Lebensbild* (München: Blanvalet, 1978), S. 25–27.
11. Vgl. Anja Klabunde, *Magda Goebbels. Annäherung an ein Leben* (München: Bertelsmann, 1999), S. 43 f.
12. Zit. n. Klabunde, *Magda*, S. 52.
13. Zit. n. Scholtyseck, *Aufstieg*, S. 197 f.
14. Zit. n. Meissner, *Magda*, S. 32.
15. Zitate n. Scholtyseck, *Aufstieg*, S. 198.
16. Vgl. Quandt, *Leben*, S. 86.
17. Ebd., S. 88.
18. Vgl. Scholtyseck, *Aufstieg*, S. 118 f.
19. Vgl. Quandt, *Leben*, S. 97–99.
20. Vgl. Scholtyseck, *Aufstieg*, S. 120–122.
21. Verhandlungsprotokoll, 13./14. Mai 1948, Spruchkammer Starnberg, STAM, Spruchkammerakten Günther Quandt, Karton 1362/4.
22. Vgl. Scholtyseck, *Aufstieg*, S. 142–146.

23. Vgl. Quandt, *Leben*, S. 185–188.
24. Vgl. Thomas Ramge, *Die Flicks. Eine deutsche Familiengeschichte über Geld, Macht und Politik* (Frankfurt/M.: Campus, 2004), S. 56.
25. Vgl. Norbert Frei, Ralf Ahrens, Jörg Osterloh, Tim Schanetzky, *Flick. Der Konzern, die Familie, die Macht* (München: Blessing, 2009), S. 51 f.
26. Vgl. ebd., S. 18 f.; vgl. auch Kim Christian Priemel, *Flick. Eine Konzerngeschichte vom Kaiserreich bis zur Bundesrepublik* (Göttingen: Wallstein, 2007), S. 49–52.
27. Vgl. Frei et al., *Flick*, S. 27–33.
28. Vgl. Priemel, *Konzerngeschichte*, S. 87 ff.; Frei et al., *Flick*, S. 36–85.
29. Felix Pinner, »Friedrich Flick«, in: ders., *Deutsche Wirtschaftsführer* (Berlin: Verlag der Weltbühne 1924), S. 99.
30. Vgl. Günter Ogger, *Friedrich Flick der Große* (Bern u. a.: Scherz, 1971), S. 25–27; Frei et al., *Flick*, S. 15.
31. Vgl. die detaillierte Darstellung in Priemel, *Konzerngeschichte*, S. 121–148.
32. Zit. n. Scholtyseck, *Aufstieg*, S. 159.
33. Vgl. Quandt, *Leben*, S. 152–163.
34. Zit. n. Meissner, *Magda*, S. 49.
35. Quandt, *Leben*, S. 176.
36. Ebd., S. 176.
37. Vgl. Meissner, *Magda*, S. 64–66; Klabunde, *Magda*, S. 77, 88 f.
38. Quandt, *Leben*, S. 178.
39. Vgl. ebd., S. 73 f.; vgl. auch Wilhelm Treue, *Herbert Quandt. Ein Unternehmer der dritten Generation* (Bad Homburg: Varta AG, Altana AG, 1980), S. 29–31.
40. Vgl. Quandt, *Leben*, S. 92–94.
41. Ebd., S. 175.
42. Vgl. Scholtyseck, *Aufstieg*, S. 197.
43. Zit. n. Klabunde, *Magda*, S. 54.
44. Vgl. Kurt Lüdecke, *I Knew Hitler. The Story of a Nazi Who Escaped the Blood Purge* (New York: Scribner, 1937), S. 316 f.
45. Lüdecke, *Hitler*, S. 317.
46. Ebd.
47. Vgl. Meissner, *Magda*, S. 67–75.
48. Beglaubigte Kopie des Gerichtsentscheids, 13./17. Juli 1929, HWA, Abt. 2017, Nr. 47.
49. Vgl. Meissner, *Magda*, S. 74 f., 110 f.
50. Quandt, *Leben*, S. 230.
51. Ebd., S. 180.
52. Ebd., S. 111.
53. Aussage Herbert Quandt, 10. November 1947, HWA, Abt. 2017, Nr. 42; vgl. Meissner, *Magda*, S. 75, 85–89.
54. Lüdecke, *Hitler*, S. 317.
55. Zitate n. Klabunde, *Magda*, S. 112 f.
56. Vgl. Peter Longerich, *Joseph Goebbels. Biographie* (München: Siedler, 2010), S. 21–147.
57. Zit. n. Rüdiger Jungbluth, *Die Quandts. Ihr leiser Aufstieg zur mächtigsten Wirtschaftsdynastie Deutschlands* (Frankfurt/M.: Campus, 2002), S. 108.
58. Vgl. Meissner, *Magda*, S. 89–93.
59. Zit. n. Klabunde, *Magda*, S. 117.
60. Joseph Goebbels, *Die Tagebücher von Joseph Goebbels*, Hg. Elke Fröhlich (München: Saur, 1993–2008), 7. November 1930.
61. Quandt, *Leben*, S. 230.
62. Ebd., S. 231.
63. Verhandlungsprotokoll, 13./14. Mai 1948, Spruchkammer Starnberg, STAM, Spruchkammerakten Günther Quandt, Karton 1362/4.
64. Aussage Herbert Quandt,

10. November 1947, HWA, Abt. 2017, Nr. 42.
65. Quandt, *Leben*, S. 68 f.
66. Vgl. Jungbluth, *Quandts* (2002), S. 122; Scholtyseck, *Aufstieg*, S. 263 f.
67. Vgl. Scholtyseck, *Aufstieg*, S. 264.
68. Vgl. Otto Wagener, *Hitler aus nächster Nähe. Aufzeichnungen eines Vertrauten*, Hg. Henry Ashby Turner jr. (Frankfurt/M. u. a.: Ullstein, 1978), S. 368–374.
69. Vgl. Bernhard Hoffmann, *Wilhelm von Finck 1848–1924. Lebensbild eines deutschen Bankiers* (München: C. H. Beck, 1953); vgl. auch den Artikel »Neun Nullen« [o. V.], in: *Der Spiegel*, 17. Mai 1970; https://www.spiegel.de/politik/neun-nullen-a-608eb41d-0002-0001-0000-000045152285 (abgerufen am 28. September 2021).
70. Turner, *Großunternehmer*, S. 182.
71. Wagener, *Hitler*, S. 373.
72. Ebd.
73. Ebd., S. 374.
74. Vgl. ebd., S. 374, 379.
75. Quandt, *Leben*, S. 233.
76. Wagener, *Hitler*, S. 375.
77. Ebd., S. 376.
78. Ebd., S. 377.
79. Ebd.
80. Goebbels, *Tagebücher*, 15. Februar 1931.
81. Ebd., 10. März 1931.
82. Ebd., 15. März 1931.
83. Ebd., 22. März 1931.
84. Ebd., 26. März 1931.
85. Ebd., 12. März 1931.
86. Ebd., 14. Juni 1931.
87. Ebd., 12. August 1932.
88. Ebd., 19. Oktober 1931.
89. Vgl. Jungbluth, *Quandts* (2002), S. 115.
90. Goebbels, *Tagebücher*, 9. April 1931.
91. Ebd., 26. Juni 1931.
92. Vgl. Meissner, *Magda*, S. 110 f.; Quandt, *Leben*, S. 233.
93. Goebbels, *Tagebücher*, 31. Mai 1931.
94. Ebd., 14. September 1931.
95. Vgl. Longerich, *Goebbels*, S. 167 f.
96. Wagener, *Hitler*, S. 392.
97. Vgl. Longerich, *Goebbels*, S. 167–170.
98. Goebbels, *Tagebücher*, 12. September 1931.
99. Vgl. Quandt, *Leben*, S. 233 f.
100. Ebd., S. 235.
101. Verhandlungsprotokoll, 13./14. Mai 1948, Spruchkammer Starnberg, STAM, Spruchkammerakten Günther Quandt, Karton 1362/4.
102. Quandt, *Leben*, S. 232.
103. Goebbels, *Tagebücher*, 30. November 1931.
104. Ebd., 11. Dezember 1931.
105. Meissner, *Magda*, S. 111.
106. Vgl. ebd., S. 111 f.
107. Vgl. Quandt, *Leben*, S. 232 f., 236.
108. Goebbels, *Tagebücher*, 29. Dezember 1931.
109. Ebd., 19. Februar 1932.
110. Quandt, *Leben*, S. 235.
111. Goebbels, *Tagebücher*, 24. April 1932.
112. Ebd., 13. Oktober 1932.
113. Ebd., 6. August 1934.
114. Die detaillierteste Darstellung der Gelsenberg-Affäre findet sich in Priemel, *Konzerngeschichte*, S. 220 ff.
115. Zu den Schilderungen über das Treffen vgl. Turner, *Großunternehmer*, S. 290; NMT, Bd. VI, »The Flick Case« (Washington, D. C.: US Government Printing Office, 1952; https://www.loc.gov/rr/frd/Military_Law/pdf/NT_war-

criminals_Vol-VI.pdf [abgerufen am 18. November 2021]), S. 349.
116. Vgl. Frei et al., *Flick*, S. 39, 58, 150.
117. Vgl. ebd., S. 717.
118. Vgl. Priemel, *Konzerngeschichte*, S. 236–246.
119. Vgl. Turner, *Großunternehmer*, S. 310–314.
120. Ebd., S. 313.
121. NMT, Bd. VI, S. 285.
122. Zit. n. Turner, *Großunternehmer*, S. 312.
123. Zit. n. Scholtyseck, *Aufstieg*, S. 245.
124. Goebbels, *Tagebücher*, 4. November 1932.
125. Vgl. ebd., 24./25./27./30./31. Dezember 1932.
126. Ebd., 5. Februar 1933.
127. Vgl. Stefan Aust, Thomas Ammann, *Die Porsche-Saga. Eine Familiengeschichte des Automobils* (Köln: Bastei Lübbe, 2016 [2012]), S. 85 f.; Wolfram Pyta, Nils Havemann, Jutta Braun, *Porsche. Vom Konstruktionsbüro zur Weltmarke* (München: Siedler, 2017), S. 117–120.
128. Vgl. Hans Mommsen, Manfred Grieger, *Das Volkswagenwerk und seine Arbeiter im Dritten Reich* (Düsseldorf: Econ, 1996), S. 72–74; Pyta et al., S. 20–22, 28.
129. Bernhard Rieger, *The People's Car. A Global History of the Volkswagen Beetle* (Cambridge, MA: Harvard University Press, 2013), S. 61.
130. Vgl. Wolfgang Fürweger, *Die PS-Dynastie. Ferdinand Porsche und seine Nachkommen* (Wien: Ueberreuter, 2007), S. 38.
131. Vgl. Ferry Porsche, John Bentley, *We at Porsche* (Garden City, NY: Doubleday, 1976), S. 49–53 [Anm. d. Autors: Da die dt. Fassung der Autobiografie, die unter dem Titel *Porsche. Ein Traum wird Wirklichkeit. Ein Auto macht Geschichte* (Düsseldorf: Econ, 1978; Übers. Guy Montag, Jutta Zaiser) erschien, insgesamt unvollständig ist und insbesondere die einschlägigen antisemitischen Passagen fehlen, wird hier und im Folgenden auf die englische Originalausgabe verwiesen]; Ferry Porsche, Günther Molter, *Ferry Porsche. Ein Leben für das Auto. Eine Autobiographie* (Stuttgart: Motorbuch-Verlag, 1989), S. 54–56.
132. Zit. n. Aust/Ammann, *Porsche-Saga*, S. 84.
133. Zit. n. ebd., S. 85.
134. Zit. n. Pyta et al., *Porsche*, S. 59.
135. Ebd., S. 65.
136. Zu diesem Treffen vgl. Aust/Ammann, *Porsche-Saga*, S. 116 f.; Pyta et al., *Porsche*, S. 69–73.
137. Verhör August von Finck, 22. September 1947, NARA, OMGUS, RG 260, M1923, Rolle 7.
138. Vgl. NMT, Bd. VI, S. 389.
139. Vgl. NMT, Bd. VII, S. 567 f.
140. Vgl. Jungbluth, *Quandts* (2002), S. 125 f.
141. Vgl. Ian Kershaw, *Hitler. 1889–1945* (Pantheon: München, 2009 [Original 2008]; Übers. Jürgen Peter Krause, Jörg W. Rademacher, Klaus Kochmann), S. 314.
142. Quandt, *Leben*, S. 232.
143. Stellungnahme des Dr. Ing. E. h. Günther Quandt zur Klageschrift des öffentlichen Klägers vom 8. Februar 1948, HWA, Abt. 2017, Nr. 38.

144. Verhandlungsprotokoll, 13./14. Mai 1948, Spruchkammer Starnberg, STAM, Spruchkammerakten Günther Quandt, Karton 1362/4.
145. Goebbels, *Tagebücher*, 29. April 1933.
146. Die folgende Darstellung der Ereignisse basiert, sofern nicht anders angegeben, auf: Stellungnahme des Dr. Ing. E. h. Günther Quandt zur Klageschrift des öffentlichen Klägers vom 8. Februar 1948, HWA, Abt. 2017, Nr. 38; Verhandlungsprotokoll, 13./14. Mai 1948, Spruchkammer Starnberg, STAM, Spruchkammerakten Günther Quandt, Karton 1362/4; vgl. auch Scholtyseck, *Aufstieg*, S. 253–260.
147. Zit. n. Scholtyseck, *Aufstieg*, S. 254.
148. Ebd.
149. Stellungnahme des Dr. Ing. E. h. Günther Quandt zur Klageschrift des öffentlichen Klägers vom 8. Februar 1948, HWA, Abt. 2017, Nr. 38.
150. Scholtyseck, *Aufstieg*, S. 259.
151. Stellungnahme des Dr. Ing. E. h. Günther Quandt zur Klageschrift des öffentlichen Klägers vom 8. Februar 1948, HWA, Abt. 2017, Nr. 38.
152. Scholtyseck, *Aufstieg*, S. 314.
153. Quandt, *Leben*, S. 237.
154. Goebbels, *Tagebücher*, 5. Mai 1933.
155. Ebd., 7. Mai 1933.
156. Ebd., 14. Juni 1933.
157. Verhandlungsprotokoll, 13./14. Mai 1948, Spruchkammer Starnberg, STAM, Spruchkammerakten Günther Quandt, Karton 1362/4.
158. Vgl. Klabunde, *Magda*, S. 183–188.
159. Treue, *Herbert Quandt*, S. 37.
160. Zit. n. ebd., S. 63.
161. Zit. n. ebd., S. 64.
162. Vgl. ebd., S. 70–72.
163. Scholtyseck, *Aufstieg*, S. 766 f.
164. Gerald D. Feldman, *Die Allianz und die deutsche Versicherungswirtschaft 1933–1945* (München: C. H. Beck, 2001; Übers. Karl Heinz Siber), S. 103.
165. Vgl. ebd., S. 135.
166. Verhör Kurt Schmitt, 15. Juli 1947, NARA, OMGUS, RG 260, M1923, Rolle 7.
167. Verhör Hans Schmidt-Polex, 22. September 1947, NARA, OMGUS, RG 260, M1923, Rolle 7.
168. Verhör Hans Heß, 17. September 1947, NARA, OMGUS, RG 260, M1923, Rolle 7.
169. Verhör Edgar Baron von Uexküll, 9. Juni 1947, NARA, OMGUS, RG 260, M1923, Rolle 7.
170. Zit. n. »Neun Nullen« [o. V.].
171. Vgl. Ines Schlenker, *Hitler's Salon. The* Große Deutsche Kunstausstellung *at the Haus der Deutschen Kunst in Munich 1937–1944* (Bern u. a.: Peter Lang, 2007), S. 50.
172. *Vollgas voraus! Drei Reden, gehalten aus Anlaß der Internationalen Automobil- und Motorradausstellung 1934* [von Adolf Hitler; Kuno Freiherr von Eltz-Rübenach; Robert Allmers] (Berlin: Reichsverband der Automobilindustrie e. V., 1934), S. 10.
173. Vgl. Pyta et al., *Porsche*, S. 161–164.
174. Vgl. Paul Schilperoord, *Die wahre Geschichte des VW-Käfers. Wie die Nazis Josef Ganz die VW-Patente stahlen* (Frauenfeld u. a.: Huber, 2011; Übers. Paul von Ooijen, Peter Wydler), S. 133–148.

175. Vgl. Pyta et al., *Porsche*, S. 168–170.

176. Vgl. Aust/Ammann, *Porsche-Saga*, S. 91.

177. Vgl. Mommsen/Grieger, *Volkswagenwerk*, S. 91.

178. Porsche/Bentley, *We at Porsche*, S. 76.

179. Goebbels, *Tagebücher*, 13. April 1934.

180. Ebd., 18. April 1934.

181. Ebd., 20. April 1934.

182. Ebd., 5. Mai 1934.

183. Ebd., 9. Mai 1934.

184. Ebd., 5. Juni 1938.

Teil II: »... dass der nationalsozialistische Spuk bald vorübergehen werde«

1. Vgl. Tischordnung aus Anlass des 60. Geburtstages des Wehrwirtschaftsführers Dr.-Ing. E.h. Günther Quandt im Hotel Esplanade, Berlin, am 28. Juli 1941, Bundesarchiv Berlin (BAB), 8119 F/P 1112; 60. Geburtstag Dr. Günther Quandt, 28. Juli 1941, Material Nr. 2240, Agentur Karl Höffkes, 13:17, https://archiv-akh.de/filme/2240#1 (abgerufen am 21. Oktober 2021).

2. Horst Pavel zit. n. Joachim Scholtyseck, *Der Aufstieg der Quandts. Eine deutsche Unternehmerdynastie* (München: C.H. Beck, 2011), S. 279.

3. *AFA-Ring. Werkzeitschrift der Accumulatoren-Fabrik AG Berlin*, Jg. 8, Ausg. 5, September 1941, S. 9, STAM, Spruchkammerakten Günther Quandt, Karton 1363/6.

4. Vgl. Rüdiger Jungbluth, *Die Quandts. Ihr leiser Aufstieg zur mächtigsten Wirtschaftsdynastie Deutschlands* (Frankfurt/M.: Campus, 2002), S. 178.

5. Vgl. Scholtyseck, *Aufstieg*, S. 77.

6. Vgl. Jungbluth, *Quandts* (2002), S. 179; Scholtyseck, *Aufstieg*, S. 591–595.

7. Vgl. Scholtyseck, *Aufstieg*, S. 411.

8. Zit. n. Jungbluth, *Quandts* (2002), S. 164 f.

9. Zit. n. ebd., S. 183.

10. Vgl. Scholtyseck, *Aufstieg*, S. 279 f.

11. Vgl. ebd., S. 191–193.

12. Vgl. Jonathan Petropoulous, *Göring's Man in Paris. The Story of a Nazi Art Plunderer and His World* (New Haven: Yale University Press, 2021), S. 139.

13. Scholtyseck, *Aufstieg*, S. 297.

14. So der Journalist Adam Lebor, zit. n. Petropoulous, *Göring's Man*, S. 138.

15. *AFA-Ring. Werkzeitschrift der Accumulatoren-Fabrik AG Berlin*, Jg. 8, Ausg. 5, September 1941, S. 9, STAM, Spruchkammerakten Günther Quandt, Karton 1363/6.

16. Vgl. Adam Tooze, *Ökonomie der Zerstörung. Die Geschichte der Wirtschaft im Nationalsozialismus* (München: Siedler, 2007 [Original 2006]; Übers. Yvonne Badal), S. 78–82.

17. Vgl. Scholtyseck, *Aufstieg*, S. 365.

18. Verein deutscher Ingenieure (Hg.), *50 Jahre Deutsche Waffen- und Munitionsfabriken* (Berlin: VDI, 1939), S. I.

19. Vgl. Jungbluth, *Quandts* (2002), S. 133–135; Scholtyseck, *Aufstieg*, S. 366–368, 439, 447.

20. Vgl. Scholtyseck, *Aufstieg*, S. 374.
21. Zit. n. Wolfgang Seel, *Mauser. Von der Waffenschmiede zum Weltunternehmen* (Zürich: Stocker-Schmid, 1986), S. 112.
22. Vgl. Scholtyseck, *Aufstieg*, S. 143, 440.
23. Vgl. Johannes Bähr, Alex Drecoll, Bernhard Gotto, Kim Christian Priemel, Harald Wixforth, *Der Flick-Konzern im Dritten Reich* (München: Oldenbourg, 2008), S. 77–84.
24. Vgl. Norbert Frei, Ralf Ahrens, Jörg Osterloh, Tim Schanetzky, *Flick. Der Konzern, die Familie, die Macht* (München: Blessing, 2009), S. 190.
25. Vgl. Bähr et al., *Flick-Konzern*, S. 137.
26. NMT, Bd. VI, S. 236.
27. Zit. n. Frei et al., *Flick*, S. 191.
28. NMT, Bd. VI, S. 237.
29. Vgl. Priemel, *Konzerngeschichte*, S. 344 f.; Bähr et al., *Flick-Konzern*, S. 142 f.; Frei et al., *Flick*, S. 194 f.
30. Zitate n. Frei et al., *Flick*, S. 194.
31. Vgl. Priemel, *Konzerngeschichte*, S. 345–348; Bähr et al., *Flick-Konzern*, S. 143–147; Frei et al., *Flick*, S. 195; Scholtyseck, *Aufstieg*, S. 368.
32. Vgl. Priemel, *Konzerngeschichte*, S. 349–352; Bähr et al., *Flick-Konzern*, S. 302 f; Frei et al., *Flick*, S. 196 f.
33. Zit. n. Priemel, *Konzerngeschichte*, S. 350.
34. Zit. n. Bähr et al., *Flick-Konzern*, S. 302.
35. Priemel, *Konzerngeschichte*, S. 350.
36. Zit. n. ebd., S. 351.
37. NMT, Bd. VI, S. 302
38. Henry Ashby Turner jr., *Die Großunternehmer und der Aufstieg Hitlers* (Berlin: Siedler, 1985; Übers. Hildegard Möller, Marina Münkler), S. 302.
39. Zur Gästeliste vgl. Reinhard Vogelsang, *Der Freundeskreis Himmler* (Göttingen: Muster-Schmidt, 1972), S. 149 f.
40. Zit. n. Tobias Bütow, Franka Bindernagel, *Ein KZ in der Nachbarschaft. Das Magdeburger Außenlager der Brabag und der ›Freundeskreis Himmler‹* (Köln: Böhlau, 2004), S. 53.
41. Zit. n. Gerald D. Feldman, *Die Allianz und die deutsche Versicherungswirtschaft 1933–1945* (München: C. H. Beck, 2001; Übers. Karl Heinz Siber), S. 108.
42. Zit. n. Vogelsang, *Freundeskreis*, S. 24.
43. Vgl. Jürgen Finger, Sven Keller, Andreas Wirsching, *Dr. Oetker und der Nationalsozialismus. Geschichte eines Familienunternehmens 1933–1945* (München: C. H. Beck, 2013), S. 123.
44. Vgl. Heather Pringle, *The Master Plan. Himmler's Scholars and the Holocaust* (London: HarperCollins, 2006), S. 40.
45. Vgl. Finger et al., *Dr. Oetker*, S. 141–149.
46. Vgl. Rüdiger Jungbluth, *Die Oetkers* (Frankfurt/M.: Campus, 2004), S. 139–142; Finger et al., *Dr. Oetker*, S. 178–190.
47. Vgl. Jungbluth, *Oetkers*, S. 142 f.; Finger et al., *Dr. Oetker*, S. 191, 195.
48. Vgl. Vogelsang, *Freundeskreis*, S. 78–81.
49. Ein Bericht des Besuchs findet sich in NMT, Bd. VI, S. 303–305.
50. Ebd., S. 305.
51. Ebd., S. 326.

52. Ebd., S. 238.
53. Vgl. Vogelsang, *Freundeskreis*, S. 158.
54. Vgl. Finger et al., *Dr. Oetker*, S. 197.
55. Zit. n. Ferry Porsche, John Bentley, *We at Porsche* (Garden City, NY: Doubleday, 1976), S. 76; vgl. Ferry Porsche, Günther Molter, *Ferry Porsche. Ein Leben für das Auto. Eine Autobiographie* (Stuttgart: Motorbuch-Verlag, 1989), S. 70.
56. Vgl. Hans Mommsen, Manfred Grieger, *Das Volkswagenwerk und seine Arbeiter im Dritten Reich* (Düsseldorf: Econ, 1996), S. 83 f.
57. Vgl. Stefan Aust, Thomas Ammann, *Die Porsche-Saga. Eine Familiengeschichte des Automobils* (Köln: Bastei Lübbe, 2016 [2012]), S. 87.
58. Vgl. Wolfram Pyta, Nils Havemann, Jutta Braun, *Porsche. Vom Konstruktionsbüro zur Weltmarke* (München: Siedler, 2017), S. 90.
59. Adolf Rosenberger an Hermann Bienstock, 18. Februar 1950. Zit. n. der Dokumentation von Eberhard Reuß, *Der Mann hinter Porsche – Adolf Rosenberger*, ARD/SWR, 24. Juni 2019, 43:57 Min.; https://www.youtube.com/watch?v=VSQzYWHtl-0 (abgerufen am 6. Oktober 2021).
60. Vgl. Aust/Ammann, *Porsche-Saga*, S. 87.
61. Vgl. Reuß, *Rosenberger*; Pyta et al., *Porsche*, S. 135; Aust/Ammann, *Porsche-Saga*, S. 87.
62. Vgl. Pyta et al., *Porsche*, S. 124 f.
63. Vgl. Porsche/Bentley, *We at Porsche*, S. 91 f.
64. Zit. n. Henry Picker, *Hitlers Tischgespräche im Führerhauptquartier* (München: hockebooks, 2014 [1951]), S. 151.
65. »Der Puddingprinz« [o. V.], in: *Der Spiegel*, 17. Dezember 1957; https://www.spiegel.de/politik/der-puddingprinz-a-0cdf30d7-0002-0001-0000-000041760110 (abgerufen am 6. Oktober 2021).
66. Zit. n. Finger et al., *Dr. Oetker*, S. 345.
67. Vgl. ebd., S. 343 f.
68. Vgl. ebd., S. 120, 352, 354.
69. Zit. n. ebd., S. 346.
70. Zit. n. ebd., S. 224.
71. Vgl. ebd., S. 225 f.
72. Vgl. Jungbluth, *Oetkers*, S. 169–171; Finger et al., *Dr. Oetker*, S. 226–229.
73. Finger et al., *Dr. Oetker*, S. 227.
74. Zit. n. Jungbluth, *Oetkers*, S. 170.
75. Zit. n. Finger et al., *Dr. Oetker*, S. 349.
76. Zit. n. ebd., S. 353.
77. Zit. n. ebd.
78. Zum Schicksal von Georg Sachs vgl. Scholtyseck, *Aufstieg*, S. 315–318.
79. Zit. n. Bryan Mark Rigg, *Hitler's Jewish Soldiers. The Untold Story of Nazi Racial Laws and Men of Jewish Descent in the German Military* (Lawrence: University Press of Kansas, 2002), S. 21.
80. Vgl. Tooze, *Ökonomie,* S. 394 f.
81. Zit. n. Scholtyseck, *Aufstieg*, S. 317.
82. Zit. n. ebd.
83. Zit. n. ebd., S. 318.
84. Leistungsbericht Kriegsjahr 1941/42, Dürener Metallwerke AG/Mecklenburgische Metallwarenfabrik mbH, HWA, Abt. 2017, Nr. 54.
85. Vgl. Frei et al., *Flick*, S. 202; Wolfgang Fürweger, *Die PS-Dynastie. Ferdinand Porsche und seine Nachkommen* (Wien: Ueberreuter, 2007), S. 73.

86. Vgl. Scholtyseck, *Aufstieg*, S. 270 f.
87. Vgl. ebd., S. 290.
88. Joseph Goebbels, *Die Tagebücher von Joseph Goebbels*, Hg. Elke Fröhlich (München: Saur, 1993–2008), 1. August 1936.
89. Ebd., 2. August 1936.
90. Vgl. ebd., 3. Juni 1936; vgl. auch Peter Longerich, *Joseph Goebbels. Biographie* (München: Siedler, 2010), S. 317 f.
91. Jungbluth, *Oetkers*, S. 156 f.
92. Zu diesen ›Arisierungen‹ vgl. Finger et al., *Dr. Oetker*, S. 213 f., 231–235.
93. Zit. n. ebd., S. 213.
94. Vgl. ebd., S. 235–246.
95. Vgl. Frei et al., *Flick*, S. 211, 711 f.
96. Vgl. »Neun Nullen« [o. V.], in: *Der Spiegel*, 17. Mai 1970; https://www.spiegel.de/politik/neun-nullen-a-608eb41d-0002-0001-0000-000045152285 (abgerufen am 28. September 2021).
97. Vgl. Schlenker, *Salon*, S. 41 f.
98. Goebbels, *Tagebücher*, 6. Juni 1937.
99. Ebd., 7. Juni 1937.
100. Vgl. Longerich, *Goebbels*, S. 348 f.
101. Goebbels, *Tagebücher*, 7. September 1937.
102. Ebd., 9. Dezember 1937.
103. Zur ›Arisierung‹ von Henry Pels vgl. Scholtyseck, *Aufstieg*, S. 393–401, 951, Fn. 224; Hans-Dieter Nahme, *Ein Deutscher im zwanzigsten Jahrhundert* (Rostock: Hinstorff, 2007), S. 219–223.
104. Zit. n. Scholtyseck, *Aufstieg*, S. 396.
105. Nahme, *Ein Deutscher*, S. 220.
106. Vgl. Wilhelm Treue, *Herbert Quandt. Ein Unternehmer der dritten Generation* (Bad Homburg, 1980), S. 74–76.
107. Quandt, *Leben*, S. 73.
108. Brief vom 6. September 1938, in: Günther Quandt, *Gedanken über Südamerika. Briefe in zwangloser Folge* [Privatdruck]. Bd. I, Sept.–Dez. 1938. S. 5. f.
109. Zit. n. Frei et al., *Flick*, S. 211.
110. Vgl. ebd., S. 211, 711–713.
111. Vgl. Benjamin Engel, »Der beraubte Bierbaron«, in: *Süddeutsche Zeitung*, 11. Oktober 2020; https://www.sueddeutsche.de/muenchen/wolfratshausen/wackersberg-nazis-brauerei-ignatz-nacher-1.5060664?reduced=true (abgerufen am 13. Dezember 2021).
112. Vgl. »Ingrid Flick: ›Habe Rottenmann lieben gelernt‹« [o. V.], in: *Kleine Zeitung*, 24. August 2015; https://www.kleinezeitung.at/steiermark/ennstal/4805209/Ingrid-Flick_Habe-Rottenmann-lieben-gelernt (abgerufen am 13. Dezember 2021).
113. Zur ›Arisierung‹ des Hochofenwerks Lübeck vgl. Günter Ogger, *Friedrich Flick der Große* (Bern u. a.: Scherz, 1971), S. 161–173; Priemel, *Konzerngeschichte*, S. 371–383; Bähr et al., *Flick-Konzern*, S. 307–321; Frei et al., *Flick*, S. 213–223.
114. Zit. n. Ogger, *Flick der Große*, S. 168.
115. Zit. n. Bähr et al., *Flick-Konzern*, S. 320.
116. Zit. n. Ogger, *Flick der Große*, S. 171.
117. Zit. n. ebd., S. 172.
118. Vgl. Bähr et al., *Flick-Konzern*, S. 322.
119. Zitate n. ebd., S. 326.
120. Zit. n. Priemel, *Konzerngeschichte*, S. 394.
121. Frei et al., *Flick*, S. 229.

122. Zit. n. ebd.
123. Vgl. Tooze, *Ökonomie*, S. 261 ff.
124. Vgl. Bähr et al., *Flick-Konzern*, S. 327.
125. Ebd., S. 328.
126. Vgl. Priemel, *Konzerngeschichte*, S. 392.
127. Vgl. NMT, Bd. VI, S. 442–460; Priemel, *Konzerngeschichte*, S. 396–398; Bähr et al., *Flick-Konzern*, S. 331–333; Frei et al., *Flick*, S. 230 f.
128. Zit. n. Frei et al., *Flick*, S. 231.
129. Zit. n. Priemel, *Konzerngeschichte*, S. 400.
130. Zit. n. Bähr et al., *Flick-Konzern*, S. 334.
131. Vgl. Frei et al., *Flick*, S. 232.
132. Zit. n. Priemel, *Konzerngeschichte*, S. 401.
133. Vgl. NMT, Bd. VI, S. 469–471; Priemel, *Konzerngeschichte*, S. 404; Bähr et al., *Flick-Konzern*, S. 338; Frei et al., *Flick*, S. 233.
134. Zitate n. Bähr et al., *Flick-Konzern*, S. 339 f.
135. Zit. n. Priemel, *Konzerngeschichte*, S. 405, Fn. 64.
136. Vgl. Bähr et al., *Flick-Konzern*, S. 384 f.
137. Vgl. Priemel, *Konzerngeschichte*, S. 408.
138. Zit. n. Frei et al., *Flick*, S. 229.
139. Vgl. Ingo Köhler, *Die »Arisierung« der Privatbanken im Dritten Reich. Verdrängung, Ausschaltung und die Frage der Wiedergutmachung* (München: C. H. Beck, 2005), S. 307.
140. Vgl. ebd., S. 366.
141. Zit. n. ebd., S. 367.
142. Vgl. ebd., S. 371–373.
143. Vgl. Harold James, *Verbandspolitik im Nationalsozialismus. Von der Interessenvertretung zur Wirtschaftsgruppe: Der Centralverband des Deutschen Bank- und Bankiersgewerbes 1932–1945* (München: Piper, 2001; Übers. Karin Schambach), S. 181.
144. Zur ›Arisierung‹ von Dreyfus vgl. Köhler, *»Arisierung«*, S. 305–311; Christopher Kopper, *Zwischen Marktwirtschaft und Dirigismus. Bankenpolitik im »Dritten Reich« 1933–1939* (Bonn: Bouvier, 1995), S. 257–259.
145. Vgl. Köhler, *»Arisierung«*, S. 503.
146. Georg Siebert, *100 Jahre Merck Finck & Co.* (München: 1970), S. 45.
147. Zitate n. Köhler, *»Arisierung«*, S. 310.
148. Verhör Gerhard Lück, 17. Oktober 1947, NARA, OMGUS, RG 260, M1923, Rolle 7.
149. Vgl. Köhler, *»Arisierung«*, S. 311.
150. Vgl. Peter Melichar, *Neuordnung im Bankwesen. Die NS-Maßnahmen und die Problematik der Restitution* (Wien: Oldenbourg, 2004), S. 397 f.
151. Vgl. Giles MacDonogh, *1938: Hitler's Gamble* (New York: Basic Books, 2009), S. 61, 69–71.
152. Verhör Emil Puhl, 23. Oktober 1947, OMGUS, NARA, RG 260, M1923, Rolle 7.
153. Verhör August von Finck, 23. September 1947, OMGUS, NARA, RG 260, M1923, Rolle 7.
154. Zit. n. Harold James, *Die Deutsche Bank und die »Arisierung«* (München: C. H. Beck, 2001 [Original 2001]; Übers. Karl Heinz Siber), S. 137.
155. Vgl. Köhler, *»Arisierung«*, S. 414 f.
156. Zit. n. ebd., S. 415.

157. Vgl. James, *Deutsche Bank und »Arisierung«*, S. 77–80; Köhler, *»Arisierung«*, S. 374–389.

158. Vgl. Melichar, *Neuordnung*, S. 399–402.

159. Vgl. dazu den Bericht über deutsches Auslandsvermögen in Österreich: Privatbank E. V. Nicolai & Company S. M. v. Rothschild in Liquidation, 19. März 1947 ff., NARA, Records of the German External Assets Branch of the U. S. Allied Commission for Austria (USACA), RG 260, M1928, Rolle 13.

160. Vgl. Verhör Erich Gritzbach, 24. Oktober 1947, NARA, OMGUS, RG 260, M1923, Rolle 7.

161. Vgl. Verhör August von Finck, 23. September 1947; Verhör Erich Gritzbach, 24. Oktober 1947, beide in NARA, OMGUS, RG 260, M1923, Rolle 7; vgl. auch Ogger, *Flick der Große*, S. 131 f.

162. Vgl. James, *Verbandspolitik*, S. 183.

163. Vgl. den Artikel »Baron Louis de Rothschild Dies; Freed by Nazis for $ 21 Million« [o. V.], in: *New York Times*, 16. Januar 1955; https://www.nytimes.com/1955/01/16/archives/baron-louis-de-rothschild-dies-freed-by-nazis-for-21-million-former.html (abgerufen am 13. Dezember 2021).

164. Vgl. Melichar, *Neuordnung*, S. 401 f.

165. Vgl. Verhör Egon von Ritter, 10. Oktober 1947, NARA, OMGUS, RG 260, M1923, Rolle 7.

166. Verhör Hans Schmidt-Polex, 22. September 1947. NARA, OMGUS, RG 260, M1923, Rolle 7.

167. Vgl. Klageschrift des öffentlichen Klägers, 3. November 1948, Spruchkammer München, STAM, Spruchkammerakten August von Finck, Karton 409.

168. James, *Verbandspolitik*, S. 183 f.

169. Zit. n. Rieger, *People's Car*, S. 72.

170. Vgl. Mommsen/Grieger, *Volkswagenwerk*, S. 155–165.

171. Vgl. ebd., S. 182–186; Rieger, *People's Car*, S. 71 f.

172. Rieger, *People's Car*, S. 71.

173. Zit. n. ebd., S. 72.

174. Vgl. Porsche/Bentley, *We at Porsche*, S. 113; Porsche/Molter, *Porsche. Ein Leben*, S. 98 f.

175. Vgl. Pyta et al., *Porsche*, S. 91, 215–217.

176. Die Firma Porsche zahlte den Erben der Familie Wolf später eine Wiedergutmachung. Vgl. Pyta et al., *Porsche*, S. 131–134.

177. Hans von Veyder-Malberg an Adolf Rosenberger, 2. Juni 1938. Zit. n. Reuß, *Rosenberger*.

178. Zit. n. Reuß, *Rosenberger*.

179. Vgl. Pyta et al., *Porsche*, S. 126.

180. Vgl. Mommsen/Grieger, *Volkswagenwerk*, S. 915, Fn. 19; Pyta et al., *Porsche*, S. 308 f.

181. Zit. n. Pyta et al., *Porsche*, S. 126 f.

182. Zit. n. ebd., S. 126.

183. Vgl. Longerich, *Goebbels*, S. 389 f.; Hans-Otto Meissner, *Magda Goebbels. Ein Lebensbild* (München: Blanvalet, 1978), S. 177–179.

184. Goebbels, *Tagebücher*, 16. August 1938.

185. Ebd., 11. Oktober 1938.

186. Ebd., 3. Februar 1937.

187. Ebd., 18. Oktober 1938.

188. Ebd., 25. Oktober 1938.

189. Vgl. Longerich, *Goebbels*, S. 392.

190. Goebbels, *Tagebücher*, 22. Oktober 1938.
191. Longerich, *Goebbels*, S. 391.
192. Goebbels, *Tagebücher*, 23. Juli 1939.
193. Vgl. Longerich, *Goebbels*, S. 416.
194. Vgl. Priemel, *Konzerngeschichte*, S. 410.
195. NMT, Bd. VI, S. 458.
196. Vgl. Bähr et al., *Flick-Konzern*, S. 343; Priemel, *Konzerngeschichte*, S. 392.
197. NMT, Bd. VI, S. 485 f.
198. Vgl. NMT, Bd. VI, S. 480–484; Priemel, *Konzerngeschichte*, S. 411; Bähr et al., *Flick-Konzern*, S. 343–345; Frei et al., *Flick*, S. 236 f.
199. Vgl. Priemel, *Konzerngeschichte*, S. 412–414.
200. Zit. n. ebd., S. 410.
201. Zur langen Geschichte des »Kohletauschs« vgl. ebd., S. 414–426; Bähr et al., *Flick-Konzern*, S. 345–370; Frei et al., *Flick*, S. 239–247.
202. NMT, Bd. VI, S. 498–503.
203. Vgl. Bähr et al., *Flick-Konzern*, S. 366 f.
204. Vgl. Mommsen/Grieger, *Volkswagenwerk*, S. 198–200, 1032.
205. Vgl. Volkswagen Kommunikation, Unternehmensarchiv (Hg.), *Erinnerungsstätte an die Zwangsarbeit auf dem Gelände des Volkswagenwerks* (Wolfsburg: Volkswagen AG, 1999), S. 18; https://www.volkswagenag.com/presence/konzern/documents/history/deutsch/Erinnerungsstätte_Katalog_DE.pdf (abgerufen am 13. Dezember 2021).
206. Vgl. Rieger, *People's Car*, S. 81 f.
207. Vgl. Mommsen/Grieger, *Volkswagenwerk*, S. 283–311.
208. Vgl. Priemel, *Konzerngeschichte*, S. 429 f.
209. NMT, Bd. VI, S. 569 f.
210. Vgl. Frei et al., *Flick*, S. 176.
211. Vgl. Bähr et al., *Flick-Konzern*, S. 162 f.
212. Zitate n. Scholtyseck, *Aufstieg*, S. 366.
213. Quandt, *Leben*, S. 11 f.
214. Zit. n. Scholtyseck, *Aufstieg*, S. 274.
215. Vgl. ebd., S. 419 in Bezug auf die AFA und S. 421 f. für die DWM.
216. Zit. n. Treue, *Herbert Quandt*, S. 80.
217. Zit. n. Scholtyseck, *Aufstieg*, S. 417.

Teil III: »Die Kinder sind nun schon zu Männern geworden«

1. Vgl. Joachim Scholtyseck, *Der Aufstieg der Quandts. Eine deutsche Unternehmerdynastie* (München: C. H. Beck, 2011), S. 248.
2. Vgl. Peter Longerich, *Joseph Goebbels. Biographie* (München: Siedler, 2010), S. 401–403.
3. Joseph Goebbels, *Die Tagebücher von Joseph Goebbels*, Hg. Elke Fröhlich (München: Saur, 1993–2008), 28. Oktober 1939.
4. Ebd., 29. Oktober 1939.
5. Ebd., 2. November 1939.
6. Ebd.
7. Ebd.
8. Ebd., 3. November 1939.
9. Vgl. Scholtyseck, *Aufstieg*, S. 573–576.
10. Vgl. Günther Quandt, *Günther Quandt erzählt sein Leben*, (München: Mensch und Arbeit, 1961), S. 243.

11. Goebbels, *Tagebücher*, 14. Januar 1940.
12. Vgl. Rüdiger Jungbluth, *Die Quandts. Ihr leiser Aufstieg zur mächtigsten Wirtschaftsdynastie Deutschlands* (Frankfurt/M.: Campus, 2002), S. 147.
13. Vgl. ebd., S. 143–146; Scholtyseck, *Aufstieg*, S. 248.
14. Zit. n. Jungbluth, *Quandts* (2002), S. 145.
15. Verhandlungsprotokoll, 13./14. Mai 1948, Spruchkammer Starnberg, STAM, Spruchkammerakten Günther Quandt, Karton 1362/4.
16. Zit. n. Jungbluth, *Quandts* (2002), S. 151.
17. Goebbels, *Tagebücher*, 21. Juli 1940.
18. Vgl. Günther Reinhardt Nebuschka an Telford Taylor, 3. November 1947, Spruchkammer Starnberg, STAM, Spruchkammerakten Günther Quandt, Karton 1362/4.
19. Vgl. Jungbluth, *Quandts* (2002), S. 153.
20. Goebbels, *Tagebücher*, 13. Oktober 1940.
21. Vgl. ebd., 5. November 1940.
22. Vgl. ebd., 26. Dezember 1940.
23. Vgl. Longerich, *Goebbels*, S. 402.
24. Goebbels, *Tagebücher*, 5. November 1940.
25. Scholtyseck, *Aufstieg*, S. 518.
26. Ebd., S. 565.
27. Vgl. Scholtyseck, *Aufstieg*, S. 766.
28. Zit. n. Wilhelm Treue, *Herbert Quandt. Ein Unternehmer der dritten Generation* (Bad Homburg: Varta-AG, 1980), S. 79.
29. Zit. n. Scholtyseck, *Aufstieg*, S. 529.
30. Vgl. ebd., S. 493–496, 992, Fn. 394.
31. Vgl. Scholtyseck, *Aufstieg*, S. 519–521.
32. Vgl. ebd., S. 521–528.
33. Vgl. ebd., S. 528–530.
34. Vgl. ebd., S. 530 f.
35. Zit. n. ebd., S. 530.
36. Quandt, *Leben*, S. 242.
37. Vgl. Scholtyseck, *Aufstieg*, S. 537 ff.
38. Zit. n. Jungbluth, *Quandts* (2002), S. 153.
39. Goebbels, *Tagebücher*, 12. Februar 1941.
40. Vgl. Jungbluth, *Quandts* (2002), S. 153.
41. Goebbels, *Tagebücher*, 13. Februar 1941.
42. Ebd., 20. Februar 1941.
43. Winston Churchill, *Der Zweite Weltkrieg* (Frankfurt/M.: S. Fischer, 2003 [Original 1948–1953]; Übers. Eduard Thorsch u. a.), S. 493.
44. Zu Harald Quandts Bericht über die Invasion Kretas vgl. *AFA-Ring. Werkzeitschrift der Accumulatoren-Fabrik AG Berlin*, Jg. 8, Ausg. 5, September 1941, STAM, Spruchkammerakten Günther Quandt, Karton 1363/6.
45. Ebd.
46. Ebd.
47. Vgl. Jungbluth, *Quandts* (2002), S. 156.
48. Churchill, *Weltkrieg*, S. 493.
49. Vgl. Goebbels, *Tagebücher*, 14. Juni 1941.
50. Vgl. ebd., 31. Mai 1941.
51. Ebd., 16. Juni 1941.
52. Vgl. ebd., 14. September 1941.
53. *AFA-Ring. Werkzeitschrift der Accumulatoren-Fabrik AG Berlin*, Jg. 8, Ausg. 5, September 1941, STAM, Spruchkammerakten Günther Quandt, Karton 1363/6.
54. Zit. n. Scholtyseck, *Aufstieg*, S. 274.

55. Vgl. Norbert Frei, Ralf Ahrens, Jörg Osterloh, Tim Schanetzky, *Flick. Der Konzern, die Familie, die Macht* (München: Blessing, 2009), S. 280 f.
56. Vgl. NMT, Bd. VI, S. 192–194.
57. Zit. n. Kim Christian Priemel, *Flick. Eine Konzerngeschichte vom Kaiserreich bis zur Bundesrepublik* (Göttingen: Wallstein, 2007), S. 735.
58. Zit. n. Thomas Ramge, *Die Flicks. Eine deutsche Familiengeschichte über Geld, Macht und Politik* (Frankfurt/M.: Campus, 2004), S. 56.
59. Vgl. Günter Ogger, *Friedrich Flick der Große* (Bern u. a.: Scherz, 1971), S. 218.
60. Vgl. Frei et al., *Flick*, S. 282.
61. Zit. n. Ramge, *Flicks*, S. 114.
62. Vgl. Frei et al., *Flick*, S. 281.
63. Vgl. ebd., S. 752; Johannes Bähr, Alex Drecoll, Bernhard Gotto, Kim Christian Priemel, Harald Wixforth, *Der Flick-Konzern im Dritten Reich* (München: Oldenbourg, 2008), S. 257, Fn. 428.
64. Zit. n. Ramge, *Flicks*, S. 174.
65. Vgl. Bähr et al., *Flick-Konzern*, S. 452.
66. Vgl. Ferry Porsche, John Bentley, *We at Porsche* (Garden City, NY: Doubleday, 1976), S. 141; Ferry Porsche, Günther Molter, *Ferry Porsche. Ein Leben für das Auto. Eine Autobiographie* (Stuttgart: Motorbuch-Verlag, 1989), S. 123.
67. Vgl. Hans Mommsen, Manfred Grieger, *Das Volkswagenwerk und seine Arbeiter im Dritten Reich* (Düsseldorf: Econ, 1996), S. 383–405.
68. Vgl. ebd., S. 453 ff.
69. Vgl. Volkswagen Kommunikation, Unternehmensarchiv (Hg.), *Erinnerungsstätte an die Zwangsarbeit auf dem Gelände des Volkswagenwerks* (Wolfsburg: Volkswagen AG, 1999); https://www.volkswagenag.com/presence/konzern/documents/history/deutsch/Erinnerungsstätte_Katalog_DE.pdf (abgerufen am 13. Dezember 2021), S. 23.
70. Porsche/Bentley, *We at Porsche*, S. 141.
71. Vgl. ebd., S. 162; Porsche/Molter, *Porsche. Ein Leben*, S. 124 f.
72. Vgl. Jens Westemeier, *Himmlers Krieger. Joachim Peiper und die Waffen-SS in Krieg und Nachkriegszeit* (Paderborn: Schöningh, 2014), S. 540 f.; Wolfram Pyta, Nils Havemann, Jutta Braun, *Porsche. Vom Konstruktionsbüro zur Weltmarke* (München: Siedler, 2017), S. 307 f., 458, Fn. 16.
73. Vgl. Volkswagen (Hg.), *Erinnerungsstätte*, S. 35.
74. NMT, Bd. VI, S. 694.
75. Zit. n. Bähr et al., *Flick-Konzern*, S. 419.
76. Vgl. Priemel, *Konzerngeschichte*, S. 459–468; Bähr et al., *Flick-Konzern*, S. 420–430; Frei et al., *Flick*, S. 317–323.
77. NMT, Bd. VI, S. 696.
78. Ebd., S. 698.
79. Ebd., S. 696.
80. Vgl. Jürgen Finger, Sven Keller, Andreas Wirsching, *Dr. Oetker und der Nationalsozialismus. Geschichte eines Familienunternehmens 1933–1945* (München: C. H. Beck, 2013), S. 355–358.
81. Zit. n. ebd., S. 357.

82. Zit. n. ebd., S. 358.
83. Vgl. Michael Bloch, *Ribbentrop* (London: Abacus, 2003 [1992]), S. 19.
84. Vgl. Finger et al., *Oetker*, S. 351 f.
85. Vgl. ebd., S. 358.
86. Vgl. Scholtyseck, *Aufstieg*, S. 250.
87. Zit. n. Veit Harlan, *Im Schatten meiner Filme* (Gütersloh: Mohn, 1966), S. 140.
88. Goebbels, *Tagebücher*, 23. Juli 1942.
89. Ebd., 18. Oktober 1942.
90. Ebd., 13. Oktober 1942.
91. Zit. n. Jungbluth, *Quandts* (2002), S. 200.
92. Goebbels, *Tagebücher*, 9. März 1943.
93. Vgl. ebd., 24. Februar 1943.
94. Jungbluth, *Quandts* (2002), S. 200 f.; Longerich, *Goebbels*, S. 552 f.
95. Goebbels, *Tagebücher*, 27. März 1942.
96. Vgl. Scholtyseck, *Aufstieg*, S. 421 ff.
97. Zit. n. ebd., S. 423.
98. Zit. n. ebd., S. 427.
99. Vgl. ebd., S. 426.
100. Vgl. Adam Tooze, *Ökonomie der Zerstörung. Die Geschichte der Wirtschaft im Nationalsozialismus* (München: Siedler, 2007 [Original 2006]; Übers. Yvonne Badal), S. 591.
101. Ebd., S. 595.
102. Vgl. Marc Buggeln, *Arbeit & Gewalt. Das Außenlagersystem des KZ Neuengamme* (Göttingen: Wallstein, 2009), S. 39 f.
103. Vgl. Mark Spoerer, Jochen Fleischhacker, »Forced Laborers in Nazi Germany: Categories, Numbers, and Survivors«, in: *Journal of Interdisciplinary History*, Bd. 33, Nr. 2 (Herbst 2002), S. 197, 201.
104. Vgl. Tooze, *Ökonomie*, S. 611 f.; Buggeln, *Arbeit*, S. 57 ff.
105. Quandt, *Leben*, S. 239.
106. Vgl. Scholtyseck, *Aufstieg*, S. 790.
107. Vgl. ebd., S. 435 f.
108. Zum AFA-Außenlager in Hannover vgl. Hans Hermann Schröder, »Das erste Konzentrationslager in Hannover: Das Lager bei der Akkumulatorenfabrik in Stöcken«, in: Rainer Fröbe u. a., *Konzentrationslager in Hannover. KZ-Arbeit und Rüstungsindustrie in der Spätphase des Zweiten Weltkriegs*, Teil I (Hildesheim: August Lax, 1985), S. 44–107, hier S. 50 ff.; Jungbluth, *Quandts* (2002), S. 190–199; Buggeln, *Arbeit*, S. 71–74, 188–192, 307–312; Scholtyseck, *Aufstieg*, S. 638–643, 664–670, 682–687.
109. Vgl. Benjamin Ferencz, *Less Than Slaves* (Bloomington: Indiana University Press, 2002 [1979]); die dt. Ausgabe erschien unter dem Titel *Lohn des Grauens. Die verweigerte Entschädigung für jüdische Zwangsarbeiter. Ein Kapitel deutscher Nachkriegsgeschichte* (Frankfurt/M. u. a.: Campus, 1981; Übers. Ruth Treudt).
110. Zit. n. Buggeln, *Arbeit*, S. 73.
111. Vgl. Schröder, »Konzentrationslager«, S. 74–76, 79–104.
112. Zit. n. ebd., S. 83.
113. Zit. n. ebd., S. 60 f.
114. Vgl. Jungbluth, *Quandts* (2002), S. 202–204. Sofern nicht anders angegeben, basiert die folgende Darstellung auf: Verhandlungsprotokoll, 13./14. Mai 1948, Spruchkammer Starnberg, STAM, Spruchkammerakten Günther

Quandt, Karton 1362/4; Stellungnahme des Dr. Ing. E. h. Günther Quandt zur Klageschrift des öffentlichen Klägers vom 8. Februar 1948, HWA, Abt. 2017, Nr. 38.

115. Goebbels, *Tagebücher*, 20. Juni 1943.
116. Verhandlungsprotokoll, 13./14. Mai 1948, Spruchkammer Starnberg, STAM, Spruchkammerakten Günther Quandt, Karton 1362/4.
117. Ebd.
118. Zit. n. Priemel, *Konzerngeschichte*, S. 578.
119. Bähr et al., *Flick-Konzern*, S. 283.
120. NMT, Bd. VI, S. 183 f.
121. Vgl. Bähr et al., *Flick-Konzern*, S. 495 f.
122. Vgl. Frei et al., *Flick*, S. 396.
123. Vgl. Bähr et al., *Flick-Konzern*, S. 511; Frei et al., *Flick*, S. 328.
124. Zit. n. Frei et al., *Flick*, S. 359.
125. Vgl. Priemel, *Konzerngeschichte*, S. 492.
126. Zu Rombach vgl. ebd., S. 447–452; Bähr et al., *Flick-Konzern*, S. 451–461; Frei et al., *Flick*, S. 299–306.
127. Zit. n. Bähr et al., *Flick-Konzern*, S. 459.
128. Zitate n. Priemel, *Konzerngeschichte*, S. 449.
129. Vgl. ebd., S. 495–497; Bähr et al., *Flick-Konzern*, S. 527 f., 546–548; Frei et al., *Flick*, S. 307–309.
130. Priemel, *Konzerngeschichte*, S. 497.
131. Zit. n. Frei et al., *Flick*, S. 308.
132. Ebd., S. 308 f.
133. Bähr et al., *Flick-Konzern*, S. 548.
134. Zitate n. Pyta et al., *Porsche*, S. 314 f.
135. Zit. n. ebd., S. 315.
136. Vgl. Mommsen/Grieger, *Volkswagenwerk*, S. 453–476.
137. Vgl. ebd., S. 496–515; Volkswagen (Hg.), *Erinnerungsstätte*, S. 81, 84; Buggeln, *Arbeit*, S. 57–59.
138. Volkswagen (Hg.), *Erinnerungsstätte*, S. 58.
139. Mommsen/Grieger, *Volkswagenwerk*, S. 756.
140. Vgl. Bernhard Rieger, *The People's Car. A Global History of the Volkswagen Beetle* (Cambridge, MA: Harvard University Press, 2013), S. 83.
141. Vgl. Mommsen/Grieger, *Volkswagenwerk*, S. 762–765; Volkswagen (Hg.), *Erinnerungsstätte*, S. 52.
142. Zit. n. Rieger, *People's Car*, S. 83 f.
143. Programm und Gästeliste in NMT, Bd. VI, S. 273–275.
144. So Otto Steinbrinck, ebd., S. 366.
145. Emil Helfferich zit. n. »Treue im Chor« [o. V.], in: *Der Spiegel*, 12. Oktober 1965; https://www.spiegel.de/politik/treue-im-chor-a-fb34249b-0002-0001-0000-000046274463 (abgerufen am 13. Dezember 2021).
146. Vgl. NMT, Bd. VI, S. 336.
147. Zit. n. Finger et al., *Dr. Oetker*, S. 201.
148. Vgl. ebd., S. 286, 288 ff.
149. Vgl. ebd., S. 199 f.
150. Vgl. Jungbluth, *Oetkers*, S. 186–188; Finger et al., *Dr. Oetker*, S. 311–324; Buggeln, *Arbeit*, S. 59–63.
151. Zit. n. Finger et al., *Dr. Oetker*, S. 318.
152. Zitate n. ebd., S. 365.
153. Ebd., S. 358–364.
154. Goebbels, *Tagebücher*, 13. Januar 1944.
155. Ebd., 17. Januar 1944.
156. Vgl. Jungbluth, *Quandts* (2002), S. 205.

157. Goebbels, *Tagebücher*, 13. Februar 1944.
158. Ebd., 15. März 1944.
159. Ebd., 16. März 1944.
160. Ebd., 19. April 1944.
161. Zit. n. Jungbluth, *Quandts* (2002), S. 206.
162. Vgl. Scholtyseck, *Aufstieg*, S. 576–584.
163. Vgl. ebd., S. 680 f., 695–699, 709.
164. Reinhardt Nebuschka an Telford Taylor, 3. November 1947, STAM, Spruchkammerakten Günther Quandt, Karton 1363/1; vgl. auch Scholtyseck, *Aufstieg*, S. 578.
165. Reinhardt Nebuschka an Telford Taylor, 1. November 1947, STAM, Spruchkammerakten Günther Quandt, Karton 1363/1.
166. Porsche/Molter, *Porsche. Ein Leben*, S. 145.
167. Vgl. Pyta et al., *Porsche*, S. 319–325.
168. Zitate n. ebd., S. 321.
169. Vgl. Mommsen/Grieger, *Volkswagenwerk*, S. 766 ff.; Volkswagen (Hg.), *Erinnerungsstätte*, S. 88 ff.
170. Zum Pertrix-Außenlager vgl. Gabriele Layer-Jung, Cord Pagenstecher, »Vom vergessenen Lager zum Dokumentationszentrum? Das ehemalige NS-Zwangsarbeiterlager in Berlin-Schöneweide«, in: *Gedenkstätten-Rundbrief*, Nr. 111 (März 2003), S. 3–13; https://www.gedenkstaettenforum.de/uploads/media/GedRund111_3-13_01.pdf; dies., »Das Pertrix-Außenlager in Berlin-Niederschöneweide« (Mai 2004), S. 1 f.; http://bmwlabverhindern.blogsport.de/images/layerjungpagenstecher2004pertrix_01.pdf (beide abgerufen am 13. Dezember 2021); Scholtyseck, *Aufstieg*, S. 647 f., 673 f., 690.
171. Vgl. Wilhelm Treue, *Herbert Quandt. Ein Unternehmer der dritten Generation* (Bad Homburg: Varta-AG, 1980), S. 93.
172. Zit. n. Scholtyseck, *Aufstieg*, S. 705.
173. Vgl. ebd., S. 648 f.
174. Vgl. Jungbluth, *Oetkers*, S. 196–198, Zitat auf S. 198.
175. Vgl. Finger et al., *Dr. Oetker*, S. 360.
176. »Einen besseren Vater könnte ich mir nicht vorstellen« [Interview mit Rudolf-August Oetker], in: *Welt am Sonntag*, 22. November 1998.
177. Zit. n. Jungbluth, *Oetkers*, S. 199.
178. Zit. n. ebd., S. 198.
179. Zit. n. Finger et al., *Dr. Oetker*, S. 201.
180. Goebbels, *Tagebücher*, 10. September 1944.
181. Vgl. ebd., 4. November 1944.
182. Vgl. ebd., 10. November 1944.
183. Vgl. ebd., 17. November 1944.
184. Ebd., 2. Dezember 1944.
185. Ebd., 23. Januar 1945.

Teil IV: »Du wirst weiterleben«

1. Vgl. Wolf Jobst Siedler, *Ein Leben wird besichtigt. In der Welt der Eltern* (Berlin: Siedler, 2000), S. 317.
2. Wilhelm Treue, *Herbert Quandt. Ein Unternehmer der dritten Generation* (Bad Homburg, 1980), S. 103.
3. Magda Goebbels an Harald Quandt, 28. April 1945, Robert E.

Work collection, USHMM; https://collections.ushmm.org/search/catalog/irn639572#?rsc=191872&cv=0&xywh=-1552%2C0%2C6794%2C4450&c=0&m=0&s=0 (abgerufen am 13. Dezember 2021); Brief abgedruckt in: Joseph Goebbels, *Tagebücher 1945. Die letzten Aufzeichnungen*, Hg. Rolf Hochhuth (Hamburg: Hoffmann und Campe, 1977), S. 549f.

4. Joseph Goebbels an Harald Quandt, 28. April 1945, ebd.; Brief ebenfalls abgedruckt in Goebbels, *Tagebücher 1945*, S. 547f. Die Söhne des Air-Force-Captains schenkten 2019 dem United States Holocaust Memorial Museum die Originalbriefe.
5. Zu den Ereignissen im Führerbunker vgl. Hanna Reitsch, *Fliegen, mein Leben* (München: Ullstein, 1979), S. 324–329; Ian Kershaw, *Hitler. 1889–1945* (Pantheon: München, 2009 [Original 2008]; Übers. Jürgen Peter Krause, Jörg W. Rademacher, Klaus Kochmann), S. 1023–1037; Rochus Misch, *Der letzte Zeuge. Ich war Hitlers Telefonist, Kurier und Leibwächter* (München/Zürich: Pendo 2008), S. 226–232; Peter Longerich, *Joseph Goebbels. Biographie* (München: Siedler, 2010), S. 10f., 673f.; Goebbels, *Tagebücher 1945*, S. 550–556.
6. Vgl. Steve Johnson, »How Goebbels' Final Letter Made Its Way from Hitler's Bunker to a Chicago Family – and at Last to the Holocaust Museum«, in: *Chicago Tribune*, 24. April 2019, https://www.chicagotribune.com/entertainment/museums/ct-ent-goebbels-final-letters-chicago-family-0425-story.html (abgerufen am 18. Oktober 2021).
7. Misch, *Zeuge*, S. 228.
8. Albert Speer, *Erinnerungen* (Frankfurt/M. u. a: Ullstein, 1969), S. 484f.
9. Zu der Episode in Dresden vgl. Hans-Otto Meissner, *Magda Goebbels. Ein Lebensbild* (München: Blanvalet, 1978), S. 294–299.
10. Zit. n. ebd., S. 296–298.
11. Karl Bernd Esser, *Hitlers Gold, Devisen & Diamanten. Geheime Kriegsbeute der USA* (München: 2004), S. 403.
12. Zit. n. Joachim Scholtyseck, *Der Aufstieg der Quandts. Eine deutsche Unternehmerdynastie* (München: C.H. Beck, 2011), S. 730.
13. Zit. n. ebd., S. 731.
14. Vgl. ebd., S. 709.
15. Kurzbiografie Günther Quandt, 18. April 1945 (CLL), Donovan Nuremberg Trials Collection, Bd. 17, Abt. 53.051; https://lawcollections.library.cornell.edu/nuremberg/catalog/nur:01775 (abgerufen am 18. Oktober 2021).
16. Zit. n. Scholtyseck, *Aufstieg*, S. 731.
17. Vgl. Bernd Greiner, *Die Morgenthau-Legende. Zur Geschichte eines umstrittenen Plans* (Hamburg: Hamburger Edition, 1995), S. 238.
18. Vgl. Scholtyseck, *Aufstieg*, S. 732.
19. Vgl. Treue, *Herbert Quandt*, S. 90; Scholtyseck, *Aufstieg*, S. 714, 730.
20. Zur Evakuierung des AFA-Außenlagers und zum Gardelegen-Massaker vgl. Herbert Obenaus, »Die Räumung der hannoverschen Konzentrations-

lager im April 1945«, in: Rainer Fröbe u. a. (Hg.), *Konzentrationslager in Hannover. KZ-Arbeit und Rüstungsindustrie in der Spätphase des Zweiten Weltkriegs*, Teil II (Hildesheim: August Lax, 1985), S. 493–544; Rüdiger Jungbluth, *Die Quandts. Ihr leiser Aufstieg zur mächtigsten Wirtschaftsdynastie Deutschlands* (Frankfurt/M.: Campus, 2002), S. 197–199; Marc Buggeln, *Arbeit & Gewalt. Das Außenlagersystem des KZ Neuengamme* (Göttingen: Wallstein, 2009), S. 638–640, 650 f.; Scholtyseck, *Aufstieg*, S. 668–670.

21. Zit. n. Susanne Heim u. a. (Hg.), *Die Verfolgung und Ermordung der europäischen Juden durch das nationalsozialistische Deutschland 1933–1945*, Bd. 16: *Das KZ Auschwitz 1942–1945 und die Zeit der Todesmärsche 1944/45*, Bearb. v. Andrea Rudorff (Berlin u. a.: de Gruyter - Oldenbourg, 2018), S. 797 f.
22. Vgl. Treue, *Herbert Quandt*, S. 90 ff.; Scholtyseck, *Aufstieg*, S. 714, 790–792, 822 f.
23. Zit. n. Scholtyseck, *Aufstieg*, S. 822.
24. Vgl. ebd., S. 823 f.
25. Zit. n. ebd., S. 765 f.
26. Zit. n. Treue, *Herbert Quandt*, S. 85.
27. Vgl. Norbert Frei, Ralf Ahrens, Jörg Osterloh, Tim Schanetzky, *Flick. Der Konzern, die Familie, die Macht* (München: Blessing, 2009), S. 464, 712 f.
28. Vgl. Benjamin Engel, »Der beraubte Bierbaron«, in: *Süddeutsche Zeitung*, 11. Oktober 2020; https://www.sueddeutsche.de/muenchen/wolfratshausen/wackersberg-nazis-brauerei-ignatz-nacher-1.5060664?reduced=true (abgerufen am 13. Dezember 2021).
29. Vgl. Kim Christian Priemel, *Flick. Eine Konzerngeschichte vom Kaiserreich bis zur Bundesrepublik* (Göttingen: Wallstein, 2007), S. 452; Johannes Bähr, Alex Drecoll, Bernhard Gotto, Kim Christian Priemel, Harald Wixforth, *Der Flick-Konzern im Dritten Reich* (München: Oldenbourg, 2008), S. 460.
30. Zur Zwangsarbeit in Gröditz vgl. NMT, Bd. VI, S. 770–788, 815 f., 828 f., 835–837; Priemel, *Konzerngeschichte*, S. 493 f; Bähr et al., *Flick-Konzern*, S. 530, 553–556; Frei et al., *Flick*, S. 359 f.
31. Vgl. Frei et al., *Flick*, S. 386.
32. Vgl. Bähr et al., *Flick-Konzern*, S. 509 f.
33. Zit. n. Frei et al., *Flick*, S. 358.
34. Zit. n. Priemel, *Konzerngeschichte*, S. 488.
35. Zum Gröditz-Massaker vgl. NMT, Bd. VI, S. 778–781; Priemel, *Konzerngeschichte*, S. 494; Bähr et al., *Flick-Konzern*, S. 530 f., 554 f.; Frei et al., *Flick*, S. 360.
36. Zu Flicks Vermögenstransfers und Inbesitznahmen vgl. Priemel, *Konzerngeschichte*, S. 554 f., 591–615; Bähr et al., *Flick-Konzern*, S. 579 f.; Frei et al., *Flick*, S. 388 f., 448–471.
37. Zitate n. Bähr et al., *Flick-Konzern*, S. 878 f., 883.
38. Vgl. Priemel, *Konzerngeschichte*, S. 603.
39. Bähr et al., *Flick-Konzern*, S. 883.

40. Kim Christian Priemel, Alexa Stiller, »Nuremberg's Narratives. Revising the Legacy of the ›Subsequent Trials‹«, in: dies. (Hg.), *Reassessing the Nuremberg Military Tribunals. Transitional Justice, Trial Narratives, and Historiography* (New York: Berghahn, 2014), S. 5.
41. Zu weiter gehenden Informationen vgl. Telford Taylor, *The Anatomy of the Nuremberg Trials. A Personal Memoir* (New York: Knopf, 1992), S. 151–161; Donald Bloxham, *Genocide on Trial. War Crimes Trials and the Formation of History and Memory* (Oxford: Oxford University Press, 2001), S. 24 f.; Kim Christian Priemel, *The Betrayal. The Nuremberg Trials and German Divergence* (Oxford: Oxford University Press, 2016), S. 152–155; Kim Christian Priemel, »Tales of Totalitarianism. Conflicting Narratives in the Industrialist Cases at Nuremberg«, in: ders./Stiller (Hg.), *Reassessing*, S. 166.
42. Vgl. Priemel, *Konzerngeschichte*, S. 603–605; Frei et al., *Flick*, S. 467 f.
43. Verhör August von Finck, 25. September 1947, NARA, OMGUS, RG 260, M1923, Rolle 7.
44. Vgl. Vorläufiger Bericht über die Deutsche Heraklith AG; Originalbeweisstücke Alpenländische Bergbau GmbH, USACA Section 1945–1950, NARA, RG 260, M1928, Rollen 22, 46, 47; Georg Siebert, *100 Jahre Merck Finck & Co.* (München: 1970), S. 47 f.
45. Vgl. Günther Quandt, *Günther Quandt erzählt sein Leben*, (München: Mensch und Arbeit, 1961), S. 135 f.
46. Vgl. »Neun Nullen« [o.V], in: *Der Spiegel*, 17. Mai 1970; https://www.spiegel.de/politik/neun-nullen-a-608eb41d-0002-0001-0000-000045152285 (abgerufen am 28. September 2021).
47. Vorschläge hinsichtlich der Entfernung von Funktionären des Finanzwesens, Major Peery an Lt. Ladenburg, Denazification: Policy and Directives, NARA, OMGUS, RG 260, M1925, Rolle 3.
48. Vgl. Scholtyseck, *Aufstieg*, S. 1044, Fn. 46; Frei et al., *Flick*, S. 403.
49. Verhör Kurt Schmitt, 15. Juli 1947, NARA, OMGUS, RG 260, M1923, Rolle 7.
50. Verhör Hans Schmidt-Polex, 22. September 1947, NARA, OMGUS, RG 260, M1923, Rolle 7.
51. Hinweise zur Untersuchung der Vereinigten Stahlwerke AG, Düsseldorf, Deutschland, 31. Mai 1945, Appendix B, 78, NARA, OSS, RG 226, M1934, Rolle 5.
52. Vgl. Siebert, *100 Jahre*, S. 49.
53. Zit. n. Harold James, *Verbandspolitik im Nationalsozialismus. Von der Interessenvertretung zur Wirtschaftsgruppe: der Centralverband des Deutschen Bank- und Bankiersgewerbes 1932–1945* (München: Piper, 2001; Übers. Karin Schambach), S. 174.
54. Zit. n. ebd., S. 184.
55. Vgl. German External Assets in Austria: Private Bank E. V. Nicolai & Company S. M. V. Rothschild in Liquidation, USACA, RG 260, M1928, Rolle 13; Melichar, *Neuordnung*, S. 404–408.
56. Zit. n. Ingo Köhler, *Die »Arisie-*

rung« der Privatbanken im Dritten Reich. Verdrängung, Ausschaltung und die Frage der Wiedergutmachung (München: C.H. Beck, 2005), S. 502.

57. Zitate n. ebd., S. 502.
58. Zit. n. ebd., S. 505.
59. Vgl. ebd., S. 503–506.
60. Vgl. eidesstattliche Erklärung Willy Dreyfus, 22. Dezember 1948, STAM, Spruchkammerakten August von Finck, Karton 409; Frank J. Miller an Albert F. Bender jr., 6. März 1947, Deutscher Reichsanzeiger Re: J. Dreyfuss [sic] & Co. and Merck, Finck & Co., NARA, OMGUS, RG 260, M1923, Rolle 3.
61. Vgl. Hans Mommsen, Manfred Grieger, *Das Volkswagenwerk und seine Arbeiter im Dritten Reich* (Düsseldorf: Econ, 1996), S. 798 f., S. 901 f.; Volkswagen Kommunikation, Unternehmensarchiv (Hg.), *Erinnerungsstätte an die Zwangsarbeit auf dem Gelände des Volkswagenwerks* (Wolfsburg: Volkswagen AG, 1999), S. 95, 100, 132; https://www.volkswagenag.com/presence/konzern/documents/history/deutsch/Erinnerungsstätte_Katalog_DE.pdf (abgerufen am 13. Dezember 2021).
62. Vgl. Mommsen/Grieger, *Volkswagenwerk*, S. 926 f.
63. Ebd., S. 643.
64. Vgl. Ferry Porsche, John Bentley, *We at Porsche* (Garden City, NY: Doubleday, 1976), S. 180–182; Ferry Porsche, Günther Molter, *Ferry Porsche. Ein Leben für das Auto. Eine Autobiographie* (Stuttgart: Motorbuch-Verlag, 1989), S. 151–154; Wolfram Pyta, Nils Havemann, Jutta Braun, *Porsche. Vom Konstruktionsbüro zur Weltmarke* (München: Siedler, 2017), S. 341.
65. Porsche, Ferdinand, 17. Mai 1945, CLL, Donovan Nuremberg Trials Collection, Bd. 17, Abt. 53.048, https://lawcollections.library.cornell.edu/nuremberg/catalog/nur:01772 (abgerufen am 18. Oktober 2021).
66. Zit. n. Georg Meck, *Auto Macht Geld. Die Geschichte der Familie Porsche Piëch* (Berlin: Rowohlt, 2016), S. 79.
67. Vgl. Mommsen/Grieger, *Volkswagenwerk*, S. 927 f., 940 f.
68. Vgl. Jürgen Finger, Sven Keller, Andreas Wirsching, *Dr. Oetker und der Nationalsozialismus. Geschichte eines Familienunternehmens 1933–1945* (München: C.H. Beck, 2013), S. 374–377.
69. Zit. n. ebd., S. 376.
70. Zit. n. ebd., S. 377.
71. Zitate n. ebd.
72. Vgl. ebd., S. 385–387, Zitat auf S. 385.
73. Vgl. Scholtyseck, *Aufstieg*, S. 736 f.
74. Zit. n. ebd., S. 731.
75. Zit. n. ebd., S. 732.
76. Ergänzungsblatt zum Fragebogen der Militärregierung für Deutschland, 1. März 1946, STAM, Spruchkammerakten Günther Quandt, Karton 1363/7.
77. Zit. n. Scholtyseck, *Aufstieg*, S. 733.
78. Zit. n. ebd.
79. Stellungnahme, Deutscher Entnazifizierungs-Ausschuss, Stadtkreis Hannover, 6. August 1946, STAM, Spruchkammerakten Günther Quandt, Karton 1363/7.

80. Zit. n. ebd.
81. Vgl. Scholtyseck, *Aufstieg*, S. 737.
82. Eidesstattliche Erklärung Eleonore Quandt, 27. August 1946, STAM, Spruchkammerakten Günther Quandt, Karton 1362/1.
83. Vgl. Jungbluth, *Quandts* (2002), S. 218.
84. Günther Quandt an Werner Quandt, 5. Januar 1947, HWA, Abt. 2017, Nr. 36/37.
85. Beglaubigte Aussage Harald Quandt, 27. August 1946, STAM, Spruchkammerakten Günther Quandt, Karton 1362/1.
86. Vgl. Günther Quandt an Lieselotte Dietermann, 11. Oktober 1946, HWA, Abt. 2017, Nr. 36/37; Scholtyseck, *Aufstieg*, S. 253.
87. Liselotte Dietermann an Günther Quandt, 5. Februar 1947, HWA, Abt. 2017, Nr. 36/37.
88. Scholtyseck, *Aufstieg*, S. 320.
89. Zit. n. ebd.
90. Eidesstattliche Erklärung Georg Sachs, 10. Februar 1947; STAM, Spruchkammerakten Günther Quandt, Karton 1362/2.
91. Vgl. Quandt, *Leben*, S. 111–126, 167–180, 191 f., 230–232, 240–244.
92. Ebd., S. 241.
93. Ebd., S. 139.
94. Ebd., S. 245 f.
95. Ebd., S. 184.
96. Ebd., S. 238 f.
97. Ebd., S. 247–249.
98. Zit. n. Scholtyseck, *Aufstieg*, S. 731.
99. Vgl. Quandt, *Leben*, S. 252 f.
100. Zit. n. Scholtyseck, *Aufstieg*, S. 733.
101. Quandt, *Leben*, S. 252 f.
102. Zit. n. Scholtyseck, *Aufstieg*, S. 734.
103. Günther Quandt, Weihnachtsrundbrief, 5. Dezember 1947, HWA, Abt. 2017, Nr. 36/37.
104. Zit. n. Priemel, *Konzerngeschichte*, S. 605.
105. Vgl. ebd., S. 627–631; Bähr et al., *Flick-Konzern*, S. 582–585, 608–615; Frei et al., *Flick*, S. 410 f.
106. Zitate n. Bähr et al., *Flick-Konzern*, 611 f.
107. Vgl. ebd., S. 582, 610.
108. Vgl. NMT, Bd. VI, S. 261 f.
109. Vgl. Taylor, *Anatomy*, S. 274–292.
110. Zit. n. Frei et al., *Flick*, S. 409.
111. Zit. n. Bähr et al., *Flick-Konzern*, S. 897.
112. Zit. n. ebd.
113. Vgl. Taylor, *Anatomy*, S. 587–624.
114. Vgl. Bloxham, *Genocide*, S. 28–32; Priemel, *Betrayal*, S. 156 f.; Telford Taylor, *Final Report to the Secretary of the Army on the Nuernberg War Crimes Trials Under Control Council Law No. 10* (Washington, DC: US Government Printing Office, 1949), S. 22–27, 73–85, 271–281, https://www.loc.gov/rr/frd/Military_Law/NT_final-report.html (abgerufen am 18. Oktober 2021).
115. Priemel, »Tales of Totalitarianism«, S. 167.
116. Bloxham, *Genocide*, S. 30.
117. Zu den Ereignissen in Frankreich vgl. Porsche/Bentley, *We at Porsche*, S. 189 ff; Porsche/Molter, *Porsche. Ein Leben*, S. 158–165; Mommsen/Grieger, *Volkswagenwerk*, S. 942; Pyta et al., *Porsche*, S. 342 ff.
118. Vgl. Pyta et al., *Porsche*, S. 335–338, 362 f.
119. Vgl. Mommsen/Grieger, *Volkswagenwerk*, S. 937 f.; Pyta et al., *Porsche*, S. 328–330, 364–367.
120. Vgl. die Dokumentation von Eberhard Reuß, *Der Mann hinter*

Porsche – Adolf Rosenberger, ARD/SWR, 24. Juni 2019, 43:57 Min.; https://www.youtube.com/watch?v=VSQzYWHtl-o (abgerufen am 6. Oktober 2021).

121. Vgl. Scholtyseck, *Aufstieg*, S. 734.

122. »U. S. War Crimes Unit Seeks to End Task Early in '48« [o. V.], in: *Associated Press*, 27. Oktober 1947.

123. Vgl. Klageschrift des öffentlichen Klägers, Spruchkammer Starnberg, 25. September 1946, STAM, Spruchkammerakten Günther Quandt, Karton 1362/1.

124. Vgl. James F. Tent, *Mission on the Rhine. »Reeducation« and Denazification in American-Occupied Germany* (Chicago: University of Chicago Press, 1982), S. 254–318; S. Jonathan Wiesen, *West German Industry and the Challenge of the Nazi Past, 1945–1955* (Chapel Hill: University of North Carolina Press, 2001), S. 43 f.; Frank M. Buscher, *The US War Crimes Trial Program in Germany, 1946–1955* (New York: Greenwood Press, 1989), S. 49 f.; Jean Edward Smith, *Lucius D. Clay. An American Life* (New York: Henry Holt, 1990), S. 378–387, 425–444; Frederick Taylor, *Exorcising Hitler. The Occupation and Denazification of Germany* (New York: Bloomsbury Press, 2011), S. 277–331.

125. Vgl. Taylor, *Final Report*, S. 14–21, 54–56; Buscher, *War Crimes*, S. 30 f.; Taylor, *Anatomy*, S. 278–287, Devin O. Pendas, »The Fate of Nuremberg. The Legacy and Impact of the Subsequent Nuremberg Trials in Postwar Germany«, in: Priemel/Stiller (Hg.), *Reassessing*, S. 249–271; Office of Military Government for Germany, *Denazification (Cumulative Review): Report of the Military Governor (1 April 1947–30 April 1948)*, Nr. 34; John H. Herz, »The Fiasco of Denazification in Germany«, in: *Political Science Quarterly*, Bd. 63, Nr. 4 (Dez. 1948), S. 569–594.

126. Vgl. Festhaltungsbefehl Günther Quandt, Lager-Spruchkammer Dachau, 24. Oktober 1947, STAM, Spruchkammerakten Günther Quandt, Karton 1362/1.

127. Vgl. Günther Quandt an Herman Alletag, 11. Oktober 1947, STAM, Spruchkammerakten Günther Quandt, Karton 1362/1.

128. Memo Dr. Carl Reiter, Spruchkammer Starnberg, 13. Dezember 1947, STAM, Spruchkammerakten Günther Quandt, Karton 1362/1.

129. Günther Quandt an den Vorsitzenden der Spruchkammer Starnberg, 10. Januar 1948, STAM, Spruchkammerakten Günther Quandt, Karton 1362/1.

130. Vgl. Scholtyseck, *Aufstieg*, S. 739.

131. »Wie's den Ehemännern geht« [o. V], *Der Spiegel*, 21. Juni 1950; https://www.spiegel.de/politik/wies-den-ehemaennern-geht-a-e98ca20e-0002-0001-0000-000044448356 (abgerufen am 13. Dezember 2021).

132. Ebd.

133. Vgl. Henriette von Schirach, *Der Preis der Herrlichkeit. Erlebte Zeitgeschichte* (München: Herbig, 2016), S. 216.

134. Klageschrift des öffentlichen Klägers, 8. Februar 1948, STAM,

Spruchkammerakten Günther Quandt, Karton 1362/3.

135. Zum Fall Tudor und Laval vgl. Scholtyseck, *Aufstieg*, S. 537–562; Jungbluth, *Quandts* (2002), S. 180 f.

136. Vgl. Scholtyseck, *Aufstieg*, S. 741.

137. Stellungnahme des Dr. Ing. E. h. Günther Quandt zur Klageschrift des öffentlichen Klägers vom 8. Februar 1948, HWA, Abt. 2017, Nr. 38.

138. Vgl. Scholtyseck, *Aufstieg*, S. 742 f.

139. Vgl. Treue, *Herbert Quandt*, S. 103.

140. Zit. n. Scholtyseck, *Aufstieg*, S. 767 f.

141. Vgl. Verhandlungsprotokoll, Spruchkammer Starnberg, 13./14. Mai 1948, STAM, Spruchkammerakten Günther Quandt, Karton 1362/4.

142. Vgl. die Verhandlungsprotokolle, Spruchkammer Starnberg, 3., 4., 26. Juni 1948; 15. Juli 1948, STAM, Spruchkammerakten Günther Quandt, Karton 1362/4.

143. Vgl. Jungbluth, *Quandts* (2002), S. 225; Scholtyseck, *Aufstieg*, S. 743 f.

144. Günther Quandt an Heidi von Doetinchem, 29. Juni 1948, HWA, Abt. 2017, Nr. 35.

145. Plädoyer des öffentlichen Klägers, Spruchkammer Starnberg, 16. Juli 1948, STAM, Spruchkammerakten Günther Quandt, Karton 1362/2.

146. Urteil der Spruchkammer Starnberg, 28. Juli 1948, STAM, Spruchkammerakten Günther Quandt, Karton 1362/1.

147. Plädoyer des öffentlichen Klägers, Anlage zum Verhandlungsprotokoll, München, 29. April 1949, STAM, Spruchkammerakten Günther Quandt, Karton 1362/5.

148. Urteil der Berufungskammer für Oberbayern, 29. April 1949, STAM, Spruchkammerakten Günther Quandt, Karton 1362/4.

149. Urteil des Bayerischen Kassationshofs, 2. Dezember 1949, STAM, Spruchkammerakten Günther Quandt, Karton 1362/5.

150. Günther Quandt an Heidi von Doetinchem, 18. April 1950, HWA, Abt. 2017, Nr. 35.

151. Scholtyseck, *Aufstieg*, S. 748 f.

152. Günther Quandt an Eckhard König, 5. Januar 1950, HWA, Abt. 2017, Nr. 27.

153. Scholtyseck, *Aufstieg*, S. 705, 765.

154. Vgl. ebd., S. 749.

155. Vgl. Klageschrift des öffentlichen Klägers, 3. November 1948, STAM, Spruchkammerakten August von Finck, Karton 409.

156. Zit. n. Köhler, *»Arisierung«*, S. 310 f., Fn. 375.

157. Vgl. eidesstattliche Erklärung Willy Dreyfus, 22. Dezember 1948, und Verhandlungsprotokoll, Spruchkammer X München, 22. Dezember 1948, STAM, Spruchkammerakten August von Finck, Karton 409.

158. Vgl. Verhandlungsprotokoll, Spruchkammer X München, 22. Dezember 1948, STAM, Spruchkammerakten August von Finck, Karton 409; vgl. auch »Neun Nullen« [o. V.].

159. Vgl. Verhandlungsprotokoll, Spruchkammer X München, 22., 23., 24. und 27. Dezember 1948, Spruchkammerakten August von Finck, Karton 409; vgl. auch »Neun Nullen« [o. V.].

160. Otto von Dewitz an Julius Herf, 14. Januar 1949, STAM, Spruch-

kammerakten August von Finck, Karton 409.

161. »Neun Nullen« [o. V.].

162. »Wie's den Ehemännern geht« [o. V.].

163. »Neun Nullen« [o. V.].

164. Vgl. »Wie's den Ehemännern geht« [o.V.].

165. Vgl. Verhandlungsprotokoll, Spruchkammer X München, 22., 27. Dezember 1948, STAM, Spruchkammerakten August von Finck, Karton 409.

166. Urteil des Spruchkammer X München, 14. Januar 1949, STAM, Spruchkammerakten August von Finck, Karton 409.

167. Vgl. »Neun Nullen« [o. V.].

168. Vgl. Rücknahme der Berufung, 24. Februar 1949, STAM, Spruchkammerakten August von Finck, Karton 409.

169. Vgl. Fritz Berthold an Ludwig Hagenauer, 19. April 1949; Kurz an Ludwig Hagenauer, 28. Juni 1949, STAM, Spruchkammerakten August von Finck, Karton 409.

170. Vgl. »Wie's den Ehemännern geht« [o.V]; R. R. Bowie an Hans Weigert, 31. August 1950, 27. September 1950, NARA, RG 260, NND 775035.

171. Vgl. Julius Herf an Lorenz Willberger, 29. April 1950; Julius Herf an Günther Griminski, 25. Mai 1950, NARA, RG 260, NND 775035.

172. Vgl. Eric Schnapper, William Schurtman, *Willy Dreyfus, Petitioner, v. August Von Finck et al.* (Washington, DC: Gale, 2011).

173. Vgl. Finger et al., *Dr. Oetker*, S. 360 f., 378–380, Zitat auf S. 361.

174. Zit. n. ebd., S. 379.

175. Vgl. ebd., S. 379 f., 386 f., 394.

176. Zu den Vorgängen in Frankreich vgl. Mommsen/Grieger, *Volkswagenwerk*, S. 942–944; Pyta et al., *Porsche*, S. 357 f.

177. Vgl. Mommsen/Grieger, *Volkswagenwerk*, S. 939.

178. Vgl. ebd., S. 973; Bernhard Rieger, *The People's Car. A Global History of the Volkswagen Beetle* (Cambridge, MA: Harvard University Press, 2013), S. 109 f.

179. Zu den Vereinbarungen von Bad Reichenhall vgl. Porsche/Bentley, *We at Porsche*, S. 215 f.; Mommsen/Grieger, *Volkswagenwerk*, S. 938 f.; Meck, *Auto*, S. 110–113, 116.

180. Vgl. Mommsen/Grieger, *Volkswagenwerk*, S. 939.

181. Zit. n. Pyta et al., *Porsche*, S. 376.

182. Vgl. ebd., S. 377 f.; Reuß, *Rosenberger*.

183. Vgl. Stefan Aust, Thomas Ammann, *Die Porsche-Saga. Eine Familiengeschichte des Automobils* (Köln: Bastei Lübbe, 2016 [2012]), S. 234 f.; Reuß, *Rosenberger*; Bericht der Vermögenskontrolle über Vermögenstransaktionen, Stuttgart, 26. Oktober 1950.

184. Zit. n. Pyta et al., *Porsche*, S. 311.

185. Zit. n. ebd., S. 389.

186. Vgl. Porsche/Bentley, *We at Porsche*, S. 222 f.; Porsche/Molter, *Porsche. Ein Leben*, S. 186–188; Pyta et al., *Porsche*, S. 379–382.

187. Zit. n. Pyta et al., *Porsche, S.* 381.

188. Vgl. NMT, Bd. VI, S. 9–25.

189. Vgl. Bähr et al., *Flick-Konzern*, S. 531.

190. Vgl. Harold James, *Krupp. Deutsche Legende und globales Unternehmen* (München: C. H. Beck, 2011; Übers. Karl Heinz

Siber,) S. 211–231; Taylor, *Final Report*, S. 22–27, 78 f., 184–201.
191. NMT, Bd. VI, S. 32 f.
192. Vgl. NMT, Bd. VI, S. 32
193. Vgl. Priemel, *Konzerngeschichte*, S. 640 f.; Bähr et al., *Flick-Konzern*, S. 627–630; Frei et al., *Flick*, S. 426.
194. Vgl. NMT, Bd. VI, S. 115–134.
195. Vgl. ebd., S. 217–225, 382 f., 405 ff., 1015 f.; Frei et al., *Flick*, S. 420.
196. NMT, Bd. VI, S. 222 f.
197. Ebd., S. 133.
198. Ebd., S. 997.
199. Vgl. Priemel, *Konzerngeschichte*, S. 635–641; Bähr et al., *Flick-Konzern*, S. 635–639; Frei et al., *Flick*, S. 421–423; *NMT*, Bd. VI, S. 4, 202 ff., 285 ff.
200. Zit. n. Bähr et al., *Flick-Konzern*, S. 638.
201. Vgl. Priemel, *Konzerngeschichte*, S. 640.
202. Zitate n. Frei et al., *Flick*, S. 422.
203. NMT, Bd. VI, S. 974.
204. Ebd., S. 1034 f.
205. Ebd., S. 115, 1172.
206. Ebd., S. 1117 f.
207. Ebd., S. 1186 f.
208. Vgl. ebd., S. 3 f.
209. Zum Urteil vgl. NMT, Bd. VI, S. 1187–1228.
210. Taylor, *Final Report*, S. 187.
211. NMT, Bd. VI, S. 1214.
212. Ebd., S. 1221.
213. Vgl. ebd., S. 1225–1233.
214. Vgl. Priemel, *Konzerngeschichte*, S. 661–671; Frei et al., *Flick*, S. 476–486.
215. Vgl. Kai Bird, *The Chairman. John J. McCloy & The Making of The American Establishment* (New York: Simon & Schuster, 1992), S. 359–375; Priemel, *Betrayal*, S. 352–368.
216. Telford Taylor, »The Nazis Go Free«, in: *The Nation*, 24. Februar 1951, S. 171.
217. Vgl. Günter Ogger, *Friedrich Flick der Große* (Bern u. a.: Scherz, 1971), S. 254; Frei et al., *Flick*, S. 445 f.
218. »Der Eisenmann« [o. V.], in: *Der Spiegel*, 16. September 1958.
219. Vgl. Frei et al., *Flick*, S. 436 f.
220. Vgl. Priemel, *Konzerngeschichte*, S. 671–702; Frei et al., *Flick*, S. 486–522.

Teil V: »Neun Nullen«

1. Vgl. Günther Quandt, *Günther Quandt erzählt sein Leben*, (München: Mensch und Arbeit, 1961), S. 256 f.; Wilhelm Treue, *Herbert Quandt. Ein Unternehmer der dritten Generation* (Bad Homburg: Varta-AG, 1980), S. 125.
2. Rüdiger Jungbluth, *Die Quandts. Ihr leiser Aufstieg zur mächtigsten Wirtschaftsdynastie Deutschlands* (Frankfurt/M.: Campus, 2002), S. 238.
3. Vgl. Liz Crolley, David Hand, *Football and European Identity. Historical Narratives Through the Press* (London: Routledge, 2006), S. 70.
4. Vgl. Werner Abelshauser, *Deutsche Wirtschaftsgeschichte. Von 1945 bis zur Gegenwart* (München: C. H. Beck, 2011), S. 152–181.
5. Zit. n. Jungbluth, *Quandts* (2002), S. 238 f.; vgl. auch Abs' und Pavels

vollständig wiedergegebene Reden in: *In memoriam Günther Quandt*, (Berlin: Accumulatoren-Fabrik AG/Karlsruhe: Industriewerke Karlsruhe AG, 1955).

6. *AFA-Ring. Werkzeitschrift der Accumulatoren-Fabrik AG Berlin*, Jg. 8, Ausg. 5, September 1941, S. 9, STAM, Spruchkammerakten Günther Quandt, Karton 1363/6.
7. *In memoriam Günther Quandt*.
8. Vgl. Quandt, *Leben*, S. 253–256; Treue, *Herbert Quandt*, S. 92–94, 106–109, 131–133, 141; Scholtyseck, *Aufstieg*, S. 785–821.
9. Vgl. Joachim Scholtyseck, *Der Aufstieg der Quandts. Eine deutsche Unternehmerdynastie* (München: C.H. Beck, 2011), S. 801.
10. Gespräch mit Gerhard Wilcke, 21. April 1978, HWA, Abt. 2017, Nr. 82.
11. Zu den Vorgängen um Eisner vgl. Scholtyseck, *Aufstieg*, S. 401–403, 953, Fn. 245.
12. Kurt Pritzkoleit, *Männer, Mächte, Monopole. Hinter den Türen der westdeutschen Wirtschaft* (Düsseldorf: Karl Rauch, 1953), S. 70, 88.
13. Vgl. Treue, *Herbert Quandt*, S. 103, 114, 120, 123, 130–133.
14. Vgl. Nachlass Dr. Günther Quandt, HWA, Abt. 2017, Nr. 44; Scholtyseck, *Aufstieg*, S. 159–170, 834–838.
15. Vgl. Rüdiger Jungbluth, *Die Quandts. Deutschlands erfolgreichste Unternehmerfamilie* (Frankfurt/M.: Campus, 2015), S. 199.
16. Zit. n. Scholtyseck, *Aufstieg*, S. 160.
17. Zit. n. ebd., S. 838.
18. Günter Ogger, *Friedrich Flick der Große* (Bern u. a.: Scherz, ^{3}1971), S. 281.
19. Zu den Vorgängen bei Daimler-Benz vgl. Ogger, *Flick der Große*, S. 281–296, 300–303; Treue, *Herbert Quandt*, S. 141–146; Jungbluth, *Quandts* (2002), S. 243–246; Norbert Frei, Ralf Ahrens, Jörg Osterloh, Tim Schanetzky, *Flick. Der Konzern, die Familie, die Macht* (München: Blessing, 2009), S. 524–526, 535–538.
20. Zu den Vorgängen bei BMW vgl. Ogger, *Flick der Große*, S. 296–300; Treue, *Herbert Quandt*, S. 146–156; Jungbluth, *Quandts* (2002), S. 246–256; Frei et al., *Flick*, S. 538–542.
21. Vgl. Treue, *Herbert Quandt*, S. 156–176; Jungbluth, *Quandts* (2015), S. 219–224.
22. Vgl. Jungbluth, *Quandts* (2002), S. 275 f.; Scholtyseck, *Aufstieg*, S. 769 f.
23. Jungbluth, *Quandts* (2002), S. 275.
24. Ebd., S. 276.
25. Vgl. Jens Westemeier, *Himmlers Krieger. Joachim Peiper und die Waffen-SS in Krieg und Nachkriegszeit* (Paderborn: Schöningh, 2014), S. 531–539.
26. Zit. n. ebd., S. 537.
27. Zit. n. ebd., S. 533.
28. Vgl. Jürgen Finger, Sven Keller, Andreas Wirsching, *Dr. Oetker und der Nationalsozialismus. Geschichte eines Familienunternehmens 1933–1945* (München: C.H. Beck, 2013), S. 404, 423.
29. Vgl. Jungbluth, *Oetkers*, S. 212 ff.
30. Vgl. Finger et al., *Dr. Oetker*,

S. 409 f.; Harald Wixforth, »Ein Bankier während und nach dem Holocaust. Die wechselvolle Karriere des Hugo Ratzmann«, in: Jörg Osterloh, Harald Wixforth (Hg.), *Unternehmer und NS-Verbrechen. Wirtschaftseliten im »Dritten Reich« und in der Bundesrepublik Deutschland* (Frankfurt/M.: Campus, 2014), S. 269–297.

31. Rudolf von Ribbentrop, *Mein Vater Joachim von Ribbentrop. Erlebnisse und Erinnerungen* (Graz: Ares, 2., aktual. Aufl. 2013), S. 487.
32. Vgl. Finger et al., *Dr. Oetker*, S. 410.
33. Vgl. Jungbluth, *Oetkers*, S. 306.
34. Zu den Vorgängen bei der Allianz vgl. den Artikel »Kampf um die Allianz« [o. V.], in: *Der Spiegel*, 15. Dezember 1954; https://www.spiegel.de/politik/flucht-vor-sich-selbst-a-a9b5b33c-0002-0001-0000-000028958060 (abgerufen am 21. Dezember 2021); Johannes Bähr, Christopher Kopper, *Munich Re. Die Geschichte der Münchener Rück 1880–1980* (München: C. H. Beck, 2015), S. 295–298.
35. Zit. n. »Kampf um die Allianz«.
36. Vgl. Kim Christian Priemel, *Flick. Eine Konzerngeschichte vom Kaiserreich bis zur Bundesrepublik* (Göttingen: Wallstein, 2007), S. 724–729; Frei et al., *Flick*, S. 572–575.
37. Vgl. Wolf Perdelwitz, Hasko Fischer, *Waffenschmiede Deutschland. Das Bombengeschäft* (Hamburg: Gruner + Jahr, 1984), S. 143–164; Jungbluth, *Quandts* (2002), S. 263–266, 272; Scholtyseck, *Aufstieg*, S. 805–817.
38. Zit. n. Ogger, *Flick der Große*, S. 333.
39. Vgl. Frei et al., *Flick*, S. 565–571, 647 f.
40. Vgl. Ferry Porsche, John Bentley, *We at Porsche* (Garden City, NY: Doubleday 1976). S. 230 f., 245 f.
41. Vgl. Ferry Porsche, Günther Molter, *Ferry Porsche. Ein Leben für das Auto. Eine Autobiographie* (Stuttgart: Motorbuch-Verlag, 1989), S. 203 f.
42. Vgl. Frei et al., *Flick*, S. 648, 664 f.; Porsche/Molter, *Porsche. Ein Leben*, S. 207.
43. Porsche/Molter, *Porsche. Ein Leben*, S. 208.
44. Vgl. Jungbluth, *Quandts* (2002), S. 266.
45. Vgl. ebd., S. 272; Porsche/Molter, *Porsche. Ein Leben*, S. 204–206.
46. Vgl. Jungbluth, *Quandts* (2002), S. 267–270.
47. Zu Harald Quandts Tod und Vermächtnis vgl. »In Memoriam Harald Quandt«, HWA, Abt. 2017, Nr. 85; vgl. auch »Die Stille Gruppe« [o. V.], in: *Der Spiegel*, 1. Oktober 1967; https://www.spiegel.de/politik/die-stille-gruppe-a-559e3fb9-0002-0001-0000-000046289910 (abgerufen am 21. Dezember 2021); Jungbluth, *Quandts* (2002), S. 284 f.; Jungbluth, *Quandts* (2015), S. 241.
48. »In Memoriam Harald Quandt«.
49. Zu Harald Quandts Leben nach dem Krieg vgl. Jungbluth, *Quandts* (2002), S. 271–286.
50. Helene Rahms, *Die Clique.*

Journalistenleben in der Nachkriegszeit (Bern: Scherz, 1999), S. 156; vgl. Jungbluth, *Quandts* (2002), S. 276 f.

51. Vgl. Willi Winkler, *Der Schattenmann. Von Goebbels zu Carlos: Das mysteriöse Leben des François Genoud* (Berlin: Rowohlt, 2011), S. 102.
52. »Neun Nullen« [o. V.], in: *Der Spiegel*, 17. Mai 1970; https://www.spiegel.de/politik/neun-nullen-a-608eb41d-0002-0001-0000-000045152285 (abgerufen am 28. September 2021).
53. Vgl. Michael Jungblut, *Die Reichen und die Superreichen in Deutschland* (Reinbek bei Hamburg: Rowohlt, 1973), S. 65–97.
54. Zitate n. »Neun Nullen« [o. V.].
55. Vgl. Jungbluth, *Oetkers*, S. 215; Finger et al., *Dr. Oetker*, S. 409.
56. Vgl. »Trinkgeld für Ober« [o. V.], in: *Der Spiegel*, 12. Februar 1967; https://www.spiegel.de/politik/trinkgeld-fuer-ober-a-7eb20c9f-0002-0001-0000-000046369570 (abgerufen am 21. Dezember 2021).
57. Vgl. »Neonazis im Vormarsch« [o. V.], in: *Die Zeit*, 3. Mai 1968; https://www.zeit.de/1968/18/neonazis-im-vormarsch.
58. Vgl. Jungbluth, *Oetkers*, S. 245–248, 337–345; Sven Keller, Jürgen Finger, »Der Bielefelder Kunsthallenstreit 1968. Mäzenatentum, Memoria und NS-Vergangenheit im Hause Oetker«, in: Osterloh/Wixforth (Hg.), *Unternehmer*, S. 331–361.
59. Vgl. Marc Wortman, »Famed Architect Philip Johnson's Hidden Nazi Past«, in: *Vanity Fair*, 4. April 2016; https://www.vanityfair.com/culture/2016/04/philip-johnson-nazi-architect-marc-wortman (abgerufen am 15. Dezember 2021).
60. Vgl. Eberhard Reuß, *Der Mann hinter Porsche – Adolf Rosenberger*, ARD/SWR, 24. Juni 2019, 43:57 Min.; https://www.youtube.com/watch?v=VSQzYWHtl-o (abgerufen am 6. Oktober 2021).
61. Vgl. Porsche/Bentley, *We at Porsche*, S. 227–229.
62. Ebd., S. 228.
63. Vgl. Wolfram Pyta, Nils Havemann, Jutta Braun, *Porsche. Vom Konstruktionsbüro zur Weltmarke* (München: Siedler, 2017), S. 306 f.
64. Porsche/Bentley, *We at Porsche*, S. 228 f.
65. Treue, *Herbert Quandt*, S. 123.
66. Vgl. ebd., S. 227–232, 279 f.; Jungbluth, *Quandts* (2002), S. 296–305.
67. Vgl. Jungbluth, *Quandts* (2002), S. 310 f.
68. Vgl. Treue, *Herbert Quandt*, S. 232–234; Jungbluth, *Quandts* (2002), S. 301 f.
69. Zit. n. Frei et al., *Flick*, S. 620 f.
70. Vgl. »Von Friedrichs Gnaden« [o. V.], in: *Der Spiegel*, 4. Juni 1963; https://www.spiegel.de/politik/von-friedrichs-gnaden-a-756e33b1-0002-0001-0000-000045143669 (abgerufen am 21. Dezember 2021).
71. Vgl. Frei et al., *Flick*, S. 632–641.
72. Zit. n. Priemel, *Konzerngeschichte*, S. 737.
73. Vgl. ebd., S. 727 f.
74. Vgl. Benjamin Ferencz, *Lohn des Grauens. Die verweigerte Entschädigung für jüdische Zwangsarbeiter. Ein Kapitel deutscher Nachkriegsgeschichte.*

(Frankfurt/M. u. a.: Campus, 1981 [Original 1979]; Übers. Ruth Treudt), S. 199–212.

75. Zu den Verhandlungen vgl. Priemel, *Konzerngeschichte*, S. 703–715; Johannes Bähr, Alex Drecoll, Bernhard Gotto, Kim Christian Priemel, Harald Wixforth, *Der Flick-Konzern im Dritten Reich* (München: Oldenbourg, 2008), S. 678–719; Frei et al., *Flick*, S. 588–604.
76. Zit. n. Frei et al., *Flick*, S. 669.
77. Vgl. ebd., S. 670–677; Thomas Ramge, *Die Flicks. Eine deutsche Familiengeschichte über Geld, Macht und Politik* (Frankfurt/M.: Campus, 2004), S. 188–206.
78. Vgl. Frei et al., *Flick*, S. 672 f.; Ramge, *Flicks*, S. 207–212.
79. Vgl. Frei et al., *Flick*, S. 678–686; Ramge, *Flicks*, S. 212–216.
80. Vgl. Frei et al., *Flick*, S. 687 f.; Ramge, *Flicks*, S. 218–235.
81. Paul Lersch, Hartmut Palmer, »Die gepflegte Landschaft«, in: *Der Spiegel*, 12. Dezember 1999; https://www.spiegel.de/politik/die-gepflegte-landschaft-a-396b98a2-0002-001-0000-000015239605 (abgerufen am 21. Dezember 2021).
82. »Die gekaufte Republik« [o. V.], in: *Der Spiegel*, 29. November 1983; https://www.spiegel.de/geschichte/kalenderblatt-29-11-1983-a-948025.html (abgerufen am 21. Dezember 2021).
83. Vgl. Frei et al., *Flick*, S. 689 f., 697; Ramge, *Flicks*, S. 235–247.
84. Eberhard von Brauchitsch, *Der Preis des Schweigens. Erfahrungen eines Unternehmers* (Berlin: Propyläen, 1999).
85. Vgl. Frei et al., *Flick*, S. 692 f.; Ramge, *Flicks*, S. 249–251.
86. Priemel, *Konzerngeschichte*, S. 788.
87. Vgl. James M. Markham, »Company Linked to Nazi Slave Labor Pays $2 Million«, in: *New York Times*, 9. Januar 1986; https://www.nytimes.com/1986/01/09/world/company-linked-to-nazi-slave-labor-pays-2-million.html (abgerufen am 21. Dezember 2021).
88. Vgl. Georg Meck, *Auto Macht Geld. Die Geschichte der Familie Porsche Piëch* (Berlin: Rowohlt, 2016), S. 147–155, 162 f.
89. Vgl. Jungbluth, *Oetkers*, S. 262–275.
90. Louis S. Richman, »The Germans Survivors of Tumultuous Times«, in: *Fortune*, 12. Oktober 1987; https://money.cnn.com/magazines/fortune/fortune_archive/1987/10/12/69640/index.htm (abgerufen am 21. Dezember 2021).
91. Zit. n. Markus Schär, »Vermögen mit Verfalldatum«, in: *Die Weltwoche*, 8. Januar 2015; https://weltwoche.ch/story/vermoegen-mit-verfalldatum/ (abgerufen am 21. Dezember 2021).
92. So zu lesen auf der Unternehmenswebsite von Gerhard von Finck, http://gvfinck.com/about/ (abgerufen am 14. Dezember 2021).
93. Zum Streit um das Von-Finck-Erbe vgl. Henryk Hielscher, »Schlammschlacht ums Milliardenerbe«, in: *Wirtschaftswoche*, 27. Juli 2010; https://www.wiwo.de/unternehmen/finck-clan-schlammschlacht-ums-milliarden erbe/5222562.html; Sören Jensen, »Millionäre gegen Milliardäre«, in: *manager magazin*, 20. Oktober 2011; https://www.manager-

magazin.de/unternehmen/artikel/a-792910.html; Leo Müller, »Ein Erbstreit sondergleichen«, in: *Bilanz*, 8. Dezember 2015; https://www.handelszeitung.ch/unternehmen/von-finck-dynastie-ein-erbstreit-sondergleichen; Marc Chmielewski, »Urteil im Erbschaftsdrama«, in: *Juve*, 13. September 2019; https://www.juve.de/verfahren/urteil-im-erbschaftsdrama-noerr-latham-und-wirsing-hass-zoller-streiten-fuer-die-finck-erben/ (alle abgerufen am 21. Dezember 2021).

94. Vgl. Treue, *Herbert Quandt*, S. 286; Jungbluth, *Quandts* (2002), S. 312–317.

95. »In Memoriam Herbert Quandt«, HWA, Abt. 2017, Nr. 85.

96. Vgl. Astrid Becker, Johannes Jansen, Martina Padberg, Sonja Pöppel, *Kunst im Harald Quandt Haus* (Bad Homburg: Harald Quandt Holding, 2008); Jungbluth, *Quandts* (2015), S. 252, 384.

97. Über Colleen-Bettina Rosenblats Weg zum Judentum ist verschiedentlich berichtet worden, vgl. Jungbluth, *Quandts* (2002), S. 334–336; Bianca Lang, Andreas Möller, Mariam Schaghaghi, »Heimat sind Rituale«, in: *Der Spiegel*, 29. September 2017; https://www.spiegel.de/stil/s-magazin/colleen-b-rosenblat-die-schmuckdesignerin-ueber-heimat-a-1169724.html; Yvonne Weiss, »Das schwere Erbe der Colleen B. Rosenblat-Mo«, in: *Hamburger Abendblatt*, 20. Oktober 2018; https://www.abendblatt.de/hamburg/article215603175/Nationalsozialismus-Wenn-die-Oma-Magda-Goebbels-hiess.html (beide abgerufen am 21. Dezember 2021).

98. Jungbluth, *Quandts* (2002), S. 335.

99. Dagmar von Taube, »Colleen B. Rosenblat: Klare Ansichten«, in: *Welt am Sonntag*, 20. Dezember 1998.

Teil VI: Die Aufarbeitung

1. Vgl. Christoph Neßhöver, »Die Reimanns sind die reichsten Deutschen«, in: *manager magazin*, 1. Oktober 2019; https://www.manager-magazin.de/thema/familie-reimann/ (abgerufen am 23. Dezember 2021).

2. Vgl. die Unternehmenswebsite der JAB Holding Company; https://www.jabholco.com/ (abgerufen am 28. Oktober 2021).

3. Adam Luck, Alan Hall, »Nazi Slavery Past of Family Buying Pret A Manger – Which Was Founded by Jewish Businessman – for £1.5 Billion«, in: *Mail on Sunday*, 15. September 2018; https://www.dailymail.co.uk/news/article-6171977/Nazi-slavery-past-family-buying-Pret-Manger-founded-Jewish-businessman-1-5billion.html (abgerufen am 23. Dezember 2021).

4. Vgl. David de Jong, Annette Weisbach, »Billionaires Unmasked as Coty Persists in Pursuit of Avon«, in: *Bloomberg News*, 9. April 2012; https://www.

bloomberg.com/news/articles/2012-04-09/billionaires-unmasked-as-coty-persists-in-pursuit-of-avon; ders., Matthew Boyle, »The Caffeine Fix«, in: *Bloomberg Markets,* 11. Februar 2015; https://www.bloomberg.com/news/articles/2015-02-11/investor-trio-brews-coffee-deals-for-billionaire-siblings (beide abgerufen am 23. Dezember 2021).

5. Vgl. Maximilian Kiewel, »Die Nazi-Vergangenheit von Deutschlands zweitreichster Familie: Die SS-Liebe von Else Reimann«, in: *Bild am Sonntag, 30. März* 2019; https://www.bild.de/bild-plus/geld/wirtschaft/wirtschaft/nazi-vergangenheit-von-zweitreichster-familie-die-ss-liebe-von-else-reimann-60961446,view=conversionToLogin.bild.html (abgerufen am 23. Dezember 2021).
6. Zitate n. Maximilian Kiewel, »Sie sind 33 Milliarden Euro reich: Die Nazi-Vergangenheit der Calgon-Familie«, in: *Bild am Sonntag,* 24. März 2019; https://www.bild.de/bild-plus/politik/inland/politik-inland/33-milliarden-euro-reich-die-nazi-vergangenheit-der-calgon-familie-60835802,view=conversionToLogin.bild.html (abgerufen am 23. Dezember 2021).
7. Maximilian Kiewel, »Reimann-Vertrauter Peter Harf zu den Enthüllungen: Es gibt nichts zu beschönigen«, in: *Bild am Sonntag,* 24. März 2019; https://www.bild.de/politik/inland/politik-inland/reimann-vertrauter-harf-wir-waren-beschaemt-und-weiss-wie-die-wand-60837474.bild.html (abgerufen am 23. Dezember 2021).
8. Chris Isidore, »Krispy Kreme Owners Admit to Family History of Nazi Ties«, in: *CNN Business,* 25. März 2019; https://edition.cnn.com/2019/03/25/business/krispy-kreme-nazi-ties/index.html (abgerufen am 23. Dezember 2021).
9. Devra First, »I Found Out Nazi Money Is Behind My Favorite Coffee. Should I Keep Drinking It?«, in: *Boston Globe,* 4. Juni 2019; https://www.bostonglobe.com/lifestyle/food-dining/2019/06/04/peet-coffee-wake-call/XrJtIiY5M-PYCycCGxglaSK/story.html (abgerufen am 23. Dezember 2021).
10. Rebecca Saltzman, »This Is Embarrassing, but It Turns Out Our Fake Jewish Bagel Chain Was Funded by Nazis«, in: *McSweeney's,* 27. März 2019; https://www.mcsweeneys.net/articles/this-is-embarrassing-but-it-turns-out-our-fake-jewish-bagel-chain-was-funded-by-nazis (abgerufen am 23. Dezember 2021).
11. Zu Harf und JAB vgl. de Jong/Boyle, »Caffeine Fix«; Franziska Scheven, »Buying into Success«, in: *Handelsblatt,* 4. August 2018; https://www.handelsblatt.com/english/companies/rich-and-reclusive-buying-into-success/23502068.html?ticket=ST-6061060-ysGyRgydFkqjTcncqgIH-cas01.example.org; »A Peek Inside JAB Holding« [o. V.], in: *Economist,* 20. Juni 2020; https://www.economist.com/business/2020/06/18/a-peek-inside-jab-

holding; Sven Clausen, »Das Elend der einst reichsten Familien Deutschlands«, in: *manager magazin*, 23. April 2021; https://www.manager-magazin.de/unternehmen/handel/familie-reimann-wie-peter-harf-das-reich-fuehrt-und-fuer-sich-nutzt-a-712d029e-0002-0001-0000-000177209392 (alle abgerufen am 23. Dezember 2021).

12. Peter Harf an den Autor, 30. Juni 2021 [Übers. aus dem Englischen: J. P.].

13. Vgl. Henning Borggräfe, »Deutsche Unternehmen und das Erbe der NS-Zwangsarbeit. Verlauf und Folgen des Streits um Entschädigung seit den 1990er Jahren«, in: Jörg Osterloh, Harald Wixforth (Hg.), *Unternehmer und NS-Verbrechen. Wirtschaftseliten im »Dritten Reich« und in der Bundesrepublik Deutschland* (Frankfurt/M.: Campus, 2014), S. 363–390, hier S. 365–379; Susanne-Sophia Spiliotis, *Verantwortung und Rechtsfrieden. Die Stiftungsinitiative der deutschen Wirtschaft* (Frankfurt/M.: S. Fischer, 2003), S. 25–67; Mary Fulbrook, *Reckonings. Legacies of Nazi Persecution and the Quest for Justice* (Oxford, UK: Oxford University Press, 2018), S. 343 f.

14. Vgl. Dietmar Hawranek, »Porsche and Volkswagen's Nazi Roots«, in: *Der Spiegel*, 21. Juli 2009; https://www.spiegel.de/international/business/designing-cars-for-hitler-porsche-and-volkswagen-s-nazi-roots-a-637368.html (abgerufen am 23. Dezember 2021).

15. Vgl. Norbert Frei, Ralf Ahrens, Jörg Osterloh, Tim Schanetzky, *Flick. Der Konzern, die Familie, die Macht* (München: Blessing, 2009), S. 671, 677, 694.

16. Vgl. Alan Montefiore, David Vines (Hg.), *Integrity in the Public and Private Domains* (London: Routledge, 1999), S. 205 ff.; Frei et al., *Flick*, S. 762 f.

17. Zitate n. Montefiore/Vines, S. 215 f.

18. Zit. n. Jenni Frazer, »Flick: Payment ›Possible‹ to Survivors«, in: *Jewish Chronicle*, 22. März 1996.

19. Fulbrook, *Reckonings*, S. 345.

20. Vgl. Borggräfe, »Deutsche Unternehmen und das Erbe der NS-Zwangsarbeit«, S. 379–390; Fulbrook, *Reckonings*, S. 344 f. Mehr dazu in Spiliotis, *Verantwortung*, S. 69–179.

21. Vgl. »Zahlen und Fakten zur Fördertätigkeit« auf der Website der EVZ vom 31. Dezember 2020; https://www.stiftung-evz.de/stiftung/zahlen-und-fakten.html (abgerufen am 28. Oktober 2021); Spiliotis, *Verantwortung*, S. 181–191; Borggräfe: »Deutsche Unternehmen und das Erbe der NS-Zwangsarbeit«, S. 384–386; Fulbrook, *Reckonings*, S. 345.

22. Vgl. Dagmar Ottmann, »Die Ausstellung verschieben! Ein offener Brief«, in: *Die Zeit*, 5. August 2004; https://www.zeit.de/2004/33/Offener_Brief?utm_referrer=https%3A%2F%2F (abgerufen am 23. Dezember 2021).

23. Thomas Ramge, *Die Flicks. Eine deutsche Familiengeschichte über Geld, Macht und Politik* (Frank-

furt/M.: Campus, 2004), S. 12 f.; Frei et al., *Flick*, S. 768–770.

24. Vgl. Michael Swersina, »Ingrid Flick im Gespräch mit den Unterkärtner Nachrichten«, in: *Unterkärtner Nachrichten,* 6. März 2019; https://unterkaerntner.at/index.php?id=1202 (abgerufen am 23. Dezember 2021).
25. Paul Sahner, »Jetzt redet die schöne Witwe«, in: *Bunte*, 7. Januar 2010.
26. Vgl. David de Jong, »The World's Youngest Billionaires Are Shadowed by a WWII Weapons Fortune«, in: *Bloomberg News*, 3. Mai 2018; https://www.bloomberg.com/news/articles/2018-05-03/world-s-youngest-billionaires-are-shadowed-by-ghosts-of-german-past (abgerufen am 23. Dezember 2021).
27. Swersina, »Ingrid«.
28. »Major Gift for Tel Aviv Museum of Art from Ingrid Flick« [o. V.], in: *Artnet News*, 22. Mai 2014; https://news.artnet.com/art-world/major-gift-for-tel-aviv-museum-of-art-from-ingrid-flick-25422 (abgerufen am 23. Dezember 2021).
29. Friedrich Flick Förderungsstiftung, »Gremien«; https://www.flickfoerderungs stiftung.de/gremien/ (abgerufen am 28. Oktober 2021).
30. Vgl. Tim Schanetzky, *Regierungsunternehmer. Henry J. Kaiser, Friedrich Flick und die Staatskonjunkturen in den USA und Deutschland* (Göttingen: Wallstein, 2015), S. 8 f.
31. Vgl. Friedrich Flick Förderungsstiftung, »Geschichte und Förderungszweck«; https://www.flickfoerderungsstiftung.de/geschichte-und-foerderungszweck/ (abgerufen am 28. Oktober 2021).
32. Vgl. Thilo Schmidt, »Der Mann, der Kreuztal nicht zur Ruhe kommen lässt«, in: *Deutschlandfunk*, 20. März 2017; https://www.deutschlandfunkkultur.de/friedrich-flick-der-mann-der-kreuztal-nicht-zur-ruhe-kommen-100.html; vgl. auch https://www.flick-ist-kein-vorbild.de/ (beide abgerufen am 28. Oktober 2021).
33. Vgl. Olaf Kaltenborn, Pressesprecher Goethe-Universität Frankfurt, in einer E-Mail an den Autor vom 19. Juli 2021.
34. Vgl. Förderer des Deutschlandstipendiums, Goethe-Universität Frankfurt, 2016; https://www.uni-frankfurt.de/61624067/Unsere_F%C3%B6rderer_2016 (abgerufen am 28. Oktober 2021).
35. Vgl. »Barry Eichengreen Appointed Visiting Professor for Financial History 2019«, Goethe-Universität Frankfurt, 4. Oktober 2018; https://aktuelles.uni-frankfurt.de/englisch/barry-eichengreen-appointed-visiting-professor-for-financial-history-2019/ (abgerufen am 28. Oktober 2021).
36. Vgl. Mitglieder des Stiftungskuratoriums der Goethe-Universität Frankfurt, 2. März 2021; https://www.uni-frankfurt.de/51849455/Mitglieder_des_Stiftungskuratoriums_der_Goethe_Universit%C3%A4t? (abgerufen am 28. Oktober 2021).

37. Newal Dicle Yalcin et al., »Zur Geschichte der Messer-Werke im NS«, 28. Februar 2018; https://forschungsstelle.files.wordpress.com/2018/03/adolf_messer-kritik_gutachten__akten-maerz2018.pdf (abgerufen am 28. Oktober 2021).
38. Vgl. Danijel Majic, »Umstrittene Lounge in Goethe-Uni wird umbenannt«, in: *Frankfurter Rundschau*, 15. Februar 2019; https://www.fr.de/frankfurt/goethe-universitaet-frankfurt-universitaetsraum-traegt-nicht-mehr-namen-adolf-messers-11766201.html (abgerufen am 23. Dezember 2021).
39. Die Stiftung ist nun nach Adolf Messers Sohn Hans Messer benannt; vgl. http://dr-hans-messer-stiftung.de/ (abgerufen am 28. Oktober 2021).
40. Vgl. die Website der Alfried Krupp Stiftung; https://www.krupp-stiftung.de/alfried-krupp/; und die der Fritz Thyssen Stiftung, »Historie«, https://www.fritz-thyssen-stiftung.de/ueber-uns/allgemeines/historie/ (beide abgerufen am 28. Oktober 2021).
41. Sahner, »Witwe«.
42. Vgl. Eric Friedler, *Das Schweigen der Quandts*, ARD/NDR, 30. September 2007, 59:26 Min.; https://www.youtube.com/watch?v=FpQpgd_EeWY (abgerufen am 28. Oktober 2021).
43. Susanne Klatten und Stefan Quandt äußerten sich in der Biografie zu anderen Dingen, vgl. Rüdiger Jungbluth, *Die Quandts. Ihr leiser Aufstieg zur mächtigsten Wirtschaftsdynastie Deutschlands* (Frankfurt/M.: Campus, 2002), S. 350 ff. Zwei von Harald Quandts Töchtern nehmen darin Stellung zu ihrem Vater und ihrer Großmutter Magda Goebbels sowie deren Beziehung zu den Nationalsozialisten, vgl. ebd., S. 275, 334–336.
44. Friedler, *Schweigen*.
45. Zit. n. Jungbluth, *Quandts* (2002), S. 344.
46. Friedler, *Schweigen*.
47. Vgl. Jungbluth, *Quandts* (2002), S. 343.
48. Friedler, *Schweigen*.
49. Eric Friedler, *Das Schweigen der Quandts*, ARD/NDR, 22. November 2007, 1:29:45 [Langfassung]; https://www.youtube.com/watch?v=l9hNjmJxcoU (abgerufen am 28. Oktober 2021).
50. »Nach Kräften mies« [o. V.], in: *Der Spiegel*, 8. Dezember 1974; https://www.spiegel.de/wirtschaft/nach-kraeften-mies-a-1c07beea-0002-0001-0000-000041599781 (abgerufen am 23. Dezember 2021).
51. Stefan Quandt in seiner Rede zum Herbert Quandt Medien-Preis, 22. Juni 2008; https://www.johanna-quandt-stiftung.de/medien-preis/2008/rede-stefan-quandt (abgerufen am 28. Oktober 2021).
52. Vgl. Günther Quandt, *Günther Quandt erzählt sein Leben* (München: Mensch und Arbeit, 1961), S. 245 f.
53. Vgl. Jungbluth, *Quandts* (2015), S. 331–341.
54. Lorenz Wagner, »Susanne Klatten – Die Unbekannte«, in: *Financial Times Deutschland*, 21. November 2008.

55. Scholtyseck, *Aufstieg*, S. 763.
56. Ebd., S. 849.
57. Ebd., S. 843.
58. Ebd., S. 314.
59. Ebd., S. 406, 537.
60. Ebd., S. 766.
61. Zitate hier und im Folgenden nach Rüdiger Jungbluth, Giovanni di Lorenzo, »NS-Vergangenheit der Quandts: Man fühlt sich grauenvoll und schämt sich«, in: *Die Zeit*, 22. September 2011; https://www.zeit.de/2011/39/Interview-Quandt (abgerufen am 23. Dezember 2021).
62. Vgl. Michael Backhaus, Burkhard Uhlenbroich, »Die Quandt-Familien brechen ihr Schweigen«, in: *Bild am Sonntag*, 6. November 2011; https://www.bild.de/geld/wirtschaft/stefan-quandt/familie-zwangsarbeit-ns-zeit-schweigen-spende-gedenkstaette-20849498.bild.html (abgerufen am 23. Dezember 2021).
63. Jungbluth/di Lorenzo, »NS-Vergangenheit«.
64. Website der Johanna Quandt Stiftung zum Herbert Quandt Medien-Preis, »Biografie Herbert Quandt«; https://www.johanna-quandt-stiftung.de/medien-preis (abgerufen am 25. Oktober 2021). [Anm. d. Autors: Die Biografie auf der Website wurde zwischen dem 26. und 29. Oktober 2021 ersetzt.]
65. Vgl. die aktualisierte Biografie Herbert Quandts auf der Website der Johanna Quandt Stiftung zum Herbert Quandt Medien-Preis, »Biografie Herbert Quandt«; https://www.johanna-quandt-stiftung.de/medien-preis (abgerufen am 23. November 2021).
66. Vgl. Rüdiger Jungbluth, Anne Kunze, »August Oetker: ›Mein Vater war Nationalsozialist‹«, in: *Die Zeit*, 17. Oktober 2013; https://www.zeit.de/wirtschaft/unternehmen/2013-10/oetker-ns-drittes-reich (abgerufen am 23. Dezember 2021).
67. Vgl. Jungbluth, *Oetkers*, S. 388–391.
68. Vgl. David de Jong, »Nazi-Forged Fortune Creates Hidden German Billionaires«, in: *Bloomberg News*, 3. Februar 2014; https://www.bloomberg.com/news/articles/2014-02-03/nazi-forged-fortune-creates-hidden-german-billionaires (abgerufen am 23. Dezember 2021).
69. Vgl. Jürgen Finger, Sven Keller, Andreas Wirsching, *Dr. Oetker und der Nationalsozialismus. Geschichte eines Familienunternehmens 1933–1945* (München: C. H. Beck, 2013), S. 17; »Wie geht Oetker kommunikativ mit seiner NS-Vergangenheit um, Herr Schillinger?« [o. V.], in: *KOM – Magazin für Kommunikation*, 17. Dezember 2013; https://www.kom.de/medien/wie-geht-oetker-kommunikativ-mit-seiner-ns-vergangenheit-um-herr-schillinger/ (abgerufen am 23. Dezember 2021).
70. Finger et al., *Dr. Oetker*, S. 415.
71. Jungbluth/Kunze, »Mein Vater«.
72. »Oetker-Witwe kritisiert Historiker der Nazi-Studie« [o. V.], in: *Neue Westfälische*, 22. Oktober 2013; https://www.nw.de/lokal/bielefeld/mitte/9465668_Oetker-Witwe-kritisiert-Historiker-der-Nazi-Studie.html (abgerufen am 23. Dezember 2021).

73. Vgl. Simon Hage, Michael Machatschke, »Schiedsgericht soll Machtkampf bei Oetker entschärfen«, in: *manager magazin*, 23. Januar 2014; https://www.manager-magazin.de/unternehmen/handel/machtkampf-bei-oetker-schiedsgericht-soll-schlichten-a-944944.html (abgerufen am 23. Dezember 2021).
74. Vgl. Maria Marquart, »Pizza, Pudding, Beef«, in: *Der Spiegel*, 16. März 2019; https://www.spiegel.de/wirtschaft/unternehmen/dr-oetker-und-der-abgang-von-august-oetker-chaos-im-pizza-clan-a-1257997.html (abgerufen am 23. Dezember 2021).
75. Vgl. die Presseinformation auf der Website der Dr. August Oetker KG, »Oetker-Gruppe wird geteilt«, 22. Juli 2021; https://www.oetker-gruppe.de/Oetker-Group/press-releases-de/2021_07_22_Presseinformation_Oetker-Gruppe.pdf (abgerufen am 28. Oktober 2021).
76. Vgl. die Unternehmenswebsite der Geschwister Oetker Beteiligungen KG; https://geschwister-oetker.com/wp-content/uploads/2021/11/GOBKG_Pressemitteilung_ENG.pdf und https://geschwister-oetker.com/#companies (beide abgerufen am 23. Dezember 2021).
77. Porsche AG, Pressemitteilung »Porsche gründet Ferry-Porsche-Stiftung«, 16. Mai 2018; https://newsroom.porsche.com/de/unternehmen/porsche-ferry-porsche-stiftung-gesellschaftliches-engagement-bildung-soziales-kinder-und-jugendfoerderung-stiftungsvermoegen-15486.html (abgerufen am 28. Oktober 2021).
78. Universität Stuttgart, Pressemitteilung »Ferry-Porsche-Stiftung fördert Professur für Unternehmensgeschichte«, 8. März 2019; https://www.student.uni-stuttgart.de/aktuelles/meldungen/Ferry-Porsche-Stiftung-foerdert-Professur-fuer-Unternehmensgeschichte/ (abgerufen am 28. Oktober 2021).
79. Ferry Porsche, Günther Molter, *Ferry Porsche. Ein Leben für das Auto. Eine Autobiographie* (Stuttgart: Motorbuch-Verlag, 1989), S. 192.
80. Ebd., S. 124.
81. Vgl. Pyta et al., *Porsche*, S. 307 f., 458, Fn. 16; Jens Westemeier, *Himmlers Krieger. Joachim Peiper und die Waffen-SS in Krieg und Nachkriegszeit* (Paderborn: Schöningh, 2014), S. 540 f.
82. Ebd., S. 308.
83. Ebd., S. 15.
84. Vgl. Gwyn Topham, »Volkswagen Swallows Porsche«, in: *The Guardian*, 5. Juli 2012; https://www.theguardian.com/business/2012/jul/05/volkswagen-buys-porsche (abgerufen am 23. Dezember 2021).
85. Vgl. Volkswagen AG, »Geschäftsbericht 2020«, 16. März 2021; https://geschaeftsbericht2020.volkswagenag.com/ (abgerufen am 28. Oktober 2021).
86. Vgl. Christoph Neßhöver, »Knapp 80 Milliarden mehr für die reichsten Zehn«, in: *manager magazin*, 30. September 2021; https://www.manager-magazin.de/unternehmen/familie-porsche-

andreas-und-thomas-struengmann-susanne-klatten-stefan-quandt-die-obersten-zehn-sind-55-milliarden-euro-reicher-a-ff166fd1-adea-4626-947d-9ebc28eefcc3 (abgerufen am 23. Dezember 2021).

87. Vgl. die Pressemeldung auf der Website der Universität Stuttgart vom 8. März 2019, »Ferry-Porsche-Stiftung fördert Professur für Unternehmensgeschichte«; https://www.uni-stuttgart.de/universitaet/aktuelles/meldungen/Ferry-Porsche-Stiftung-foerdert-Professur-fuer-Unternehmensgeschichte/ (abgerufen am 23. Dezember 2021).

88. Vgl. Eberhard Reuß, *Der Mann hinter Porsche – Adolf Rosenberger*, ARD/SWR, 24. Juni 2019, 43:57 Min.; https://www.youtube.com/watch?v=VSQzYWHtl-o (abgerufen am 6. Oktober 2021).

89. Pyta et al., *Porsche*, S. 313.

90. Ebd., S. 131.

91. Vgl. Melanie Amann, Sven Becker, Sven Röbel, »Der Milliardär und die AfD. Wie geheime Spenden die Rechtspopulisten groß machten«, in: *Der Spiegel*, 23. November 2018; https://www.spiegel.de/politik/august-von-finck-und-die-rechten-der-milliardaer-hinter-der-afd-a-00000000-0002-0001-0000-000160960453 (abgerufen am 23. Dezember 2021).

92. Vgl. Bloomberg Billionaires Index, 28. November 2021.

93. Vgl. Anna Jikhareva, Jan Jirat, Kaspar Surber, »Eine schrecklich rechte Familie«, in: *Die Wochenzeitung*, 29. November 2018; https://www.woz.ch/-9324 (abgerufen am 23. Dezember 2021).

94. Vgl. Roman Deininger, Andreas Glas, Klaus Ott, »Der Frontmann des Herrn Baron«, in: *Süddeutsche Zeitung*, 26. März 2021; https://www.sueddeutsche.de/bayern/gauweiler-csu-finck-1.5247093?reduced=true (abgerufen am 23. Dezember 2021).

95. »Milliardär in Vaters Schatten« [o. V.], in: *Der Spiegel*, 4. Juli 1993; https://www.spiegel.de/wirtschaft/milliardaer-in-vaters-schatten-a-2c731238-0002-0001-0000-000013679715 (abgerufen am 23. Dezember 2021).

96. Vgl. Berthold Neff, »Der Freie Bürger und sein Edelmann«, in: *Süddeutsche Zeitung*, 10. Oktober 2002.

97. Vgl. Kassian Stroh, »Spendables Imperium«, in: *Süddeutsche Zeitung*, 30. Januar 2009.

98. Vgl. »Große Geschenke erhalten die Freundschaft« [jol/dpa/reuters/AFP], in: *Der Spiegel*, 17. Januar 2010; https://www.spiegel.de/politik/deutschland/hoteliers-und-parteien-grosse-geschenke-erhalten-die-freundschaft-a-672409.html (abgerufen am 23. Dezember 2021).

99. Florian Gathmann, Veit Medick, »Hohn und Spott für die Mövenpick-Partei«, in: *Der Spiegel*, 19. Januar 2010; https://www.spiegel.de/politik/deutschland/debatte-um-fdp-spende-hohn-und-spott-fuer-die-moevenpick-partei-a-672756.html (abgerufen am 23. Dezember 2021).

100. Vgl. Christian Rickens, »Der geheime Finanzier«, in: *manager magazin*, 14. Dezember 2005; https://www.manager-magazin.de/unternehmen/artikel/a-390197.html (abgerufen am 23. Dezember 2021).

101. Vgl. die Website des Ludwig von Mises Institut Deutschland; https://www.misesde.org/impressum/ (abgerufen am 28. Oktober 2021).

102. Vgl. Simone Boehringer, »Recycling der edlen Sorte«, in: *Süddeutsche Zeitung*, 11. November 2011; https://www.sueddeutsche.de/wirtschaft/finck-kauft-recht-an-der-marke-degussa-recycling-der-edlen-sorte-1.1186988; vgl. auch die Website von Degussa; https://www.degussa-goldhandel.de/en/frequently-asked-questions-faq/ (beide abgerufen am 28. Oktober 2021).

103. Vgl. Peter Hayes, *Die Degussa im Dritten Reich. Von der Zusammenarbeit zur Mittäterschaft* (München: C.H. Beck, 2004; Übers. Anne Emmert, Ursel Schäfer, Heike Schlatterer) S. 192–210, 283–314.

104. Vgl. die Liste der Degussa-Standorte; https://www.degussa-goldhandel.de/standorte/ (abgerufen am 28. Oktober 2021).

105. Zit. n. Jakob Blume, »Chef von Goldhändler Degussa wettert gegen EZB«, in: *Handelsblatt*, 9. November 2019; https://www.handelsblatt.com/finanzen/maerkte/devisen-rohstoffe/edelmetallmesse-2019-chef-von-goldhaendler-degussa-wettert-gegen-ezb/25208356.html (abgerufen am 23. Dezember 2021).

106. Vgl. Nico Lange, Theresa Saetzler, »Die neue Partei ›Alternative für Deutschland‹«, Konrad-Adenauer-Stiftung, 16. April 2013.

107. Vgl. Parteienfinanzierung, Parteispenden über 50.000 €, 2002 – Gegenwart; https://www.bundestag.de/parlament/praesidium/parteienfinanzierung/fundstellen50000; Gesetz über die politischen Parteien (Parteiengesetz), https://www.gesetze-im-internet.de/partg/__25.html (beide abgerufen am 28. Oktober 2021).

108. Vgl. Amann et al., »Der Milliardär und die AfD«.

109. Vgl. Sven Becker, Sven Röbel, »Die Swiss-Connection der AfD«, in: *Der Spiegel*, 10. September 2016; https://www.spiegel.de/politik/die-swiss-connection-der-afd-a-c5c6aaa8-0002-0001-0000-000146740009 (abgerufen am 23. Dezember 2021).

110. Vgl. Friederike Haupt, »Internationale Solidarität für die AfD«, in: *Frankfurter Allgemeine Zeitung*, 24. April 2017; https://www.faz.net/aktuell/politik/inland/machen-auslaendische-nationalisten-werbung-fuer-die-afd-14983480.html (abgerufen am 23. Dezember 2021).

111. Vgl. Guy Chazan, »The Advertising Guru Harnessing Europe's Immigration Fears«, in: *Financial Times*, 30. Dezember 2016; https://www.ft.com/content/ce212a22-ce6c-11e6-864f-20dcb35cede2 (abgerufen am 23. Dezember 2021).

112. Vgl. Christian Fuchs, Paul Middelhoff, *Das Netzwerk der Neuen Rechten. Wer sie lenkt, wer sie finanziert und wie sie die Gesellschaft verändern* (Reinbek bei Hamburg: Rowohlt Polaris, 2019), S. 222f.
113. Zit. n. Amann et al., »Der Milliardär und die AfD«.
114. Vgl. Fuchs/Middelhoff, *Netzwerk*, S. 217–221.
115. Vgl. Sven Röbel, »AfD muss 400.000 Euro Strafe zahlen«, in: *Der Spiegel*, 16. April 2019; https://www.spiegel.de/politik/deutschland/illegale-parteispenden-afd-muss-halbe-million-euro-strafe-zahlen-a-9324668c-2d8e-4ab8-8c71-3c56dfa63bf0 (abgerufen am 23. Dezember 2021).
116. Vgl. Ann-Katrin Müller, Sven Röbel, »Staatsanwaltschaft ermittelt gegen AfD-Schatzmeister«, in: *Der Spiegel*, 19. April 2019; https://www.spiegel.de/politik/deutschland/afd-staatsanwaltschaft-ermittelt-gegen-schatzmeister-wegen-wahlkampfhilfen-a-1263667.html (abgerufen am 23. Dezember 2021).
117. Vgl. Markus Becker, Sven Röbel, Severin Weiland, »Staatsanwaltschaft beantragt Aufhebung der Immunität von AfD-Chef Meuthen«, in: *Der Spiegel*, 23. Juni 2021; https://www.spiegel.de/politik/deutschland/joerg-meuthen-staatsanwaltschaft-beantragt-aufhebung-der-immunitaet-des-afd-chefs-a-3a18fb16-8ca8-4846-840e-7eb4d5154f74 (abgerufen am 23. Dezember 2021).
118. So geht es aus der Liste der bestätigten AfD-Strafen hervor, bereitgestellt von LobbyControl per E-Mail an den Autor am 21. Juli 2021.
119. Zit. n. Rupert Wiederwald, »Gauland bezeichnet NS-Zeit als ›Vogelschiss in der Geschichte‹«, in: *Deutsche Welle*, 2. Juni 2018; https://www.dw.com/de/gauland-bezeichnet-ns-zeit-als-vogelschiss-in-der-geschichte/a-44054219 (abgerufen am 23. Dezember 2021).
120. Vgl. Frank Jordan, David Rising, »German Officials Say Far-Right Crime Rising as Police Arrest Alleged Neo-Nazi«, in: *Associated Press*, 4. Mai 2021; https://www.pbs.org/newshour/world/german-officials-say-far-right-crime-rising-as-police-arrest-alleged-neo-nazi (abgerufen am 23. Dezember 2021).
121. Vgl. Susanne Lettenbauer, »Bäume umarmen reicht nicht. Symbolpolitik in Bayerischen Wald«, in: *Deutschlandfunk*, 22. Januar 2020; https://www.deutschlandfunkkultur.de/baeume-umarmen-reicht-nicht-symbolpolitik-im-bayerischen-100.html (abgerufen am 23. Dezember 2021).
122. Vgl. Deininger et al., »Der Frontmann des Herrn Baron«.
123. Diese und die weiteren Zitate in Katrin Bennhold, »Nazis Killed Her Father. Then She Fell in Love with One«, in: *New York Times*, 14. Juni 2019; https://www.nytimes.com/2019/06/14/business/reimann-jab-nazi-keurig-krispy-kreme.html (abgerufen am 23. Dezember 2021).
124. Vgl. die Geschichte der Alfred Landecker Foundation auf der

Website; https://www.alfred landecker.org/de/article/die-geschichte-der-alfred-landecker-foundation (abgerufen am 29. Oktober 2021).

125. Vgl. Neßhöver, »Die Reimanns sind die reichsten Deutschen«.

126. Vgl. BMW Group Bericht 2020, 17. März 2021, S. 181; https://www.press.bmwgroup.com/deutschland/article/detail/T0327937DE/bmw-group-bericht-2020 (abgerufen am 29. Oktober 2021).

127. Dietmar Student, Martin Noé, »Wer würde denn mit uns tauschen wollen?«, in: *manager magazin*, 20. Juni 2019; https://www.manager-magazin.de/unternehmen/susanne-klatten-stefan-quandt-erstes-gemeinsames-interview-a-00000000-0002-0001-0000-000164471680 (abgerufen am 23. Dezember 2021).

128. Jungbluth/di Lorenzo, »NS-Vergangenheit«.

129. Stefan Quandt, »Schützt das Privateigentum!«, *in: Frankfurter Allgemeine Zeitung*, 22. Juni 2019; https://www.faz.net/aktuell/wirtschaft/arm-und-reich/gastbeitrag-von-bmw-gross-aktionaer-quandt-schuetzt-das-privateigentum-16249425.html; Rede Stefan Quandt, 2019; https://www.johanna-quandt-stiftung.de/medien-preis/2019/rede-stefan-quandt (beide abgerufen am 29. Oktober 2021).

130. Vgl. »Solide in die Digitale Zukunft« [o. V.], in: *Frankfurter Allgemeine Zeitung*, 29. Juni 2019; https://www.faz.net/aktuell/wirtschaft/strategie-der-f-a-z-solide-in-die-digitale-zukunft-16259397.html (abgerufen am 23. Dezember 2021).

131. Vgl. die Website der BMW Foundation Herbert Quandt, »Finanzen«; https://www.bmw-foundation.org/de/vermoegen/ (abgerufen am 29. Oktober 2021).

132. Ebd., »Unsere Mission«; https://www.bmw-foundation.org/de/mission-responsible-leadership/ (abgerufen am 29. Oktober 2021).

133. Aussage der BMW Herbert Quandt Foundation gegenüber dem Autor, 20. Juli 2021; vgl. auch die Website der BMW Foundation Herbert Quandt; https://www.bmw-foundation.org/de/stiftung/ (abgerufen am 29. Oktober 2021).

134. Vgl. Hubert Grundner, »Fasangarten. ›Eine Verhöhnung der Opfer‹«, in: *Süddeutsche Zeitung*, 21. März 2021; https://www.sueddeutsche.de/muenchen/fasangarten-eine-verhoehnung-der-opfer-1.5241963 (abgerufen am 10. Januar 2022).

135. Zit. n. Julian Raff, »Offenes Geheimnis«, in: *Süddeutsche Zeitung*, 13. Mai 2021; https://www.sueddeutsche.de/muenchen/obergiesing-offenes-geheimnis-1.5292747 (abgerufen am 23. Dezember 2021).

Hinweise zu den Quellen

1. Dieses und die folgenden Zitate in diesem Abschnitt stammen aus schriftlichen Korrespondenzen, die der Autor mit den betreffenden Personen – sofern nicht anders ausgewiesen – auf Englisch geführt hat und die hier eigens übersetzt wurden.
2. Olaf Kaltenborn, Pressesprecher Goethe-Universität Frankfurt, in einer E-Mail an den Autor vom 19. Juli 2021 (Deutsch i. Orig.).
3. Frank Nienhuysen, »Denk ich an Deutschland«, in: *Süddeutsche Zeitung*, 30. September 2021; https://www.sueddeutsche.de/projekte/artikel/politik/zwangsarbeit-bei-bahlsen-die-letzten-zeuginnen-e646535/?reduced=true (abgerufen am 5. Januar 2022).

Abbildungsnachweise

Abb. 1: Günther Quandt © bpk/Atelier Bieber/Nather

Abb. 2: Magda Friedländer © bpk/Atelier Bieber/Nather

Abb. 3: Friedrich Flick (1943) © ullstein bild – ullstein bild

Abb. 4: Der junge Harald Quandt mit seiner Mutter Magda und Joseph Goebbels (1931) © bpk

Abb. 5: Magda und Joseph Goebbels untergehakt bei ihrer Hochzeit 1931, neben ihnen Harald Quandt. Im Hintergrund Trauzeuge Hitler © ullstein bild – ullstein bild

Abb. 6: Otto Steinbrinck, Flicks rechte Hand, in seiner SS-Uniform (1934) © bpk/Atelier Bieber/Nather

Abb. 7: Adolf Rosenberger, jüdischer Porsche-Mitgründer. Mit freundlicher Genehmigung © Erben Adolf Rosenberger/Alan Arthur Robert.

Abb. 8: Hitler schlägt auf den Museumsgrundstein mit einem Silberhammer, der kurz darauf zerbricht. Direkt hinter ihm steht (im Anzug) August von Finck (1933) © Bundesarchiv

Abb. 9: Richard Kaselowsky mit dem Parteiabzeichen der NSDAP (1939) © ullstein bild – Teutopress

Abb. 10: Ferdinand und Ferry Porsche in den 1930er-Jahren. Mit freundlicher Genehmigung © Unternehmensarchiv Porsche AG

Abb. 11: Rudolf-August Oetker (Zweiter von links) zwischen seiner Großmutter und ihrem Chauffeur (1933) Mit freundlicher Genehmigung © Unternehmensarchiv Dr. August Oetker KG

Abb. 12: August von Finck und Hitler zeigen den ›Deutschen Gruß‹ vor dem Haus der Deutschen Kunst (1935) © SZ Photo/Süddeutsche Zeitung Photo

Abb. 13: Die feierliche Grundsteinlegung des Volkswagenwerks am 26. Mai 1938 © Bundesarchiv, Atlantic

Abb. 14: Harald Quandt (in Uniform) mit Magda, Joseph Goebbels und seinen sechs Halbgeschwistern (1942) © ullstein bild – Ernst Sandau

Abb. 15: Flick und seine Söhne Otto-Ernst (hinten), Rudolf (vorne rechts) und Friedrich Karl vor der Familienvilla in Berlin-Grunewald Anfang der

1930er-Jahre © Forschungsarchiv Sammlung Flick, Berlin-Brandenburgisches Wirtschaftsarchiv

Abb. 16: Ferry Porsche (im Anzug), während Hitler den Schwimmwagen inspiziert, hinten rechts Himmler (1941) © bpk/Bayerische Staatsbibliothek/Archiv Heinrich Hoffmann

Abb. 17: Rudolf-August Oetker (Dritter von links) in seiner Wehrmachtsuniform, hinter seiner Mutter Ida, mittig davor der westfälische Gauleiter Alfred Meyer, rechts Richard Kaselowsky (1941). Mit freundlicher Genehmigung © Unternehmensarchiv Dr. August Oetker KG

Abb. 18: Joseph Goebbels hält im Berliner Sportpalast seine berüchtigte Rede vom »totalen Krieg« (18. Februar 1943) © Bundesarchiv, Scherl

Abb. 19: Ferdinand Porsche auf einem von ihm entworfenen Panzer (1943). Mit freundlicher Genehmigung © Unternehmensarchiv Porsche AG

Abb. 20: Werbeplakat mit Puddingpulver-Kartons von Dr. Oetker für die Wehrmacht. Mit freundlicher Genehmigung © Unternehmensarchiv Dr. August Oetker KG.

Abb. 21: Friedrich Flick zwischen Vollzugsbeamten bei seinem Prozess in Nürnberg (1947) © SZ Photo/Süddeutsche Zeitung Photo

Abb. 22: August von Finck (1974) © ullstein bild – Sven Simon

Abb. 23: Die Familie Flick 1960: Otto-Ernst ganz links, Marie und Friedrich in der Mitte und Friedrich Karl ganz rechts © Forschungsarchiv Sammlung Flick–Berlin–Brandenburgisches Wirtschaftsarchiv

Abb. 24: Eberhard von Brauchitsch und Friedrich Karl Flick (1982) © ullstein bild – Sven Simon

Abb. 25: Herbert Quandt an seinem 70. Geburtstag (1980) © ullstein bild – Würth GmbH/Swiridoff

Abb. 26: Ingrid Flick (2017) © ullstein bild – Viennareport

Abb. 27: August Baron von Finck junior in den 2000er-Jahren © Andreas Heddergott/Süddeutsche Zeitung Photo

Abb. 28: Stefan Quandt im Jüdischen Museum Berlin (2018) © ullstein bild – Henry Herrmann

Personen- und Firmenverzeichnis